sö
Novgorod
Kiew
Byzanz
sö
Antiochia
Bagdad

Gustav Faber

Die Normannen

Piraten, Entdecker, Staatengründer

Gondrom

Lizenzausgabe für Gondrom Verlag GmbH & Co. KG, Bindlach 1991

Covergestaltung: Graphik Design Studio Lothar Mielau, Wiesbaden
Druck und buchbinderische Verarbeitung: Offizin Andersen Nexö Leipzig GmbH
Printed in Germany

ISBN 3-8112-0870-5

Bearbeitete und erweiterte Neuauflage des 1968 unter dem Titel »Piraten oder Staatengründer« im Bertelsmann Sachbuchverlag erschienenen Buches.

Inhaltsverzeichnis

Weltweite Spuren

Vor dem Arsenal in Venedig sitzt aufgereckt ein antiker Steinlöwe, den man von Athen hierhergebracht hat. In seinen sehnigen Leib sind Runen eingeritzt.

An der Westküste Grönlands und im Norden Neufundlands hat man Spuren europäischer Siedlung entdeckt.

In Beadmore, Ontario, wurden ein Schwert und eine Axtscheide aus der Alten Welt aufgefunden.

In der Normandie, Großbritannien und Süditalien stehen Kathedralen, die gleiche bauliche Merkmale aufweisen.

Im Steinboden der Kathedrale von Otranto in Apulien sieht man unter den Mosaiken, die ein »Weltbild des Mittelalters« darstellen, auch das Bildnis des britannischen Königs Artus.

Auf Sizilien ist die Sage verbreitet, König Artus tafle mit seinen Rittern im Innern des Ätna.

In Palermo bietet ein Puppentheater jeden Abend Ritterstücke. Die Marionetten tragen mittelalterliche Rüstungen.

All diese Spuren weisen auf die weltweite Expansion der aus Skandinavien kommenden Nordleute, der Normannen, hin. Vom Jahre 793 n. Chr. an haben sie sich in einer gewaltigen nordgermanischen Völkerwanderung in Bewegung gesetzt, der damaligen Welt zweihundert Jahre lang als Piraten Schrecken eingejagt und schließlich als Entdecker, Kulturbringer und Staatengründer im Antlitz des Abendlandes unverwischbare Züge hinterlassen.

Normannen zerstörten Hamburg und Köln, London und Paris. Normannen tauchten überall dort auf, wo man etwas erbeuten konnte, seien es Goldschätze, Südfrüchte, Menschen oder Königskronen. Normannen schufen Reiche in Rußland und Frankreich, in England und auf Sizilien. Normannen entdeckten und besiedelten Island, Grönland und Nordamerika. Normannen griffen in die Geschichte des oströmischen Reiches und der Kreuzzüge ein. Der Bericht ihres dramatischen Auftritts auf der Weltbühne ist ein Epos von hinreißenden Abenteuern und von imponierenden Leistungen.

Die Normannen sind bis auf wenige Reste als Volk untergegangen.

Aber sie haben Zeugnisse hinterlassen. Diesen Zeugnissen, sichtbaren und unsichtbaren, bin ich auf Reisen durch drei Kontinente nachgegangen. Ich habe versucht, das Phänomen des weltgeschichtlichen Auftritts dieser Glücksritter und Usurpatoren des Mittelalters von den Schauplätzen ihres Wirkens her zu sehen und aufzuzeichnen: die universale Story einer Schar von Nomaden des Meeres, ihrer Schöpfungen, ihrer Verluste und Niederlagen und ihrer bleibenden Spuren. Aufgrund der Verflechtung des Normannenschicksals mit der Historie des übrigen Europa und anderer Weltgegenden ergab die Niederschrift zugleich länderkundliche, geschichtliche, anthropologische, kultur- und kunstgeschichtliche Perspektiven. Für den Motivkreis der Normannen zeugt allerdings kein Livius, kein Sallust, kein Tacitus. Die Unterlagen sind spröde Mönchstexte aus einseitiger, verzerrender Schau, Kalendarien und trockene Annalen. Dem Skelett der Daten fehlt meist das Fleisch der Erzählung, der Anekdote.

Diesen Mangel gleichen die Errungenschaften der Technik aus. Zur Diagnose der Normannenzeit dienen außer schriftlichen Quellen und Darstellungen die Spatenarbeit der Archäologie, die chemische Analyse, die Tiefseeforschung. Bei meinen Reisen auf den Spuren der Normannen habe ich diese Errungenschaften mit eingeschlossen.

Das große Thema von den Piraten, die zu Staatengründern wurden, verdeutlicht eine gemeingültige, konstruktive Entwicklungslinie, die der Geschichte ebenso angehört wie der Ethik: von der Natur zur Kultur, vom Chaos zum Gesetz. Die Fernfahrer der Meere, vor denen – Terror mundi – die gesittete Welt jahrhundertelang zitterte wie vor einer Naturkatastrophe, wurden im erstaunlich raschen Prozeß der Umformung selber zu Trägern der Gesittung und zum Ferment des sich im Hochmittelalter bereits abzeichnenden modernen Europa.

Während der geographischen und historischen Spurensuche, die der Abfassung der normannischen Geschichte vom Nordmeer bis zum Bosporus vorausging, gewannen für mich jene weltweiten Vorgänge Kontur und Farbe, von denen ein Steinlöwe in Venedig ebenso Zeugnis ablegt wie ein sizilianisches Puppentheater – Vorgänge, ohne die kein Abendland zu denken ist.

Sie kamen von Norden

Norwegen – das Dach Europas

Tromsö ist eine kleine, freundliche Fischerstadt. Kai- und Bunkeranlagen, Werften, Kühlhäuser, Konservenfabriken und ein Wald von Masten geben der Stadt auf der Tromsöya, der Trominsel, ihr ozeanisches Gepräge. Zugleich liebt sie die Idylle. Zwischen Birkenwäldchen stehen hübsche Holzhäuser. Sie tragen heitere Farben. Der Pinsel hilft nach, wo die Natur mit Farben geizt.

Man betrachtet die Stadt mit Respekt, denn sie ist die größte im hohen Norden (auf dem 68. Breitengrad und 350 Kilometer nördlich des Polarkreises), und sie muß sich eine zweimonatige Nacht gefallen lassen. Dafür beschenkt der Golfstrom sie mit der Flora der gemäßigten Zone. Die Einwohner lieben ihre Blumenkästen. Wo anderswo in gleicher Polnähe Forscher im ewigen Eis erfrieren, züchten sie Rhododendron und Vergißmeinnicht. Die Erdbeeren in den Obstläden sind auf der subarktischen Tromsöya gereift. Ägypten hat Herodot ein Geschenk des Nils genannt. Von Norwegen könnte man sagen, es sei ein Geschenk des Golfstroms.

Tromsö ist Hauptstadt einer Provinz. Hochhäuser und Silos stehen selbstbewußt im harten Licht. Das Warenangebot ist international, die Reklame amerikanisch, die Mode britisch. In Tromsö, der polaren Klein-Metropole, haben fast alle Arktisexpeditionen ihren Anfang genommen. Die Kinder Tromsös kennen sie im Schlaf. Nansen, Sverdrup, Amundsen sind die Wikinger unseres Zeitalters. Amundsens Bronzestatue steht barhaupt auf einem Steinpostament und schaut über die Flotte von Robbenfängern hinweg, die, farbig gestreift, am nahen Kai liegt.

Im Hafen, Tromsös eigentlichem Zentrum, ankern Fischdampfer. Sirenen heulen, Ketten rasseln, es riecht nach See, Teer, Tran. Männer in langen Stiefeln und Wachstuchjacken rollen Fässer von Bord, in denen die Ernte des Meeres eingebracht worden ist. Auf dem Pflaster türmen sich glitschige Berge blutiger Makrelen. Es ist ein bunter Fisch-Jahrmarkt.

Im Winter starten von hier aus die Hochseefischer mit ihren

schweren Netzen zum Polarmeer, das ein heimtückisches Meer ist: zum »Westeis« (zwischen Grönland und Spitzbergen) oder zum »Osteis« (vor der Mündung des Weißen Meeres). Sie bringen Wal- und Walroßzähne, Robben- und Seehundfelle, Eishaie, Speck und Tran nach Hause. Die Küstenfänger nehmen sich neben der Polarflottille aus wie harmlose Zivilisten neben reichdekorierten Militärs.

Ich fahre über die kilometerlange Stahlbrücke, die Tromsö seit 1960 mit dem Festland verbindet, und gelange zu einer guten Küstenstraße. Sie windet sich an einer großen Zahl von Fjorden vorbei nach Süden.

Immer wieder taucht ein Stück jenes Ozeans auf, den die Einheimischen eigentumsstolz »norwegisches Meer« nennen. Die Berge sind stahlblau und von greifbarer Nähe. Ihre Linien spiegeln sich in der glatten See. Die abweisend schroffen Felswände sind durchfurcht von schäumenden Rinnsalen. Ein Gletscher bildet die Gestalt eines Lindwurms. Pathos wirkt ortsgemäß. Saga-Landschaft.

Manchmal, wenn die Bucht sich weitet und anmutige Wiesen mit aufgeschichtetem Heu freigibt, vergesse ich, am Rand des Polarmeeres zu sein. Hier siegt Freyr, der Gott der Sonne im nordländischen Mythos, über die Riesen. Es ist die Welt der Asen.

Vereinzelt sehe ich im Wiesengrün rostrote Blockhäuser mit weißen Fensterkreuzen. Auf den Dächern sprießt hohes Gras, mit Absicht ausgesät: Wärmeschutz und folkloristische Eigenart des nördlichen Norwegen. Vor einem Scheunentor spielen blondschopfige Kinder. Ein Mädchen hat breite Backenknochen: Lappeneinschlag.

Alle paar Meilen stehen am Straßenrand Holzgestelle mit strohfarbenen Dörrfischen, Tausenden und aber Tausenden, die zu reizvollen Ornamenten gefügt sind. Die Köpfe sind abgetrennt, die Fischleiber bis zu den Schwanzflossen gespalten. Neben der Heuernte die Fischernte.

Gegenüber der kargen, zerklüfteten Fischerinsel Senja mündet die Straße in die Ortschaft Lenvik. Lenvik gehörte in frühgeschichtlicher Zeit zum norwegischen Königreich Haalogaland und bildete nach schriftlichen Zeugnissen und Bodenfunden die Nordgrenze skandinavischer Besiedlung. Das Königreich Haalogaland ist 872 durch den Reichsgründer Harald Schönhaar zusammen mit Vestfold, Rogaland und Möre dem Königreich Norwegen einverleibt worden. Harald hatte geschworen, sich die Haare erst nach Vollendung des Einigungswerkes schneiden zu lassen.

Den Rang eines Kleinkönigs altnorwegischer Prägung nimmt Knut Mortensen in Lenvik ein. Die Erzeugnisse seiner Pelzfarm genießen in ganz Norwegen hohen Ruf. Wer etwas über das alte Haalogaland erfahren will, muß bei ihm einkehren. Als ich in seinem Blockhaus am Feuer sitze, taucht im Gespräch der Name Ottar auf. Ottar aus Lenvik, so erfahre ich, war vor elf Jahrhunderten Großbauer, Rentierzüchter, Seenomade.

»Sicher hat Ottar auch Pelzzucht betrieben«, sagt Mortensen, indem er den Allround-Mann des neunten Jahrhunderts zum »Kollegen« macht.

»Und was hat Ottar für Lenvik getan?« frage ich.

»Für Lenvik?« Mein Gegenüber scheint fast beleidigt. »Für die gesamte Menschheit! Die erste geographische Großtat im Gebiet der Arktis ist Ottar zu danken. Ohne ihn wüßten wir nicht, wie es früher auf dem Dach Europas ausgesehen hat.«

Mortensen wirft einige Scheite ins Feuer. »Man hat Skandinavien ursprünglich für eine Insel gehalten«, sagt er, »Ottar hat nachgewiesen, daß wir zum Kontinent Europa gehören.« Mein Gastgeber macht eine Gedankenpause. Dann meint er: »Ich denke, Sie geben Ottar recht und halten uns trotz aller insularer Neigungen für Europäer.«

In London residierte Ende des neunten Jahrhunderts der größte König Britanniens während der angelsächsischen Zeit – König jenes Volkes, das im Zug der Völkerwanderung von der Elbmündung aus die britische Insel in Besitz genommen hatte: Alfred der Große. Neben der Machtausübung liebte und förderte er die Wissenschaften. Er übersetzte persönlich die damals hochgeschätzte Weltchronik des Spaniers Orosius ins Angelsächsische oder – wie wir heute sagen – Altenglische.

Die Chronik war zur Zeit des Königs Alfred schon vierhundert Jahre alt. Die Erstausgabe lag für den gekrönten Übersetzer demnach so weit zurück wie für uns die Erstausgabe der Bibel Luthers. Neuherausgeber der Lutherbibel kommen nicht um eine Revision herum und fügen womöglich einen Kommentar hinzu. Zu eben einem solchen hat sich auch Afred der Große im Fall der Weltchronik entschlossen. Deshalb hielt er Ausschau nach Experten.

Und dabei stieß er auf Ottar, den Vielgereisten, aus Lenvik bei Tromsö. Er »interviewte« ihn und flocht die Ergebnisse der geographischen Befragung in die nordländischen Teile der »Neuauflage« von Orosius' Weltchronik ein. Wir besitzen also dank Alfreds Hang zur Genauigkeit und Aktualität einen Bericht aus erster Hand über das Norwegen des Jahres 880!

In diesem Bericht stellt sich Ottar zunächst vor. Er schildert dem König Englands seine Herkunft, seinen Besitzstand und »daß er von allen Nordmännern am nördlichsten wohne«. Der Stolz des Pioniers schwingt in den Worten mit. Dann entwirft er ein topographisches Bild seiner Reiseroute und schildert seine Begegnungen mit Eingeborenen. »Er ließ auf der ganzen Fahrt«, so gibt König Alfred Ottars Expeditionsbericht wieder, »das wüste Land an Steuerbord und die offene See an Backbord, drei Tage lang. Dann war er so weit nördlich, wie die Walfischjäger am weitesten fahren. Er segelte noch drei weitere Tage nach Norden. Dort bog sich das Land in östlicher Richtung. Er traf kein bewohntes Land mehr, seitdem er seine eigene Heimat verlassen hatte, sondern immerzu wüstes Land an Steuerbord, abgesehen von Fischern, Jägern und Vogelfängern, und die waren alle Finnen.«

Für heutige Begriffe sind die Angaben unbestimmt. Für jene Zeit sind sie erstaunlich genau. Wir können Ottars Reiseweg leicht verfolgen: Er führt von Lenvik aus an der Küste der norwegischen Finnmark entlang zum Nordkap und dann um die – heute russische – Halbinsel Kola in das Weiße Meer, das der Mann aus Lenvik als Binnenmeer erkannte. Heute kreuzen dort sowjetische Eisbrecher. Ottar fuhr in einem offenen Segelboot. An der Dwina-Bucht betrat er wieder festen Boden.

Wo Ottar »wüstes Land« angetroffen hat, kehren heutzutage Nordlandreisende in Städten und Dörfern von hohem Zivilisationsstand ein. Hammerfest, die im Zweiten Weltkrieg zerstörte nördlichste Stadt Europas, ist eine kleine Oase des Komforts und der Lebenswärme in der eisigen Welt des Nordmeeres. Die Touristen beziehen moderne Hotelzimmer, wundern sich über die Geschäfts- und Kaufhäuser aus Stahlbeton, die an die Stelle des alten hölzernen Hammerfest getreten sind, schauen sich in der neu errichteten Stabkirche um, die zeltartig am Boden verankert ist, und lösen eine Karte für eine Hubschrauber-Visite zum Nordkap, das wie ein Schiffsbug in das Eismeer hineinragt. Wenn später ein Motorschiff sie durch die heroische Schärenlandschaft der Finnmark befördert, eine der großartigsten Szenerien der Welt, denken sie vielleicht an alte Sagas von Drachenschiffen, deren Ankerplätze in diesen Buchten und Sunden gelegen haben könnten.

Doch sie irren sich. Sie brauchen nur Ottars Bericht aufzuschlagen, den der englische König Alfred vermittelt hat. Nördlich von Tromsö war zur Wikingerzeit »Niemandsland«. Kein Norweger hat daran gedacht, sich in einer Gegend anzusiedeln, die wenig Ackergrund bot, dafür Klippen, Felsen, Gletscher, Tundren und Hochmoore in Fülle.

Und doch war Ottar nicht der erste Nordlandfahrer, der um jene Zeit das nördlichste Kap Europas erreichte. Die Wissenschaft hat es aufgedeckt, als sie am Varangerfjord östlich des Kaps ein Dutzend Wikingergräber aus dem sechsten Jahrhundert zutage förderte. Am Laksefjord fand man 408 Gramm Gold, unzweifelhaft Handelsware der Nordleute aus der Zeit vor Ottar.

Wollte der Mann aus Lenvik sich wichtig machen, indem er sich als Erstentdecker ausgab? Man nimmt an, daß ihn andere Gründe bewogen, seine Vorgänger zu verschweigen und den Ödlandcharakter der Finnmark noch zu übertreiben. Ottar mußte die Handelsprivilegien seiner Heimat, des Königreichs Haalogaland, schützen. Das Königreich nahm im Walfisch- und Walroßfang des Eismeeres eine Art Monopolstellung ein. Es vermied, Fremde auf die Fährte jener Tiere zu bringen, deren Fangzähne kostbares Elfenbein lieferten, Material für Schwertgriffe, Küchengeräte, Würfel.

»Ottar erzählte«, so heißt es weiter in König Alfreds Kommentar, und wir erfahren damit etwas über die skandinavische Westküste in ihrer ganzen Ausdehnung, »das Nordmännerland sei sehr lang und sehr schmal. Alles, was seine Bewohner abweiden lassen oder beakkern können, liegt nach der See zu; und selbst dies ist an manchen Stellen sehr felsig. Nach Osten zu breiten sich wilde Moore. Von dort aus liegt benachbart dem Lande südwärts auf der andern Seite des Moores Swealand . . .«

Dies ist auch das Norwegen unserer Tage! Das Hochmoor nach Schweden zu, der felsige Küstenabfall, die schmale Decke landwirtschaftlich nutzbaren Landes – all dies, was Ottar im Königspalast an der Themse dem englischen König Alfred geschildert hat, bildet heute noch die Grundstruktur des Daches Europas. Von der Bodenfläche Norwegens sind ein Viertel Wald und nur vier Prozent fruchtbare Erde. Es ist ein zerklüftetes, rauhes, zu geringen Teilen nutzbares Bergland. Seine Kargheit und seine dem Ozean ausgelieferte Lage haben den Typ des wind- und wetterharten Seefahrers, doch auch des Grüblers und Phantasten vom Schlage Peer Gynts geprägt.

Von jeher waren die Söhne des Nordens gezwungen, ihr Schicksal dem Meer anzuvertrauen – im neunten Jahrhundert als Hasardeure der Seeräuberei – im zwanzigsten als klug rechnende Reeder und Kontoristen einer der größten Seefahrernationen der Welt.

In den Häfen von Oslo, Bergen und Drontheim liegen Überseefrachter, Öltanker, Walfänger, Passagierschiffe am Kai, daneben Küstenfahrzeuge, die mit ihren tausend Tonnen kaum unsere Beachtung finden, bei deren Anblick sich hingegen die Norweger aus der Zeit Ottars, deren Boote hundert Tonnen kaum überschritten, verwundert und neidvoll die Augen gerieben hätten. Freilich: Der größte Teil der Handelsflotte Norwegens fehlt im Bild der Heimathäfen. Sie schwimmen auf den sieben Weltmeeren. Viele Einheiten sind überhaupt nicht in Nordwegen registriert, sondern in fremden Ländern mit günstigeren Steuerbedingungen. Sie laufen nie in die blauen Fjorde zwischen Drontheim und Oslo ein.

Von den Küsten dieser Fjorde sind die Vorfahren der Norweger unserer Tage im Jahrhundert Ottars in mehreren Zügen nach Süden aufgebrochen, jene fernsüchtigen, draufgängerischen und hochbegabten Krieger, die mit hartem Schritt das Abendland betraten und zweihundert Jahre lang mit klirrendem Geräusch erfüllten: die Normannen. Als die Normannen Norwegens, aber auch Dänemarks und Schwedens, die zivilisierte Menschheit ihrer Epoche gewalttätig in Atem hielten, waren sie noch Heiden.

Odins verwegene Söhne

Zu den faszinierenden Einrichtungen unserer Zeit gehören die chemischen Labors, die unser Wissen über die Natur ständig erweitern. Der Arbeit des Chemikers verdanken wir aber auch viele Herkunfts- und Altersbestimmungen im Bereich der Altertumswissenschaft. Doch die Leistungen der Philologen sind nicht weniger sensationell als die der Chemiker. Sie gehen von dem gleichen Gedanken aus, der in der Welt der Chemie zu Ergebnissen führt: dem Gedanken der Gesetzmäßigkeit eines Entwicklungsvorgangs. Eine Sprache entwikkelt sich nach einem klar erkennbaren Gesetz, das man »Lautverschiebung« nennt. Die Philologen haben mit Hilfe dieses Gesetzes die Grammatik einer Sprache rekonstruiert, von der heute kein Wort mehr überliefert ist: das Urgermanische.

Die Menschen, die diese Sprache gesprochen haben, lebten wahrscheinlich im Süden Skandinaviens. Aus ihnen gingen die Ost-, West- und Nordgermanen (Vandalen, Goten, Langobarden u.a.) hervor. Die Ostgermanen leiteten mit der sogenannten »Völkerwanderung« (4. bis 6. Jahrhundert) das Mittelalter ein. Nachdem sie die Kernländer des Imperium Romanum in Besitz genommen hatten, wurden sie an den Küsten des Mittelmeeres von der Bevölkerung der eroberten Länder absorbiert. Aus der Gruppe der Westgermanen, deren Siedlungsplätze zwischen Nordsee und Alpen lagen, zogen die Angelsachsen nach Britannien, die Franken nach Gallien. Die meisten Nordgermanen blieben zunächst in Skandinavien.

Aber zweihundert Jahre nach dem großen Aufbruch der ost- und westgermanischen Stämme wurde Europa erneut in Aufregung versetzt: durch die nordgermanischen Wikingerzüge (8. und 9. Jahrhundert). Man kann sie auch als »zweite Völkerwanderung« bezeichnen. »Wikinger« nannten die ausschwärmenden Skandinavier sich selbst (ein »Vik« ist eine Bucht). Die Völker des Abendlandes, die in unliebsamer Weise ihre Bekanntschaft machten, nannten sie »Normanni«. Bei den geringen geographischen Kenntnissen zur Zeit Karls des Großen unterschied man nicht zwischen Norwegern, Dänen und Schweden. Sie alle kamen aus dem rauhen Norden – waren alle Nordmänner oder Normannen.

Dies war kein Ehrenname. Das Wort wurde von Bordeaux bis Hamburg nur mit Schrecken ausgesprochen. Die Nordmänner galten als Inkarnation des Bösen.

»Auf Abenteuer zu ziehen, die Wogen zu durchschäumen und abzuschäumen nebst näheren und ferneren Küsten, Gegner zu erschlagen und fremder Länder Töchter zu vergewaltigen, gesittete Städte zu brandschatzen, zu plündern und schließlich mit der Beute zu entwischen, das war die hohe Lust, davon die Knaben träumten. Gelegentlich sollen solche Träume heute noch vorkommen, ein wenig verspätet allerdings. Denn selbst an den einsamsten Atollen der Südsee stehen uferlängs die Tafeln der Zivilisation: Unbefugten Zutritt verboten! Und es gibt heute wenige Helden mehr, die sich wie die Wikinger entschuldigen könnten, sie seien des Lesens unkundig.«

Dies schrieb Hans Leip in seinem »Bordbuch des Satans«, einem Roman der Freibeuterei, von einem Mann zu Papier gebracht, der die See sein Leben lang »gerochen« hat. Der Text verweist auf die Relativität sittlicher Normen.

Wir haben uns angewöhnt, die Welt nach dem Kodex der Zehn Gebote zu werten. Reue, Buße, schlechtes Gewissen sind Begriffe des christlichen Wortschatzes. Doch kein Mann des Nordens hatte im Zeitalter der Wikinger das Bewußtsein, sittliche Normen zu überschreiten, wenn er zu einem Piratenstreich auszog. Humanitäre Rücksicht galt nach der Moral der Seenomaden nur dem eigenen Stamm, der eigenen Sippe, der eigenen Bootsgenossenschaft. Ethische Maßstäbe der Nordleute waren Tapferkeit, Zusammenhalt von Männerbund und Klan, Mannentreue dem Jarl oder Seekönig gegenüber. Wer gegen diese Normen verstieß, wurde schuldig.

Ein Volk, das sich durch Blutrache selbst dezimierte, fand natürlich auch nichts dabei, andere, die schmählich auf Selbstverteidigung verzichteten, niederzumachen. Die Auswüchse der Blutrache, die wir bei den Nomaden des Meeres finden, sind nur mit denjenigen zu vergleichen, die wir bei den Nomaden der Wüste antreffen. Auch bei ihnen gibt es einen überspitzten Ehrbegriff, der Totschlag zum sittlichen Gebot macht. Die Moralauffassung des Wikings verlangte Auge um Auge, Zahn um Zahn. Kein Nordmann hätte beim Schlag auf die rechte Backe die linke hingehalten.

In den Gisli-Saga Islands werden solche Kettenreaktionen der Blutrache erzählt. Da betrügt Vestein Thorkel mit seiner Frau. Deshalb tötet Thorkels Schwager Thorgrim Vestein. Nun rächt Gisli Vesteins Tod an Thorgrim. Und schließlich veranlaßt Thorgrims Sippe Gislis Ächtung.

Die Saga von Thorleif Kimbi verbindet das düstere Prinzip der Rache mit komischen Akzenten: Arnbjörn hat Thorleif mit der Grützekelle geschlagen. Aber Thorleif verzichtet auf Rache – vom Standpunkt der heidnischen Nordgermanen eine Unterlassungssünde. Nach drei Jahren will er heiraten. Doch der Bruder der Erwählten erhebt Einspruch: »Erst müssen die Grützemale auf deinem Hals ausgeheilt sein!«

Für das Opfer der Blutrache ist es Ehrensache, hohnlachend in den Tod zu gehen. Er nimmt damit dem Rächer einen seiner Trümpfe. Die Bagatellisierung des Sterbens, die im Sarkasmus der Normannen zum Ausdruck kommt, klingt ebenfalls in der Gisli-Saga auf: Ein Mann wird vor seiner Haustür niedergestoßen. Er zieht sich die Waffe aus der Wunde und betrachtet sie. »Die breiten Spieße«, sagt er verblutend, »sie werden jetzt Mode.«

Unser Wissen über die Vorstellungswelt und das Lebensgefühl der Nordgermanen verdanken wir der Edda. Wenn wir diese Worte hören, denken wir an graue Vorzeit. In Wirklichkeit ist die Edda sehr spät aufgezeichnet worden. Der Isländer Sämund Sigfusson hat die sogenannte »ältere Edda« auf Island zu Beginn des zwölften Jahrhunderts niedergeschrieben. Er war ein Zeitgenosse des Staufenkaisers Barbarossa. Das Buch besteht aus der Götterlehre Völuspa, einer Sammlung heroischer Versgeschichten. Die »jüngere Edda«, die man ein Lehrbuch für Skalden nennten könnte, hat den 1241 auf Island verstorbenen Snorri Sturluson zum Verfasser. Um jene Zeit trug Barbarossas Enkel Friedrich II. die abendländische Kaiserkrone.

Bei der Zusammenstellung der beiden Bücher war Island schon christlich. Deshalb finden sich in der »Edda« auch abendländisch-christliche Elemente, aber auch keltischer und persischer Einfluß ist nachweisbar. In dem berühmten altpersischen Heldengedicht »Schahname« von Firdusi (939 bis 1026) sind Handlungsmotive der »Edda« bereits vorgebildet. Es ist darum schwierig, den heidnisch-nordgermanischen Kern aus dem Wust der späteren Überwucherungen freizulegen.

Die »Edda« ging jahrhundertelang verloren. Erst als Europa sich im Dreißigjährigen Krieg zerfleischte, entdeckte der isländische Bischof Brynjulf Sveinsfon die jüngere Edda in einem verstaubten Pergamentband. Er schenkte sie seinem Landesvater, dem Dänenkönig Friedrich III. Um 1700 stöberte der isländische Gelehrte Arne Magnusson die ältere Edda bei Bauern und Fischern auf, die sie zum Teil als Schuheinlagen, Schnittmuster und zum Abdichten von Türen und Fenstern benutzt hatten. Magnusson vermachte sie der Kopenhagener Universität. Dort verblieb sie bis 1967. Da Island mit der Selbständigkeit eine eigene Universität erhielt, wurde durch Parlamentsbeschluß die ältere Edda – zusammen mit weiteren Handschriften im Gesamtwert von 600 Millionen Mark – den Isländern zurückgegeben. Ein Spezialbau mit Klimaanlagen nahm die bibliographischen Kostbarkeiten in Reykjavik auf. Für Island hat der Bau die gleiche nationale Bedeutung wie für Israel der Jerusalemer »Schrein«, der die Schriftrollen vom Toten Meer birgt.

»Ich will Walvaters Wirken künden.« Dieser Satz steht im ersten Vierzeiler der Völuspa. Er erinnert an den Anfang der Epen Homers. Die nordgermanische Götterwelt, mit der sich die Völuspa befaßt, ist nicht weniger kompliziert als die der alten Griechen. Die Naturgewalten des Sturms und des Donners, des Feuers und der aufkeimenden Frucht haben in Skandinavien ihre jeweils entsprechende Gottheit gefunden. Asen, Riesen, Zwerge, Nixen – eine Unmenge von Göttern und Geistern füllte das »Pantheon« der heidnischen Normannen. Es waren Ausgeburten einer Phantasie, die auf stürmischer Sommerfahrt im Drachenschiff oder beim Fackelschein am winterlichen Herd genährt worden ist.

Nur auf dem Erlebnisgrund eines den Naturmächten ausgelieferten Geschlechts konnten solche Mythen gedeihen. Ein vom Kalkül bestimmtes Zeitalter wie das unsere, das die Natur rationalisiert und sterilisiert, bringt keine Sagen und Märchen mehr hervor.

Es ist eine harte, eisige, von Waffengetöse erfüllte Welt, die die Völuspa vor uns ausbreitet. Die Stabreime haben die gedrängte Kürze von Runeninschriften:

»Beil-Alter, Schwert-Alter,
Wind-Zeit, Wolfs-Zeit.«

Walvater Odin (der Wotan der Westgermanen) thront in Asgard, ein Wissender, der das Weltende voraussieht: »Verbrannt ist die Erde und was auf ihr war; ihre letzten Trümmer sanken ins Meer.« Kein homerisches Gelächter erklingt im Götterhimmel der Wikinger. Thor, Tyr, Hel scheinen aus Monolithen gehauen. Die Göttinnen Griechenlands haben sich dem Hirtenknaben Paris zur Schönheitswahl gestellt. Nie würden sich Frigga, Freya, Ostara, die Göttinnen des Nordens, dazu erniedrigen. Skandinaviens Götter sind von Tragik umwittert. Unschuldig schuldig, schießt der blinde Hödur den von Loki gelenkten Mistelpfeil auf Baldur, den glückbegünstigten Bruder.

Ein heiliger Hain in Uppsala in Schweden. Es ist der Abend vor der Frühlings-Tagundnachtgleiche. Eichenbekränzte Priester in langen Gewändern umringen einen Opferstein, der vor einem Holztempel steht. Der Wind bewegt leise die Blätter. Fackeln beleuchten die geheimnisvolle Szene.

Das Flüstern der Menschen, die sich in geziemendem Abstand halten, verstummt. Ein Schrei klingt durch das Dunkel, ein zweiter, ein dritter. Neun Tote, dem Gott Thor Geopferte, liegen neben dem Stein, von dem das Blut tropft. Gehilfen der Priester knüpfen die leblosen Körper an den Ästen der Bäume auf. Danach schlachten die Priester neun Pferde und neun Hunde. Auch sie werden an die Bäume gehängt. Die Priester murmeln schaurige Gebete; die Menge antwortet.

So etwa beschreibt voll Abscheu Albert von Bremen ein heidnisches Menschenopfer, wie es die Missionare des Nordens, Ansgar von Hamburg und Rimbert von Bremen, immer wieder erlebt haben. Wenn auch die Zahl der nordgermanischen Ritualmorde sicher nicht mit den Hekatomben abgeschlachteter Azteken in Mexiko zu vergleichen ist, so stellen sie, aus aufgeklärter Sicht, doch die grauenerregende Nachtseite des skandinavischen Götterglaubens dar. Ein Stoffstück, das man in einem heidnischen Grab gefunden hat, hält die hier geschilderte Blutszene fest.

Noch eine weitere Form des Menschenopfers ist bekannt: Die Seedrachen der Nordmänner waren so geschaffen, daß man sie leicht auf den Sandstrand ziehen konnte. Damit man bei Alarm rasch genug entkam, legte man Baumrollen bereit, auf denen der kiellose Schiffsrumpf mühelos ins Wasser zurückglitt. Gelegentlich war es üblich, Gefangene zwischen die Rollen zu legen, um sie Thor zu opfern. Man versprach sich davon gutes Wetter und günstige Winde.

Als Olav der Heilige, Harald Schönhaars Urenkel, seine Norweger mit sanfter Gewalt bekehren wollte, jedoch wenig Bereitschaft fand, berief er nach germanischem Brauch ein Thing ein. Er erklärte den Versammelten, die sich nicht zum Christengott bekennen wollten, er werde mit ihnen nach Art des alten, heidnischen Kults verfahren – er habe sie als Menschenopfer für Odin auserwählt! Sie ließen sich sofort taufen.

Auch sonst war Olav mit seinen Bekehrungsmethoden erfinderisch. Er stieß zum Beispiel eine Statue Thors um – und hervor krochen Schlangen und Kröten. Kein Zweifel, daß der gekrönte Missionar sie vorher dorthin bringen ließ.

Die Religion der Nordmänner hat ihre Wurzeln nicht nur im kargen Erdreich der Fjorde. Wesentliches Vorstellungsgut übernahm sie auch aus den Motivkreisen benachbarter Völker. In einer Welt wie der unseren, die sich durch die Entwicklung des Verkehrs immer näher rückt und auf ihre gemeinsame Vergangenheit besinnt, ist es reizvoll, diesen Verbindungen nachzuspüren.

Walvater Odin trägt auf seinen Schultern die Raben Mugin und Munin. Allvater Zeus, der oberste Gott der Griechen, war in erster und zweiter Ehe mit Metis und Mnemosyne verehelicht. Die Namen der Raben und der Gattinnen bedeuten dasselbe: Rat und Gedächtnis. In Asgard hat die nordgermanische Götterfamilie ihren Olymp. Die Griechen glaubten, daß Atlas die Welt trage. Das Wikinger-Universum wird von der Esche Ydrasil gestützt. Anstelle des Okeanos der Hellenen umgibt die nordländische Midgardschlange die Erdscheibe. Die Theologie der Griechen wie der Wikinger kennt das allmächtige Schicksal, dem sich selbst die Götter unterwerfen müssen. Was die Parzen für Hellas, das sind die Nornen für Skandinavien:

»Sie setzen Satzungen den Menschensöhnen,
sie lenken Leben und Los der Krieger.«

Allerdings: Den Wiking erwartet ein angenehmeres Jenseits als die düstere Unterwelt der Griechen. Schildmaiden trugen ihn über Bifröst, den Regenbogen, nach Walhall. Verwegener Kampf und fröhliche Jagd erfüllten dort seinen Tag. Abends scharten sich die Kampfbrüder zu festlichem Gelage um Odin in der aus Schildern und Speeren gebauten Halle. Das Horn voll Met ging die Runde, und die Skalden sangen.

Die Vergnügungen des Diesseits dauerten im Jenseits fort. Man behielt seine Gestalt und Lebenskraft, seine Bedürfnisse und Triebe. Kein körperloses Schattendasein erwartete den Sterbenden. Der Liebesgunst der Walküren konnte man sich im Wikinger-Jenseits auf durchaus irdische Weise erfreuen.

Das Jenseits der Wikinger-Frau war weniger lustbetont. Im Diesseits hatte sie, verglichen mit ihrer Geschlechtsgenossin in manchen kulturbesonnten Mittelmeerländern, eine Vorzugsstellung. Für die Empfehlung des Apostels Paulus »Das Weib schweige in der Gemeinde« hätte der Wiking kein Verständnis gehabt.

Aber nach dem Tode gelangte der weibliche Sippenanhang in eine jenseitig gedachte Ahnenhalle. Kaum denkbar, daß der Aufenthalt dort, im Vergleich zu Walhall, sehr kurzweilig war. Doch Walhall blieb den Toten vorbehalten, die im Kampf gefallen waren. Kein Wunder, daß die Walstatt für den Wiking keine Schrecken hatte, daß er sie manchmal geradezu suchte.

In einem Fall durften jedoch auch Frauen auf Walhalla hoffen: Wenn sie bei einem Fürstenbegräbnis den Tod wählten und als »Bräute« des Verstorbenen mitverbrannt wurden, um diesem dann das Jenseits zu versüßen. Dies Los schien mancher Magd begehrenswerter, als in der grauen Ahnenhalle zusammen mit dem übrigen Weibervolk auf ewige Zeiten zu versauern.

Die Vorkehrungen, die man im Norden traf, um einen hochgestellten Verstorbenen mit allem Notwendigen zu versorgen, stehen altägyptischen Grabzurüstungen kaum nach. Die Jarls der Normannen ließen sich mit Vorliebe in ihrem Schiff bestatten, das sie in die andere Welt bringen sollte wie zu Lebzeiten auf abenteuerliche Beutefahrt.

Wie Funde beweisen, begnügte man sich ursprünglich damit, das Grab mit einer Steinsetzung einzurahmen, die die Form eines Schiffes hatte. Größere Steine an den Außenseiten deuteten Bug und Heck an. Fraglos war man überzeugt – und auch hier drängen sich altägyptische Vergleiche auf –, daß das steinerne Schiff sich durch Magie in ein richtiges verwandeln ließe. Später bettete man den Toten in voller Waffenpracht auf einem wirklichen Schiff. Man gab ihm Schlachtroß, Gerät, Schmuck und Proviant mit auf die Jenseitsreise. Brennend fuhr das Totenschiff dann auf die offene See hinaus. Es muß ein schaurig-feierlicher Anblick gewesen sein.

Die Schilderung eines solchen Todesschiffes ist in einer großartigen Dichtung überliefert. Im achten Jahrhundert schrieb ein fleißiger Mönch in einem englischen Kloster 30000 erbauliche Verse aufs Pergament. In diesem Mammutgedicht ist das älteste Epos germanischer Sprache enthalten: das Heldengedicht »Beowulf«, das die noch heidnischen Angelsachsen einst vom Kontinent mit auf die Insel gebracht hatten. In diesem Epos von den Taten des Gautenkönigs, Riesen- und Drachentöters wird das Zeremoniell der Schiffsbestattung des Dänenkönigs Scyld Scefing genau beschrieben:

»Dort im Hafen hielt ein hochbugiges Schiff,
das strahlende, eifrige Schiff des Herrn.
Hin legten sie den geliebten Herrn,
den Ringgeber, in den Schoß des Schiffes,
den Herrn zum Maste. Sie brachten von weit her
große Schätze und kostbar Geschirr.
Nie hört ich von solchem Schiff, so reich gerüstet
mit Waffen des Kriegs, Wehr zum Kampfe,
Schwerter und Harnisch. Viele Schätze lagen
gehäuft auf seiner Brust, zu reisen
mit ihm weit fort in das Meer.«

Es gab noch eine dritte Bestattungsart für die hingeschiedenen normannischen Jarls: Samt Schiff und Beigaben setzte man den Toten unter einem Erdhügel bei. Diese Grabform war von der Völkerwanderung bis zum Ausgang der Wikingerzeit üblich. Die Wissenschaftler haben seit der Mitte des vorigen Jahrhunderts eine ganze Reihe solcher Totenschiffe aus der Erde gehoben. Was zutage trat, ist das bemerkenswerteste Ergebnis der nordeuropäischen Archäologie.

Schlachtrosse des Meeres

Sutton Hoo ist ein südenglisches Landgut in der Nähe von Woodbridge in Suffolk: Eichen- und Buchenwälder, satte Wiesen mit schwarzweiß gescheckten Kühen, ein Herrenhaus aus rotem Backstein mit weißen jonischen Säulen davor, die nichts weiter zu tragen haben als einen kleinen hölzernen Balkon. Die Luft flimmert; man spürt die Nähe der See.

Mrs. Pretty, die Eigentümerin von Sutton Hoo, ging auf die Achtzig zu. Sie dachte oft an ihren verstorbenen Mann, der neben seinen beruflichen Verpflichtungen in der Wirtschaft vor allem dem Golfspiel und antiquarischen Neigungen zugetan war. Im Pub des Suffolk-Hotels von Woodbridge, das wußte Mrs. Pretty noch, hatte er Altersgenossen bei Bier und schottischen Zigaretten immer wieder die Geschichte von Dr. John Dee, dem Alchimisten der Königin Elisabeth I., erzählt, der fest behauptet habe, unter dem Gut der Pretties müsse ein Schatz liegen. Er, Mr. Pretty, habe mehrfach gegraben, doch vergebens.

In der Tat gibt es innerhalb der Grenzen des Pretty-Gutes eine Reihe merkwürdiger Bodenerhebungen; im ganzen zählte man elf. Sie sind mit Gras bewachsen und mit gelben Blumen übersät.

1938 glaubte Mrs. Pretty, ein unausgesprochenes Vermächtnis ihres Mannes erfüllen zu müssen. Sie bestellte einige Landarbeiter, dazu bat sie den Leiter des Woodbridger Provinzmuseums nach Sutton Hoo. An drei der Bodenerhebungen auf ihrem Gut ließ sie den Spaten ansetzen. Spuren deuteten darauf hin, daß es sich um uralte Grabhügel handeln könnte. Doch die Gräber waren leer.

Mrs. Pretty gab nicht auf. 1939 wählte sie den größten der Hügel aus; er war drei Meter hoch. Vier Arbeiter gingen ans Werk. Als sie bereits ein paar Kubikmeter Erde und Geröll entfernt hatten, stutzte einer von ihnen. Mit dem Spaten war er an einen harten Gegenstand gestoßen, der wie Eisen klang.

Und nun machte man eine aufregende Entdeckung: In dem Erdhügel von Sutton Hoo war ein mächtiges Schiffsgrab verborgen! Das Schiff kam zwar verrottet und verfault zum Vorschein, doch seine Struktur ließ sich gut erkennen. Es war im Klinkerbau gefertigt, das heißt, die Längsbretter waren schindelartig übereinandergeschichtet. Keine der verklammernden Eisennieten fehlte. Die Grabkammer inmitten des Schiffsleibes trug offensichtlich ein Giebeldach. Beide,

Kammer und Dach, waren über dem Grabinhalt zusammengebrochen.

Merkwürdigerweise fand man kein Skelett. Da das Grab aber die komplette Ausrüstung eines Kriegers enthielt, schloß man auf die Begräbnisstätte eines Edelmannes der angelsächsischen Epoche. Darauf deuteten auch die Beigaben, darunter eine verzierte Gürtelschließe, goldene, mit Granaten und Glasfluß geschmückte Ärmelschnallen und eine Geldbörse mit germanischem Flechtmuster-Ornament.

Kurz nach der Auffindung des Grabes von Sutton Hoo starb die betagte Mrs. Pretty. Doch dies war nicht das einzige Ereignis, das vorläufig einen Schlußstrich unter das Kapitel des Schiffsgrabes setzte. Fast zur gleichen Zeit brach der Zweite Weltkrieg aus. England verwandelte sich in ein Heerlager. Es gab wichtigere Dinge, als in einem Erdhaufen herumzustochern.

Erst 1946 erwachte das Interesse an Sutton Hoo neu. Die geborgenen Schiffsteile gelangten auf die Labortische des Britischen Museums. Man fügte sie in einer Art Puzzlespiel zusammen. Die Bestandsaufnahme von Schiff und Schiffsinhalt ließ erkennen, daß es sich bei der Entdeckung von Sutton Hoo um den reichsten Totenschiff-Fund nördlich der Alpen handelte!

Das Grab enthielt Helm, Speere, Wurfäxte (die »Handgranaten« des Mittelalters) und den Bronzebuckel eines Schildes. »Es stießen sich die Buckel« heißt es im Gudrunlied. Das Holz des Schildes war im Boden verfault. Neben der Rüstung fand man eine Leier. Vielleicht war der Krieger zugleich Skalde. Dicht dabei lag eine zwei Meter lange Standarte mit aufgestecktem Bronzehirsch und der zugehörige Ständer mit Einsteckloch.

Es wird angenommen, daß es sich bei dem Schiffsgrab von Sutton Hoo um die Grabstätte des angelsächsischen Königs Aetelhere handelt, der 655 während einer Schlacht ertrunken ist. Damit wäre das Fehlen des Skeletts erklärt. Man hat für den König, dessen Leichnam nicht mehr aufzufinden war, ein Scheingrab, einen Zenotaph, errichtet. Es gibt noch ein anderes Motiv, das man als Erklärung anführen kann: Aetelhere war Christ geworden und hat sich in einer Kirche beisetzen lassen. Zugleich wollte er sich aber rückversichern. Wer wußte, ob die alten Heidengötter nicht doch mächtiger waren? Also ließ der König ein zweites Grab anlegen, das dem altgermanischen Ritus entsprach und dem Verstorbenen für alle Fälle einen Platz in Walhall sicherte . . .

War Aetelhere auch Angelsachse, so lebte er doch in einem Land, das jahrhundertelang von Dänen besetzt war. Die Grabausrüstung entspricht demnach der Ausstattung skandinavischer Schiffsgräber.

Nicht anders haben sich die Anführer der in die Ferne schweifenden Skandinavier beisetzen lassen.

Das Totenschiff von Sutton Hoo ist nicht das früheste, das der Boden Nordeuropas hergegeben hat. Drei weitaus besser erhaltene wurden Jahrzehnte zuvor am Oslofjord geborgen. Sie sind der von Tausenden von Besuchern alljährlich besichtigte Schatz des Vikingskiphuset in Bygdöy in der Nähe der norwegischen Hauptstadt.

Das zuallererst aufgespürte Boot ist das Tuneschiff. Man fand es 1867 in einem Hügel bei Frederikstad am östlichen Ausgang des Oslofjords. Das zweite Schiff, das den Ruhm der Schiffshalle von Bygdöy ausmacht, ist das 1880 ausgegrabene Gokstad-Boot, das mit fünfundzwanzig Metern den Längenrekord aller entdeckten Wikingerschiffe hält.

Der Gokstadfund sollte zu Beginn unseres Jahrhunderts durch einen weiteren übertrumpft werden: durch das weltberühmte Osebergschiff. Die Schönheit des Baus, seine Ornamentierung, seine Ausrüstung, die mit dem Schiff verknüpfte Geschichte stellen alle anderen Bootsfunde in den Schatten. 1903 haben die Ausgräber das königliche Prunkschiff bei Oseberg, ganz in der Nähe von Gokstad, der Welt zurückgegeben. Es ist nicht das Grab eines Wikingers, sondern einer Wikingerfrau, der Königin Asa.

Die Königin Asa steht im vollen Licht historischer Überlieferung. Wir wissen von ihr, daß sie ihren Gemahl, König Gudröd, der ihren Vater erschlagen und sie selbst zur Ehe gezwungen hatte, mit der ganzen Kraft ihrer Wikingerseele haßte. Beim Trinkgelage wurde der König vom Speer durchbohrt. Der Mörder war ein Diener der Königin. Blutrache. Daß Asa trotz unzweideutigen Gattenmords die Krone behielt, deutet auf ihren starken, unbeugsamen Willen.

Man hat im Osebergschiff zwei weibliche Skelette gefunden. Das eine stammt von einer Greisin, das andere von einem Mädchen. Welches das der Königin ist, bleibt ein Rätsel. Die Greisin litt, wie Untersuchungen ergaben, an einer Knochenkrankheit und an Gelenkentzündung. Außerdem hatte sie ein schiefes Rückgrat.

Knochen sind ein organischer Stoff. Die Radiokarbonmethode erlaubt es uns heute, organische Stoffe ziemlich sicher auf ihr Alter zu bestimmen. Die Methode macht sich das Gesetz zunutze, daß der in organischen Stoffen enthaltene radioaktive Kohlenstoff stetig abnimmt. Messen wir den Restbestand, haben wir das Alter. Den Osebergfund datiert man mit diesem Hilfsmittel der Physik auf das neunte Jahrhundert. Der Auftraggeber der Grablegung war zweifellos Asas Sohn Harald Swarte, der wiederum der Vater eines der größten norwegischen Könige gewesen ist: Harald Schönhaar.

Harald Swarte hat den Leichnam seiner Mutter auf einem ochsenbespannten Wagen nach Oseberg gebracht. Die Knochenreste der Zugtiere sind gefunden worden, dazu die Reste von 15 Pferden und 4 Hunden. Der gleichfalls ausgegrabene Wagen ist eines der Prunkstücke der Schiffshalle von Bygdöy. Wir verdanken ihm zuverlässige Kenntnisse über Kunstfertigkeit und Ornamentgestaltung der Wikinger.

Im Oseberggrab sind Räuber am Werk gewesen. Sie haben die Knochen durcheinandergeworfen, die Schädel demoliert und vom Schmuck nur sieben Glasperlen übriggelassen. Unberührt ließen die Plünderer anderes, für ihren Zweck wertloses Inventar: vier mit Schnitzwerk versehene Schlitten, Gobelins, Federbetten und Kleider.

Auch fürs Jenseits begehrte die Königin Luxus, Repräsentation, Bequemlichkeit. Und da Asa trotz des Zepters zugleich Hausfrau war, sind im Grab in rührender Weise hausfrauliche Utensilien gestapelt: Küchen- und Handarbeitsgerät, das, wie die Abnutzung zeigt, ein Leben lang in Gebrauch gewesen ist.

Das prächtigste am Osebergfund ist der Schiffskörper selbst: ein Boot für festliche Anlässe, weniger seetüchtig als das Gokstadschiff, dafür graziler, eleganter, schnittiger. Wie der aus einem Stamm gefertigte, mit Schnitzwerk verzierte Kiel in den hochragenden Steven ausläuft – das gehört zu den stärksten und bewegendsten Eindrükken, die Zeugnisse einer vergangenen Welt uns vermitteln können. Die Linie des Schiffsleibes entspricht ebenso funktionalen wie ästhetischen Gesetzen. An Vorder- und Achtersteven waren dämonische Köpfe angebracht. Vor der Landung im Heimathafen wurden sie abgenommen, damit ihre starren Augen nicht die heimischen Geister erschreckten.

An der Bauart der aufgefundenen Wikingerschiffe kann leicht erkannt werden, ob sie vorwiegend für den Kampf oder für den Handel gedacht waren. Seehandel spielte neben Beute- und Kaperfahrt eine maßgebliche Rolle. Ein ausgesprochenes Handelsschiff hieß »Knarre«. Tonnenzahl und Volumen reichten allerdings nur für solche Waren aus, die man heute als Stückgut bezeichnet. Für den Transport von Massengut waren die Seedrachen zu klein.

Als das Zeitalter der Verschiffung von Massengütern begann, schieden die »Schlachtrosse des Meeres« aus. Die schweren und ungelenken, aber breit und auf Tiefgang angelegten Koggen der Hanse konnten Kornsäcke und Weinfässer, Salztrommeln und Pelzbündel sowie Kübel mit Pech und Teer fassen. Sie schlugen die hochstevigen Drachen an Handelsrentabilität. An die Stelle der Fernziele und der sprunghaften Abenteuer traten solid festgesteckte Routen und abschätzbare, meist kontinentale Ziele. Gildengeist ersetzte Wikingergeist.

Dennoch sollte sich das Abenteuer einer Wikingerfahrt Jahrhunderte später noch einmal wiederholen.

Tagesgespräch des Frühjahrs 1893 war die bevorstehende Eröffnung der Weltausstellung in Chicago. Norwegen hatte sich einen besonderen Beitrag ausgedacht: eine Mannschaft moderner Seenomaden mit einem Drachenschiff historischer Bauart über den Atlantik und Sankt-Lorenz-Strom zum Michigansee zu entsenden. Modell für die Konstruktion des Bootes war das über tausend Jahre alte Gokstadschiff im Vikingskiphuset von Bygdöy bei Oslo, das man dreizehn Jahre zuvor ausgegraben hatte.

Gewissenhaft hielt man sich bei Anfertigung der Kopie an das Original, das so trefflich erhalten zur Verfügung stand. Man dichtete die sechzehn Wandungsplanken mit geteerten Wollschnüren ab und verband die Spanten nicht durch Nägel, sondern – getreu dem Vorbild – durch kurze Seilstücke. Während des Baus geriet man in eine Klemme. Nirgendwo in Skandinavien gab es genügend lange Eichenstämme. Die Kielleiste des Bootes mußte jedoch aus einem einzigen Stück gefertigt sein. Es blieb nichts anderes übrig, als eine kanadische Eiche zu kaufen und nach Oslo zu verfrachten.

An der Pier der norwegischen Hauptstadt drängten sich Sensationshungrige, Nationalstolze, Geschichts- und Sportbegeisterte, als das Fahrzeug mit dem Drachensteven und der rotweiß gestreiften Raa zu seiner Fahrt auslief. Nach zwei Stunden passierte das Schiff im Oslofjord steuerbords den Platz, an dem das originale Gokstadboot tausend Jahre in der Erde gelegen hatte.

Ohne Zwischenfälle gelangten die modernen »Normannen« zum Atlantik. Funkverbindung gab es noch nicht, so daß die Öffentlichkeit wochenlang über das Schicksal der modernen Wikinger im ungewissen blieb. Indessen, Kapitän Magnus Andersen vertraute auf die Seetüchtigkeit der Gokstadnachbildung. Sie erwies sich als elastisch und zugleich stabil, selbst bei bedrohlicher Windstärke. Die Durchschnittsgeschwindigkeit lag bei zehn Knoten. »Die Bootsplanken bogen sich merkbar bei harter Pressung«, schrieb Kapitän Andersen ins Logbuch, »und der ganze Rumpf verwand sich im Seegang stark, aber das Fahrzeug blieb trotzdem vollständig dicht. Die Schmiegsamkeit und die feinen Linien waren seine Stärke. So wohlgeformte und schnellsegelnde Fahrzeuge sind seitdem vor dem achtzehnten Jahrhundert nicht wieder gebaut worden.«

Als das Boot die Mündung des Sankt-Lorenz-Stromes erreichte, gab es Schlagzeilen in der Weltpresse. Neugierige standen auf der

Dufferin-Terrasse in Quebeck, am Kai von Montreal, am Hafen von Toronto. Unter dem Jubel der Tausenden von Ausstellungsbesuchern, darunter vieler Norweger, lief das Gokstadschiff Nr. 2 in Chicago ein. Das Boot wurde unweit jener Gegend vertäut, wo vor Jahrhunderten schon einmal Wikinger gewesen sind – die frühesten aller Amerikafahrer, lange vor Kolumbus.

Eine Nachbildung des Flaggschiffs des Kolumbus, der »Santa Maria«, hatte man gleichfalls aus Anlaß der Weltausstellung von Chicago im Jahre 1893 über den Atlantik segeln lassen. Während die Kopie des Gokstadschiffes 22 Tage für die Überfahrt benötigte, war die zweite Auflage der »Santa Maria« 40 Tage unterwegs . . .

Schiffsfunde, seien es Totenschiffe, Opferschiffe oder Wracks, zeigen die Reisewege der Normannen auf. Doch nicht nur in Norwegen, Schweden und Dänemark finden wir die Reste der alten Schiffsherrlichkeit.

Es gab nach Süden hin keine festen Grenzen der skandinavisch-nordgermanischen Welt. Die Grenzen blieben fließend, je nachdem, ob die westgermanischen Sachsen und die slawischen Wenden vorstießen oder zurückwichen. So saßen eine Zeitlang auch auf dem Boden der heutigen Bundesrepublik Normannen. Schleswig-Holstein besitzt einen der bedeutendsten Fundplätze der Wikingerzeit überhaupt: die Überreste des Handels-Weltzentrums Haithabu. Die Ausgrabungsstätte vermittelt ein anschauliches Bild, wie die Nordländer im frühen Mittelalter gelebt haben.

Haithabu war Knotenpunkt auf der Strecke Rheinland–Schweden. Als der Boden der benachbarten Stadt Schleswig allenfalls ein paar Schilfhütten trug, stand Haithabu bereits in hoher Blüte und war im Abend- wie Morgenland bekannt.

Haithabu – Vorbild der Hanse

Raubzüge und Großhandel haben die skandinavische Seefahrt der Wikingerzeit geprägt. Wir machen uns heute kaum mehr ein Bild, wie eng der heidnische Norden an die Handelswege der übrigen – christlichen und mohammedanischen – Welt angeschlossen war. Das Warenangebot, das die Händler Skandinaviens auf den Markt brachten, bestand im wesentlichen aus den drei Hauptartikeln Pelze, Bernstein und Sklaven.

Schon früh bildeten sich im Norden merkantile Schwerpunkte heraus. Ihre Lage hing von den Handelsrouten und von strategisch-defensiven Erwägungen ab. Meist wählte man für die Gründung kaufmännischer Siedlungen das Ende einer schmalen Bucht, eines Fjords. Die Archäologen haben eine ansehnliche Zahl solcher Siedlungen an den nördlichen Küsten Europas ausfindig gemacht. Es sind sogenannte »blinde Städte«, deren Leben durch Naturkatastrophen, Versandung oder vermindertes Handelsinteresse erloschen ist. Als blinde Städte gelten Skiringsal in Südnorwegen, Birka in Südschweden, Lindholm Höje in Norddänemark und Haithabu in Schleswig-Holstein.

Die Lage Skiringsals wird im südlichen Vestfold vermutet. Dort jedenfalls hat man zahlreiche Bootsgräber mit Importwaren nachgewiesen. Die Archäologen fanden Metall aus England, friesisches Tuch, rheinische Keramik, dazu Reste von Bollwerk und Vertäuungspfählen.

In Birka am Mälarsee, unweit von Stockholm, entdeckten die Ausgräber neben Schlittschuhen aus Schweineknochen einen Schatz von Silbermünzen. Eine der Münzen stammt aus dem Jahre 967. Das Datum gibt einen Anhaltspunkt für die Blütezeit Birkas.

In Lindholm Höje haben die Wissenschaftler ein Gräberfeld mit 700 Grabstellen gefunden, wobei es sich um »Brandgräber« handelt: Die Toten sind samt dem ihnen mitgegebenen Gut vor der Beisetzung eingeäschert worden. Bedeutender als Skiringsal, Birka und Lindholm Höje, die jeweils am Ende von Handelsrouten lagen, ist der Knotenpunkt Haithabu gewesen. Die Stadt befand sich abwechselnd in den Händen dänischer und schwedischer Wikinger.

Im zehnten Jahrhundert tauchte in Haithabu ein Geschäftsreisender auf. Er hieß At-Tartuschi und kam von weit her, nämlich aus der spanischen Kalifenstadt Cordoba. Dieser Ex- und Importkaufmann islamischen Glaubens hat nicht nur für Warenballen, Edelmetalle und gutgewachsene Sklaven ein Auge gehabt. Er beobachtete mit wachem Sinn die Länder, die er bereiste. Über seine Eindrücke hat er einen Bericht hinterlassen.

At-Tartuschi nennt den an der Schlei gelegenen Platz »eine sehr große Stadt am äußersten Ende des Weltmeeres«. Er schildert den Fischreichtum der Bucht, die Tischmanieren und Kulthandlungen der Bewohner und anderes, was ihm aufgefallen ist. Manches liest sich wie Kolportage. Man habe Kinder ins Meer geworfen, um die Unterhaltskosten zu sparen. Germanische Sangesfreudigkeit kennzeichnet der Mann aus Cordoba mit den Worten: »Niemals hörte ich häßlicheren Gesang als den der Leute von Haithabu. Das Brummen, das ihren Kehlen entweicht, ist wie das Bellen von Hunden, nur noch tierischer.«

Daß Haithabu nicht nur die Wohnstätte von Halbwilden gewesen ist, wie es dem Muselmann vorkam, das beweisen die aus aller Welt stammenden Funde. Die Ausgrabungen an der Schlei dauern heute noch an. Das Haithabu gegenüberliegende Schleswig ist ein Hauptquartier der Archäologen.

Starke Scheinwerfer lenken ihr Licht auf den Turm des Schleswiger Doms. Der Widerschein der Lichtsilhouette zittert im dunklen Wasser der Schlei. Lichtpunkte schließen sich an die illuminierte Dompracht an und bilden um die nächtliche Bucht eine Perlenkette. Man vermutet eine Großstadt.

Tagsüber sieht alles bescheidener aus. Man hat eine Kleinstadtkulisse vor sich, registriert residenzlichen Charme, nordländische Herbheit und den Geruch des nahen Meeres. Trotz der krähwinkligen Enge des »Lollfuß«, der Straße, die den Dom mit Schloß Gottorp verbindet, spürt man einen Hauch von Weite, von offenem Land und offenem Himmel. Man läßt sich gerne zum »Holm« hintreiben, dem verträumten Fischerviertel Schleswigs mit der Idyllik seiner ein- und zweistöckigen Backsteinhäuser, die sich um eine schlichte Kirche scharen.

Im Dom steht man, leider zu sehr auf Distanz, vor dem Figurenwald des Altarschreins, den Meister Brüggemann, der berühmteste gotische Holzschnitzer Norddeutschlands, für Bordesholm geschaffen hat. Der träumende Wärter an Christi Grab trägt einen Kettenpanzer nach Art normannischer Panzerhemden. Der baumlang aufragende Christophorus zur Seite des Altars erweckt den Anschein, als wolle er das Christuskind geradewegs zum Ufer der Schlei tragen.

Am Hafenkai bilden Fischernetze eine Hecke aus Strickgeflecht. Ich lasse mich von der Fähre zum Südufer übersetzen. Wasser spritzt an Bord. Sein Salzgehalt erinnert daran, daß die Schlei, die einem der Holsteiner Seen gleicht, in Wirklichkeit ein Meeresarm ist.

An der Steuerbordseite liegt die Insel Möwenberg, die ihren Namen zu Recht trägt. Einer der weißgefiederten Segler müht sich gegen den Wind zu unserem Boot hin, äugt nach Brotkrumen, kehrt dann enttäuscht zu seinem Inselhorst zurück.

Das Gasthaus am Südufer ist bekannt für seinen Eiergrog. Haddeby heißt Haithabu auf dänisch. Der Name der untergegangenen Stadt ist nur als Bezeichnung einer Gaststätte erhalten geblieben. Neben dem Gasthaus steht eine Stadt auf Abbruch; farbenfreudige Campingzelte.

Durch eine breite Veranda schaue ich auf das Panorama von Schleswig zurück. Der Blick bleibt am Dom hängen. Auch bei Tag beherrscht er die Szenerie, fast zu mächtig aufragend für die niedrige Silhouette der alten Herzogsstadt. Der Turm ist um die Jahrhundertwende erneuert worden, verfälschte Gotik über der echten des Kirchenschiffs, doch wohltuend schmucklos und aus der Fernsicht von noblem Charakter. Über der Schlei leuchtet ein weißes Segel, würdig eines Touristenprospekts.

Ich erkundige mich nach Haithabu.

»Eine Viertelstunde«, sagt die wikingerblonde Bedienung, »über die Autostraße, an Sankt Andreas vorbei, dann den Pfad immer am Haddebyer Noor entlang. Nicht zu verfehlen. Der Graswall liegt Ihnen genau vor der Nase. Der Grog macht drei Mark fünfzig.«

Die Beschreibung ist mustergültig. Nach kurzer Wegstrecke erreiche ich eine Erdaufschüttung, zu der eine Holzstiege hinaufführt. Auf dem Kamm des Walls erkenne ich ohne Mühe, daß er einen Halbkreis beschreibt, der sich zur Bucht hin öffnet. Buschwerk, das sich streckenweise auf dem Wall erhebt, macht die Halbkreisform der ehemaligen Stadtumgrenzung noch deutlicher. Den Ruinenhügel von Troja könnte man ein dutzendmal hineinsetzen. Das ehemalige Stadtareal Haithabus mißt 28 Hektar, während Köln zur gleichen Zeit nur 24 Hektar Stadtgrund aufzuweisen hatte. Der Blick über die Bodenfläche im Innern des Walls überzeugt mich, daß Haithabu einmal an Grundfläche den Rekord aller Städte des Nordens hielt.

Diese Überlegung setzt sich kaum in ein starkes Augenerlebnis um. Kein Tourist würde Tagesreisen in Kauf nehmen wie im Falle mittelmeerischer Ausgrabungsstätten, um Haithabu zu sehen. Die Stadt war, wie damals im Norden üblich, aus vergänglichem Material, aus Holz, Reisig, Lehm und Schilf erbaut. Außer der Blechbaracke sowie einigen Lastern und Personenwagen am Ort des einstigen Stadtkerns – dem Stützpunkt der Archäologen – erkenne ich nichts Bemerkenswertes. Auf Feldparzellen steht Korn und Klee. Kühe liegen behaglich wiederkäuend im Gras. Es fällt mir schwer, mir auf dem leeren Plan strohbedeckte Häuser, speertragende Wachen und lastenschleppende Sklaven vorzustellen, am Ufersaum ein- und auslaufende, ladende und löschende »Knarren«. Und doch lag hier einmal eine Stadt mit der ganzen Lebendigkeit eines Knotenpunktes, mit gutmütig und abgefeimten, trägen und fleißigen, herrischen und buckelnden Bewohnern und Besuchern, mit Schacher, Klatsch und Festefeiern.

1896 stellte der dänische Vorgeschichtler Sophus Müller die Prognose, hinter dem Halbkreiswall am Haddebyer Noor müsse eine Stadt gelegen haben. Dies hatte zur Folge, daß man 1900 zu graben begann. Die Funde bis zum Ersten Weltkrieg bestätigten Müllers Vermutung. Seit 1931 bemüht sich Professor Herbert Jankuhn, die etwa noch vorhandenen Reste Haithabus aufzudecken.

Im Grundrißbild der Wikingerstadt trat zunächst ein Bachgraben zutage, der mit Holzbollwerk befestigt war; sein Wasser hatte die Stadtgründung erst möglich gemacht. Dann befreite man die Holzfundamente verschiedener Häuser von Erde, Lehm und Schlamm. Fast alle waren, um den häufigen westlichen Winden standzuhalten, in Westostrichtung erbaut. Fast alle besaßen ein Brunnenloch. Von den Brunnen hatte bereits der Handelsvertreter At-Tartuschi Notiz genommen.

Die »Mauerung« der Häuser bestand aus lehmverkleidetem Flechtwerk oder Bohlen mit Lehmbelag. Der Rauch entwich durch ein einziges Abzugsloch. Auf Fenster verzichtete man. Als Dachbedeckung diente schilfartiges Reet, wie es heute noch teilweise in Schleswig-Holstein benutzt wird. Leider ist Reet inzwischen rar geworden, so daß man es teuer importieren muß. Das Reetdach macht dem Ziegel- und Blechdach Platz. Haithabu nahm moderne Städteplanung vorweg: den Gedanken der »funktionalen Stadt« mit getrennten Wohn-, Hafen-, Handwerker- und Gewerbevierteln. Im »Industrieviertel« floß glühendes Metall in Formen, surrten Webstühle, formte sich Lehm zu Töpfen, zerquetschten Basalt-Mühlsteine das Korn.

Was Sutton Hoo erwiesen hatte, bekräftigte Haithabu: Der Handel der Wikingerzeit umspannte für mittelalterliche Begriffe die Welt. Man war am Haddebyer Noor im Geschäft mit Dorestadt und London, mit Birka und Nowgorod, mit Bolgar und Bagdad, mit Kiew und Byzanz. Man fand Rheinwein und Chinaseide, Friesentuch und arabische Münzen. Ein »Handelsartikel«, auf den Haithabu sich spezialisiert hatte, läßt sich allerdings nur durch schriftliche Quellen nachweisen: die Sklaven. Ein Sklave entsprach dem Wert eines Pferdes. Man verkaufte Menschen als Bedienstete für Jarls, Ruderer für Seedrachen, Odalisken für islamische Serails.

Ein Blick auf die Landkarte genügt, die glückliche handelspolitische Lage Haithabus zu erkennen. Die Vorgängerin der Hanse liegt an der »Wespentaille« der jütländischen Halbinsel, dort, wo sich die Wasserarme der Schlei im Osten, der Eider und Treene von Westen beinahe »die Hand geben«. Bis Hollingstedt konnten Wikingerschiffe die Treene flußauf fahren, kiellose Boote wahrscheinlich sogar über die Rheider Au bis auf wenige Meilen an Haithabu heran. Es wird behauptet, man habe Lastboote auf Holzrollen über das kurze Landstück von Wasserader zu Wasserader hinweggerollt. Beweise für die Behauptung fehlen. Aber auch ohne das Zwischenstück einer »Rollbahn« ist die Ostwestverbindung zwischen Nord- und Ostsee eine ideale Verkehrsverkürzung – Vorwegnahme des weiter südlich verlaufenden Nord-Ostsee-Kanals unserer Tage.

Der Wasserweg war zugleich auch jahrhundertelang die Grenze zwischen Nord- und Westgermanen, zwischen Dänen und Sachsen. Der Dänenkönig Göttrik, ein Zeitgenosse Karls des Großen, baute den sieben Kilometer langen »Kograben« vom Selber Noor zur Rheider Au, die »Maginotlinie« des neunten Jahrhunderts. Die Nachfolger des Königs erweiterten die Befestigungslinie zum »Dannewerk«, einem heute noch wahrnehmbaren Erdwall, den eine Palisade krönte, erst aus Holz, dann aus Feldstein, zuletzt aus Ziegel. Das Dannewerk war die einzige künstlich geschaffene, sichtbare Grenze, die es im Mittelalter in den skandinavischen Ländern gegeben hat. Noch 1860, kurz vor dem preußisch-dänischen Krieg, verstärkten Pioniere Dänemarks den Wall.

Die Landbrücke des griechischen Isthmus hat Korinth aufblühen lassen. Die Landbrücke des jütländischen Isthmus hat Haithabu aufblühen lassen. 1050 verschwand Haithabu ebenso gründlich vom Erdboden, wie ein halbes Jahrtausend früher Korinth vom Erdboden verschwunden ist. Der Norwegerkönig Harald Hadraada äscherte im Streit mit dem Dänenkönig Sven Esdridsen die damals gerade dänische Stadt ein und suchte mit vollgepackten Schiffen das Weite. König Sven setzte ihm nach. Am Kattegat warfen die Norweger zur Ballasterleichterung ihrer Seedrachen die gesamte Beute über Bord.

»Hoch schlugen die Flammen aus den Häusern«, lautet der Sensationsbericht des Isländers Snorri, »als ich heute nacht vor Tagesgrauen auf dem Wall stand.« Haithabu hat sich nicht mehr erholt. Die nun aufkommenden Hunderttonner der Hansekoggen überforderten die Schlei als Binnenwasserweg. Auch die Handelsroute änderte sich. Die Lübecker Bucht trat die Nachfolge an. Die überlebenden Einwohner der Stadt am Haddebyer Noor ließen sich nördlich der Schlei, in Schleswig, nieder. Es ist nicht das einzige Beispiel eines Gemeinwesens, das mit Sack und Pack umgezogen ist.

Und wieder einmal, nach tausend Jahren, belegten die Archäologen, was alte, vergilbte Bücher berichtet hatten. Man ist der Brandkatastrophe des Jahres 1050 auf die Spur gekommen. Im Schutt fanden sich die Skelette zweier Männer und eines Pferdes. Es handelt sich offensichtlich um die jüngste Siedlungsschicht Haithabus. Auf der Reede am Haddebyer Noor spürte der Taucher Schwendt 1953 in der Finsternis des moorverschlammten Grundes, den er sorgfältig abgetastet hatte, die Reste zweier Wikingerschiffe auf, die in Flammen untergegangen waren. Die Eichenplanken ließen Spuren des Kampfes erkennen. In einem der Schiffe lagen Skeletteile eines Mannes. Untersuchungen der Knochen ergaben schwere Verletzungen des Jochbeins. Dies deutet darauf, daß der Mann im Kampf gefallen ist – sicher im schicksalhaften letzten Kampf um Haithabu.

Was der Boden am Haddebyer Noor freigegeben hat, brauchte zur wissenschaftlichen Bestandsaufnahme keinen weiten Weg zurückzulegen. Ziel war das Gottorper Museum und sein physikalisch-chemisches Labor.

Eine Lindenallee führt zum Prachtportal des Schlosses der ehemaligen Herzöge von Schleswig-Gottorp. Das Schloß ist ein herrschaftlicher Renaissancebau, königlich im Vergleich zur bescheidenen Dynastie eines in Landfetzen zerrissenen Zwergstaates, die hier residierte. Und dennoch – die Gottorper haben viele Länder Europas mit gekrönten Häuptern versorgt, selbst Rußland. Nur die Glücksburg-Sonderburger aus der Schleswiger Nachbarschaft sind ihnen hierin noch überlegen.

Der fürstliche Glanz Gottorps ist längst verblaßt. Das Schloß beherbergt jetzt ein Kunstmuseum und die Schleswig-Holsteinische Landessammlung für Vor- und Frühgeschichte. Neben Funden aus allen Teilen Schleswig-Holsteins ist hier zusammengetragen, was jahrzehntelange Forschungs- und Grabungsarbeit im nahen Haithabu an Gegenständen hervorgebracht hat: die Reste eines Schiffskammergrabes, Wikingerwaffen, Hausgerät und die bei Haithabu entdeckten einzigen Runensteine auf deutschem Boden. Das Museum verwahrt außerdem frühgeschichtliche Opfer grauenvoller Riten und grausamer Justiz: Moorleichen.

Es gibt außer Gottorp nur wenige Plätze in der Welt, wo das Museum zugleich Nekropole ist. In Lima in Peru hocken indianische Tote in Körben; die prachtvoll gewobenen Ponchos hängen noch über dem ausgedörrten Fleisch. Im Pompeji lagern die versteinten Körper der Vesuv-Opfer: plötzlich erstarrtes Leben. In Kairo hat man aus Pietät die Pharaonenmumien in den Keller verwiesen – doch ein anständiges Bakschisch öffnet die Pforte der Totenkammer. Moorleichen der Wikingerzeit befinden sich im Museum in Silkeborg und im Museum Moesgaard bei Aarhus. Ein weiterer Ort, an dem uns die Vergangenheit leibhaftig anblickt, ist Gottorp.

Die dort ausgestellten Moorleichen stammen nicht aus Haithabu, sondern aus Nordschleswig. Gewebeart und Schnitt der Kleiderreste weisen auf das fünfte Jahrhundert. Die Körper sind merkwürdig verkrümmt und mit gewaltsam verursachten Knochenschäden behaftet, so daß man annimmt, es habe sich um Menschen gehandelt, die geopfert oder gerichtet worden sind.

Für die nordgermanische Justiz der Moorversenkung gibt es Belege. Der Dänenkönig Harald Blauzahn soll seine Gemahlin des Ehebruchs verdächtigt und zum Moortod verurteilt haben – ein Othello des Nordens. Das Gudrunlied schildert ein Gottesgericht, bei dem eine Frau namens Herkja ihre Hände in kochendes Wasser halten mußte. Als ihre Hände verbrühten, galt ihre Schuld als gewiß: »Man führte sie sofort zum fauligen Moor.«

Unter den in Gottorp ausgestellten Moorleichen befindet sich auch die besonders gut erhaltene eines Mannes. Das rötlichblonde Haar ist zu einem Seitenknoten geflochten. Die Augen tragen eine Binde, die Fußknöchel Stoffgurte. Der Körper, so scheint es, krümmt sich in Todesfurcht.

Es besteht kein Zweifel: Bei den aus der Nacht des Moores und der Vergessenheit Emporgeholten hat es sich nicht um Ertrunkene, sondern um Ertränkte gehandelt!

Eine unscheinbare Tür im Oberstock des Gottorper Museums führt zum Labor der Sammlungen. Es ist eine moderne Alchimistenküche. Hier regiert, experimentiert und klassifiziert Konservator Johannes Schulte, ein ehemaliger Diplomingenieur, dessen Passion die wissenschaftliche Fährtensuche ist. Sein Arbeitsplatz ist umschanzt von Mikroskopen, Retorten, Folianten, dazu Schwertern, Keilen, Hämmern, Gußtiegeln, Feuersteinen. Es handelt sich um Magazinbestände, private Schenkungen und neue archäologische Funde, deren Registrierung vordringliche Aufgabe ist. Insgesamt sind noch 20000 Gegenstände zu erfassen.

Der Konservator gibt mir ein Stück Stein, das auf dem Tisch liegt, in die Hand: »Können Sie etwas erkennen?«
Ich schüttle den Kopf.
Nun legt er den Stein unter eine Quarzlampe. »Und jetzt?«
»Ich sehe deutlich eine Schrift – die Jahreszahl 1821.«
Zufriedenes Lächeln belohnt meine Wahrnehmung.
»Dieses altgermanische Beil«, sagt der Konservator, »ist zuletzt in dem Jahr registriert worden, in dem Napoleon gestorben ist. Man hat damals eine Eisengallustinte benutzt, die durch die Oxydation des Eisens unsichtbar wurde. Die Lampe bringt die Schrift zum Vorschein.«

Auch die Moorleichen von Nordschleswig gelangten auf den Seziertisch der chemischen Untersuchungsstätte. Man hat ihren Darminhalt geprüft und den Speisezettel des vierten Jahrhunderts ergründet: Hirsebrei und Hirschbraten. Ferner verrieten Tierknochenreste aus Haithabu, was am Haddebyer Noor vor tausend Jahren serviert worden ist: reichlich Schweine- und Rinderbraten, Schafs- und Ziegenkeule, wenig Hühnerfleisch, kein Wild. Über die vegetabile Kost der Bewohner Haithabus ist man durch Analyse winziger Baum- und Pflanzenpartikel im Bilde: Die Vorratskammern enthielten Gerste, Weizen, Hasel- und Walnüsse, Äpfel, Kirschen, Pflaumen, Walderdbeeren, Brombeeren und Himbeeren. Hopfen ist ebenfalls nachweisbar. Die Nordmänner brauten Bier daraus, Met genannt, das kraftvolle Getränk der Männerrunde: »Wahrheit und Met«, verkündet die Edda, »hat Weh gebracht manchem Mann.«

Das wertvollste Ausstellungsstück des Museums für Vor- und Frühgeschichte ist das Nydamboot. Man hat es in einem Moor am Alsen-Sund in Nordschleswig gefunden, wo es wahrscheinlich als Opfergabe versenkt worden ist. Die Wissenschaft datiert dieses älteste Wikingerschiff, das wir kennen, auf das vierte Jahrhundert. Als es zum erstenmal den Wogen übergeben wurde, siegte gerade das Christenbanner des Kaisers Konstantin über die heidnischen Feldzeichen seines Gegners Maxentius. Skandinavien, das die Römer »Thule« nannten, war Terra incognita.

Für das 1863 entdeckte Boot hat man um die Jahrhundertwende eigens einen Backsteinbau errichtet, in dem man auf einem Steg an dem Schiffskörper entlanggehen kann. Das Nydamboot ist so gut erhalten, daß man meint, es liege nur eben kurz im Trockendock. Die mit Wolle und Teer kalfaterten Planken und Spanten, so schwarz wie das Moor, dem man das Schiff entrissen hat, die 6000 Nieten – alles hat die Zeiten des Wikingereinsatzes, des Opfertodes, des Moorgefängnisses, der musealen Auferstehung gut überstanden.

In dem 22 Meter langen seetüchtigen Boot fanden 30 Ruderer Platz. Die Schiffszimmerleute taten alles, um Schäden durch Stöße zu vermeiden. Sie fertigten die Spanten aus naturgewachsenem Krummholz und befestigten sie mit Bastschnüren an den Planken. Eine schmiegsame, der Seebewegung nachgebende Elastizität muß das Boot auf hoher See ausgezeichnet haben. Den Nordmännern, die Eiche und Esche verehrten und ihr Heiligstes, Halle und Haus, aus Holz schufen, gelang mit dem ebenfalls holzgefertigten Schiffsleib das Bedeutendste, was ihr naturnahes Ingenium gestaltet hat. Der Aufbruch der Normannen in alle Welt hätte niemals stattgefunden ohne die in jahrhundertelanger Erfahrung geschaffene materielle Vorbedingung ihrer Seeabenteuer. »Hut ab vor den Wikingern!« sagt ein Mann mit Kapitänsmütze neben mir. »Vom ausgehöhlten Baumstamm bis zu diesem Prachtstück von Schiff war es ein weiterer Weg als vom Nydamboot zum Ozeanriesen von heute.«

Er mustert das Ruder, das in Ermanglung des originalen eine Ergänzung ist. »Aber dies hier«, fährt er fort, »hat man aus irgendwelchen Gründen nur improvisiert angebracht. Oder glauben Sie, ein Ruder ließe sich an so kurzer Pinne drehen? Und wo bleibt die zweite Halterung? Kein Wikinger hätte dieses Ding in die Hand genommen!«

Kopfschüttelnd geht er über den Steg und verläßt die Halle.

Ich gehe die Allee hinunter, die das Schloß mit der Schlei verbindet, und gelange zur Bucht. Wolkenfetzen bedecken den Himmel. Eine Brise kommt auf. Das Wasser kräuselt sich und bildet Schaummützen. Die Luft ist diesig und feucht.

Die Segel einer Regatta drehen zur Küste um. Die Leute sehen gespannt zu den Sportseglern hinüber: ein Bild friedlichen Wettkampfes und sonntäglichen Vergnügens.

Vor zwölf Jahrhunderten war es anders. Da verkrochen sich die Küstenbewohner, wenn sie am Horizont ein Stück weißes oder rotgestreiftes Segeltuch entdeckten. Grauen und Angst erfaßten sie. Und hielt sich zufällig ein Geistlicher in der Nähe auf, so zog er gleichfalls den Kopf ein und stammelte: »A furore Normannorum libera nos, Domine!«

Das Stoßgebet war im neunten Jahrhundert fast schon Schlagwort und Litanei: »Vom Schrecken der Nordmänner befreie uns, o Herr!«

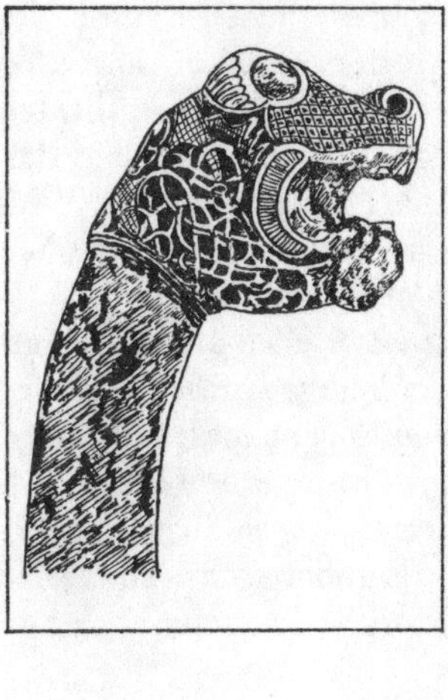

Schrecken des Abendlandes

»Gott schütze uns vor den Normannen!«

Ich warte, bis die Ebbe die Überfahrt erlaubt. Dann fahre ich über den Sand des Wattenmeeres zur Insel Holy Island hinüber, einer der verzauberten Inselidyllen an der Küste Northumberlands, unweit der englisch-schottischen Grenze. Zwischen dichten Baumbeständen steht dort ein Castle. Es gehört zu der stattlichen Zahl altenglischer Schlösser, deren Eigentümer ihren ererbten Besitzstand weitgehend verloren haben und von der musealen Herrichtung ihrer Herrensitze einige Einnahmen erhoffen: Warwick, Charlecote House oder – Holy Island. Zwar hängt hier kein Rubens, wie er, meist schlechter Qualität oder in seiner Echtheit umstritten, in keinem britischen Schloß fehlen darf, doch immerhin bietet sich ein hübscher Anschauungsunterricht über die feudalen Wohn- und Lebensformen im sechzehnten Jahrhundert, der Blütezeit des im ausgehenden Mittelalter erbauten Castle.

Das Ziel meiner Fahrt sind die nahen Trümmer der Benediktinerabtei Lindisfarne, deren Gemäuer den Schauplatz für eines der romantischen Gedichte Ossians abgeben könnte. Der Schulleiter des Inseldorfes, das neben der Abteikirche liegt, führt mich durch die halbzerfallenen Räume, deren Säulen und Bögen noch romanische Muster aufweisen. Das Kloster ist eine Gründung irischer, dem heiligen Columban verpflichteter Mönche aus Jona. Die Klosterbrüder von Lindisfarne haben das schönste handgeschriebene Buch Englands geschaffen, eine Bibelübersetzung: das Book of Lindisfarne. Die Angelsachsen erhoben die Abtei zum obersten Bischofssitz Northumberlands.

»Zwischen diesen Mauern«, sagt mein Begleiter, »lebte und lehrte der heilige Cuthbert, der Volksheilige des englischen Nordens.« Ein wenig geheimnisvoll fügt er hinzu: »Als er 687 zum Sterben kam, prophezeite er Unheil. Er ordnete an, man möge seine Gebeine rechtzeitig in Sicherheit bringen.«

Hundertsechs Jahre nach Cuthberts Vorausschau, am frühen Morgen des 8. Juni 793 zwischen den Frühgebeten der Vigilien und den darauffolgenden der Terz, klopften Fischer aufgeregt an die Pforte des klösterlichen Wirtschaftsgebäudes. Als der Kellermeister öffnete, stammelten sie, kaum der Worte fähig, Schiffe mit Drachenköpfen und weinroten Segeln würden vor der Küste ankern. Ungeschlachte, blondhaarige Riesen seien in die Häuser des Fischerdorfs eingedrungen und hätten alles kurz und klein geschlagen. Es müsse sich um Höllengeister handeln.

Von der Klosterpforte aus sah man eine feurige Rauchsäule emporsteigen. Doch ehe man irgendwelche Maßnahmen ergreifen konnte, hatten die unheimlichen Fremden bereits das Kloster erreicht. Sie schlugen mit langen Äxten die Pforte ein, drangen in sämtliche Gebäude, selbst in die Abteikirche, und hieben mit ihren beiderseitig geschärften Schwertern alle Mönche nieder, die sich nicht rechtzeitig verbergen konnten. Hohnlachend stießen sie das Steinkreuz des Bischofs Ethelwold um. Sie schlachteten sämtliches Vieh. Dann schleppten sie die Monstranz, Goldgefäße, goldene Kruzifixe, Fleisch, Mehl und Wein aus den Kellerräumen auf ihre Schiffe und lichteten die Anker.

Die wenigen Mönche, die in ihren Verstecken überlebt hatten, erinnerten sich an die Prophezeiung des heiligen Cuthbert. Mit seinen Gebeinen zogen sie aus den rauchenden Trümmern fort, irrten durch Hochmoore und Sümpfe von Northumberland und Yorkshire und suchten schließlich in Chester-le-Street Zuflucht, wo sie sich sicher glaubten. Dort setzten die Heimatvertriebenen ihren Heiligen bei. Die zahlreichen Cuthbert-Kirchen in Nordengland erinnern heute noch an die Fluchtstationen der mönchischen Odyssee.

Zögernd kehrten die Klosterbrüder noch im gleichen Jahr nach Lindisfarne zurück. Sie bauten ihre Abtei wieder auf. Zur Erinnerung an den Normannenüberfall, bei dem die alten Mauern niedergerissen worden waren, errichteten sie einen Gedächtnisstein. Auf der einen Seite knien zwei Christen vor einem Kreuz, über dem Sonne und Mond angebracht sind. Auf der anderen Seite sieht man sieben Normannen, die gewalttätig ihre Äxte und Schwerter erheben. Das Dokument des ersten Wikingereinbruchs im Abendland hat die Zeiten überstanden.

Die Reliquie des heiligen Cuthbert verblieb hundert Jahre in Chester-le-Street. Gegen Ende des 9. Jahrhunderts klopften auch hier Mordbrenner unsanft mit ihren Äxten an die Klosterpforte. Die Klosterbrüder gruben die Gebeine Cuthberts aus und nahmen sie mit in ihre Waldverstecke.

Der Heilige kehrte weder nach Chester-le-Street noch in sein stilles Inselkloster auf Holy Island zurück. Er fand seine letzte Ruhestätte in einer angelsächsischen Kirche, die am Platz der heute schönsten

Kathedrale Englands gestanden hat: des Normannendoms von Durham. Das Grab hat den Abriß des alten Gotteshauses überdauert.

Die Menschen Europas hörten entsetzt von dem Schlag, der Lindisfarne getroffen hatte, doch sie rechneten nicht damit, daß er sie selber treffen könne. Dann aber drangen wie Alarmsignale die Namen weiterer geplünderter und eingeäscherter Klöster Englands zum Kontinent: Jarrow, Monkwearmouth, Rechru, Skye, Jona. Zwei Jahre später tauchten die ersten Drachenschiffe mit ihren heidnischen Besatzungen, die wir uns nicht furchteinflößend genug vorstellen können, an der Kanalküste des europäischen Festlandes auf. Es begann eine Heimsuchung des Abendlandes, die 118 Jahre andauerte und die christliche Welt glauben ließ, dies sei »der Zorn Gottes über unsere Sünden«.

Jedermann bekreuzigte sich, wenn irgendwo eine Armada von Segeln erschien. Mit ihren wendigen Drachenschiffen verschwanden die Korsaren ebenso schnell, wie sie gekommen waren, um eine Spur von Feuer, Blut und Tränen hinter sich zurückzulassen.

»Auch wenn es hundert Köpfe aus gehärtetem Eisen auf einem Hals gäbe und hundert scharfe, gewandte, kühle, nimmerrostende, eherne Zungen in jedem Kopf, und hundert redselige, laute, nimmermüde Stimmen von jeder Zunge, so könnten sie doch nicht berichten, erzählen, anklagen, was alle Iren, Männer und Frauen, Laien und Kleriker, Alte und Junge, Hohe und Niedere, an Leid, Unrecht und Unterdrückung durch diese kühnen, furchtbaren, ganz und gar heidnischen Menschen erlitten.«

Mit diesen schwülstigen Sätzen beschreibt ein Mönch Irlands, was er während der Normannenüberfälle auf seine Insel gesehen und erlebt hat. Irland war neben England das bevorzugte Ziel der Seenomaden, die von den skandinavischen Fjorden aus über die Shetland- und Orkney-Inseln und die Hebriden besonders leicht zu dem (im Gegensatz zum Königreich Schottland) schlecht verteidigten Eiland gelangten, das in verfehdete Kleinkönigreiche zerrissen war.

Irland war damals vor allem eine Insel der Mönche. Europas christliche Frühgeschichte ist undenkbar ohne die Mission, die von den klösterlichen Pflegestätten Columbans, der »Taube der Kirche«, ausgegangen ist. Die mönchischen Flüchtlinge, die nach den ersten Wikingerangriffen zum Festland strömten, halfen mit, das christlich geprägte Lebensgefühl des Abendlandes zu vertiefen, so daß die Heidenüberfälle des Nordens indirekt der Stärkung der Kirche zugute kamen – wie Emigranten ja von jeher die Hauptträger der Kulturstreuung gewesen sind. »Ire« hieß im damaligen Europa soviel wie »Gelehrter«.

Die normannischen Piraten setzten sich unterdessen in der Heimat der Flüchtigen fest. Sie bevorzugten Küstenplätze, wo sie unter ihren Häuptlingen – einmal sogar eines weiblichen Anführers: der gefürchteten »Roten Maid« – kleine Herrschaftsgebiete bildeten, Brükkenköpfe für Raubzüge ins Inselinnere. Dublin, Wexford, Waterford, Limerick gehen auf normannische Gründungen zurück. »Es gab keinen Hafen«, heißt es in den irischen Ulster-Annalen, »keinen Landeplatz, keine Befestigung, keine Burg, keine Wehr ohne Flotten von normannischen Seeräubern.« 839 ließ sich ein Jarl namens Thorgisl zum König über die ganze Kelteninsel ausrufen; doch sein »Reich« zerbrach bald.

Bei ihren Einbrüchen in die Weidegründe, Täler und Schluchten Irlands hatten es die Raubbrüderschaften immer wieder auf Klöster abgesehen. Vierzehnmal plünderten sie Clonmacnois. Mit der Zeit sah man auf dem Eiland Patricks und Columbans nurmehr moosüberzogene Abteiruinen, so daß die Ulster-Annalen nicht übertrieben: »Das Land ist ohne Pater, ohne Credo, ohne Gälisch (die keltische Sprache Irlands), nur fremde Zungen.«

Wer heute durch Irland reist, wird an vielen Plätzen eigentümliche Rundtürme wahrnehmen, schlank wie Minarette. Die Tore öffnen sich einige Meter über dem Erdboden, so daß sie nur mit Leitern erreichbar sind. Ein britischer Offizier, der während seines indischen Kolonialdienstes ähnliche Türme von Sonnenanbetern gesehen hatte, versuchte nachzuweisen, daß Irlands Türme eben diesen Zwecken gedient hätten. Schließlich kam man hinter das Turmgeheimnis: Es waren Wehrtürme der Kelten gegen die Normannen.

Irland ist das Land der Hochkreuze (wie die verwandte keltische Bretagne auch). An mehreren dieser volkstümlichen Kalvariensteine sieht man gleichfalls Spuren der Wikinger-Schreckenszeit: Die Soldaten, die Christus am Ölberg gefangennehmen, tragen unverkennbar Wikingerschwerter. Genau in derselben Form hat man sie zu Dutzenden an den Küsten Irlands ausgegraben.

Für die »zweite Völkerwanderung«, die mit der Zerstörung des Klosters Lindisfarne begann, gibt es mehrere Ursachen. Skandinavien lag im achten Jahrhundert noch unter einem Urwald begraben, aus dem die Berge mit ihren Gletschern und Schneefeldern herausragten; Ottar hat es uns beschrieben. Auch Dänemark war mit unwirtlichen Wäldern bedeckt. Nur kleine Landstücke, meist in Küstennähe, eigneten sich für den Pflug. Der heimatliche Grund reichte für die skandinavische »Bevölkerungsexplosion« des frühen Mittelalters nicht mehr aus.

Hinzu kam, daß zwischen Nordkap und Dannewerk zahlreiche

Kleinherrscher recht selbstherrliche Krongewalt ausübten. Die eigenwilligen, freiheitlich gesinnten Nordmänner wollten sich nicht unterordnen. Sie alle glaubten, ein Patent für das zu besitzen, was man heute »Führungsqualitäten« nennt. Jeder war sein eigener König.

Die Ziele der Normannenzüge lagen geographisch fest. Die schwedischen Wikinger erwählten die Länder am finnischen Meerbusen und stießen von hier aus weit in den Landkoloß Rußland vor. Norweger und Dänen segelten nach Friesland, zur Kanalküste und zur Biskaya, nach England, Irland und Island.

Ursprünglich operierten nur einzelne Schiffe. Später bildeten sich Verbände, an deren Spitzen »Seekönige« oder »Jarle« standen. Die berühmtesten waren Ragnar Lodbrog, Oskar, Hasting, Rurik, Gottfried, Siegfried und Rollo.

Bei ihren Überfällen führten die skandinavischen Piraten Fahnen mit, die nach Zeugenberichten einen »schauerlichen Eindruck« machten. Neben dem Lindwurm kannte man den Odinsraben als beliebtes Fahnenemblem. Ein greuliches Konzert von Blasinstrumenten leitete die Schlacht ein, die in den meisten Fällen auf ein Gemetzel hinauslief.

Trotz ihres wilden Freiheitsdranges vermochten es die Normannen, straffe militärische Einheiten zu bilden. Sie waren dem schwerfälligen fränkischen Reichsheer an spontaner Beweglichkeit überlegen. Als sie in zunehmendem Maß beritten auf den Plan traten, wandten sie immer wieder die Taktik der Scheinflucht an, nach der sie dann plötzlich auf die Verfolgenden vorstießen. Diese Taktik verlangte einen hohen Grad von Disziplin. Leicht konnte die Scheinflucht in richtiger Flucht enden.

Die Normannen waren Meister im Schanzen. Sie schufen mittels Erdwällen, auf die sie Holzpalisaden setzten, schnell einsatzfähige Stützpunkte. Als erstklassige »Pioniere« legten sie Sperrfelder mit »Spanischen Reitern« an. Die Technik behielten sie auch bei, als aus Piraten längst Staatengründer geworden waren.

Die Schreckensmeldungen im christlichen Europa rissen nicht mehr ab.

793 überfielen Normannenschwärme das Kloster Egferth bei Donemouth an der Wearmündung. 789 war die Insel Man Ziel eines Blitzüberfalls. 799 suchten »Heidenschiffe« die Mündungsgebiete der Seine und der Loire heim. Aber sie schufen sich auch Brückenköpfe auf dem Festland. Dort dehnte sich damals von den Pyrenäen bis zur Elbe, vom Ärmelkanal bis nach Oberitalien ein gewaltiges Reich aus: das Frankenreich Karls des Großen.

Karl der Große organisierte eine Küstenwache, deren Wert jedoch gering war. Denn die Normannen verfügten über ausgezeichnete »Nachrichtentruppen«. Sie überschauten alle politischen und militärischen Vorgänge in England und auf dem Kontinent. Wo sie ein Loch im Verteidigungsring entdeckten, waren sie sofort zur Stelle. Alkuin, ein Abt aus York und Berater Karls des Großen, prophezeite seinem kaiserlichen Herrn: »Von Mitternacht wird das Unglück ausbrechen über alle, die im Lande wohnen.« Schon Karl bereiteten die »Schlachtrosse des Meeres« schlaflose Nächte.

Nach dem Vorgeplänkel zur Regierungszeit Kaiser Karls nahm die Piraterie normannischer Flotten in den Jahren seines schwachen Sohns, Ludwigs des Frommen, bis dahin nicht gekannte Ausmaße an. Der panische Ruf »Gott schütze uns vor den Normannen!« ging an der Küste von Ort zu Ort. Während die »Wikinger Afrikas«, die Sarazenen, den Unterleib Europas in immer neuen Raubzügen aufrissen, hatten es die »Gottesgeißeln« des Nordens, die Skandinavier, auf den Rücken des Erdteils abgesehen: Friesland, Flandern, die Seinemündung, die Halbinsel Cotentin, die Bretagne. Mehrmals, 834, 835, 836, ließen sie die reiche niederländische Handelsstadt Dorestad in Flammen aufgehen. Die Männer fielen unterm Schwert. Die Frauen kamen als lebendige Beute auf die Schiffe, die, ehe Hilfe zur Stelle war, ihre Kiele seewärts wandten.

Eine zwielichtige Haltung nahm während der fortdauernden Piraterie skandinavischer Freibeuter, darunter vieler Dänen, der dänische König Horik ein. Unterstützte er heimlich die Raubzüge? Nach außen hin wusch er seine Hände in Unschuld, ja er tat so, als ahnde er die Verbrechen seiner Untertanen, wenn er der Piraten habhaft werden konnte. 836 ließ er Ludwig den Frommen in Aachen wissen, daß er einige Wikinger habe aufgreifen und hinrichten lassen. Als Gegenleistung verlangte er das »Wehrgeld« für die Hingerichteten: den Betrag, der nach germanischem Brauch den Sippen der Getöteten als Blutgeld gezahlt werden mußte. Ob die Hinrichtungen in der Tat stattgefunden haben, wird bezweifelt. Als Horik 838 von der Aburteilung weiterer Piraten an den fränkischen Hof berichtete, forderte er als Entgelt sogar die Abtretung Frieslands. Ludwig wies das Ansinnen als dreist und unverschämt zurück.

Unter den Söhnen Ludwig des Frommen – Karl, Ludwig, Lothar, Pipin – brach der Bruderkrieg um das Erbe aus. 841 lieferten sie sich die blutige Schlacht von Fontency. Genau zum gleichen Zeitpunkt fuhren normannische Flotten brandschatzend tief in Seine und Loire ein. Durch das fränkische Reich ging die Kunde von bösen Prophezeiungen, Himmelszeichen und Finsternissen. Sie bewirkte eine Welle des Aberglaubens. Man sah unheilvolle Jahre kommen. Europa erwartete den Weltuntergang.

In Wahrheit ging mit den Normannen eine neue Welt auf, zu deren Führern und Herrschern sie berufen waren.

Nantes ist in den Geschichtsbüchern vor allen Dingen als Ort des berühmten Ediktes vermerkt, mit dem Heinrich IV. 1598 den Hugenotten Gewissensfreiheit zusagte. Man ist beim Besuch von Nantes erstaunt, nicht den abstrakten Begriff eines historischen Datums zu erleben, sondern eine in hohem Maße lebendige und betriebsame Stadt in einem leicht abgenutzten, aber farbenfrohen und heiteren Gewand. Sie hat sich in der Umgebung der Kathedrale Saint-Pierre ein Reservat der Vergangenheit erhalten. Mit der Toleranz, die durch das Edikt mit dem Namen von Nantes für immer verbunden ist, war es auch hier nicht immer zum besten bestellt. Mit Schrecken gedachte man noch jahrzehntelang der »nationalen Badewanne«: einer Massenertränkung an den Hafenquais während der Wirren zur Zeit der großen Revolution; Robespierre war zugegen.

Durch enge, gewundene Häuserzeilen mit vorkragenden Obergeschossen und vorbei an der berühmten Maison de Guinly, in der sich die Herzogin von Berry während des Aufruhrs 1832 in einem Ofen versteckt hielt (den man dann anzündete), gelange ich zum mächtigen Vierflügelbau des Kastells, über dessen Portal das von Hermelinen flankierte Wappen der bretonischen Herzöge prangt. Jahrzehntelang hatten sie gegenüber der Krone Frankreichs ihre Selbständigkeit bewahrt, bis die volkstümliche Anne de la Bretagne am Ende des Mittelalters dem König Karl VIII. ihre Hand reichte und so die friedliche Vereinigung bewirkte. Das Hotel neben dem Kastellgemäuer trägt Annes Namen. Um die Bastion der Herzogsburg führt ein breiter Wassergraben. Der Komplex ist trotz der Goldkrone auf dem Wohnturm ein Sinnbild düsterer Wehrhaftigkeit.

Von der Loire dringt das Heulen der Schiffssirenen herüber. Jenseits des Hafens ist die Moderne vertreten; die epochemachende Cité radieuse, die der große Architekt Le Corbusier errichtet hat.

Auf der Wasserstraße der Loire ist eine Unmenge von Waren durch die Jahrhunderte stromauf und stromab gegangen: von den Ölleichtern unserer Tage über das »schwarze Gold« des Negerhandels in der Kolonialzeit bis weit zurück, als wikingische Kauffahrer Pelze und Bernstein anboten – und dabei zugleich die Chance eines gelegentlichen Handstreichs erkundeten.

Nantes, Johannestag 843: Die Stadt am Unterlauf der Loire war voll von Menschen, die zum Fest von Saint Jean herbeigeströmt waren. Das Volk drängte sich in die Kathedrale, die damals noch eine einfache romanische Hallenkirche gewesen ist.

Plötzlich bahnten sich Mönche, abgerissen und atemlos, eine Gasse durch die Menge. Sie waren von der Loire-Insel Indret gekommen, wo sich ihr Kloster befand. Eine riesige Flotte von Seeschlangen, sagten sie zitternd, nähere sich der Stadt.

Bisher hatten normannische Seeräuber nie gewagt, eine befestigte Stadt anzugreifen. Die Bevölkerung von Nantes und die Festbesucher klammerten sich an die Hoffnung, die starken Steinwälle würden den heidnischen Barbaren Halt gebieten. Hastig schloß man die Tore.

Doch bald erfaßte bleierner Schrecken die Eingeschlossenen. Denn schon ankerten siebzig Wikingerschiffe an einem Werder vor der Stadt. Ehe man zur Besinnung kam, legten die Normannen die Sturmleitern an die Mauern, überstiegen die Steinwehr und brachen gleichzeitig die Tore auf. Niemand leistete bei der allgemeinen Lähmung Widerstand. Kopflos liefen Einheimische und Fremde durch die Gassen.

In ihrer panischen Angst strömte die Menge zur Kathedrale. Aber schon waren die Normannen mit blitzenden Schwertern unter ihnen – lachende Plünderer und grimmige Schlächter. Sie drangen in das Gotteshaus ein, ohne vom Boden verschluckt zu werden, wie fromme Gemüter glaubten.

Schon hat einer der Berserker den Bischof Gunthard, der seit acht Jahren hier amtiert und jetzt, unbeirrt durch den Tumult, am Altar von St. Fereolus die Messe zelebriert, an seinem prächtigen Ornat gepackt und – der Geistliche kann gerade noch die Worte »Sursum corda!« (Herzen empor!) aussprechen – mit einem gutgezielten Schwertstreich niedergestreckt. Mit ihm sinken Priester, Mönche, Ministranten mit blutenden Wunden auf die Steinfliesen; die Kathedrale brennt an allen Ecken; Brand, Raub und Mord wüten in der ganzen Stadt.

Als die Dämmerung über das brennende Nantes herabsank, machten sich die Normannen mit ihrem Raubgut und ihren Gefangenen davon. In den nächsten Tagen verwüsteten und plünderten sie das ganze Gebiet der unteren Loire. Das Kloster Indret, von dem das erste Warnungszeichen gekommen war, ging in Flammen auf und wurde nie mehr aufgebaut. Auf der vor der Küste gelegenen Insel Noirmoutier bezogen die Mordbrenner Quartier und blieben dort den ganzen Winter über.

Beim Anblick der Beute, die auf dem Lagerplatz zur Verteilung ausgebreitet war, wurden viele der Raubgesellen von solcher Habgier erfaßt, daß sie sich wie ein Rudel Hunde darüberstürzten. Es kam zu hitzigem Handgemenge; einige zogen die Waffen und erstachen ihre Bootsgefährten von gestern; einem Teil der Gefangenen gelang es, im allgemeinen Wirrwarr zu entfliehen und sich nach Nantes zurückzustehlen.

Seither stand bei den Normannenheeren auf das Delikt, sich an noch nicht verteilter Beute zu vergreifen, die Todesstrafe ...

Im selben Jahr, in dem die normannische Apokalypse Nantes getroffen hatte, teilten die Söhne Ludwigs des Frommen, Karl (genannt der Kahle), Ludwig (genannt der Deutsche) und Lothar, im Vertrag von Verdun ihr Erbe, das Frankenreich Karls des Großen, in drei Teile. Ludwig legte Wert darauf, linksrheinische Gebiete mitzubekommen – »wegen der Fülle des Weins«. Pippin, der vierte der Brüder, war leer ausgegangen. Weil er als Herzog von Aquitanien den Normannen gegenüber zu lau war, hatte man ihn abgesetzt; er starb bald danach im Kloster. Als auch Lothar das Zeitliche segnete, teilten die zwei überlebenden Brüder 870 im Vertrag von Mersen das frei gewordene Mittelreich. Damit war das Modell der beiden Länder Frankreich und Deutschland geschaffen, die sich nun politisch und sprachlich immer weiter auseinanderleben sollten bis hin zu einer sogenannten »Erbfeindschaft«, deren Widersinn erst unsere Generation überwunden hat. Karl, der Herr des Westreiches, verstand bereits den germanischen Dialekt des Fränkischen, den Karl der Große, sein Großvater, noch gesprochen hatte, nicht mehr. Die Verlesung des Vertrags von Mersen erfolgte doppelsprachig.

Die Macht der Karolinger war nach innen und außen gering. Zumal die Karolinger des Westreichs, auch »Faulenzerkönige« genannt, nicht fähig waren, einen wirksamen Damm gegen die Flutkatastrophe der Normanneneinbrüche zu errichten. Sie zogen es immer wieder vor, die Abwehr unzureichenden örtlichen Kräften zu überlassen oder die Normannenführer durch Tributzahlungen zu beschwichtigen – meist nur für eine Gnadenfrist.

Am Horizont tauchten immer neue Flotten auf. Neue Banden unter neuen Häuptlingen scherten sich wenig um alte Verträge. Sie setzten sich auf den Küsten- und Strominseln fest. Ihre bedrückende Gegenwart lag ständig auf dem fränkischen Reich. Jederzeit mußte man damit rechnen, daß sie aus ihren Inselhorsten zu neuen Raubzügen hervorbrechen würden. »Keine Burg, kein Dorf, keine Stadt«, schrieb der Chronist Adrevald, »die nicht dahinsank unter den tödlichen Streichen der Heiden. Dies bezeugt Poitiers, einst die reichste Stadt Aquitaniens, dies bezeugten Saintes, Angoulême, Périgueux, Limoges und Clermont, bis jetzt die Grenze des Schwertes der Barbaren, ja sogar Bourges selbst, die Hauptstadt Aquitaniens. Sie alle verkünden, daß sie schwer getroffen sind von dem feindlichen Einfall, da kein Heer sich zur Verteidigung erhob.«

Rauchsäulen waren die Fanale der Allgegenwart der Mordbrenner zwischen Pyrenäen und Elbe. Bordeaux, Tours, Angers, Orléans und Utrecht lagen in Trümmern. Und immer wieder richtete sich die normannische Begehrlichkeit auf Klöster, wobei die Insassen nicht zuerst ihre Schätze in Sicherheit zu bringen suchten, sondern die Gebeine ihrer Heiligen.

In ihrem Aberglauben scheuten die Nordmänner manchmal vor der Macht des fremden großen Gottes zurück, so im Kloster Saint Sauveur in der Vilaine, wo ein Gewitter sie so sehr erschreckte, daß sie von Raub und Zerstörung Abstand nahmen und den christlichen Rivalen Odins mit Weihgeschenken zu versöhnen suchten.

Bisher war Westfranken das Ziel der Piratenzüge aus dem Norden. Ostfranken hatte nicht im gleichen Maße zu leiden.

Doch um die Mitte des neunten Jahrhunderts brachen Raubschiffe auch in die Rhein- und Elbemündung ein. 851 brannten normannische Eindringlinge sämtliche Ortschaften an der Unterelbe nieder und erschienen plötzlich drohend vor dem Wall von Hamburg.

Hamburg hatte als Bischofssitz und Ausgangspunkt der skandinavischen Mission, doch auch als Handelsplatz ein hohes Ansehen im fränkischen Reich und in der gesamten christlichen Welt. Es sollte die erste große Katastrophe seiner Stadtgeschichte erleben.

Hamburg in Flammen

Obwohl die großen Brände und das Zerstörungswerk der Spitzhacke die Hansestadt Hamburg fast aller historischer Bauten beraubt haben, ist die Tradition in seinem von salzigen Brisen blankgescheuerten Gesicht sofort abzulesen. Man hat dieses Gesicht mit dem eines Ratsherrn im Zobelpelz verglichen. Es ist ein nobles, nicht allzu musisches, selbstherrliches, gemessen kühles und ausgeglichenes Antlitz voller Weitblick und Lebensbejahung.

Das quadratische Becken der Innenalster und das ovale der Außenalster scheinen von den Stadtplanern bewußt angelegt, um die City durch große Wasserflächen aufzulockern. Doch die beiden »Seen«, die so viel zum herben Charme der Hansestadt beitragen, sind aus Nützlichkeitsgründen aufgestaut worden. Der Jungfernstieg war ursprünglich ein Mühlendamm, die Lombardsbrücke eine Festungswehr. Von der Alster aus gelange ich, an der neugotischen Petrikirche vorbei, zum Alten Fischmarkt. Die Gegend um den Markt ist ein ausgesprochenes Geschäftsviertel mit Hochhäusern, Kaufhallen und Autosilos. Zwischen den Neubauten stehen alte, verrußte Backsteinhäuser, die den Krieg überdauert haben. In einer

Butike hängen Briefmarken aus. Ein Wirt läßt durch Aushang wissen, daß es heute Aalsuppe gibt. Die Fenster einer Kneipe sind blind von Tabakrauch. Über einem pseudobarocken Hauseingang hängt ein Schild: »Hunde- und Katzenfutter hier im Keller.«

Zwischen Petrikirche und Fischmarkt stand einst der Hamburger Dom, ein Gebäude in großartiger Backsteingotik. 1808 hat man ihn leider abgebrochen. Die Petrikirche ist ein Abklatsch davon, wie man anhand des Modells im Museum für Hamburgische Geschichte leicht erkennen kann. Den Standort des Doms, dessen Steine zur Befestigung von Deichen dienten, nahmen seit der Biedermeierzeit die Gelehrtenschule des Johanneums ein. 1943 ging der klassizistische Bau in Trümmer. Das Grundstück wurde nicht mehr bebaut und dient bis heute als Parkplatz.

Kaum einer, der seinen blauen, roten oder elfenbeinfarbenen Wagen hier abstellt, ist sich bewußt, daß er sich auf dem Boden des ältesten Hamburg befindet und daß die Umgrenzung des Parkplatzes ungefähr dem Verlauf des Walles entspricht, der die Stadt im neunten Jahrhundert umgeben hat – in einer Zeit, in der Hamburg noch Hammaburg hieß.

Der Portier eines Bürohochhauses, mit dem ich ins Gespräch gekommen bin, weiß gut Bescheid. Er zeigt in Richtung Fischmarkt: »Vor hundert Jahren noch stand hier eine halbrunde Häuserzeile. Sie folgte genau dem Verlauf des Erdwalls der Hammaburg. Leider verschwunden – wie so vieles hier. Wollen Sie das Gelände von oben sehen?«

Ein Aufzug trägt mich schnell zum Obergeschoß. Durch ein breites, drehbares Fenster schaue ich auf den Parkplatz hinab, auf dem die Autos nun wie Käfer wirken. Ich versuche, die Weltstadt von heute zu vergessen und mir die alte Stadtanlage vorzustellen.

Hamburg lag nicht immer an der Elbe. Die alte Hammaburg erhob sich auf einem flach auslaufenden Geestrücken inmitten der weiten ebenen Marschen zwischen Alster und Bille. Der Wall hatte die Form eines Vierecks mit abgerundeten Ecken und bestand aus Plankenwerk, das man mit Erdreich angefüllt und mit Grassoden abgedeckt hatte. In der Wallumzäunung, die durch Palisaden noch erhöht war, standen auf einem Areal von etwa einem Hektar die schlichte hölzerne Taufkirche des Bistums Hammaburg mit den zugehörigen Klostergebäuden der in der Stadt ansässigen Benediktiner sowie eine Reihe von Häusern, deren stattlichste der Burgvogt bewohnte.

Im Vorgelände des Erdwalles lag das sogenannte »Suburbium«, die Vorstadt mit den Unterkünften der Kaufleute und Handwerker. Neben Pfostenhäusern standen hier auch eingetiefte Grubenhütten, die vorwiegend als Keller, Magazine und Mieten dienten. Die Vorstadt grenzte an einen durch Faschinen abgesicherten Hafen, der an einem der Nebenarme der Alster lag. Der Nebenarm entsprach dem vor längerer Zeit zugeschütteten Reichenstraßenfleet, dessen einstigen Verlauf noch viele Hamburger kennen.

Die Errichtung der Hammaburg stellte für das Bauwesen des frühen Mittelalters eine erstaunliche Leistung dar. Man bewegte 20000 Quadratmeter Erde. 8000 Bäume wurden gefällt und verarbeitet.

Kurz nach ihrer Gründung in der Karolingerzeit gewann die Hammaburg durch einen berühmten Kirchenmann geistlichen Glanz: durch Ansgar, den »Speer Gottes«, der als Apostel des Nordens und »Athleta Dei« in die Kirchengeschichte eingegangen ist und in Ur-Hamburg als erster Bischof gewirkt hat. Erzbischof Rimbert von Bremen hat uns seine Lebensgeschichte übermittelt.

Ansgar war als Zögling des flandrischen Benediktinerklosters Corbie nach Corvey an der Weser gekommen, wo er als Lehrer wirkte. Ludwig der Fromme beorderte den Kirchenmann als Missionar nach Skandinavien. Mit einem Troß voll Kirchengeräten, Büchern, Sutanen, Schreinen und Zelten begab sich der Streiter des Wortes an die nördliche Glaubensfront. Dort erreichte er seine Bekehrungserfolge durch das überzeugende Argument – aber auch durch gleißende Geschenke. Die Nord-Mission stellte demnach für die fränkische Kirche ein kostspieliges Investitionsobjekt dar. Auf einer seiner Missionsreisen plünderten Seepiraten den Gottesmann aus, so daß er in einem beschwerlichen Fußmarsch nach Birka in Schweden flüchten mußte.

Ansgars fester Sitz und Missions-Ausgangspunkt war die Hammaburg, die sich damals schon kaiserlicher Markt-, Zoll- und Münzrechte erfreute. Um die Bischofsstadt breiteten sich Moore aus. Weder Ansgar noch die paar hundert Bewohner des frühesten Hamburg hielten es für möglich, daß jemals ein Feind das unwegsame Gelände durchdringen und bis zu dem Glaubenszentrum in der Wallumgrenzung vorstoßen könne.

Es sollte anders kommen. Moore und Sümpfe bildeten für den Feind kein Hindernis. Denn er kam von der Wasserseite.

Eines Morgens tauchten im Nebel der Elbemündung Dutzende von Meeresdrachen auf, die statt Schuppen rotbemalte Schilde an den langgestreckten Leibern hatten. Jeweils dreißig Paar Riemen dienten als Flossen, die das todbringende Geschwader stromauf jagen ließen.

Die mächtigen, quergestellten Segel wuchsen zu bedrohlicher Größe an. Die Grimassen der Drachen- und Schlangensteven wendeten sich der Alstermündung und dann dem Hafenfleet der Hammaburg zu, in das die leichten Boote mit ihrem geringen Tiefgang mühelos einfuhren. Die Wachen auf dem Palisadenwall schlugen Alarm.

Wie stets erwiesen sich die Nordmänner als Meister des Überraschungsangriffs. Sie hatten ausgekundschaftet, daß der Burgvogt gerade auf Reisen war. Ihre Schiffe bewegten sich schnell und fast lautlos. Mit spontaner Wildheit eröffneten sie den Kampf, als routinierte und erbarmungslose Totschläger beendeten sie ihn wie in den Jahren zuvor an den Ufern der Loire, der Seine, des Rheins.

»Der Herr Bischof«, so der Chronist Rimbert, der es noch vom Hörensagen wußte, »wollte zuerst mit denen, die in der Burg zugegen waren und in der Vorstadt wohnten, die Stadt halten, bis größere Hilfe herankäme. Dann aber, als die Heiden vordrangen und die Burg schon belagerten, sah er ein, daß er mit seinen Leuten keinen Widerstand leisten konnte. Deshalb trug er Sorge, daß die heiligen Reliquienschätze fortgeschafft wurden, und entkam darauf mit knapper Not und ohne Kopfbedeckung, während seine Geistlichen nach allen Richtungen zerstreut wurden. Auch die Bewohner verließen den Ort und irrten überall umher. Manche entkamen, einige wurden gefangengenommen, die meisten erschlagen. Als die Feinde die Burg eingenommen hatten, plünderten sie und nahmen alles, was sie vorfanden. Dann blieben sie noch die ganze Nacht und die folgenden 24 Stunden daselbst. Nachdem sie alles in Brand gesetzt hatten, zogen sie wieder ab. Damals ging sowohl die unter Erzbischof Ansgar erbaute Kirche als auch das allgemein bewunderte Kloster in Flammen auf.«

Als die Seedrachen mit Beute beladen der offenen See zutrieben, stellte sich ihnen auf der unteren Elbe ein sächsisches Aufgebot in den Weg. Zahlreiche Piratenschiffe gingen auf Grund. Doch die Hilfe von außen kam zu spät. Hamburg war ein Aschenhaufen.

Die Stadt führte danach ein Schattendasein – erst mit der Verlagerung des Handels von der Ost- zur Nordsee und zum Atlantik blühte sie eigentlich auf. Auch die Selbständigkeit des Bistums war dahin. Man vereinte Hamburg und Bremen zu einem Erzbistum. Der Erzbischof hatte seinen Sitz an der Weser. Mit dem Ausfall des Elb-Stützpunkts ist der Sieg des Christentums in den nordischen Ländern um anderthalb Jahrhunderte verzögert worden.

Nach der Katastrophe des Normannen-Überfalls hat die Metropole, die man heute als »Tor zur Welt« bezeichnet, noch manchen schwarzen Tag erlebt. Der Sommer 1284 brachte ihr die Totalvernichtung durch einen Großbrand. Dasselbe wiederholte sich in der Nacht vor Himmelfahrt 1842. Man zählte 1750 niedergebrannte Wohnhäuser und Warenspeicher. 20000 Menschen verloren ihr Haus.

Und zum viertenmal wurde die Hansestadt im Zweiten Weltkrieg ein Opfer der Flammen. Schwärme von Bombern warfen im Sommer 1943 in mehreren Angriffen ihre vernichtende Last über dem Welthafen ab. Leuchtschirme, »Tannenbäume« genannt, machten den Himmel taghell. Viele lösten sich im Niedersinken auf. Es sah aus, als flössen glühende Metalltropfen auf die Stadt. Über 50000 Bewohner kamen ums Leben.

Von der Hammaburg war 845 nichts übriggeblieben als verkohlte Balken, Schutt und Scherben. Was von Hamburg 1943 übriggeblieben ist, nahm sich bei weitem makabrer aus. Der Dichter Hans Erich Nossack, der kurz danach durch die Straßen seiner Vaterstadt fuhr, hat das apokalyptische Bild der zerschundenen Hansestadt mit erschütternder Sachlichkeit festgehalten:

»Der Wagen schwankte und tastete sich durch den Paß, der zwischen den Trümmern notdürftig freigelegt war, über Geröllhalden zusammengebrochener Gebäude, an Kratern vorbei und unter zerknickten Brücken hindurch, von denen Waggons wie Girlanden ins Wasser der Hafenbecken hingen, aus denen der Bug einer Schute emportauchte, erschrocken über die plumpen Körper von Oberländerkähnen, die leblos auf der Seite trieben. An den Rändern des Passes lagen längliche Bündel, und man sagte, es wären Leichen. Alle so still, und viel lauter glaubte man den Todesschrei der Autos gellen zu hören, die, gelbausgeglüht und in letzter Not sich erbarmungswürdig aufbäumend, den vergeblichen Fluchtweg bezeichneten.«

Nach dem Bombenangriff auf Hamburg lag die Altstadt fast vollständig in Trümmern. Gleich nach dem Krieg räumte man den Schutt weg. Das Gelände der alten Hammaburg lag frei. Damit bot sich eine einmalige Gelegenheit: Die Wissenschaftler stellten sich mit Greifbaggern und Spaten ein, um das Hamburg von 845, die von den Normannen zerstörte Hammaburg, durch Untersuchung der Bodenstruktur und mögliche Funde nachzuweisen.

Dr. Reinhard Schindler, ein junger, aus Oberschlesien stammender Archäologe, war nach seiner Entlassung aus der Gefangenschaft in das weitgehend zerstörte Hamburg gekommen. Da er in seinem Beruf keine Arbeit fand, betätigte er sich als Nachtwächter in der Trümmerlandschaft. Als er dann die Stellung eines Kustos für Bodenforschung im Museum für Hamburgische Geschichte angetreten hatte, begann er am 21. Juli 1947 in der Altstadt zu graben. Er sagte sich zu Recht: In wenigen Jahren würde hier ein neues Hamburg emporwachsen – wollte man die Chance wahrnehmen, nach dem ältesten, nach dem Ur-Hamburg zu fahnden, so mußte man sie jetzt und keinen Tag später ergreifen. Schindler fand die Zustimmung seines Chefs, Professor Walter Hävernik, und die Finanzunterstützung der Kultur- und Finanzbehörde, der Parlamentsinstanzen der Freien und Hansestadt sowie vieler Geldgeber aus der Wirtschaft.

Ein kleiner Trupp von Arbeitern begann mit der »Tiefenforschung« auf dem Schuttgelände der Kleinen Bäckerstraße. Der Bagger eines Aufräume-Kommandos hatte gerade die letzten verbogenen Eisenträger und die Armaturen eingestürzter Baukörper beiseite gehoben. Die unterirdischen »kulturgeschichtlichen Archive« lagen offen.

Passanten, deren ausgemergeltem Äußeren man die Hungerrationen der ersten Nachkriegszeit ansah, blieben an der Grabungsstelle stehen und schauten zu, wie man aus Hamburgs Untergrund die noch ländliche Frühschicht ihrer Stadt hervorholte: angekohlte Holzbalken, Kuh- und Ziegenhörner, Futtertröge, Rutenbesen, Topfscherben, Knochenkämme, Holzpantoffeln, Kochlöffel. Was die rührigen Archäologen gefunden hatten, waren Zeugnisse des Hamburgs im nachnormannischen Mittelalter. Die Hammaburg, die die Seepiraten 845 vorgefunden hatten, als sie mit ihren Seedrachen die Elbe stromauf gerudert waren, lag noch immer im Schoß der Erde.

Systematisch untersuchte Schindler mit seinen Helfern nun in einem Zeitraum von mehreren Jahren das Gelände zwischen Petrikirche und Altem Fischmarkt. Zahllose Schwierigkeiten legten sich seiner Arbeit in den Weg. Die Ausschachtungen für den U-Bahn-Bau in der Schmiedestraße gingen so rasch vor sich, daß die an dieser Stelle geplanten sorgfältigen Untersuchungen unterbleiben mußten. Und manchmal spielte das Hochwasser den archäologischen Schatzsuchern einen Streich. Als sie im Spätherbst 1948 ihre Arbeit aufnehmen wollten, sahen sie mit Schrecken, daß der 40 Meter lange und 5 Meter tiefe Ausgrabungsschacht fast zur Hälfte mit Wasser angefüllt war. Ein steifer Nordwestwind hatte bei Flut das Elbwasser durch die Fleete bis mitten in die Stadt vordringen lassen. Was war zu tun? Ausschöpfen mit Eimern oder durch Handpumpen hätte Monate in Anspruch genommen. Schließlich gewann Schindler die Feuerwehr, die mit einer Motorpumpe eingriff. Sie brauchte anderthalb Tage, um den Graben trockenzulegen.

Im Herbst stießen die Spaten des Ausgrabungstrupps auf die alte Hammaburg. Der Wall zeichnete sich deutlich ab. Erdverfärbungen rührten von den Palisaden her. Auch fand man Indizien für einen gewaltsamen Einbruch in die Wallumzäunung; sie bewiesen die Einnahme des befestigten Platzes durch die Normannen. Brandreste im Südwesten des Walls und im südlichen Wallvorgelände ließen erkennen, daß der Angriff von der Wasserseite erfolgt war.

Den Ausgräbern gelang auch die Feststellung der Jahreszeit, in der die Hammaburg von den normannischen Seepiraten eingenommen und eingeäschert worden ist: Man fand winzige Insektenflügel, die mit den obersten Erdmassen des Walls in den vorgelagerten Graben gelangt waren. Da es sich um die Flügel von Mistkäfern handelt, die nur in den Monaten Juni und Juli ausschwärmen, muß die Brandkatastrophe der Hammaburg im Hochsommer erfolgt sein.

Im Innern des Wallgürtels kamen durch Schindlers Grabungen Standspuren der Eichenpfosten zum Vorschein, die das Kirchendach getragen hatten. Von der übrigen Bebauung war nichts zu entdecken, da Gräber, Grüfte und jahrhundertelanges städtisches Wachstum den Boden hoffnungslos zerwühlt hatten. Weisen die Spuren von Herdplätzen, Backöfen, Schmelzplätzen auf Mönche oder Laien, Krieger oder Zivilisten hin?

Der Bau der Hammaburg muß Jahre gedauert haben. Die Arbeitskolonnen brauchten ihr tägliches Brot. Man konnte es nur durch Intensivierung der Landwirtschaft im Umkreis der Stadt beschaffen. In der Tat lassen Pollen in den Dungpackungen, die als Unterlagen des Wallkörpers dienten, Schlüsse auf solch eine Intensivierung zu, vor allem auf den steigenden Anteil von Hafer. Darin sieht Schindler wiederum einen Beweis für die Beteiligung von Pferden bei den umfangreichen Bodenbewegungen und Holztransporten.

»Ist es nicht erstaunlich«, schrieb der von seinen Ergebnissen begeisterte junge Wissenschaftler, »auf welche Weise winzig kleine Blütenstäubchen unser Wissen von den Umweltbedingungen der frühgeschichtlichen Zeit bereichern? In wenigen Jahrzehnten war durch den gestaltenden Eingriff des Menschen aus einer mit Trümmervegetation, Heide und Wald bedeckten urwüchsigen Gegend eine Kulturlandschaft geworden.«

Wo zur Zeit der normannischen Piraterie die Elbe als ungestalteter Wasserlauf durch Urwald und Heide strömte, befindet sich heute die dynamische Landschaft des »schnellen Hafens«, des viertgrößten europäischen – nach London, Rotterdam, Antwerpen. Man fährt an der Elb-Riviera von Blankenese mit ihren weißen Kapitänsvillen vorbei und erreicht die Landungsbrücken, die einen Blick auf Werften und Überseeschiffe, auf Hafenschlepper, Schuten und Barkassen gewähren.

Bei der Ausbaggerung des Elbstroms hat man im Schlick der Fahrrinne wikingische Waffen, Schwerter und Lanzenspitzen gefunden, Zeugnisse des Überfalls auf die Hammaburg im Jahre 845.

Der Hafenteil, der dem Standort der frühmittelalterlichen Siedlung am nächsten liegt, ist der Freihafen. Wo vor über tausend Jahren die Normannen ungefragt eingedrungen sind, verkündet heute ein Schild an der Kornhausbrücke: »Bitte Zollvorschriften beachten! Durchfuhr von Waren nur mit Durchfahrschein!«

Ein Gebäude in der Nähe trägt die Aufschrift »Hamburger Adreßbuchverlag«. In dem dicken Band, der hier hergestellt wird, sind Hunderttausende von Namen vermerkt.

Hätte es zur Zeit des heiligen Ansgar schon Adreßbücher gegeben, so wäre man mit einem oder zwei Blättern ausgekommen. Denn die Einwohnerzahl des Bischofssitzes, den die Normannen eingenommen haben, wird von den Wissenschaftlern auf ungefähr 300 Köpfe geschätzt . . .

Das Museum für Hamburgische Geschichte am Holstenwall ist ein pompöses Backsteinschloß aus der Jahrhundertwende. Man sieht in seiner Vielzahl von Sälen und Gängen Schiffsmodelle, Galionsfiguren, Senatorenporträts.

Eine Schulklasse drängt sich in einen kleineren Raum, der die Ausgrabungen des ältesten Hamburg enthält, darunter einen rheinischen Mühlstein aus Basaltlava und ein Knochenkreuz, das als Amulett gedient hat.

An der Wand hängt ein Schaubild Niedersachsens zur Normannenzeit. Die unüberschreitbare Grenze nach Osten hin war damals die in die Karte eingezeichnete Linie des Limes Saxonicus, der das Frankreich von den slawischen Ländern trennte. Der sächsische Limes war ein Eiserner Vorhang des Frühmittelalters. Er verlief ungefähr auf der gleichen Linie wie die gegenwärtige Stacheldrahtgrenze zwischen West und Ost.

Vor dem Modell der Hammaburg, das in der Mitte des Raumes aufgestellt ist, komme ich mit Dr. Thomsen ins Gespräch, Historiker und Hauptkustos des Hauses. Die Nachkriegsausgrabungen, so meint er, hätten uns nicht nur eine Vorstellung der Hammaburg zur Zeit Ansgars vermittelt, sie hätten auch eine Revision des Gründungsdatums von Hamburg ergeben. Die Hansestadt ginge auf eine Gründung Karls des Großen zurück. Das Geburtsdatum sei ungefähr das Jahr 825, als Karls Sohn, Ludwig der Fromme, regierte.

Und dann sagt Dr. Thomsen einen Satz, der wie eine scherzhafte Pointe klingt, zugleich aber dem Kapitel »Hammaburg« eine aktuelle Perspektive verleiht. »Wissen Sie«, meint er, »die Royal Air Force hat nach dem Krieg bei der Erschließung des Ausgrabungsgeländes mitgeholfen. Ein NATO-Partner, könnte man sagen, half Hamburgs Geschichte zu korrigieren – das Datum festzulegen, an dem ein anderer NATO-Partner vor Hunderten von Jahren die Hansestadt dem Erdboden gleichgemacht hat . . .«

Der Hauptkustos meint die norwegischen Normannen.

Normannensturm am Rhein

Ein Menschenalter nach dem Untergang Hamburgs bedrohten die Normannen den Rhein. Die als lebensfroh geltende Rheinbevölkerung muß unter einer furchtbaren Belastung gelitten haben. Weinseligkeit und Sangesfreude erstarben.

Über das Rheinland ist nicht nur einmal eine Katastrophe hereingebrochen. Als Zeitgenossen sind wir geneigt, die letzte, nämlich den Bombenhagel des Zweiten Weltkriegs, als die furchtbarste anzusehen. Mit Recht, wenn wir an den Einsatz der Waffen, die absolute Zahl der Toten und das Ausmaß der Trümmer denken.

Doch die Pestjahre des Mittelalters haben die Kopfzahl der Einwohnerschaft noch radikaler vermindert. Großbrände legten noch mehr Häuserzeilen nieder – in einer Zeit, die fast nur in Fachwerk baute.

Noch »totaler« war der Untergang der Rheinstädte, ihre Drangsal und ihr Blutverlust während der Normannenstürme 882 bis 891. Gewiß, auch damals gelang es vielen, den Bemittelten zumal, sich zu »evakuieren«, auf Landsitze auszuweichen oder sich hinter die Mauern der bisher verschonten Städte zu flüchten. Auch damals wucherte das Leben auf den Trümmerfeldern weiter. Doch relativ gesehen war die Überlebenschance geringer. Die Städte wurden nicht zerstört, sondern ausgelöscht. Kein Warnungssignal kündigte den blutigen Angriff des Feindes an. Es gab keine (wenigstens halbwegs geachtete) Übereinkünfte über eine humanitäre Kriegführung. Es gab keine Schonung bei freiwilliger Übergabe. Frauen waren vogelfrei – dies waren sie allerdings auch in »unserem« Krieg, dem Zweiten Weltkrieg des angeblich fortschrittlichen zwanzigsten Jahrhunderts.

Den Normannen war es 882 gelungen, unter einem Anführer namens Gottfried einen Rheindelta-Staat zu bilden, der sich über verschiedene Inseln zwischen Maas, Walcheren und Zuidersee erstreckte – ein Gebiet, das heute durch Deichbauten und Versandung seine Gestalt als Insel-Filigran weitgehend verloren hat.

Heute ist dieses Gebiet, Seeland genannt, ein Revier anmutiger Fischerdörfer, tiefgestaffelter Dünen, vielbesuchter Badeorte und gepflegter, goldgelber Badestrände.

Die friesischen Einwohner Seelands waren immer schon Einbrüche gewöhnt – Einbrüche des Sturms und des Wassers. 882 wurden sie durch einen Einbruch überrascht, der dem der Elemente mindestens ebenbürtig war: durch den Ansturm der Normannen. Doch das »Wetter« legte sich bald, und gleich den Prielseen im Wattenmeer blieb statt der stürzenden Wasser ein stiller Teich zurück.

Nach ausgiebigem Plündern gründeten die Normannen unter

Gottfried ihren Seeland-Staat mit der Residenz Dorestad. Fast wäre hier ein Staat entstanden wie später in der Normandie. Die Nordmänner zeigten verständlicherweise keine Neigung, das Stück Land, auf dem sie sich niedergelassen hatten, weiter zu verheeren. Die Karolinger wurden durch Vertrag mit den Rheinnormannen handelseinig: Sie gaben ihnen das Land zu Lehen. Einnehmen konnten sie die normannischen Wasserburgen ohnehin nicht.

Gottfried residierte als »König« in Dorestad. Ob es von Karl dem Dicken klug war, den Unbequemen, aber Verhandlungsbereiten – die Chroniken nennen ihn nach wie vor einen »ungeschliffenen Barbaren« – 885 ermorden zu lassen? Nach ihm kam wieder die Unordnung unkontrollierbarer Piraterie.

Südlich des »im Wasser schwimmenden Königreichs«, das nach Gottfrieds Ermordung nur noch ein Schattendasein führte, liegt rechts der Maas die alte fränkische Kaiserpfalz Elsloo. Die Normannen hatten sie eingenommen, befestigt und zu einem Heerlager ausgebaut. Sie benutzten den Stützpunkt zu Überfällen auf Orte und Klöster im Herzogtum Sachsen und am Rhein. 882 fuhr eine große Flotte von Elsloo maasabwärts und verheerte Xanten. Gerüchte über die Grausamkeit der Räuberscharen verbreiteten sich rasch bis Köln. Der erste, der Alarm schlug, war der Probst von Sankt Victor in Xanten. Er war die Nacht über bis in die erzbischöfliche Residenz Colonia geritten. Vor sich auf dem Pferd hielt er den Reliquiar mit dem Leichnam seines Kirchenheiligen.

War bis auf die Einäscherung Hamburgs Ostfranken bisher von den Eindringlingen verschont geblieben, so sollte nun auch auf deutschsprachigem Boden eine ungeahnte Leidenszeit beginnen. Besser als Loire und Seine eignete sich der breite Lauf des Rheins, ideale Wasserstraße seit den Tagen Roms, zum gewalttätigen Vordringen einer bewaffneten Armada.

Die Stadtobersten in Duisburg, Köln, Bonn, Bingen und Koblenz ließen es verkünden: »Normanni ante portas!« Und wieder einmal flehten Priester und Laien: »Gott schütze uns vor den Normannen!«

Wer beweglich war und Hab und Gut abschreiben wollte, dem bot sich rheinaufwärts eine Hoffnung dar: das stark befestigte Mainz. Es wurde zum großen »Auffanglager« während des Normannensturms am Rhein.

Werden und Vergehen versinnbildlicht das Wappen der zweitausendjährigen Stadt Mainz: die beiden durch das Kreuz verbundenen Räder, die wir auf rotem Fahnentuch bei Festbeflaggung oder in Reliefform am alten Gemäuer des Eisernen Turms betrachten können. Kaum eine andere Metropole hat das sich drehende Rad der Geschichte auf dem eigenen Stadtgrund so augenfällig erleben können, kaum eine mit solchem Optimismus auf das Vergehen immer wieder neues Werden folgen lassen.

Dezember 882: Noch hatte man nicht den Grundstein für den Dom, die Grabgelege der Erzbischöfe, gelegt, noch ahnte man nicht, daß eine am Ort getätigte Erfindung ein neues Zeitalter eröffnen sollte. Man war mit sich selbst beschäftigt, lag stundenlang auf den Knien, dachte an Buße, Tod und Jüngstes Gericht. Zwischen Rhein und Martinskirche gab es keine Quartiere mehr; die jämmerlichsten Buden in »Altbauwohnungen« des neunten Jahrhunderts waren doppelt und dreifach mit Fremden besetzt: Flüchtlingen, die mit schrecklichen Nachrichten vom Mittel- und Niederrhein in die Aurea Moguntia geflohen waren, hinter deren starken Mauern sie sich einigermaßen sicher fühlten. Eben erst waren Mönche des Eifelklosters Prüm mit ihren Reliquien und Kirchenschätzen eingetroffen, abgerissen und durchgefroren. Und die hohe Geistlichkeit Kölns mit ihrem Oberhirten, Erzbischof Willibert, hatte sich bereits vor Wochen unter den Schutz Sankt Martins, des Mainzer Stadtheiligen, begeben, ohne Aussicht, je zurückzukehren: Raubschiffe beherrschten den Rhein.

Die Schreckensparolen machten in der mit Menschen angefüllten Rheinmetropole, der »besonders geliebten Tochter der römischen Kirche« (vielleicht, so dachte man, blieb sie darum verschont?) rasch die Runde. Klagelaute und Gebete erklangen in Gassen und Kapellen. Ein Erdbeben am Tag vor Silvester steigerte die Todesängste der Stadt noch und ermöglichte es den Predigern, darauf hinzuweisen, daß dies die Rute Gottes sei; nicht wenige glaubten an die Nähe des Jüngsten Gerichts.

Die Massenflucht hatte schon im Frühjahr begonnen, als die Flotte der Seedrachen noch in Xanten lag. Die Geistlichkeit und die vermögenden Bürger der Rheinstädte entwichen stromaufwärts nach Mainz, das Volk verkroch sich in Höhlen und Wäldern.

Im Sommer setzte sich die rotbemalte Armada in Bewegung und näherte sich Köln. Die Burgen von Jülich und Neuß gingen in Flammen auf. Duisburg sank in Schutt. 1880 hat der heute größte europäische Binnenhafen eine Normannenspur freigegeben: Im Schlick des Ruhrkanals, den ein Bagger gehoben hatte, war einem Schuljungen ein Schwert aufgefallen, das an den Untergang »Dispargs« vor tausend Jahren erinnerte.

Die schwach verteidigten Römermauern Kölns bildeten für die Mordbrenner kein Hindernis. Sie plünderten, vergewaltigten, machten Gefangene und ließen die Stadt in Flammen aufgehen. Von der

Kirche Sankt Peter und dem Nonnenkloster, das Maria und den 11000 Jungfrauen gewidmet war, blieb nur ein Trümmerberg übrig. Der vor achtzig Jahren von Erzbischof Hildebold begründete romanische Dom, dessen Hochaltar Karl der Große mit »sacris metallis« hatte ausstatten lassen, brannte aus, die »heiligen Metalle« verschwanden im Bauch eines Drachenschiffes. Reste dieses frühesten Doms haben übrigens die Archäologen entdeckt. Es gelang ihnen nachzuweisen, daß Teile des Altars, an dem Erzbischof Willibert vor seiner Flucht das Pontifikalamt zelebriert hat, sich im Innern des Hochaltars unserer Tage befinden.

Als die Raubschiffe die Stromschnellen des Mittelrheins überwunden hatten und die Moselmündung erreichten, drohte in Mainz unter den Flüchtlingen Panik auszubrechen. Der Mainzer Kirchenfürst ließ in Tag- und Nachtarbeit die seit Jahrzehnten vernachlässigten Mauern flicken. Doch die Nordmänner zogen es vor, nach der Einäscherung von Koblenz eine Moselfahrt zu unternehmen (wobei sie bei der normannischen Trinkfreudigkeit die Klosterkellereien nicht übersahen) und der Römerstadt Trier, die einmal die Hauptstadt der Welt gewesen ist, einen Besuch abzustatten. Drei Tage lang raubten sie die Bischofsstadt aus. Dann, am Ostersonntag, warfen sie Feuer in die Dachstühle.

Aachen, die Kaiserpfalz, galt damals als die erste Stadt nach Rom. Der Glanz des Hofes Karls des Großen war noch nicht vergessen. Die Normannen scherten sich wenig um diesen monarchischen Nimbus, kampierten in den Badehäusern, in denen Karl gegen seine Podagra gekurt hatte, und benutzten die Pfalzkapelle als Pferdestall. Sie legten dann die Karolinger-Residenz so gründlich nieder, daß unter den Kaisern erst wieder Otto der Große in ihr eingekehrt ist. Er wollte damit kundtun, daß er als Imperator der wahre Nachfolger Karls des Großen sei.

Noch zehn Jahre hielten die Stromräuber mit ihren brandroten Segeltüchern das Rheinland in Atem. 887 gewann ein kraftvoller Herrscher – nachdem das Reich abermals und diesmal endgültig in Ost und West geteilt worden war – die ostfränkische Königskrone, Arnulf von Kärnten, der Urenkel Karls des Großen und letzter Karolinger auf einem deutschen Thron. Er entsandte Erzbischof Sunderhold von Mainz, seinen Lehnsmann, an die Maas, um den Hort der Wegelagerer in Elsloo auszuräuchern. Das kirchliche und weltliche Oberhaupt jener Stadt, die weniger als andere zu leiden hatte, kehrte nicht mehr zu seinem Bischofssitz zurück. Von den Normannen aus einem Hinterhalt überfallen, blieben er und der größte Teil seiner Heerführer tot auf dem Schlachtfeld. Das fränkische Lager fiel den Nordleuten in die Hände. Sie machten reiche Beute.

891 zog Arnulf von Kärnten mit einer ostfränkischen Armee selber an die Nordwestflanke seines Reichs, in das Krisengebiet des Normannenterrors, »willens, die Verbrecher zu züchtigen«. Im Herzogtum Brabant stießen die Heerhaufen aufeinander. Arnulf errang in der Kesselschlacht von Löwen an der Yle einen totalen Sieg. Er ist es wert, daß man ihn nach der Quelle der Fuldaer Annalen wörtlich wiedergibt. Für den schreibbeflissenen Mönch waren die Sieger aus der Sicht seiner Klause keine Ostfranken (Deutsche), sondern Christen:

»Die Christen erhoben ein Schlachtgeschrei bis zum Himmel. Nicht weniger schrien nach ihrer Sitte die Heiden. Mit gezückten Schwertern stürmten die Krieger aufeinander los. Nach kurzem, hartnäckigem Kampf fiel der Sieg durch Gottes helfende Gnade den Christen zu. Als die Normannen Schutz in der Flucht suchten, trat ihnen zum Verderben der Fluß entgegen, der ihnen vorher im Rükken als Mauer gedient hatte. Weil von der andern Seite die Christen tötend auf sie eindrangen, waren sie jetzt gezwungen, sich in den Fluß zu stürzen. Zu Hunderten und Tausenden sanken sie in die Fluten, so daß, von Toten bedeckt, das Bett des Flusses trocken schien.«

Mit Arnulfs Sieg, der gleich danach durch eine Dankprozession in Löwen gefeiert wurde, endeten die Einbrüche der Normannen am Rhein. Die der Schlacht Entronnenen setzten sich über den Ärmelkanal nach England ab. Der »Wikingerstaat« im Rheindelta löste sich auf. Die Zeiten normalisierten sich.

Doch die Bilanz für den Rhein war erschütternd: Untergang aller Städte, Klöster, Dörfer; nur wenige Überlebende; Erlöschen des Handels; tiefe Niedergeschlagenheit der Menschen, die das Unerklärliche als »Geißel Gottes« deuteten.

Zwei Jahre später, als sie rheinischen Städte noch Schutthaufen glichen, näherte sich der normannische Feuersturm Paris.

An den Ufern der Seine sollte es freilich anders kommen.

Graf Odo verteidigt Paris

Es gibt einige wenige Örtlichkeiten, die man als Brenn- und Treffpunkte des Erdkreises bezeichnen kann. Der Petersplatz in Rom gehört dazu, Trafalgar Square samt Whitehall in London, vor dem Krieg Berlins Kurfürstendamm mit der Gedächtniskirche, vielleicht der Times Square am Broadway Manhattans – aber ganz gewiß und vor allen andern Lokalitäten die Ile de la Cité, die Cité-Insel inmitten der Seine von Paris. Die Seine ist hier kein mächtiger Strom wie der Hudson bei New York oder die Themse bei London, sondern ein brav reguliertes, manierliches, zur Räson gebrachtes Gewässer, eingezwängt in hochbordige Kais und gefesselt von den griffigen Spangen zahlloser Brücken.

Ja, auch die Brücken gehören zur Ile de la Cité, es sind im Bereich der Insellänge fünf. Auf ihnen spielt sich ebenso intensiv Pariser Leben ab wie auf der Insel selbst, an den Kaimauern oder unter den Dächern des Quartier Latin, dessen Geist, Charme, Jugendlichkeit, Duft – auf dem Boulevard Saint-Michel reihen sich die internationalen Gourmet-Oasen – zum weltbekannten Eiland zwischen den Ufern der Seinearme herüberdringen. Die Insel ist ein Treffpunkt für jedermann: Beatles und Grisetten, Langhaarige und Kurzrockige, Professoren aus Cambridge und Göttingen, grellgeschminkte Amerikanerinnen mit blumenbesetzten Hüten und spitzenbesetzten Blusen, doktrinäre Eiferer und doktrinferne Playboys, Kunst- und Liebeshungrige, Meister des Savoir-vivre und des Nonkonformismus, ein buntscheckiges Bouquet an Menschen, Bildern, Büchern und Speisekarten, eine Polyphonie von Jazz, Dampferhupen, Fremdenführer-Litanei, elegantem und provinziellem Französisch, Oxford-Englisch, amerikanischem Slang, gewähltem und lauthals aufdringlichem Deutsch. Vor Kiosken liegen Zeitungen mit Balkenüberschriften, Traktate und Hefte, die in Offset unbekleidete Grazie offerieren. In den schon halbwegs legendären Bücherständen am Kai fingern bebrillte, durch Fransen auf »originell und interessant« drapierte Studiker in zerwühlter, verblichener Geistesware; Balzac, Baudelaire, fünf Bände Enzyklopädie, zwei Bände Psychoanalyse, Memoiren von Pasteur, Code Napoleon. Hinter der Silhouette der am Brückengeländer schwatzenden oder dösenden Engbehosten (die sich so bedeutend vorkommen und geben, als stecke in jedem ein künftiger Gide) wächst der Postkartenumriß von Notre-Dame empor, jener strengen und klaren Schöpfung des Bischofs Sully, die schon zu einer Art monolithischen Urphänomens geworden ist wie die Pyramiden Ägyptens, die Akropolis oder der Mont-Saint-Michel. Tauben umschwirren und umgirren das rußigschwarze, von den Sansculotten der Großen Revolution ausgeraubte Gemäuer. Man glaubt, das Klicken vieler Schnappschüsse zu hören. Es riecht nach Weihrauch und Parfüm. Die Luft ist frei und leicht wie nirgendwo, das Licht strahlend und hell, das Gefühl, auf der Ile de la Cité, dem Kern der Welt- und Lichtstadt Paris, zu sein, beschwingend bis zur Euphorie.

Die Cité-Insel im Steinozean der französischen, europäischen, universalen Metropole, die geographische, kunstgeschichtliche, touristische Mitte von Paris ist ein Reservat der Geschichte geblieben. Aus der Patina ihres machtvollen Gemäuers, Notre-Dame, Sainte-Chapelle, Palais de Justice, Hôtel-Dieu, Horloge, sprechen die Jahrhunderte, deren Spuren hier eingraviert sind. Die Insel ist ein Schrein, ein Magazin, ein Pantheon europäischen Schicksals: viel Gottesgnadentum mittelalterlicher Königsherrlichkeit, etwas Saint Louis, etwas Henri Quartre (dessen Monument sich an der Place du Pont Neuf erhebt), ein wenig Grande Revolution, Zweites Kaiserreich, Republik, Freilichtmuseum und doch lebendiger Alltag voll Solidität und Exzentrik, ein Markt von Ideen, Romantik, Boheme, Kunstbeflissenheit, Würde und Libertinage. Das schlagende, zeitlose und zugleich junge, sich verjüngende Herz von Paris.

Die von fleißigen Skribenten an Klosterpulten zu Papier gebrachte Historie der Seinestadt wie auch die Ergebnisse archäologischer Untersuchung machen es möglich, sich die Ile de la Cité in ihrem frühmittelalterlichen Aussehen genauestens zu vergegenwärtigen. Jahrhundertelang war sie das eigentliche Paris.

Dieses Urparis besaß eine Mauerumgürtung, die teilweise noch aus dem römischen Gallien stammte. Wahrscheinlich wies die Mauer Türme und Zinnen auf. Zwischen Mauer und Strom zogen sich Strände hin. Der größe Teil der Häuser bestand aus Steinquadern. Einige bemerkenswerte Bauwerke sind bekannt: der Palast (der im Hof der Sainte-Chapelle Spuren hinterlassen hat), daneben Saint-Étienne, der Bischofspalast mit der Aula, die längst verschwundenen Kirchen Saint-Martial, Saint-Germain-le-Vieux.

Zwei Brücken verbanden die Insel mit den jenseitigen Seineufern. Der Pons major (größere Brücke) stand an der Stelle des Pont au Change, der in unseren Tagen zur U-Bahn-Station Chatelet und zum freistehenden Saint-Jacques-Turm hinführt. Auf den Gewölbebrükken römischer Rundbögen, die auf Pfeilern ruhten, hatte man die Gangbahn aufgeschottert. In der Mitte konnte der Pons major wie eine Zugbrücke geöffnet werden. Die Brückenbreite betrug 6,20 Meter. An den Brückenköpfen erhoben sich Türme. Die zweite Uferverbindung war der Pons minor (kleinere Brücke), eine Holzkonstruktion an der Stelle des heutigen Petit Pont, der zum Quartier Latin führt.

Wo sich jetzt die Champs-Elysées, der Boulevard Haussmann und die Place de la République als Zentren der Urbanität befinden, lag damals freies von Waldinseln durchsetztes Land. Lediglich um die beiden Brückenköpfe schmiegten sich kleine, unbefestigte Vorstädte an das Seineufer, das Revier von Klöstern, Kaufmannskontoren, Handwerksstuben. Am Nordufer stand schon in jenen Tagen die noch erhaltene, wenn auch ganz umgestaltete Kirche Saint-Germain l'Auxerrois, deren Glockenschlag im sechzehnten Jahrhundert die Bartholomäusnacht ausgelöst hat. Auch die Kirche Saint-Germain-des-Prés geht auf die Karolingerzeit zurück; ihr Name (heiliger Germanus in den Wiesen) besagt, daß das heute mitten in Paris liegende Gotteshaus auf freiem Feld stand. Wo sich jetzt das Panthéon erhebt, lag in der Epoche der Enkel Karls des Großen die der Stadtheiligen gewidmete Kirche Sainte-Geneviève.

Dies ist der heute total veränderte, doch in der Grundstruktur erkennbare Schauplatz der bewegten Ereignisse, von denen nun die Rede sein soll: der Einfälle normannischer Raubgesellen, die beutelüstern mit dem Ungestüm eines Orkans auf die Ile de la Cité, das Paris des neunten Jahrhunderts, einstürmten.

»Der Winter war sehr hart. Die Normannen drangen mit 120 Schiffen auf der Seine, alles auf beiden Ufern verwüstend, ohne irgendwelchen Widerstand zu finden, bis Paris vor.«

So liest man es in den Annalen des Jahres 845. Herr des Frankenreiches war seit zwei Jahren Karl der Kahle. Der schwächliche Nachkomme des großen Karl ließ in ganz Westfranken fieberhaft Truppen ausheben. Nur mit einem Teil des Aufgebots – für eine Totalmobilmachung reichte die Zeit nicht – begab er sich nach Saint-Denis. Vor dem Altar des fränkischen Nationalheiligen, des aus Griechenland stammenden Dionys, warf sich der Monarch zu Boden, eingeschüchtert von der Geistlichkeit, die mit alttestamentlichem Zungenschlag das Wort vom Zorne Gottes im Mund führte und Karl in seiner Zerknirschtheit dazu brachte, alle der Kirche abgesprochenen Besitztitel schleunigst zurückzuerstatten.

Als man sich nun zaghaft der Seine näherte, saßen die normannischen Freibeuter bereits auf einer der Seineinseln im Norden von Paris. Sie hatten dort uneinnehmbare Standquartiere errichtet und sichere Auffangstellungen gebildet. Vor den Augen des karolingischen Heeres knüpften sie 111 Gefangene an den Bäumen auf oder schnitten ihnen die Kehlen durch. Gleich danach setzten sie über und schlugen das von Panik erfaßte Frankenaufgebot in die Flucht. Die Gegend um Paris lag entblößt vor den wilden Eroberern. Die Mönche der umliegenden Klöster holten wieder einmal ihre Heiligen aus den Grüften, ihre Reliquien aus den Schreinen und setzten sich in das stromabgewandte Hinterland ab.

Zuerst ging Saint-Germain-des-Prés in Flammen auf. Es folgte das Kloster der heiligen Genoveva. Die leichterrungene Beute regte den Appetit der Eindringlinge nach immer neuem Raubgut an. Überall stiegen beiderseits der Seine Rauchfahnen zum Himmel empor. Karl der Kahle lag unterdessen in Saint-Denis auf den Knien und betete.

Da der König sich außerstande sah, einen Damm gegen die Sturmflut aus dem Norden zu errichten, schloß er einen Vertrag mit den

Eindringlingen. Er bot Ragnar Lodbrog, dem Anführer der Strompiraten, 7000 Pfund Silber an – eine Summe, die nur durch Steuererhöhungen aufgebracht werden konnte.

Dort, wo heute in einem häßlichen Industrieviertel im Norden von Paris jene altehrwürdige Kirche des Abtes Suger steht, die man als Urzelle der Gotik betrachten kann und in der die Könige Frankreichs ihre letzte Ruhe gefunden haben, erhob sich im neunten Jahrhundert eine schlichte basilikale Hallenkirche. Vor ihrem Portal fand die denkwürdige Begegnung zwischen dem christlichen König und dem heidnischen Piratenführer statt. Ragnar versprach, mit seinen Spießgesellen umzukehren, die Steven seiner Drachenschiffe in Richtung Ozean zu wenden. Er mußte sein Versprechen beeidigen. Man war in einiger Verlegenheit: Welcher Gott war für diesen Eid zuständig? Ragnar sprach ihn vor der geweihten Christenkirche im Namen seines, des heidnisch-germanischen Gottes Odin. Dann nahm er Kurs nach Norden, die Schiffsleiber schwer von Beute und Silberlingen.

852 wurde die Seine erneut Kriegsschauplatz. Diesmal fuhr eine Flotte unter dem Kommando des »Seekönigs« Oskar ein. Sie plünderte das Kloster Fontanelle bei Rouen. Die Mönche wurden obdachlos. König Karl entschädigte die Klosterbrüder für ihren Kriegsverlust durch Schenkungen: ein Fall mittelalterlichen Lastenausgleichs.

Der Herrscher Frankens zeigte sich unfähig, der normannischen Landplage Halt zu gebieten. Statt die Kräfte des Reichs zu sammeln und ein wohlorganisiertes System der Verteidigung zu schaffen – damit wäre die Wikingerflut schnell verebbt –, haderte er im Kleinkrieg mit seinem Bruder um Landfetzen, setzte er seine ganze Energie ein, die römische Kaiserkrone zu gewinnen, die dem im eigenen Land Machtlosen schließlich auf das kahle Haupt gedrückt wurde.

Auch sein Nachfolger, Ludwig der Stammler, raffte sich nicht zu ernsthaftem Widerstand auf. Der Stammler wurde schließlich durch den Dicken abgelöst, der wiederum den Karolingernamen Karl trug und die beiden Reichshälften wie zur Zeit Karls des Großen und Ludwigs des Frommen noch einmal zu einem Universalreich vereinen konnte. Karl der Dicke trug gleichfalls die römische Kaiserkrone. Er sonnte sich in ihrem Glanz und reiste nach Italien, während immer neue Normannenüberfälle seine Länder heimsuchten.

Aber keiner war mit dem vom November 885 zu vergleichen. Dem Mönch Abbon von Saint-Germain-des-Prés zitterte der Gänsekiel in der schreibgewohnten Hand, als er den furchtbarsten aller bisherigen Angriffe zu Papier brachte. Eine Normannenflotte von Hunderten von Segeln fuhr unter Führung des Piratenhäuptlings Siegfried die Seine stromauf. Die Schiffsmannschaften verwandelten sich, indem sie Pferde zusammenstahlen, in eine schlagkräftige Kavallerie. Die Flotte deckte die Attacken der berittenen Stoßtrupps. Rouen versank im Flammenmeer. Schreckensparolen drangen zur Ile de la Cité. Es hieß: Zwei Meilen weit sei der Unterlauf der Seine dicht mit Seedrachen bedeckt.

Wo blieb die Streitmacht des Frankenreichs – des damals größten Reichs außer Byzanz? Paris wurde seinem Schicksal überlassen. Die Stadt schien verloren, wenn sie sich nicht selber half.

Der Name Paris hatte im neunten Jahrhundert nicht den gleichen Klang wie heute. Die Siedlung auf der Seineinsel war eine Mittelstadt, bescheiden neben Aachen und Köln, Mailand und Rom.

Dennoch schaute das Abendland auf die von Reich und König Verlassene, auf die tapfere kleine Inselstadt, das Lutetia der Römer. Die Römermauern der Cité-Insel schienen die einzige Gewähr, die Apokalypse zu überstehen.

Aber Paris hatte noch eine andere Gewähr, die schwerer wog als jede Mauerarmierung; zwei Männer aus einem Guß, die dem gleichen Leitspruch verschworen waren: Paris muß unter allen Umständen gehalten werden! Der eine, Gozlin, Abt von Saint-Germain-des-Prés, war im Jahr zuvor zum Bischof von Paris aufgestiegen. Der andere, Odo Graf von Paris, empfand den Kampf mit den normannischen Piraten als Erbe und Verpflichtung: Sein Vater, Robert der Starke von Anjou, war im Kampf mit den Nordmännern gefallen.

Die beiden Stadtoberhäupter, das geistliche und das weltliche, verfügten zur Zeit ihres Entschlusses, Paris zu verteidigen, nur über eine Garnison von zweihundert Mann. Wieder wie vor Jahrzehnten stiegen die Heiligen aus ihren Grüften hervor, um evakuiert zu werden. Die Gebeine des heiligen Germanus nahm man diesmal in die Stadt. Die Bewohner der Ufer-Vorstädte flohen in die befestigte Cité oder weit in das Land hinein. Auf der Stadtinsel stiegen die Grundstückspreise.

Am 24. November tauchten die Normannensegel auf. Sie erzeugten in der Stadt eine Aufregung wie in einem attackierten Termitenhaufen. Die fremden Krieger ankerten an jenem Uferstreifen, der heute an die mächtige Barockfront des Louvre angrenzt. Damals war das Gelände ein Schilfmeer.

Der Normannen-Anführer Siegfried forderte eine Unterredung. Man ließ ihn in die Stadt. Im Bischofspalast verlangte er die freie Durchfahrt seiner Flotte zum Seineoberlauf. Dazu wäre es notwendig gewesen, eine der Brücken abzutragen. Die beiden Stadtobersten, Gozlin und Odo, antworteten mit Nein.

Am 26. November erfolgte der erste Angriff. Er wurde mit Bravour abgeschlagen. Noch in derselben Nacht schickten die Verteidiger ein Arbeitskommando zum äußersten Brückenturm des Pons major. Fieberhaft mühte man sich, ihn durch einen Holzaufbau auf die doppelte Höhe zu bringen.

Der 27. November begann mit einer Artillerieattacke. Die Brandpfeile setzten den Brückenkopfturm in helle Flammen. Das Feuer konnte gelöscht werden. Graf Odo unternahm einen Ausfall: 200 Normannen blieben auf der Strecke.

Siegfried sah ein, daß er sich auf eine langwierige Belagerung gefaßt machen mußte, eine Taktik, die dem Wikingernaturell weniger entsprach als die des schneidigen Überrumpelns. Der Anführer gab Befehl, auf dem rechten Seineufer bei der Kirche Saint-Germain l'Auxerrois ein Lager mit Wall und Palisaden zu errichten. Von hier aus ließ er die Ile de France verwüsten.

Im Januar brachten die Angreifer Belagerungsmaschinen zum Einsatz, die sie in den Wochen der Kampfpause gezimmert hatten, Rammböcke und ballistische Konstruktionen, die Felsbrocken gegen das Gemäuer der Verteidiger schleudern sollten. Man führte die Maschine unter Schutzdächern heran, die man mit nassen Häuten bespannt hatte, so daß sie dem Feuer standhielten. Als artilleristischer Trumpf galt ein sogenannter »Widder«, den uns der Chronist Abbon so beschrieben hat: »Drei Maschinen fuhren auf sechzehn Rädern. Sie standen auf zusammengekoppelten Eichenhölzern von gewaltigem Ausmaß. Jede Maschine trug einen Rammbock, der mit einem hohen Dach abgeschirmt war. Unter diesem Dach konnten sich sechzig Krieger verborgen halten.«

Der Widder blieb unvollendet. Pfeile vom Gemäuer hatten Erfinder und Erbauer im letzten Bauabschnitt niedergestreckt.

Der 31. Januar 886 war der Tag X für einen sorgfältig vorbereiteten Generalangriff auf die Große Brücke. Er begann mit einem Hagel von Wurfspießen, Pfeilen, Steinkugeln und Pechfackeln. Sturmglokken und Hornsignale riefen das Aufgebot in der Stadt zu den Waffen. Die Verteidiger schütteten auf Geheiß Odos Pech und kochendes Öl auf die Angreifer.

Die Normannen unternahmen drei Vorstöße: zwei auf den Pons major selbst, einen auf den Turm. Man schob die fahrbaren Schutzdächer an den Fuß des Turms und bildete zugleich einen Schildwall, um Öl, Pech und Pfeile abzufangen. Der Kampf um den Turm wogte den ganzen Tag. Er blieb unentschieden.

Nachts verbrannten die Nordleute am Ufer ihre Toten. Im roten Schein der Scheiterhaufen flickten die Verteidiger den teildemolierten Turm.

Um den Bau zermalmen zu können, mußte man dicht an sein Gemäuer heranfahren. Daran hinderte ein Wassergraben, der den Turm absichernd umgab. Die Normannen warfen deshalb am nächsten Morgen Reisig, Stroh, geschlachtete Tiere und Leichen von Gefangenen in die Grabenrinne. Ihre Maschinen standen nun dicht am Feind. Die Lage war kritisch. Priester trugen die Reliquie des heiligen Germanus über den Mauerumgang der Cité-Insel und murmelten Bittgebete.

Als der Angriff trotz aller Vorkehrungen stockte, entschloß sich Siegfried zur Opferung einiger seiner kostbaren Seedrachen. Er ließ sie in Brand stecken. Da gerade vom Ozean her ein kräftiger Nordwind blies, wurden die brennenden Wracks stromauf zur Großen Brücke getrieben. Entsetzt sahen die Verteidiger, wie sich die lodernden Ungetüme der Brückenbastion näherten.

Was nun geschah, mußte den Kriegern Gozlins und Odos wie ein Wunder des Himmels erscheinen. Die Seekolosse blieben an den steinernen Wellenbrechern der Brücke hängen und brannten aus. Die Rettung aus der Not entzündete in den Herzen der Franken jenen Funken, der mehr bewirkt als die Zahl der Krieger: den Funken Hoffnung. Dionys, Germanus, Genoveva hatten die Stadt nicht verlassen.

Siegfried beorderte den Rückzug in das Lager.

In der Nacht vom 5. zum 6. Februar ließ Hochwasser den Stromspiegel steigen. Der Pons minor, die Holzbrücke zum linken Ufer, brach zusammen. Graf Odo setzte Pioniere zum Wiederaufbau ein. Als der Morgen dämmerte, war das Werk noch nicht geglückt. Der Feind näherte sich. Man gab die Arbeit auf. Der Turm stand nun ohne Stadtverbindung am Stromrand – den Normannen hilflos preisgegeben.

Sie setzten ihn sofort in Brand. Qualm umhüllte ihn. Die Besatzung, vom Rauch bedrängt, ergab sich. Mann für Mann wurde sie vor den Augen der an den Zinnen harrenden Stadtbevölkerung niedergemacht.

Der Herrscher der Franken, Karl der Dicke, hielt sich währenddessen unbekümmert in Italien auf. Die Verteidiger von Paris boten nun Siegfried 60 Pfund Silber an, um ihn zum Abzug zu bewegen. Der Anführer war einverstanden, quittierte die Summe und entfernte sich mit seinem Seedrachen. Die übrige Flotte dachte nicht daran, ihm zu folgen. Die Lage blieb unverändert.

Unter der eingeschlossenen Stadtbevölkerung brachen Krankheiten aus. Die Todesziffern stiegen. Es war kein Platz mehr vorhanden, um die Verstorbenen zu bestatten. Am 16. April verschied Bischof Gozlin. Paris schaute jetzt einzig auf Graf Odo. Der Graf inszenierte Ausfälle, denen er als gefürchteter Einzelkämpfer vorstand.

Anfang Juni verließ Odo heimlich die Stadt. Er ritt zum kaiserlichen Hof in Aachen. Karl der Dicke hörte sich den Lagebericht mißmutig an. Als Odo nach Paris zurückkehrte, versperrten ihm die Nordleute den Weg. Sein Roß brach unter ihm zusammen. Mit der Klinge bahnte er sich einen Weg zur Stadt. Dort wurde der einzige Garant für das Überleben der Cité mit Jubel empfangen.

Doch Odos Mission hatte Erfolg gehabt. Der von Neuralgie geplagte Kaiser besann sich für eine kurze Zeit. In Metz hielt er im Juli eine Reichsversammlung ab. Die Versammelten beschlossen, ein Heer zum Entsatz von Paris in Marsch zu setzen.

Schwerfällig wie damals alle Frankenheere näherte sich die Heeressäule der Cité. Der Monarch, der an dem Feldzug so bequem wie möglich teilnehmen wollte, reiste in einem Prunkwagen. Die Normannen wichen auf das linke Seineufer aus.

Auf der Stadtmauer häufte sich wieder das Volk. Es ging von Mund zu Mund: Endlich ist Entsatz da – der Kaiser sieht die Not seiner Stadt – das Reich hat sie nicht vergessen!

Doch der Kaiser kämpfte nicht. Er leitete nach dem Muster seiner Vorfahren Verhandlungen ein und meinte dabei besonders schlau vorzugehen. Durch unbotmäßiges Verhalten, Separations- und Selbständigkeitsbestrebungen hatte ihm Burgund gerade Ärger bereitet. Es mußte deshalb gezüchtigt werden. Bot sich eine wirksamere Zuchtrute an, als ihm die Normannen auf den Hals zu schicken? Karl der Dicke gewährte den Piraten freie Hin- und Rückfahrt an Paris vorbei. Die Brücken sollten fallen. Außerdem versprach der Kaiser den Nordleuten als Dreingabe eine Geldsumme, falls sie nach der Verwüstung Burgunds das Weite suchten.

Er glaubte, er habe seine Sache gut gemacht, und zog mit seiner untätigen Armee nach Ostfranken zurück.

Als die Normannen Anstalten trafen, ihr Lager abzubrechen, um gemäß der Abmachung mit dem Frankenkaiser stromauf zu rudern, gebot ihnen Odo ein zweites Mal Halt. Er weigerte sich, eine der Brücken zu demontieren. Warum sollte er preisgeben, wofür man monatelang unter großen Verlusten gestritten hatte? Wo der Kaiser versagte, sprang der Graf in die Bresche.

Die Nordmänner taten nun etwas, was sicher auch Odo Bewunderung abverlangte. Sie transportierten ihre Flotte über Land. Rollen aus zersägten Baumstämmen bildeten eine Art fahrbares Trockendock. An Seilen zogen die Männer Schiff auf Schiff etwa von jener Uferstelle, an der sich heute der Brückenkopf des Pont d'Jéna befindet, bis hin zum Platz des heutigen Pont d'Austerlitz.

Wenn wir in unseren Tagen über das Marsfeld schlendern oder an einem der dünnbeinigen, weißgestrichenen Tischchen des Quartier Latin an einem Strohhalm saugen, wird es uns kaum in den Sinn kommen, daß an der gleichen Stelle einmal eine Kriegsflotte mit lautem Knirschen und gehörigem Fluchen der Begleitmannschaft vorbeigezogen ist. So gelangten die Normannen nach Burgund. An den Winter 886/87 erinnerten sich die Burgunder noch lange.

Als die normannischen Piraten von ihrem »Ausflug« zurückkamen, sahen sie sich in Paris wiederum an der Weiterfahrt gehindert. Drohend erhoben sich Brückentürme und Brücken, dicht bemannt mit Geharnischten. Und wiederum bequemten sich die Nordleute, mit ihrer Flotte den Landumweg zu wählen. Erfahrung hatten sie ja jetzt. Sie segelten seineabwärts und kamen nicht wieder. Es war das letzte Mal, daß Wikingerkiele in der Nähe von Paris die Seine durchfurchten. Die Cité war noch einmal davongekommen. Im christlichen Abendland läuteten die Glocken. Man war sich der Bedeutung von Odos Sieg, des Beispiels seines Widerstandes bewußt.

Der Normannensturm auf Paris und das Durchhalten der Seinestadt veränderten die Struktur Frankreichs. Der Terror war so überwältigend, so alle Gemüter lähmend, daß jedermann, der zwar frei, aber ohne Eigentum und Macht war, sich auf schnellstem Weg einem der Mächtigen unterstellte, sei es einem Adelsherrn, sei es einem Abt. Daraus entstand das ausgeprägte Lehenswesen des französischen Feudalismus, das im gesamten Mittelalter dauern und den Königen große Schwierigkeiten bereiten sollte – denn die Könige erstrebten die Zentralmacht.

Weiterhin: Paris hatte 885/86 eine Gloriole erhalten. Es war keine Stadt mehr wie viele, sondern der Fels, an dem die Woge der Wikingerflut sich gebrochen hatte, jener Flut, vor der ganz Europa bebte. Die Belagerung durch den Normannen Siegfried zählt zu den namhaftesten der Geschichte, vergleichbar der Einschließung von Byzanz durch die Türken. Aber während die alte Kaiserstadt des Ostens, altersmorsch, unter dem Ansturm der Heiden zusammenbrach, erhob Paris sein jugendliches Haupt. Sein Sieg war ein Fanal für das gesamte christliche Abendland, das sich seiner Einheit zumindest in der Abwehrbereitschaft gegen die Ungläubigen – die Sarazenen von Süden, die Normannen von Norden – bewußt wurde. Damit begann die eigentliche Geburtsstunde jener geistigen und kulturellen Hauptstadt, der die Bewunderung der Welt gehört.

Die Bewährung Odos in der Reichsnot der Wikingerstürme hatte noch eine dritte Folge: Seine kraftvolle Dynastie sollte die Karolinger ablösen und bis ins neunzehnte Jahrhundert hinein die Könige

Frankreichs stellen. Nach der Absetzung Karls des Dicken (sein Grab befindet sich auf der Insel Reichenau) und der neuerlichen Teilung des Reichs wählten die Westfranken 888 den Grafen von Paris zum König. Sein Großneffe Hugo Capet sollte dann mit seiner Krönung am 3. Juli 987 in Reims die lange Reihe der Kapetinger und ihrer Verwandten, der Bourbonen, eröffnen, die siebenhundert Jahre über Frankreich herrschten. Mit den Nachkommen Odos wurde Frankreich ein Zentralstaat unter mächtigem Zepter – bis hin zu dem absolutistischen Anspruch eines Kapetingererben, des Sonnenkönigs Ludwig XIV.: »Der Staat – das bin ich!«

Das Ostreich Deutschland hingegen blieb jahrhundertelang zerstückelt in ein Mosaik von Kleinstaaten. Deren Fürsten wachten eifersüchtig darüber, daß keiner von ihnen zu groß würde. Ein möglichst schwacher Herrscher sollte als ihr Spielball die Kaiserkrone tragen.

Die Entwicklung Frankreichs wäre vielleicht ohne das Haus der Kapetinger ebenso verlaufen. Und das Haus Capet ist durch nichts anderes an die Macht gekommen als durch die Schwäche der Enkel und Urenkel Karls des Großen während der Normanneneinfälle und durch das überzeugende Beispiel des Grafen Odo in Paris.

Nach Odos Tod gab es allerdings nochmals ein kurzes karolingisches Intermezzo: Ausklang der morsch und müde gewordenen Dynastie Karls des Großen. Karl III., Sohn Ludwigs des Stammlers, bestieg 898 den Thron Westfrankens oder – wie wir nun schon sagen können: Frankreichs. Irgendein klerikaler Chronist hat ihm aus seiner ganz persönlichen Sicht den Beinamen »stultus« (der Einfältige) gegeben.

Ob Karl III. wirklich so einfältig war? Einmal jedenfalls hat er mit einer gar nicht einfältigen Tat Weltgeschichte gemacht. Es war der Vertrag von Saint-Clair-sur-Epte.

Doch dies gehört schon in das folgenschwere Kapitel von der Begründung der Normandie.

Piraten im Mittelmeer

Der Bericht über die abendländische Katastrophe, verursacht durch die Normannenüberfälle, liest sich wie die Apokalypse des Neuen Testaments; eine hundertjährige Folge von Heimsuchung, Drangsal, Totschlag, Raub und Fackelwurf. Die Geschichte des neunten Jahrhunderts ist mit Feuer geschrieben. Europa hatte das Lachen verlernt.

Vereinzelt steht in der Buchführung des Grauens, die uns mönchische Schreiber hinterlassen haben, eine launige Episode, fast ein Schelmenstreich, der sich auf einem Piratenzug an den Küsten des Mittelmeeres zugetragen hat. Die Erzählung ist weidlich aufgebauscht, voller Übertreibungen, so daß man an ihrem geschichtlichen Kern gezweifelt hat. Da sich die Vorgänge auf einem normannischen Eroberungszug abgespielt haben – und dabei ging es bekanntlich nie besonders human zu –, entbehrt der mittelmeerische Schelmenstreich, von dem nun die Rede sein soll, nicht des makabren Hintergrundes. Es ist eine blutige Burleske.

Die Hauptakteure des Geschehens waren zwei Piratenführer: Björn Jernside (Eisenseite), ein Sohn Ragnar Lodbrogs (der als erster vor Paris erschien und dann in Irland umgekommen war), und sein Pflegevater Haastein.

Von der Seinemündung segelten sie 859 mit einer Flotte von angeblich 62 Seedrachen durch die Biskaya zur Iberischen Halbinsel, brandschatzten einige Küstenorte des christlichen Königreichs Leon und erreichten dann jene südlichen Teile Spaniens, die viele Jahrhunderte lang in den Händen der islamischen Mauren bleiben sollten. Eis und Wüste begegneten sich. Es muß eine pittoreske Begegnung gewesen sein: die wilden Krieger des Nordens mit ihren Rabenbannern vor dem Hintergrund ihrer roten Drachen – und auf der andern Seite die verfeinerte Welt des Islam, die Burgen, Paläste und Moscheen mit ihren Höfen und Orangenhainen, Stalaktitendecken, Hufeisenbögen und buntglasierten Kacheln, mit den prächtig in Damast und Brokat gekleideten Würdenträgern, Kaufleuten und Odalisken. Noch war das glanzvolle Kalifat von Cordoba nicht begründet, aber dennoch wußte alle Welt: Seit die Mohammedaner 711 n. Chr. die Straße von Gibraltar überschritten hatten, um den Fuß auf spanischen Boden zu setzen, war hier das exquisiteste Reich der Welt entstanden, geistiges und zivilisatorisches Zentrum eines Kulturkreises, der von Turkestan bis zum Atlantik reichte, dem von Ungarn, Normannen und Sarazenen ausgeplünderten Abendland an Lebensart und Luxus weit überlegen, das Land der besten Staatsbildner, der blumenreichsten Dichter, der exaktesten Astronomen und Mathematiker der Erde – erst im vierzehnten Jahrhundert sollte es dem christlichen Europa gelingen, den Vorsprung der Muselmanen einzuholen. Aber noch immer künden Sevilla, Cordoba, Granada von der Prachtentfaltung und der künstlerischen Delikatesse jener Epoche, in der islamische Reisende den kulturellen Tiefstand des unterentwickelten Europa verachteten.

Die Seine-Normannen unter Björn und Haastein waren nicht die ersten skandinavischen Landgänger im maurischen Spanien. Bereits 814 hatten Stammesgenossen von der Loire-Insel Noirmoutier ihre

Steven gegen Sevilla gerichtet. »Quien no ha visto Sevilla, no ha visto maravilla – Wer Sevilla nicht gesehen hat, der hat noch kein Wunder gesehen.« Das Sprichwort unserer Tage besaß im frühen Mittelalter noch mehr als heute seine wohlgereimte Geltung. Jene Stadt, »die uns verjagt oder verschlingt«, wurde von den Seepiraten der Loire »verschlungen«, ohne daß es den Moslems gelungen wäre, sie zu »verjagen«. Die Loire-Normannen hatten die Märchenstadt am Guadalquivir-Becken bis auf die Burg eingenommen. Die Stadt mußte abwarten, bis es ihnen gefiel, selber die Quartiere abzubrechen, um mit der gleichen brandschatzenden Gründlichkeit Cordoba und Toledo mit ihrem Besuch zu erschrecken. Auf den Spuren vieler Loire-Normannen erschienen nun ein Menschenalter später die Seine-Normannen am Guadalquivir. Diesmal begnügten sich die Nordmänner mit einem kurzen, wenig willkommenen Gastspiel im Emirat von Sevilla, ohne sich in der Stadt selbst festzusetzen. Sie wollten keine Länder erobern, sondern nur im Handstreich Beute einheimsen. In den Palmenhainen, Pfauen, filigranartigen Pavillons, ziselierten Edelmetallen, seidigen Stoffen sahen sie den Inbegriff des Luxus, umhüllt von betörenden exotischen Parfüms und überstrahlt von einem ewig blauen Himmel, anders als die naßgraue Sphäre des Nordens.

Reich beladen und mit entsprechendem Tiefgang segelten die Seine-Normannen dann nach Marokko, schlugen auf dem Boden Afrikas und später auch auf den Balearen die Mohammedaner vernichtend und machten ihre Feinde glauben, daß sie Zauberer seien, so daß sie von diesen den Namen »Madjos« (Hexenmeister) erhielten.

Im Rhônedelta fand die Flotte der ungebärdigen Raubexpedition wieder einen idealen Inselunterschlupf: die Insel La Camargue, das Vogelparadies unserer Tage. Man überwinterte, von Raub und Sarazenenbeute zehrend, und streifte dann im Frühjahr 860 gemächlich die Rhône stromauf, um Nimes, Arlex, Valence – heute Zielorte sonnen- und kulturhungriger Touristen – die inzwischen nur zu bekannten Brandspuren einzugraben.

Danach fielen Pisa, Fiesole. Der Schrecken des Abendlandes hatte Italien erreicht. Im Lateranpalast der Tiberstadt zitterte der Papst.

An der ligurischen Sonnenküste entwickelte Haastein im Kriegsrat seiner rauhbeinigen, rotblonden Kämpen einen verwegenen Plan. »Wir fahren«, sagte er, »nach Rom und unterwerfen es, wie wir das ganze Frankreich unterworfen haben!« Seine Kumpanen schlugen beifällig an ihre Holzschilde.

Als der nächste Morgen dämmerte, sahen die normannischen Abenteurer vom Bug ihrer Schiffe aus eine Stadt, die an einer weiten

Bucht lag: Nach ihrem Aussehen mit einer großen Zahl stattlicher Türme konnte es nur Rom sein! Die Seepiraten schauten beutehungrig zum Küstengemäuer. Sie ankerten in der Nähe und bereiteten die Belagerung jener Stadt vor, die die berühmteste der Erde war.

Doch die Bewohner dachten nicht daran, sich zu ergeben. Sie gründeten Bürgerwehren, mit denen sie die Mauerbesatzung verstärkten. Die normannischen Anführer zerbrachen sich die Köpfe, wie sie die gewaltigen Steinwälle brechen und die Wachen niederwerfen könnten.

Da hatte Haastein einen Einfall, der ihn zum Eulenspiegel unter den Nordmännern stempelt. Er schickte Parlamentäre in die Stadt und ließ deren Oberhäuptern mitteilen, daß er schwer erkrankt sei, aber nicht als Heide, sondern als getaufter Christ von der Erde scheiden wolle. Man möge Priester zu den Schiffen entsenden, um Taufe und Letzte Ölung zu vollziehen – erstaunlich, wieviel der Odinsanbeter von christlichen Bräuchen wußte.

Die Stadtbewohner glaubten, daß das sanfte Joch der Bekehrung das einzige Mittel war, brandschatzende Barbaren zu zähmen, und erklärten sich einverstanden. Eine Abordnung von Priestern traf bei den Normannen ein. Sie entledigten sich ihrer Pflicht.

Haastein schauspielerte nun mit vielem Ach und Weh sein irdisches Ende. Die ebenfalls wehklagenden Gefährten äußerten danach den Wunsch, ihr Häuptling solle in geweihter Erde ruhen, auf dem Christenfriedhof innerhalb des Stadtgemäuers. Froh, die wilden Belagerer so reumütig und bußfertig zu sehen, erklärten die Geistlichen sich einverstanden. Schnell fertigte man eine Tragbahre, legte Haastein wie eine Leiche darauf, vergaß auch nicht, die Waffen an seine Seite zu legen, und hieß die Priester, den Trauerzug in die Stadt zu geleiten.

Ob der scheintote Piratenboß die altertümliche Geschichte der Belagerung von Troja gekannt hat? Die Episode des hölzernen Pferdes, in dessen Bauch sich die Belagerer versteckt hielten und das die Trojaner arglos in ihre Stadt gezogen hatten? Im Gedenken an diese weltberühmte Finte können wir die Bahre, auf der Haastein jetzt in die belagerte Metropole an Italiens Küste hineingetragen wurde, als das »trojanische Pferd der Normannen« bezeichnen.

Die folgende Szene könnte ein Hollywoodregisseur erfunden haben. Die Stadtältesten, der Bischof in festlichem Ornat, die Chorknaben mit Kreuzen und Kerzen ziehen dem Trauerzug entgegen und geleiten ihn in die Krypta eines Klosters, wo das Grab vorbereitet ist. Die Totenmesse wird zelebriert, dann will man die Bahre ins dunkle Verlies senken. Es kommt nicht soweit: Haastein, der vermeintliche Tote, springt auf, reißt das Schwert aus der Scheide, dringt zu dem

Bischof vor, der das Meßbuch in der Hand hält, und stößt ihn nieder. Die Normannen verrammeln die Klosterpforten und hauen nieder, wer ihnen im Wege ist. Dann stürmen sie durch die Straßen und setzen ihr blutiges Werk fort. Sie öffnen die Stadttore und lassen ihre bei der Flotte zurückgebliebenen Schiffsgenossen herein. Rasch ist die Stadt in den Händen der Piraten. Bei toskanischem Wein, der in den Kellern reichlich gestapelt liegt, feiern die Siegestrunkenen den Triumph, die Ewige Stadt und das Zentrum der Christenheit erobert zu haben.

Am nächsten Morgen stellt es sich heraus, daß man gar nicht Rom erobert hat, sondern die wenig bekannte Stadt Luna an der Bucht von La Spezia ...

Ein Vertrag macht Weltgeschichte

Wir wenden uns wieder dem normannischen »Kriegsschauplatz« Westfranken zu. In Ostfranken – der Name »Deutschland« kam erst im elften Jahrhundert auf – hatte Arnulfs Sieg bei Löwen endgültige Ruhe geschaffen. Doch im westlichen Franken, dem Gebiet des späteren Frankreichs, stifteten die Nordmänner immer noch Unruhe. Aber ihre Kriegstaktik hatte sich inzwischen geändert: Nicht mehr in einzelnen Verbänden tauchten sie auf, die ihre Operationen in Blitzeseile durchführten und wieder verschwanden; sie bildeten jetzt durch den Zusammenschluß vieler Korsarengruppen eine mächtige Armee, genannt »Das große Heer«, und sie führten Kind und Kegel mit.

Nur noch teilweise waren die Normannen Nordfrankreichs im neuen Jahrhundert Umherstreunende. Vielfach hatten sie ihre Hände auf Ländereien gelegt, die sie von einheimischen Fronkräften beakkern ließen. Sie waren der Heimatlosigkeit müde. Die Nomaden wurden seßhaft.

Vor allem die Gebietsteile rechts und links der unteren Seine befanden sich fest in normannischer Hand. Von diesem Brückenkopf auf dem Boden der fränkischen Provinz Neustrien stießen sie, da sie das Beutemachen nicht lassen konnten, bis in das Herz Frankreichs vor.

Im teilzerstörten Rouen saß um jene Zeit ein Franke namens Willo auf dem Bischofsstuhl. Er schien einen Blick für Realitäten zu haben. An eine Vertreibung der Skandinavier aus Neustrien war nicht mehr zu denken. Man konnte sie nur auf eine andere Weise besiegen: durch Taufwasser. Aus Odins verwegenen Söhnen mußte man Kinder Gottes machen. Waren sie erst Christen, so ließen sie sich leichter integrieren. Für die Kirche wäre es zudem ein Missionserfolg – der größte Ruhm, der seit dem Zeitalter der Märtyrer einen Diener Gottes umstrahlen konnte.

Willos Gedanken fielen insofern auf fruchtbaren Grund, als einer der mächtigsten Anführer zur Bekehrung bereit schien: Rollo oder Rolf, gelegentlich auch Gange-Rolf genannt, was so viel wie »Rolf der Marschierer« bedeutet. Wahrscheinlich gehörte er zu den Landverwiesenen Norwegens; man sagt, er habe an Wikingerzügen in England, Friesland und an der Seine teilgenommen. Nach der Legende verfügte er über solche Körpermaße, daß kein Pferd ihn zu tragen vermochte. Vielleicht hat er darum den Beinamen des Marschierers bekommen.

Im Frühjahr 911 marschierte Rollo bis Chartres, jener Stadt im Westen von Paris, die seit 1220 einen der edelsten Dome Frankreichs besitzt. Der Normanne belagerte Chartres bis zum Sommer. Im Juli nahte ein königliches Entsatzheer, zugleich unternahm der mutige Bischof Gualtelm einen Ausfall, an seiner Speerspitze als kostbare Reliquie das Hemd Mariä. Rollos Freischärler wollten sich gerade dem Entsatzheer zuwenden, da fielen ihm die Krieger des streitbaren Kirchenfürsten in den Rücken. Die Nordmänner gaben auf und flüchteten in Richtung Rouen. Fränkische Kavallerie setzte ihnen nach.

Rollo schichtete auf dem Fluchtweg Tierkadaver zu einem langgestreckten Deich auf. Jeder, der mit Pferden zu tun hat, weiß, welchen Schrecken Rosse vor rohem und zumal verwesendem Fleisch haben. Schon von weitem wittern sie in Kriegszeiten eine Feldmetzgerei unter freiem Himmel.

Es war für die Franken unmöglich, ihre Vierbeiner über die Kadaverbarriere hinwegzubringen. Die Tiere bockten, schnaubten und drehten ab. Rollos Vorsprung war nicht mehr einzuholen.

Unterdessen saß Karl der Einfältige auf einer seiner Pfalzen und beriet mit den Seinen – so drückt sich die Sankt Vaasler Chronik aus –, »was sie mit den Normannen machen sollten«. Der Plan der Massenbekehrung, der Zuerkennung der okkupierten Landstriche, die ohnehin entvölkert waren, ging dem Monarchen sicher schon länger im Kopf herum, und sicher hat auch Bischof Willo in diesem Sinne am Hofe interveniert. Nun kam die Meldung von der Schlappe, die die Normannen Neustriens bei Chartres erlitten hatten – war dies nicht der passende Zeitpunkt, von günstiger Position aus die Nordleute für Verhandlungen geneigt zu machen?

Man vereinbarte ein Treffen an der Epte, einem sanften Gewässer, das sich von Osten her durch saftige Weiden in die untere Seine ergießt. Bei Saint-Clair schickte Karl der Einfältige zwecks erster Kontaktaufnahme Boten über den Fluß. Die Boten trafen bei den Normannen ein und fragten nach deren Herrn. Die Antwort, die sie erhielten, ist ein klassisches historisches Zitat und verdient, wörtlich genannt zu werden. Die Normannen, bar allen Untertanengeistes, sagten nämlich: »Wir haben keinen Herrn. Wir sind alle gleich.«

Das war ein großartiges Wort freiheitlicher Gesinnung. Dennoch braucht man zum Gespräch einen persönlichen Partner, der Entscheidungen treffen kann. Unter mehreren Anführern, die sich nichts nachgaben, war einer – durch seine beherrschende Art sicher ebenso wie durch sein Körpermaß – Primus inter pares: Rollo.

Es kam zur Begegnung an der Eptebrücke von Saint-Clair. Der Vertrag, der Weltgeschichte machte, wurde geschlossen. Die Normannen durften im Land bleiben, ihr Land behalten. Die Gegenleistung: Kollektivtaufe, Übernahme des Küstenschutzes, Anerkennung des Königs von Frankreich als Lehnsherrn.

Dieser letzte Verhandlungspunkt war der schwierigste, zumal mit der Zeremonie der Lehnsübergabe der Fußkuß verknüpft werden mußte. Kein Wiking beugt das Haupt. Rollo suchte für das Unumgängliche einen Ersatzmann und fand ihn in einem seiner schwertgewohnten Begleiter. Als dieser sich stellvertretend beugen sollte, packte ihn die Wut. So unwirsch ergriff er bei der Kußableistung des Königs Fuß, daß Karl von seinem Sitze fiel.

Von diesem historischen Tag des Jahres 911 an gehörte den Nordmännern das Land zwischen Eure und Epte, das nun nach ihnen Normandie hieß. Sie verfügten über die Städte Rouen, Cherbourg, Caen, Bayeux, deren Wiederaufbau nun beginnen konnte. Das Kapitel der Piraten war zu Ende. Das Kapitel der Staatengründung begann. Das neue Element im Staatskörper Westfrankens sollte sich als Sauerteig in der europäischen Geschichte erweisen.

Das Band zwischen König und Vasall wurde dadurch noch enger geknüpft, daß Rollo, obwohl er schon mit der Dänin Popa verheiratet war, die Königstochter Gisela ehelichte. Die neue Ordnung war doppelt gesichert: durch juristische und persönliche Bande. Wikinger, die nun die Kanalküste betraten, kamen nicht mehr als Plünderer, sondern allenfalls als Handelsleute oder Neusiedler. »Die Jarle von Rouen«, heißt es in der Chronik des Isländers Snorre Sturluson, »waren immer gut freund den Männern des Nordens. Wenn diese Verbindung mit der Normandie suchten, fanden sie dort stets ein wohlgeneigtes, freundliches Land.« Was in Ostfranken das Schwert bewirkt hatte, das erzielte in Westfranken ein Vertrag.

Rollo, der ursprünglich nichts anderes war als »ein Führer im Heer«, verstand es unmerklich dank seiner Autorität den ersten Platz in dem neugegründeten, halbsouveränen Staatsgebilde einzunehmen.

Er legte sich den Titel »Herzog« zu. Er ließ die Normandie vermessen und die Grundstücke an die nunmehr eingewurzelten Fahrensleute durch das Los verteilen. Manchen verlockte es, nach alter Gewohnheit einen kleinen Raubzug in benachbartes Gebiet zu unternehmen. Das von Rollo geschaffene Landfriedensgesetz, das Straßenraub, Diebstahl und Hehlerei strengstens bestrafte, schob dem einen Riegel vor und behütete die einstigen Wegelagerer vor Rückfällen. Der Mensch ist in mancher Hinsicht so gut oder so schlecht wie seine Umgebung: Man konnte – das Wort ist wahr in der Übertreibung – in Rollos Herzogtum Goldringe an die Zweige der Bäume stecken, ohne daß sich jemand daran vergriffen hätte. Das unruhige normannische Erbe sollte erhalten bleiben. Doch nicht als zerstörerische, sondern als schöpferische Unruhe. An die Stelle des Unmaßes trat das Maß, auch das Maß des Regierungsstils. Der Herzog ließ neben sich den altgermanischen Thing, den Rat der Freien, bestehen. Und er festigte seine Macht durch ausgesprochene Kirchenfreundlichkeit, eine Haltung, die die ehemaligen Erzheiden in allen Weltgegegenden, in denen sie Fuß faßten, zu ihrem Vorteil angenommen haben. Die Kirche erhielt in der Normandie ihren gesamten Besitzstand nach dem Status quo verbrieft.

Galt 911 an der Epte noch das Wort »Wir haben keinen Führer!«, so hatte sich die Lage in den zwei Jahrzehnten der Herrschaft Rollos derart gewandelt, daß der Herzog es wagen konnte, eine Dynastie zu bilden – eine Dynastie, deren ferne Nachkommen heute noch die Krone tragen. Er sicherte seinem Sohn Wilhelm den Herzogsstab. Auch hier bewies er Fingerspitzengefühl, indem er mit diplomatischem Geschick eine »Schau« aufzog: Die Vornehmen unter den Normannen bemühten sich in einem abgekarteten Spiel, den Herzog dazu zu bringen, seinen Sohn zu seinem Mitregenten zu erwählen. Rollo wies das Ansinnen weit von sich. Erst als man ihn erneut bedrängte, gab er – ein Mime im Herzogsmantel – mit unwillig zerfurchter Stirn nach.

Kaum hatte er erreicht, was er wollte, ließ er sogleich als Rückhalt gegen möglicherweise rebellische Normannen den neuen Regierungsstatus vom König Frankreichs bestätigen.

Kurz darauf, 933, starb er. War der Wiking wirklich Christ? Er hielt sich, auch hierin ein gewitzter Jongleur, Walhall in gleicher Weise offen wie den christlichen Himmel. Er ließ vor dem Sterben der Kirche Christi großzügige Schenkungen zukommen – und opferte Odin.

»Weit hinten liegt Rouen«, schreibt Maupassant, »die große Stadt mit ihren blauen Dächern, ausgebreitet mit dem Gewimmel von spitzigen gotischen Türmen. Zahllos sind sie, schlank und zierlich oder breit und gedrungen, und überall hinaus ragt der gußeiserne Dachreiter der Kathedrale empor. Und überall sind Glocken ...«

Der Vorplatz der von Maupassant zitierten Kathedralkirche ist eine der eindrucksvollsten Stadtszenerien, die Frankreich zu bieten hat. Es ist, wie man zu sagen pflegt, »ein Platz mit Atmosphäre«. Der mit einer Haut aus dunklem Filigran überzogene Kathedralleib regt im Rahmen klarer, strenger Bürgerbauten zu Visionen an. Ein Visionär der Palette, Claude Monet, ist dieser Anregung gefolgt und hat an diesem Ort eines der schönsten Bilder des französischen Impressionismus geschaffen. Man könnte meinen, flüssiges Gold tropfe über Fialen und Wimperge; der Baukörper ist in geheimnisvolle Nebel gehüllt; ein rötliches Licht flimmert über die Konturen des Sakralbaus, die nicht streng und kantig, sondern wie aus Wachs geknetet sind.

In der Kirche, die ursprünglich an der gleichen Stelle stand, ist Rollo der Wiking bestattet worden. Als Wilhelm der Eroberer das Gotteshaus von Grund auf neu baute, wies er dem Grab seines Ahnherrn einen Ehrenplatz zu. Die Kirche Wilhelms ging um 1200 durch Feuer zugrunde. Die Grablege Rollos ist in den nun folgenden gotischen Neubau ebenfalls übernommen worden, denn im vierzehnten Jahrhundert wurde sie noch gezeigt.

Ein Jahrhundert später hat man neben das Triptychon der Fassade den Butterturm gesetzt. Seine »nahrhafte« Benennung verdankt er dem Umstand, daß er von den Ablaßgeldern derer gebaut worden ist, die es während der Fastenzeit nicht übers Herz brachten, auf ihre tägliche Butter zu verzichten. Wie alle Normannenkirchen trug auch die von Rouen die Krone eines Vierungsturms. Im vorigen Jahrhundert ist sie eingestürzt. Dann hat man jenen eisernen Spitzhelm an seine Stelle gesetzt, den man von den Hügelketten rings um die Stadt sofort als Wahrzeichen Rouens erkennt und den Maupassant unterbetonend »Dachreiter« genannt hat. Der Figurenschmuck der Portale ist steingewordenes Neues Testament. Er gehört zur vortrefflichsten Skulptur der Gotik und hat die Französische Revolution, in der die Kathedrale ein Tempel der Vernunft gewesen ist, überdauert. Ich gehe von Figur zu Figur und bewundere vor allem an einem der Fassadenportale, daß Salome, um des Täufers Haupt zu gewinnen, sogar auf den Händen tanzt, eine biblische Akrobatin. Die Wurzel Jesse entfaltet sich am Mittelportal zu einem weitausgreifenden Gipfel mit 156 Namensträgern. Ich bedaure, daß das steinerne Credo von Rouen nichts vom Stammbaum jener erzählt, die die Kirche begründet und ihr ihre erste Gestalt gegeben haben: der Herzöge der Normandie, beginnend mit Rollo.

»Wenn Sie Rolf den Wiking sehen wollen«, sagt ein soignierter Normanne unserer Tage, mit dem ich ins Gespräch gekommen bin, »dann brauchen Sie nur auf die Südseite der Kirche Saint-Ouen zu gehen. Dort steht er. Er ist auferstanden. Wirklichkeitsnäher geht's nicht. Kommen Sie mit?« Ich stimme zu.

Wir gehen ein Stück weit durch die engen Straßen der einstigen Herzogsresidenz, die Victor Hugo die Stadt der hundert Türme genannt hat. Die Turmsilhouette hat sich gelichtet. La Cité musée hat in beklagenswerter Weise von ihrem Museumscharakter eingebüßt. Die Lücken wurden inzwischen modern, doch nicht aufdringlich modern geschlossen. Immer wieder fällt der Blick auf Restbestände der Jahrhunderte: das engmaschige Gitter des normannischen Fachwerks. Die Impression der Kathedrale wird bei einem Altstadtbummel gleich dreimal zuteil. Saint-Maclou und Saint-Ouen sind verkleinerte Wiedergaben der Hauptkirche; an ihrem Gemäuer züngeln die Flammenornamente des Style flamboyant. Die hängenden Schlußsteine in der Vorhalle von Saint-Ouen erinnern an ähnliche Gebilde der späten englischen Gotik: eines der vielen Anzeichen normannisch-britischer Vermählung – einer scheinbar guten Ehe, die schließlich im Hundertjährigen Krieg endete.

Seitlich der Kirche Saint-Ouen empfängt uns das marmorne Monument des Herzogs, so wie ihn die zweite Republik gesehen hat, fränkisch gekleidet, mit gallischem Schnäuzer, die Hand am Schwertgriff. Er könnte einer Siegesallee entnommen sein. »Es gibt noch ein zweites Rollo-Denkmal«, sagt mein Begleiter. »Es steht in Andalsnes in Norwegen, dem angeblichen Geburtsort des Wiking. Die Stadt Rouen hat das Monument den Norwegern 1911 zum Geschenk gemacht. Hoffen wir, daß Rollo kein Däne ist.«

Es fällt mir schwer, mir von dem heroisch in die Weite schweifenden Denkmalsblick Rollos den nüchtern wägenden Staatengründer vorzustellen. Eher schon kommt mir die Nähe Skandinaviens, die normannisch-gallische Symbiose im Schatten der Kathedrale zu Bewußtsein, als ich auf einem übermannsgroßen Findling Runen entdecke. »Ein Geschenk Dänemarks an Rouen«, sagt mein Normanne, »es ist eine Kopie. Das Original steht auf Seeland.«

Als die Normannen Rouen in Besitz nahmen, war der Stadtheilige, dem die Kirche geweiht ist, noch in jedermanns Bewußtsein. Er hatte sein frommes Leben zur Zeit Karls des Großen geführt, die von der Epoche Rollos so weit entfernt lag wie von unserer Epoche die Ära der deutschen Reichsgründung unter Bismarck.

»Herzog Rollo hat die in den Hennegau verbrachten Gebeine des Heiligen nach Rouen zurückgeführt. Sie galten als wundertätig.« Noch immer ist mein normannischer Begleiter an meiner Seite.

Geschichte verbindet Menschen, die sich nie gesehen haben, manchmal auf eine kurze Weile wie die Religion. Man tut gemeinsam einen Blick in das Mysterium der Vergangenheit, das plötzlich zwischen Betonkästen, chromblitzenden Autos und Reklameschildern aufleuchtet.

Dem Stadtlärm ist man ganz entzogen, wenn man durch die Rathauspforte in den gepflegten, von hohen Bäumen beschatteten Garten tritt, der sich in das von Saint-Ouen und der Präfektur gebildete Karree einfügt. Die gotischen Türme spiegeln sich in einem eingefaßten Teich, auf dem Kinder Miniatur-Motorboote kreisen lassen. Der Mann, mit dem ich eine Stunde lang die Synoptik des neunten und des zwanzigsten Jahrhunderts in der normannischen Hauptstadt erlebt habe, verabschiedet sich. Er ist Beamter im Justizpalast, so viel Persönliches hat das Gespräch gelüftet. Ich erinnere mich an den mächtigen rußschwarzen Bau, gleichfalls Gotik, der in der Nähe meines Hotels liegt. »Spätes fünfzehntes Jahrhundert«, sagt der geschichtsbewanderte Hüter des Rechts. Selbst sein letztes Wort ist Historie: »Wenn Sie die Seele der Cité musée erleben wollen, Monsieur, dann dürfen Sie den Alten Markt nicht vergessen. Immer dort geradeaus.« Schon ist er hinter dem bronzenen Reitermonument Napoleons verschwunden.

Der Vieux Marché hat sich eine halbe Zeile hochfirstiger Fachwerkhäuser erhalten können, Modell dafür, wie der ganze Platz, die ganze Stadt einmal ausgesehen haben. In der Mitte des Marktes steht eine niedere Markthalle. An ihrer Stirnseite weist eine Bodentafel darauf hin, daß man hier die Nationalheilige Frankreichs, Jeanne d'Arc, dem Feuer übergeben hat. In einem Bretterkarren hatte man die Streiterin für die Freiheit der »douce France« vom Kerkerturm (der als »Tour de Jeanne« heute Museum ist) zur Hinrichtungsstätte gebracht. Sie fuhr stehend, in ein langes, weißes Hemd gehüllt, auf dem Kopf die papierne Spitzmütze der Ketzer. Auf der letzten Fahrt mochte sie geglaubt haben, daß doch noch ein Wunder geschehe. Aber, ein Kreuz aus Reisigstäbchen in der Hand, ging sie in Flammen auf. Ihre Worte hatten sich bewahrheitet: »O Rouen, tu seras donc ma dernière demeure« (»O Rouen, du also solltest meine letzte Bleibe sein«). Ihre Asche hat man von der Mathildenbrücke (genannt nach der Gemahlin Wilhelm des Eroberers) in die Seine geschüttet, dort, wo heute ein Wald von Ladebäumen und Masten ist. Die Seine ist der heilige Strom Frankreichs, der durch das Herz des Landes strömt. Durch Jeanne d'Arc, die Jungfrau von Orléans, hat sich Rouen, die ausgediente Herzogsstadt, in den »heiligen Schrein« Frankreichs verwandelt. Die Jungfrau gibt Rouen seinen historischen Rang – nicht Wilhelm der Eroberer, nach dem eine Straße nahe der Exekutionsstelle genannt worden ist. Das »Wunder«, auf das Jeanne gebaut hat, ist dann in anderer Weise geschehen; Wunder haben ihre eigenen Wege. Die Kirche, die das Mädchen von Domrémy verdammt hatte, sprach es 500 Jahre später, am 30. Mai 1920, heilig.

Es ist reizvoll zu verfolgen, wie sich in den hundert Jahren von Rollo bis Wilhelm dem Eroberer – es ist die Regierungszeit von sechs Normannenherzögen – das Skandinavische der nunmehr seßhaft gewordenen Wikinger allmählich ins Abendländisch-Französische verwandelt hat, wie im Prozeß der Verschmelzung von Volk, Sitte, Sprache, Lebensform das Normannentum Frankreichs, die Normandie, entstanden ist, die sich heute über fünf Départements erstreckt: Manche, Calvados, Orne, Eure, Seine Inferieure. Es ist ein Land ohne sichtbare Grenzen – denn nirgendwo zieht ein Fluß, ein Gebirgszug eine natürliche Linie. Dennoch hat die Geschichte ein einheitliches, unverwechselbares Gebilde geschaffen, in dem sich Nord und Süd, Maritimes und Binnenländisches treffen.

Kultur und Idiom Westfrankens zogen die Parvenüs unter den Männern aus dem Norden unwiderstehlich an. Sich der fränkischen Sphäre anzugleichen, bedeutete Rang, Ansehen, Legitimation. Man französisierte die nordgermanischen Eigennamen, trug Kleider wie am Hof des Königs in der Ile de France, huldigte dem damals modischen Kult des Höfischen mit dem Eifer der Konvertiten fast übertreibend: Rouen wurde Sammelplatz höfischer Sänger, Ependichter, Musikanten, Kunstgewerbler und Küchenmeister.

Nur Bayeux blieb in gewissem Sinne »rückständig«: Hier hat sich die nordische Ausdrucksweise am zähesten gehalten; hier war die Hochburg der skandinavischen Reaktionen, die am Alten festhalten wollte, die am stärksten gegen die wachsende Herzogsmacht opponierte, dann aber doch vor der fränkischen Kulturinvasion kapitulierte. Macht der Ohnmächtigen: Die militärisch überlegenen normannischen Eindringlinge fügten sich in die Kulturwelt derer, auf deren Boden sie gewaltsam Fuß gefaßt hatten. Die Herzöge holten sich ihre Frauen nicht mehr ausschließlich aus Skandinavien, sondern auch aus den französischen Nachbarländern. Wo wir uns umschauen im Bereich der Geschichte: Überall drängen Besiegte den Siegern mit sanfter Gewalt ihre Sitten auf, die Griechen den Römern, die Römer den Germanen, die Araber den Türken ...

Dennoch hat sich das Normannische der Wikinger bis heute erhalten. Ortsnamen enden auf -gard, -torp und -tot oder erinnern an skandinavische Geschlechter: Osmundiville, Torberville, Ulveville. Statur und Aussehen eines Großteils der Bevölkerung sind unverkennbar nordeuropäisch, desgleichen der Hang und die Lust zu weltumspannender Seefahrt. Nord- und Südfranzose – dieser mediterran geprägt – weisen noch augenfälliger typologische Unterschiede auf als die Bewohner der deutschen Waterkant und der Alpen an der Nahtstelle zur lateinischen Welt.

Rollos Sohn Wilhelm zog es vor, statt der kurzen Wikingerklinge das fränkische Langschwert zu führen. Er erhielt den Beinamen »Longue-Epée«. Sein Sohn Richard Ohnefurcht galt an Europas Höfen bereits als gesellschaftsfähig; nichts war mehr vom Ruch des Emporkömmlings übriggeblieben; er besaß tadelfreie Manieren und konnte um die Hand der dänischen Königstochter Emma werben. Das Netz normannischer Integrationspolitik spannte sich nun bereits über den Kanal: ein Keim folgenschwerer Entwicklung.

Ohnefurchts Sohn war Richard II. oder »der Gute« – das von mönchischen Geschichtsschreibern zuerkannte Prädikat hatte er sich durch besondere Kirchenfreundlichkeit, ohnehin ein Kennzeichen der Ex-Heiden, verdient. Mit König Olaf von Norwegen war er befreundet. Olaf soll in Rouen die Taufe empfangen haben. Als Märtyrer und Heiliger ging er in die Geschichte der Mission des Nordens ein. Richard III. regierte nur ein Jahr. Er starb ganz plötzlich während eines Gastmahls. Gift? Jedenfalls munkelte man von Mord. Robert, Richards Bruder, war Nutznießer des schnellen Todes; er bestieg den Thron. Den neugeborenen Sohn des Verstorbenen, Nicholas, bestimmte er zur Tonsur – ein Verdachtsmoment mehr.

Mit- und Nachwelt beschäftigten sich mit Roberts zwielichtiger Persönlichkeit. Wie sehr sein Charakterbild in der Geschichte schwankt, geht aus den beiden Beinamen hervor, die man dem sechsten Herzog der Normandie gegeben hat: Robert le Magnifique und Robert le Diable (Robert der Prächtige und Robert der Teufel). Körperlich war er ein Athlet, dazu rücksichtslos, doch von wachem Geist. Die Sage dichtete ihm noch mehr Schlechtes an: Seine herzogliche Mutter hätte immer wieder um den Segen des Himmels gebeten – vergebens. Da rief sie: »Wenn nicht in Gottes, dann in Teufels Namen.« Das Ergebnis dieses lästerlichen Stoßgebetes war Robert. Ein Unwetter begleitete seine Geburt. Er biß seine Ammen und tötete seine Lehrmeister.

Der historische Robert erweiterte die herzoglichen Befugnisse, kühn unternehmend, herrisch und maßlos – maßlos selbst im drastischen Humor, den er besessen haben soll: Einen unbotmäßigen Grafen zwang er, als »gesatteltes Pferd« auf allen vieren vor ihm her zu kriechen. Man glaubt Roberts Lachen voll triumphalen Hohns zu hören, das durch den Palast von Rouen klang. Zahllose Wikinger-Enkel, freiheitsliebend wie ihre Vorväter, zogen es vor, der Despotie des »Teufels« zu entrinnen und nach Süditalien zu ziehen – dem neuen Sammelort normannischer Eroberer.

Mit 21 Jahren beging der jugendliche Herzog einen »Fehltritt« (für Träger von Königskronen und Herzogshüten allerdings nichts Mißliches, wenn sie sich nicht verblenden ließen, den Fehltritt durch Heirat zu legalisieren). Robert ging eine kurze, glühende Liaison mit Arlette, einer hübschen Gerberstochter, ein. Der Bastard, der diesem Bund entsproß, wurde eine der machtvollsten Persönlichkeiten der Weltgeschichte. Sein kometenhafter Aufstieg sollte sein Licht über das ganze elfte Jahrhundert werfen.

Ich zahle in dem hübschen Restaurant an der Place Saint-Gervais meinen Calvados und lasse mich durch die entzückende alte Stadt treiben; in der Mittagshitze sind außer mir nur zwei Radfahrer und eine streunende Katze unterwegs. Falaise ist im letzten Krieg zu zwei Drittel zerstört worden, hat sich aber dennoch einige hübsche Ecken bewahren können. Es ist die Geburtsstadt Wilhelms des Eroberers. Ich versuche, ihn mir und seine Ahnenreihe vorzustellen. Meiner Bemühung werde ich enthoben, denn als ich um mich schaue, sehe ich sie allesamt in Bronze vor mir: Rollo (mit Stammvatermiene), Wilhelm Langschwert (das Schwert ist wirklich ausdrucksvoll lang), Richard Ohnefurcht (ob er sich nicht vor diesem seinem Monument gefürchtet hätte?), Richard der Gute (wie milde er dreinschaut!), Richard III. (ein halber Knabe) und Robert (mit dem Pathos des Verwegenen) – sie alle umringen den Größten ihrer Dynastie, der sie auf dem Rücken seines Streitrosses alle überragt.

Am Ufer des Flüßchens Ante gelingt es mir, den Denkmal-Alptraum der Place Guillaume-le-Conquérant zu vergessen. Hoch über dem Wasserlauf, auf drohendem Fels, ragt das Schloß des Herzogs Robert. Das riesige Gemäuer mit seinen 12 Türmen und 2 Pforten ist allerdings größtenteils das Werk der Enkel und Urenkel Wilhelms. Als ich, die Sonne steht im Zenit, einen felsigen Weg zu einem der beiden Burgeingänge hinaufsteige, denke ich ohne Neid an die Kriegsknechte, die 1417 während 47 Tagen in schweren Brünnen gegen diese Mauern anrannten, hinter denen sich die britischen Truppen jenes Heinrich V. verschanzt hatten, der uns als Shakespeares Prinz Heinz in so liebenswerter Erinnerung ist. Und ich denke an die britischen Truppen, die gegen die hier verschanzten Deutschen im August 1944 anstürmten, mit lange vergeblicher Anstrengung, so daß der Normannen-Nachkomme General Montgomery stöhnte: »Jede Handbreit Erde, den der Feind in Falaise verliert, hat die gleiche Bedeutung wie zehntausend, die er an anderen Fronten verliert.«

Der Wächter, der mich durch das Burggeviert leitet, nimmt Legende für Wirklichkeit: »Schauen Sie das Fenster dort – da hat Herzog Robert zum erstenmal Arlette gesehen, als sie drunten in der

Ante die Wäsche wusch. Sie muß eine beachtenswerte Mademoiselle gewesen sein – alle Hofdamen stach sie aus. Ein bißchen Derbheit mag dem Herzog willkommener gewesen sein als das gar zu Blasse, gar zu Feine – ein Stück Wiking war noch in ihm. Wer weiß – ohne Gerberblut wäre Wilhelm vielleicht ein Bleichgesicht geworden wie Ludwig XI. oder Karl VII.«

Eine kleine Kapelle, die sich dicht ans Gemäuer lehnt, soll auf die normannischen Anfänge des Schlosses zurückgehen. Daneben ist ein alter Wohntrakt erhalten geblieben, dessen sich natürlich auch die Überlieferung bemächtigt hat: Hier soll Robert Arlette empfangen haben. Eine Bronzetafel enthält die Namen der Kriegsteilnehmer, die Wilhelm den Eroberer später nach Hastings begleitet haben – soweit sie bekannt geblieben sind. Unter dem Felsen, der den großen Donjon des Schlosses trägt, sprudelt eine Quelle in ein eingefaßtes Bekken. Hier hat Robert, der ein leidenschaftlicher Waidmann war (und diese Passion auf seinen Sohn vererbte), auf der Rückkehr von einem Jagdgang die Tochter des Gerbers erstmals angesprochen. Ein Relief aus der Zeit der Jahrhundertwende hält den Vorgang romantisch fest.

Arlette ist nicht wie viele Mütter illegitimer Kinder im Dunkel des Vergessens verschwunden. Kurz nach Wilhelms Geburt wurde sie dem sehr honetten Herluin, Vicomte von Conterville, vermählt. Aus dieser Ehe gingen noch zwei Söhne, Robert und Odo, hervor. Wilhelm hat sie später beide rangerhöht. Robert als Graf von Mortain, Odo als Bischof von Bayeux und Graf von Kent. Auch Arlettes Angehörige hatten von der »Affäre« keinen Schaden davongetragen. Ihr Vater Fulbert erhielt ein Hofamt. Daß auch ihre Brüder »arrivierten«, ersehen wir aus deren Zeugenunterschriften auf wichtigen Staatspapieren.

Arlette und ihr Gemahl sowie ihr Sohn Robert sind in der bei Honfleur gelegenen Abtei Grestain beigesetzt. Von der Abtei sind ein romanisches Kompositenkapitel mit Tierornamenten und ein Pfeiler erhalten geblieben. Auf den bachreichen Wiesen um die Abtei tummeln sich Pferde. Man hörte das Rauschen des nahen Meeres. Es ist die Landschaft, in der der Bastard Wilhelm seine Jugend verbracht hat.

Als Roberts einziger männlicher Nachkomme, der illegitime Wilhelm, sechs Jahre alt war, empfand der herzogliche Vater 1034, plötzlich der Zeitströmung folgend, die innere Nötigung, eine Pilgerfahrt nach Jerusalem zu unternehmen. Seine Sündenlast drückte ihn. Bevor der noch junge Herzog in den Orient zog, berief er eine Versammlung nach Rouen. Die Großen des Herzogtums leisteten dem kleinen Wilhelm den Treueid als Nachfolger, falls dem Vater etwas zustoßen sollte. Robert sicherte sich die Zustimmung des französischen Königs für seinen »natürlichen« Sohn.

Dann verließ er die Normandie. Seine Pilgerfahrt – der Massenaufbruch der Kreuzfahrer hatte noch nicht begonnen – fand unter den Zeitgenossen ein rühmendes Echo. Er erreichte Palästina und die Stadt des heiligen Grabes. Auf der Rückreise erkrankte er in Nicäa, der Stadt des ersten Konzils. 1035 ist er dort gestorben.

Am Hof von Rouen herrschte Bestürzung, Wilhelm, der Nachfolger, war zwar anerkannt, doch er hatte eben erst den siebten Geburtstag gefeiert. Das wilde und aufrührerische Wesen der Wikinger war in den Herzen der normannischen Barone noch lebendig. Es gab viele, die die Herzogsgewalt wieder eindämmen wollten oder die selbst nach der Macht strebten.

Würde der vaterlose, tödlich bedrohte Nachkomme Rollos es schaffen, die Zeiten des Chaos auf dem steuerlosen Schiff Normandie zu überstehen?

Solange Roberts mächtige Hand auf dem Haupt des illegitimen Sohnes lag, hatte niemand gewagt, aufzumucken. Jetzt, im herrenlosen Land, erklang das Wort »Bastard« mit der Lautstärke einer Fanfare. Schon als Kind spürte Wilhelm den Makel. Und als er bereits die herzogliche Gewalt ausübte, war der Stachel noch nicht aus seiner Seele gezogen. Eine Anekdote besagt, daß er unerkannt in einem Quartier Leute überrascht hatte, die sich Flüsterwitze über den Enkel des Gerbers erzählten. Er habe allen die Zunge ausschneiden lassen.

Als Roberts Tod in Kleinasien in der Normandie bekanntgeworden war, nahmen sich Arlettes Brüder des kleinen Verwandten an. Sie hielten ihn versteckt. Gewiß waren für den Heranwachsenden Vormünder bestellt: Erzbischof Robert von Rouen, Graf Gilbert von Brionne, Graf Alain von Bretagne, der Haushofmeister Osbern, der »pedagogus« Turold. Doch allesamt starben sie kurz darauf eines mysteriösen Todes. Alain fiel als erster aus. Gilbert wurde bei einem Ausritt umgebracht. Ihm folgte Turold. Osbern empfing eine tödliche Wunde während eines Handgemenges im Schlafgemach des künftigen Herzogs. Wilhelm war anwesend. Züge, die später im Charakterbild des Eroberers zutage traten, Unnahbarkeit, Schroffheit, Egozentrik, erklären sich aus den Eindrücken der frühen Jugend des halbwaisen Bastards, doch auch – nach einem Wort von André Maurois – »seine Mäßigung, sein Ernst, seine schweigsame Würde, seine geheime Traurigkeit«.

Die Wirren gipfelten im Aufstand Guys von Burgund, der zum burgundischen Herzogtum das der Normandie hinzugewinnen wollte. Er begründete seinen Anspruch damit, daß er gleichfalls ein

Enkel Richards des Guten war, von seiner Mutter her. In der Normandie verfügte er über strategisch wichtige Burgen und wurde von mächtigen Feudalherrn militärisch unterstützt. Die Verschworenen dingten Mörder. Wilhelm entkam den Schergen, indem er um Mitternacht durch die Mündung der Vire ritt.

Nun plante man die offene militärische Operation. Der Herzog trat den Rebellen mit einem schwachen eigenen Aufgebot und französischen Hilfstruppen entgegen und schlug die Aufsässigen in der Ebene von Val-des-Dunes (bei Caen) 1047 entscheidend. Der neunzehnjährige Wilhelm zeichnete sich durch persönlichen Schneid aus. Die Orne füllte sich mit den Leichen der niedergemachten Flüchtlinge. Lapidar schreibt der Chronist Wace: »Die Mühlen von Borbillon konnten sich nicht weiterdrehen.«

Trotz seines Behauptungswillens wäre der Sohn Herzog Roberts unterlegen, hätte ihm König Heinrich I. von Frankreich nicht beigestanden. Doch bald überwarf sich Wilhelm mit seinem Lehnsherrn. Zwischen dem Herzog und seinen Nachbarn, dem Grafen Geoffroy von Anjou, brach Streit aus. König Heinrich ergriff dabei Geoffroys Partei. Und nun geschah das Unerhörte, daß Herzog Wilhelm die königlichen Truppen samt dem angeovinischen Grafen bei Mortemer besiegte.

Der König Frankreichs, der selber dem Schlachtfeld ferngeblieben war, saß am Abend in seinem Zeltlager beim Feuer. Die Wachen hörten plötzlich einen lauten Schrei. Er kam aus dem Geäst eines sich in der Dunkelheit abzeichnenden Gehölzes.

Die Wachen verlangen die Parole.

Der Mann im Geäst rief, daß ihm die Halsadern zu springen drohten: »Ich heiße Raoul von Ternois. Mein Herr, der Herzog, hat mich geschickt. Ich bringe euch schlechte Kunde. Euer Heer ist geschlagen. Schafft Wagen nach Mortemer und holt eure Toten!«

Mit dem Tag von Mortemer war der Kapetinger Heinrich nurmehr dem Namen nach Wilhelms Herr. Der Vasall trieb von nun an eine von Paris unabhängige Politik. Seine Autorität im Herzogtum blieb bis zu seinem Tode unumstritten. Innerhalb der lockeren Staatsgebilde seiner Zeit stellte Wilhelms kleines Land ein straffes, jederzeit einsetzbares Instrument der Macht dar.

Schon schaute er über Epte und Eure hinaus zu neuen Horizonten. Sein Blick fiel auf die große grüne Insel jenseits des Kanals.

Griff nach dem Osten

Waräger – Normannen des Ostens

Die Schären von Stockholm bilden ein Filigran aus Wasser, Klippen und Land. Man kann es auch prosaisch ausdrücken, wie es der schwedische Dramatiker Södenberg getan hat, indem er von einer Landschaft sprach, die zu lauter Klopsen zerhackt ist. An den Ufern des Mälarsees und der großen, langen Bucht, die zur Ostsee hinleitet, ankern Dampfer, Kutter und Jachten. Im Wasser spiegelt sich der mächtige Turm des Stadshuset, des Rathausgebäudes aus den zwanziger Jahren. Seine Klinkermonumentalität ist mit venezianischen Arabesken durchsetzt. Man spricht von schwedischer Romantik.

Die Altstadtsilhouette mit ihren Turmhelmen offenbart die enge Verquickung Stockholms mit der Hanse. Die hochgiebligen, patrizischen Backsteinhäuser sind ein Stück Lübeck, die Kulisse der »Buddenbrooks«. Es gibt eine Deutsche Kirche. Der Lübecker Bernt Notke hat das Holzbild von Sankt Michael, dem Normannenheros, eigens für Stockholm geschaffen. Man schätzt es so sehr, daß man es gleich dreimal aufgestellt hat: als Original in der »Großen Kirche«, als Kopie auf einem hübschen Altstadtplatz und im Nationalmuseum.

Gamla Stan, die Altstadt, beherbergt neben der Welt des Bürgerlich-Patrizischen die des Höfischen. Ein Italiener hat für den schwedischen Hof ein strenges und nobles Barockschloß erbaut. In der Nähe ankern die Ausflugsboote, die die Schären umkreisen und zur »Vasa« tuckern, dem nach dem Kriege vom Meeresgrund emporgehobenen spätmittelalterlichen Schiff, das den Namen des schwedischen Befreiers Gustaf Vasa trägt. Sein Schiff ist ein Enkel der Normannenschiffe.

Stockholm, das selbstherrliche, selbstgefällige, selbstzufriedene, gleicht einer Dame, die wohlgestalt, wohlhabend, sauber, voll frischen Odeurs und ein wenig steril ist. In Stockholm finden wir vereint, was andere Metropolen nur stückweise besitzen: Urbanität und weltgültige Architektur, Geschichte und Atmosphäre, ein vielgestaltiges Panorama, in dem immer wieder das Wasser vorherrscht.

Stockholm ist das Venedig des Nordens. Das harte nördliche Licht von Stockholm ist das Licht des Wassers.

In die Stadt des Nordens drang der Süden ein. Milles, der schwedische Bildhauer der zwanziger Jahre ist zum Mittelmeer aufgebrochen und hat die Welt des Südens in Form mediterraner Kunstschätze nach Stockholm geholt. Millesgarden, sein der Öffentlichkeit zugängliches Heim, ist ein Wallfahrtsort skandinavischer »Sonnenanbeter« – so heißt auch Milles' populärste, mitten in Stockholm aufgestellte Plastik. Milles' bronzene Sylphen, luftige, lichte Wesen, letzte Ausklänge des Jugendstils, tanzen, schweben, purzeln zwischen Großbanken, Versicherungen und Warenhäusern.

Auch die Waräger, die schwedischen Normannen, hat es in den Süden gezogen. Nicht bloß bis Smolenks und Kiew, sondern bis Byzanz und an die Ufer des Kaspischen Meeres, nach Serkland, worunter Persien zu verstehen ist. Sehnsucht nach der Ferne und Armut haben sie in die Weite getrieben. Schweden, das heute den höchsten Lebensstandard und die begehrtesten Rohstoffe Skandinaviens besitzt, war in früheren Zeiten arm. Noch in der Epoche des Dreißigjährigen Krieges lebten seine Bürger recht bescheiden. Der Reichsrat hat es 1634 unterlassen, ausländische Gesandte zum Leichenbegräbnis Gustav Adolfs einzuladen, weil die Armut der werdenden Großmacht geheim bleiben sollte. Schwedens Kornkammer, Schonen, war bis 1658 dänisch.

Nur an einigen Küstenpunkten lagen urbane Zentren von Belang, Birka etwa, das nördlich des heutigen Stockholm gegründete »Haithabu Schwedens«. Das Hinterland war geschichtlose Wildnis. Der Menschenüberschuß wandte sich der einzig möglichen, sich geradezu anbietenden Richtung zu: zum Finnischen Meerbusen und an dessen Ende, über die Landbrücke des späteren Leningrad hinweg, zum Ladogasee. Dort bildeten sich die ersten Handelszentren der Waräger.

Unter den Warägern befanden sich um die Mitte des neunten Jahrhunderts drei Brüder. Der Älteste hieß Rurik. Die Ankunft der drei Brüder am Ladogasee ist zugleich der Beginn der Geschichte eines der beiden Weltreiche unserer Epoche: der Kontinentalmacht Sowjetunion.

Schon vor Rurik hatten schwedische Normannen jenseits der Ostsee Fuß gefaßt. Die Slawen und Finnen, deren Siedlungsraum sich damals noch weit in den Kontinent hinein ausdehnte, hatten sie jedoch wieder vertrieben. Der Chronist der russischen Frühgeschichte, der Mönch Nestor aus Kiew, hat um 1200 mitgeteilt, daß man die Nordmänner später reuig zurückgerufen habe: »Unser Land ist groß, gut und mit allem versehen. Aber es ist ohne feste Ordnung. Kommt also, uns zu beherrschen und zu leiten.«

Diese schöne Aufforderung verdient Mißtrauen. Viel naheliegender ist es, daß Rurik als Eroberer und Okkupant ins Land gekommen ist. Denn als Nestor seine Chronik schrieb, herrschten noch die Nachkommen Ruriks über Rußland. Nestor hatte also allen Grund, den Ahnherrn mit einer »weißen Weste« zu versehen und ihn vom Makel des Aggressors loszusprechen.

Allerdings haben Rurik und seine Brüder kein Paris, kein Köln, kein Hamburg angetroffen, das sie hätten plündern können. Sie konnten keine Städte niederreißen, sie mußten neue bauen. Die erste war Aldeigjuborg am unteren Wolchow, nahe beim Ladogasee, die zweite Nowgorod (Neustadt) am Ilmensee. Von diesen ersten Normannen-Stützpunkten sind Spuren gefunden worden: Blockhausreste, eine Streitaxt, eine ovale Spange, Gußformen, Kämme, Holzstäbchen mit Runen. Das Land, das Rurik von beiden Sitzen aus beherrschte, hieß Holmgard. Es war das erste nachweisbare Staatsgebilde auf russischem Boden. Ortsnamen zeugen noch von nordgermanischer Besiedlung: Opsala, Redrikovo (von Rurik), Golbovo (von Rolf). Und unter den Eigennamen sind in Rußland erhalten geblieben: Hakon, Alfr, Sveinn, Sigvaldr, Snorri und andere.

Die Bewohner des Landes nannten die neuen Herren »Rus«. Das Wort könnte auf finnisch »Ruderer«, auf slawisch »Blondhaarige« bedeuten. Es wurde zum Begriff für das im Aufstieg befindliche Imperium. Im Namen »Rußland« finden wir es heute noch.

875 ist Rurik nach siebzehn Regierungsjahren gestorben. Helgi, ein Verwandter, übernahm für den unmündigen Sohn Ruriks, Ingwar, die Regierungsgeschäfte. Als Normanne dachte er großräumig und trieb Fernhandel. Da Holmgard im Gebiet der russischen Wasserscheide lag, fand er in Flüssen und Strömen ideale Transportwege. Von Fluß zu Fluß ließ er die Boote nach Wikingerart über Gleitbahnen aus Reisig schieben. Die Boote waren angefüllt mit Pelzen, Flachs, Honig und Wachs. Die Wolga fuhr man bis zum Kaspischen Meer hinunter. Entlang der Ostküste stießen die Waräger dann bis Aserbeidschan vor. Durch die Ausbreitung des Islam von Bagdad aus war hier ein blühender Markt entstanden. Arabische Händler boten Textilien, Metallarbeiten, Münzen an. Auf diese normannisch-arabischen Kontakte wiesen außer schriftlichen Quellen Münzfunde in Schweden, Gotland und in den baltischen Ländern hin.

Die 1953 erbaute Schwebebrücke von Kiew schwingt sich mit einer Spannweite von anderthalb Kilometern über den Dnjepr. Die Seinebrücke bei Tancarville, ein Wunder moderner Stahlkonstruktion im Bereich des alten Herzogtums Normandie, mißt nur einen knappen Kilometer. Vom Geländer der Dnjeprbrücke mit seinen gußeisernen Blumengirlanden schaut man zur ukrainischen Hauptstadt hinüber, mit der Einwohnerzahl Münchens ist sie die drittgrößte sowjetische Metropole. Sie breitet sich über dem flachen Wladimirhügel aus. Der Hügel hat seinen Namen von einem der Nachkommen Ruriks, dem heiligen Wladimir.

Kiew liegt inmitten der schwarzen, fruchtbaren ukrainischen Landschaft. Es ist eine Gegend des stets offenen Horizonts. Man möchte sich an Bergen festhalten können, doch in eindrucksvoller Monotonie ist immer nur dieser weite und niedere Horizont vorhanden. Das übrige Europa, weit im Westen gelegen, ist wie ein – kleines, kurzweiliges Präludium vor einer endlosen Symphonie in Moll, die breit und ohne Intervalle dahinströmt. Es ist immer das gleiche: dicht am Boden geduckte Gruppen weißgekalkter Panjehütten, niedere Birkenforste, Korn und Sonnenblumen. Im langen Winter legt sich Schnee und Eis auf den hart und rissig gewordenen Boden. Die Menschen verkriechen sich auf die Nachtlager hinter ihren schrankförmigen Lehmöfen, die im frischen Kalk so weiß sind wie die Schneedecke, die die Dörfer verhüllt.

Vor einigen Jahrzehnten noch war Kiew der Sammelpunkt für die Produkte, die das große und weite Land hergegeben hat. Heute »wachsen« hier Stahl und Textilien.

Die Hauptstraße Kretchialik ist eines der Vorbilder der Berliner Stalinallee gewesen. Wohnkasernen mit klassizistischen Attrappen sehen wie Ministerien aus. Das blendende Weiß hat sich in Grau verwandelt. Der Putz bröckelt. Zwischen Pfeilern und Blendsäulen voll kalter Pracht hängt Wäsche. Wenig Autos durchqueren die Kretchialik. Der Turmkoloß der Universität gleicht einem Termitenbau. Die seit 1834 bestehende Bildungsfabrik für 2000 künftige Sowjetakademiker heißt nach einem Leibeigenen der Zarenzeit, der zugleich ein Dichter gewesen ist: Taras Schewtschenko. Die studierende Jugend Kiews streckt sich an den Wochenenden am »Goldsandstrand« des Dnjepr aus.

Das moderne Bau-Soll hat die Vergangenheit nicht ausgelöscht, die feudalistisch und klerikal gewesen ist. Die Zwiebelkuppeln der Sophienkirche sind immer noch das Wahrzeichen Kiews. Vor einigen Jahren hat man im Innern ein Stück Verputz entfernt und dabei die in byzantinischer Manier gemalten Porträts von vier Angehörigen der altrussischen Warägerdynastie entdeckt: König Jaroslav und seine drei Töchter.

Im vorgeschichtlichen Museum von Kiew holt der freundliche

Aufseher in ehrfurchtsvoller Zeremonie einen Gegenstand aus einer der Vitrinen, der mir aus Dutzenden von Museen der Welt vertraut ist: ein goldplattiertes Normannenschwert. Es ist griffig und gut erhalten. Fast zärtlich fährt der Aufseher mit der Hand über die dunkle Klinge, die die Jahrhunderte rauh gemacht hat. All die Wikingerschwerter, die ich gesehen habe, erscheinen mir wie Sinnbilder europäischer Gemeinsamkeit über Grenzen und selbst über ideologische Barrieren hinweg.

Als ich aus dem Prachtportal des Museums hinaustrete, findet ein ukrainischer Passant Gefallen an meiner westlichen Krawatte. In naiver Freude bietet er mir den Tausch mit der seinen an. Schon hat er die Hand am Kragen, um seinen Knoten zu lösen.

Der Dnjepr ist neben der Wolga die große Fernstraße der Waräger gewesen. Diese Handelsroute mußte durch einen Stützpunkt gesichert werden: Känugard, die Mutterstadt Kiews, die von Askod und Dyr, zwei Gefährten Ruriks, gegründet worden ist. Die Gründung von Städten war im warägischen Handelsimperium des Ostens so bezeichnend, daß die Nordmänner den russischen Koloß »Gardariki« (»Reich der Städte«) nannten. Askod und Dyr fuhren 860 den Dnjepr stromab bis zum Schwarzen Meer und dann durch den Bosporus bis vor die Mauern der oströmischen Kaiserstadt Byzanz, die von den Warägern Miklagard genannt wurde. Dort regierte der byzantinische Kaiser Michael, unter dessen Herrschaft die Missionare Kyrill und Methodius nach Norden zogen, um die Rus zu bekehren und ihnen die kyrillische Schrift zu bringen: heute noch die offizielle Schreibweise Rußlands. Als die Waräger aus Kiew vor der Kaiserstadt angekommen waren und versuchten, diese einzunehmen, schlug sich der Monarch gerade in Kleinasien mit den Arabern. Boten meldeten ihm die Gefahr, die seiner Hauptstadt drohte. Er kehrte sofort zum Goldenen Horn zurück und gelangte nur mit Mühe hinter die Mauern, wo er die Nacht mit Gebeten verbrachte.

Nach der Darstellung christlicher Chronisten helfen Gebete oft mehr als Waffen. »Man trug das Gewand der Heiligen Jungfrau«, schrieb der Mönch Nestor, »mit Gesang und Klagen aus der Marienkirche an das Ufer und tauchte es ins Meer. Bis dahin war Windstille gewesen. Nun erhob sich aber plötzlich ein heftiger Sturm, der die Wellen hoch emporwarf. So wurden die Schiffe der gottlosen Rus zerschmettert. Nur wenige entrannen dem Unheil. Mit geringer Mannschaft kamen Askod und Dyr nach Känugard zurück.«

Am Kai von Kiew legte eine Flotte von Handelsbooten an, die von Norden gekommen war. Kaufleute in prächtigen Gewändern stiegen mit großen Gefolge an Land und verlangten, zu den Obersten der Stadt geführt zu werden, um über Handelsfragen zu konferieren. Nach ihrem stattlichen Aussehen mußte es sich bei den Ankömmlingen um Leute handeln, mit denen man gute Geschäfte machen konnte. Man führte sie sofort zu Askod und Dyr.

Im Audienzsaal des Palastes eingetroffen, zogen die Fremden plötzlich ihre Schwerter, die sie in den Prachtkleidern versteckt hatten, und erschlugen Askod, Dyr und ihren ganzen Anhang. Die Gefolgsleute der »Handelsdelegation« sicherten die Palastpforten.

Es hatte sich bei den Fremden nicht um Geschäftspartner, sondern um verkappte Eroberer gehandelt. Ihr Anführer war niemand anderes als Helgi von Nowgorod, der sich in den Besitz von Kiew setzen wollte. Die Stadt Kiew ergab sich, Helgi war Herr am Dnjepr und nannte sich Großfürst. Seiner neuen Hauptstadt, größer und handelspolitisch bedeutender als Nowgorod, gab er den Namen »Mutter der russischen Städte«. Es war einer der seltenen Fälle, bei denen Waräger ihresgleichen überfielen und unterwarfen.

911 rüstete Helgi eine bewaffnete Expedition aus. Auch er wollte Byzanz gewinnen. Die Kaiserstadt sah sich erneut normannischer Belagerung ausgesetzt. Sie vertraute jedoch auf die große Eisenkette, die den Eingang zum Goldenen Horn für fremde Schiffe absperrte.

Nun geschah das gleiche, was Paris während des Normannensturms erlebt hatte: Die Nordleute rollten ihre Schiffe auf Holzwalzen über Land, vom Bosporus zum Goldenen Horn, unter Umgehung der Ketten-Sperrzone. Betroffen sahen die Byzantiner eines Morgens feindliche Boote dicht vor ihren Mauern.

Kaiser Michael war kein Graf Odo von Paris. Er kapitulierte. Es war freilich keine bedingungslose Kapitulation. Doch der Kaiser mußte sich zu einem konzessionsreichen Handelsvertrag bequemen, dessen »Paragraphen« uns im Wortlaut überliefert sind. Der Vertrag lief auf ein Monopol des Großfürstentums von Kiew und befreundeter Fürstentümer Rußlands hinaus, als einzige in einer Art Waräger-Wirtschaftsgemeinschaft mit Byzanz Handel treiben zu dürfen. Die privilegierten Partner waren außer Kiew Tschernigow, Perejaslawl und Polozk. Die Spesenrechnungen gingen ausschließlich auf das Konto von Byzanz. Die Waräger gestanden zu, in der Kaiserstadt nur bei Tageslicht, waffenlos und in griechischer Begleitung zu erscheinen (wer war ganz sicher, ob sie nicht rückfällig statt des Kaufmannssiegels die blanke Waffe zogen?). Und sie waren nur im Sommer am Goldenen Horn willkommen (im Winter, bei zugefrorenen Strömen, lief man Gefahr, sie auf der Tasche zu haben). Das Kloster St. Mamas, außerhalb der Mauern, diente als Händlerquartier.

So ungewöhnlich der Vertrag, so ausgefallen die Beeidigung: Der

Kaiser küßte das christliche Kreuz, Helgi hängte seinen Schild ans Stadttor und sprach angesichts der Waffe die Formel im Namen des slawischen Heidengottes Perun.

Byzanz oder Konstantinopel, die »gottbehütete Kaiserin der Städte« und damals vermutlich die einzige Millionenstadt, das Haupt des erhabenen Reiches, die einzige legitime Nachfolgerin Roms, muß die Barbaren aus dem Norden mit seinem Glanz überwältigt haben. Keine Metropole verfügte über so gigantische Mauern, so viele Kirchen, Paläste, Goldmosaike, so viele golddurchwirkte Gewänder, so prunkhaftes Zeremoniell. Hier nur erstrahlten die Straßen nachts in hellem Licht. Hier nur lebte sublime antike Bildung weiter. Raffiniert die Technik, raffinierter die Kunst.

Von der imperialen Pracht Konstantinopels, das heute eine Stadt der Türken ist, finden sich nur noch wenige Spuren, sie sind freilich großartig genug. Der mehrstöckige Blachernenpalast bei der großen Mauer veranschaulicht bildhaft den Luxus des Kaiserhofes. Ein weiterer Palasttorso liegt am Marmarameer. Er verleitet uns, durch mächtige Gewölbe zu streifen, die einst Säle mit Gobelins, Lüstern und Goldgeschirr gewesen sind. Ein Schienenstrang liegt zwischen Palast und Meer.

Markantes Zeugnis des Byzanz von gestern im Istanbul von heute ist die riesige Wasserleitung des Kaisers Valens, die sich über die Fahrbahn des Attatürk-Boulevard schwingt. Dicht dabei erhebt sich ein Gigant der Moderne, der Glaspalast des Rathauses.

Auch unter der Erde trifft man das Kolossale an. Als steinerner Wald stehen Hunderte von Säulen verschiedener Prägung im faulen Wasser der Zisternen Justinians. Leuchtet man mit der Stablampe in die Tiefe des düsteren Raums, so erkennt man nirgendwo abschließendes Gemäuer. Die ganze Stadt scheint von der Zisterne unterminiert, einem Wasserarsenal für den Fall mehrjähriger Belagerung. Irgendwo quakt aus der Ferne ein Frosch.

Die Hagia Sophia, die Kirche der heiligen Weisheit, mag den warägischen Kaufleuten aus Kiew als Weltwunder erschienen sein. Kaiser Justinian hatte sie dreihundert Jahre zuvor anstelle eines älteren Gotteshauses erbaut, das beim sogenannten Nika-Aufstand in Flammen aufgegangen war. »Gott hat den Aufstand zugelassen«, argumentierte der Kaiser, »weil er vorausgesehen hat, in welcher Pracht ich das Heiligtum wieder erstehen lassen werde.« In der Tat wurde die Hagia Sophia eine der großartigsten Kirchen der Christenheit. Keine andere hat sie je übertrumpft. Die kühn und kunstvoll ineinandergefügten Kuppeln sind das steinerne Sinnbild ostchristlicher Gläubigkeit; der zur Höhe gewandten mystischen Schau.

Ich habe mich den ganzen Vormittag in der Kirche, die heute ein Museum ist, aufgehalten. Rechtzeitig zum Essen erreiche ich mein Hotel beim Taksimplatz im neustädtischen Viertel Galata, das jenseits des Goldenen Hornes liegt. In Istanbul tagt gerade der internationale Byzantinistenkongreß. Zwei Teilnehmer mit ihren Damen haben in meinem Hotel Quartier genommen, die Professoren Wilson aus Illinois und Bichler aus Zürich. Ich teile mit ihnen den Mittagstisch. Die Unterhaltung geht in leidlichem Deutsch vonstatten, von seiten Mr. Wilsons gespickt mit Anglismen. Die Damen bekritteln die Roben beim Galaempfang im Dolmabahçe-Palast. Dem Professor vom Züricher See will nicht in den Kopf, daß ein so ungewöhnliches Unternehmen wie der Landtransport von Schiffen genau an derselben Stelle gleich zweimal unternommen wurde, von Warägern und Türken. »Ob die Türken davon gewußt haben?« Die Frage schien dem Gelehrten einer wissenschaftlichen Abhandung wert.

Ich mische mich ins Gespräch: »Wo mag die Kirche St. Mamas gelegen haben, das Quartier der Waräger Kaufleute?«

Ein allgemeines Kombinieren begann.

»Es lag bekanntlich außerhalb der Mauern«, überlegt Mr. Wilson, »das Mauerdreieck des griechischen Konstantinopel stieß an zwei Seiten dicht ans Wasser. Bleibt nur die Landseite im Westen der Stadt, in der Nähe des Goldenen Horns. Es ist anzunehmen, daß das Quartier sich nicht sehr weit von der Schiffslände der Waräger befand.«

»Quod erat demonstrandum«, sagt der Eidgenosse und schüttet Wasser in sein Rakiglas. Der Anisschnaps nimmt die Färbung verdünnter Milch an.

Kurz nachdem der erste Handelskonvoi in der »Mutter der russischen Städte« aufgebrochen war, um auf der Route Dnjepr–Schwarzes Meer–Bosporus die »gottbehütete Kaiserin der Städte« zu erreichen, schloß Helgi für immer die Augen. Ihm folgte Ruriks nunmehr erwachsener Sohn Ingwar. Während Helgi die Tribute der slawischen Völker auf Rundreisen selbst eingezogen hatte, schuf Ingwar ein fast modernes Steuersystem mit einer Finanzzentrale und Beamten an den provinziellen Schwerpunkten. Die Steuerveranlagung der Untertanen richtete sich in den Städten nach der Zahl der Öfen, auf dem Land nach dem Umfang des beackerten Bodens. Auch Ingwar wollte das glorreiche Konstantinopel sehen. In ihm erwachte das wikingische Piratenblut. Er versuchte, mit Gewalt einzudringen. Doch die Byzantiner fanden, daß sich dies mit der Handelslizenz nicht vertrug. Sie schütteten das gefürchtete griechische Feuer, ein in Brand gestecktes Gemisch aus Pech und Schwefel, auf die hölzernen Schiffe des Warägerhäuptlings. Er mußte aufgeben.

Als die Slawen, über die Steuererhöhung erbost, Ingwar erschlagen hatten, verfolgte seine Witwe Helga, eine normannische Krimhild, die Mörder mit der Unerbittlichkeit der Blutrache. Sie übernahm für ihren unmündigen Sohn Swjatoslaw – der Name deutet auf die zunehmende Slawisierung der Skandinavier hin – die Regierungsgeschäfte. 957 nahm sie in Konstantinopel die Taufe an. Der Kaiser von Byzanz war ihr Pate.

Swjatoslaw, ihr Sohn und Nachfolger, erwies sich als Apostat: Er wollte lieber Heide als Christ sein. In seiner Brust schlug ein Warägerherz. Er zog es auch vor, selber Terror zu üben, als sich dem Terror der normannischen Oberschicht und des erwachenden Slawentums auszusetzen. Die von ihm begründete Reitertruppe darf als Vorstufe der Kosaken gelten. Und er eroberte das Gebiet, in dem heute die sowjetische Hauptstadt Moskau liegt. »Swjatoslaw war von mittlerer Größe«, heißt es in einer byzantinischen Chronik, »breitschultrig, mit einem langen, üppigen Bart. Seine Nase war gedrungen, die Augen waren blau, die Brauen buschig, und sein Kopf war bis auf eine Locke an einer Seite, dem Zeichen der Vornehmheit, rasiert. An einem Ohr trug er einen goldenen Ring mit einem Rubin zwischen zwei Perlen, und sein weißes Gewand unterschied sich von dem seiner Männer nur durch größere Sauberkeit. Er erschien grüblerisch und wild zugleich.«

Bei Swjatoslaws Sohn – die Mutter war Slawin – überwog das Grüblerische gegenüber der Wildheit. Als Wladimir der Heilige (972–1015) ging er in die russische Geschichte ein. Um sich gegen seine Halbbrüder zu behaupten, warb er Krieger in Schweden an. Das war wohl der letzte Warägerschub, der nach Rußland kam.

Um die gleiche Zeit sah sich der byzantinische Kaiser Basileios II. von einem Aufrührer namens Bordas Phokas bedroht, der seinerseits Thronansprüche stellte. Basileios bat in seiner Bedrängnis Wladimir um ein Hilfskorps. Die Bitte kam dem Großfürsten aus Ruriks Geschlecht gerade recht. Er wollte nämlich die aus Schweden geholten Waräger nach Ausschaltung der Halbbrüder wieder loswerden. Sie waren ihm zu unbequem geworden. Er sandte sie deshalb kurzerhand ans Goldene Horn. Auch dort bereinigten sie die Situation zugunsten des legitimen Herrschers. Als Leibtruppe des Kaisers blieben sie in Byzanz. Bis zum Untergang des Reiches im Jahre 1453 bildeten sie, durch Zulauf aus Skandinavien immer auf Soll-Stärke gehalten, die kaiserliche Garde.

Als Lohn für sein Hilfskorps erbat sich Wladimir eine »purpurgeborene« byzantinische Prinzessin zur Gemahlin. »Purpurgeboren« hießen die Angehörigen der erlauchtesten Dynastie des Mittelalters, weil sie nach alter Tradition in einem Gemach des Kaiserpalastes zur

Welt kommen mußten, das mit Purpur ausgeschlagen war. »Porphyrogenetos« war ein Beiname, der nicht weit unter der Bezeichnung »heilig« lag.

Es bedeutete eine sensationelle Aufwertung von Ruriks Geschlecht, daß einer seiner Nachkommen, Wladimir, in der Tat eine »Purpurgeborene« heimführen konnte: des Kaisers Schwester Anna. Bei der Verehelichung nahm Wladimir das Kreuz. Es folgte die Zwangstaufe der Untertanen im Dnjepr. Danach band man eine Holzfigur des heidnischen Slawengottes Perun an den Schweif eines Pferdes und ließ sie zum Strom schleifen, während zwölf starke Männer den Gott auspeitschten. Es war die Strafe dafür, daß er das Volk so lange im Irrglauben gehalten hatte.

Die Christianisierung Rußlands fiel zeitlich ungefähr mit der Trennung zwischen östlicher und westlicher Kirche zusammen. Das unter dramatischen Umständen in der Hagia Sophia vollzogene Schisma von 1054 hat sie endgültig besiegelt. Die Entscheidung des Normannensprosses Wladimir für die Taufe nach dem Ritus von Byzanz hat für ein Jahrtausend bewirkt, daß Rußland der östlichen Kirche, dem östlichen Kulturkreis zugeordnet blieb. Die Kunst Rußlands ist eine slawische Abwandlung der byzantinischen Kunst. Christus und die Heiligen blicken am Bosporus und an der Wolga die Gläubigen aus Goldmosaiken und glutvollen Ikonen an.

Wladimirs Sohn Jaroslaw, dessen Bildnis ich in der Sophienkirche von Kiew sah, ist der letzte der Nachkommen Ruriks, den man noch als Erbe der Waräger bezeichnen kann. Seine Gemahlin war die Norwegerin Ingigerd, die Schwester Olafs des Heiligen. Die drei Töchter aus dieser Ehe, Elisabeth, Anna, Anasthasia, galten als gute Partien, und alle drei verwandelten sich von Königstöchtern in Königinnen. Elisabeth wurde die Frau des Norwegerkönigs Harald Hadraada, dessen Wikingerspur wir noch mehrfach begegnen werden. Anna zog als Gemahlin des französischen Königs Heinrich I., des Kapetingers und Lehnsherrn Wilhelms des Eroberers, an die Seine. Anasthasia wurde dem König Andreas von Ungarn angetraut.

Man hat Jaroslaws Leichnam exhumiert. Die anthropologische Untersuchung ergab bereits weitgehend slawische Züge.

Die normannischen Fernfahrten auf Rußlands Strömen ließen im zwölften Jahrhundert nach. Die Kreuzzüge brachten viele Änderungen der großen Handelsrouten. Sie verliefen nicht mehr von Süd nach Nord, sondern von Ost nach West, vom Orient zu den aufstrebenden Handelsgroßmächten Venedig, Pisa und Genua und von dort über Augsburg und die Hanse in den Norden.

Der Tatarensturm löschte 1316 die Bedeutung des von Helgi gegründeten Großfürstentums Kiew aus. Moskau trat die Nachfolge an. Mit dem Haus Romanow betrat ein neuer Herrschertyp, der »Zar«, die politische Bühne des europäischen Ostens.

Die Rus – die Ruderer oder Blonden also – haben der zweiten Weltmacht von heute den Namen gegeben. Nationalistische Kreise haben schon zur Zarenzeit versucht, die Bedeutung der Nordleute als Staatengründer im Osten zu bezweifeln. Ein Verzeichnis von 150 Seiten ist notwendig, um die Titel der »anti-normandistischen« Veröffentlichungen aufzunehmen.

Man möchte meinen, daß die Sowjetunion mit der betonten Internationalität ihrer Ideologie auf derlei wenig Wert legt. Doch gerade sie vertritt den Standtpunkt der »Anti-Normandisten«. 1967 wurden die beiden ersten Bände »Geschichte der UdSSR von den ältesten Zeiten bis in unsere Gegenwart« ausgeliefert. Herausgeber sind das Historische Institut der Akademie der Wissenschaften und das Archäologische Institut in Moskau. Die Akademiemitglieder B. A. Rybakow und B. N. Ponomarjow zeichnen für die Edition verantwortlich. Das neue Geschichtswerk soll mit einer Darstellung des »kapitalistischen Zusammenbruchs und der Selbstbehauptung des Kommunismus« enden.

Die dem Mittelalter gewidmeten Bände behandeln den »Kampf unserer Völker gegen fremde Eroberer und für die nationale Unabhängigkeit«. Die »normannische Theorie« wird dabei einer »kritischen Analyse« unterzogen, die nachweisen will, daß die Slawen die älteste autochthone Bevölkerung zwischen Dnjepr und Weichsel gewesen seien.

In diesem Zusammenhang unterstreicht die »Prawda« die »völlige Unhaltbarkeit jener These, die die Gründung des russischen Reiches den nordgermanischen Warägern zuschreibt«. Im Gegenteil: Nun werde das räuberische Wesen der warägischen Invasoren deutlich, die das schon lange zuvor bestehende altrussische Reich zerstört hätten. Es sei an der Zeit, der unwissenschaftlichen Normannentheorie ihren Nimbus zu nehmen.

Leibgarde der Kaiser

Der Markusplatz in Venedig ist ein »Saal im Freien«. Die Säulenreihen gemessener Renaissancebauten, die ein stattliches Rechteck bilden, ergeben ein Bild von bezwingender Geschlossenheit. Von den ruhmvollen Plätzen Italiens – und es gibt derer eine beträchtliche Zahl – ist nur noch der Petersplatz in ähnlicher Weise von reisefreudigen Besuchern bevölkert. Eine Musikkapelle an der Seitenfront des

Saalplatzes, den man eigentlich nur mit Filzpantoffeln betreten dürfte, spielt Rossini; doch dem Ort gemäß feierlich und getragen, fast als Choral.

Die Venezianer haben in ihrer großen Zeit vieles mit den Normannen gemeinsam gehabt. Sie waren Seefahrer, Eroberer, Kaufleute und Krieger. Sie waren mutig und verschlagen. Abenteurer und Rechner. Unter dem Zeichen des Markuslöwen, der von einer Säule gelassen auf das Menschengetümmel herabblickt, haben sie die verschiedensten Kunstgegenstände in die Lagunenstadt geholt. Die vier grünpatinierten Rosse eines bronzenen Vierspänners über der Fassade von San Marco entstammen der Insel Samos. Die in Porphyr gemeißelten vier Ritter am Gemäuer von San Marco, die man »Tetrarchen« nennt, kamen aus Byzanz. Der vier Meter hohe Löwe, der mit drei kleineren vor dem venezianischen Arsenal aufgereckt Wache hält, stand ursprünglich in Piräus, dem Hafen des antiken und des modernen Athen. Er hat von seinem ursprünglichen Platz aus die Dreiruderer der alten Griechen, die Lastschiffe der alten Römer, die Seedrachen der Normannen gesehen. Die normannischen Waräger lagen, seit Helgi sie dem Kaiserhaus von Byzanz als Leibgarde überlassen hatte, am Goldenen Horn in Garnison. Zugleich waren sie vor allem in Krisenzeiten auf alle wichtigen strategischen Punkte verteilt. Wo an der Peripherie oder im Innern des oströmischen Reiches Unruhen ausbrachen, im Orient, in Kleinasien, auf dem Balkan oder in Italien, traten sie in Aktion. Einige warägische Prätorianer mögen in Piräus zwischen dem Wacheschieben viel Zeit gehabt haben. Da ritzten sie in der Runenschrift ihrer skandinavischen Heimat einen Erinnerungsspruch in den steinernen Löwenleib.

Es ist zwar eine Unsitte, Namen, Jahreszahl und mehr auf Reisen in Kunstwerke einzuritzen. Dieser Brauch geht aber auf die Antike zurück. So haben etwa Griechen der Ptolemäerzeit ihre Namen auf dem Gemäuer des Ruinenfeldes von Sakkara hinterlassen. Ob sie glaubten, mit ihren Namen auf dem konservierten Gemäuer ein Stück Ewigkeit zu gewinnen?

Die barbarische Gewohnheit, Kunstwerke durch spätere Inschriften zu verstümmeln, hat sich allerdings im Fall jener Waräger, die um 1040 in Piräus stationiert waren, als Gewinn herausgestellt. Denn dadurch ist uns ein wichtiges nordgermanisches Dokument erhalten geblieben, zugleich ein Hinweis auf die Anwesenheit von Normannen am Saronischen Golf. Die Inschrift besagt: »In Meeres Mitte ward er gefällt. In diesem Fjord aber ritzten Runen die Männer für Horse, den wackeren Kämpfer der Bucht. Schweden gruben dies auf dem Löwen ein.«

Alle vier Löwen aus Piräus, darunter denjenigen mit der Gedächtnisinschrift für einen gefallenen Waräger, haben die Venezianer in ihrem Sammeleifer in den Jahren 1687 und 1716 nach Venedig gebracht. Sie mußten es gewaltsam tun, denn Piräus war türkisches Hoheitsgebiet. Vielleicht hat das Standbild des Löwen ihr Interesse erweckt, weil der mähnenreiche König der Tiere zugleich ihr Wappentier ist. Seither steht er als Sinnbild der weltweiten Kontakte der einstigen Seerepublik vor dem Arsenal.

Ich will mir die Runenschrift, die sehr verwittert ist, genau besehen. Doch ich muß etwas Geduld haben. Eine kleine schwedische Touristin hat sich in der Haltung einer Schönheitskönigin vor den Runenlöwen gestellt, den sie für den geeigneten Hintergrund für ihr Porträtfoto hält. Ihr Freund, ein langer, blonder Student aus Lund, drückt auf den Auslöser. »Es ist das hübscheste Bild unserer ganzen Reise«, sagt er. Die Runen haben beide übersehen.

Der Ausdruck »Waräger« leitet sich von dem Wort »War« ab. »War« bedeutet Schwur. Die Waräger müssen demnach Schwurbrüder gewesen sein, Vorgänger der Ritterorden, deren Taten später gleichfalls unter dem Zeichen eines verpflichtenden Eides vollbracht wurden. Es gibt eine Art Klischee nordgermanischer Eidbrüderschaft: die Jomsburg-Wikinger. Auf der Insel Wollin in der Odermündung – damals slawischer Boden – haben sie ihre Burg gegründet und sich in einem strengen Männerbund dem »gefährlichen Leben« gewidmet. Hemingway hätte an ihnen seine Freude gehabt. Keiner durfte jünger als 18, älter als 50 sein (für Wikingerverhältnisse ein Greis). Es gab keine »Entfernung von der Truppe«. Frauen war der Burgzutritt verwehrt. Die Jomsburg-Wikinger erlitten lachend den Tod. Nach ihrem Glauben ging ihr Gegner dadurch des »Heils« verlustig. Außer dem lachenden Sterben werden sie wohl sonst wenig gelacht haben. Sie waren ein Staat für sich, niemandem untertan, keiner Idee verpflichtet außer dem sonderbaren Purismus ihrer starren, verschrobenen, nutzlosen Askese, ein Mittelding zwischen Orden und Bande.

Auch die Waräger waren, wie gesagt, ursprünglich Schwurbrüder. Der Sinn hat sich aber im Lauf der Zeit verwischt. Man verstand unter Warägern alle in Richtung Rußland fahrenden schwedischen Normannen. In der altrussischen Laurentius-Chronik heißt die Ostsee »warägisches Meer«. Ambulante Händler werden heute noch in Rußland Waräger genannt. Der Name »Waräger« war dann vor allem die Bezeichnung für die kaiserlich-oströmische Leibgarde in Byzanz, die sich aus Nordgermanen rekrutierte. Daß Machthaber sich mit fremdländischen Söldnern umgeben, ist nicht neu. Die Cäsaren unterhielten eine Leibgarde blonder Barbaren von nördlich der Alpen. Der Staufer Friedrich II. umgab sich mit Sarazenen. Die Sultane ließen sich von den Janitscharen bewachen, Söhnen christlicher Gegner, die sie im Kindesalter geraubt und islamisch aufgezogen hatten. Am päpstlichen Hof bilden die berühmten Schweizer die Schutzgarde. König Hussein von Jordanien besoldet eine Tscherkessen-Garde.

Vom Einsatz der Waräger, der »axttragenden Barbaren aus Thule, hoch wie Palmen«, im weiten byzantinischen Reich zeugen viele Runen- und Sagadokumente. Ein Mann namens Kolskegg Hamundsson wird in der Njalssaga als »Hauptmann des Warägerheeres« vorgestellt. In der Ravnkel Freysgodes Saga sagt ein Isländer von sich: »Ich bin sieben Jahre draußen gewesen, draußen in Miklagard.« Ein gewisser Ragnwald vertraute einem Uppländer Runenstein in stolzer Erinnerung an, daß er »Anführer der griechischen Leibwache« gewesen sei.

Zur Zeit, als die Runeninschrift in den Piräuslöwen eingraviert worden ist, war Harald Hadraada (der Harte) Kommandeur der in Athen stationierten kaiserlichen Truppen. Er ist der einzige Angehörige der Leibgarde byzantinischer Herrscher, der aus der Anonymität der oströmischen Kerntruppe heraustritt und dessen Lebensgeschichte im vollen Licht des Tages liegt.

Harald, Sigurds Sohn, nimmt den Typ des Condottiere vorweg, des Söldnerführers großen Stils der Renaissance. Er war Haudegen und Abenteurer, der seine Schwertfaust den Großen der Welt lieh. Sein Halbbruder war König Olaf der Heilige, der das Christentum in Norwegen eingeführt hat, indem er mittels Runenstäbchen das Los sprechen ließ. Die Rune des Christengottes lag oben. Die Thingversammlung nahm den Willen Gottes an. Ob wie bei ähnlichen Vorgängen, ein Trick angewendet wurde?

Als König Olaf in der Schlacht von Stikkelstadt (bei Drontheim) 1030 Thron und Leben verloren hatte und Norwegen dem Nordseereich Knuts des Großen zugefallen war, verließ Harald Hadraada landflüchtig die Fjord-Heimat. Er fand Zuflucht im Großfürstentum Kiew, wo er das Kommando der Leibgarde Jaroslaws übernahm. Am Hof verliebte er sich in Jaroslaws Tochter Elisabeth. Es war eine Liebe auf Gegenseitigkeit. Doch Elisabeth mußte das Schicksal Solveigs erdulden, denn der norwegische Refugier zog weltsüchtig zum nächsten Abenteuer aus: nach Byzanz. In der nordischen »Heimskringla« heißt es: »Griechenlands Kaiser konnte Kiele sehen – lichtumspielte –, da schwamm manch schimmerndes Schiff.«

Am glanzvollen Mittelpunkt der zivilisierten Welt stieg Sigurds Sohn zum Anführer der Waräger-Garde des Kaisers Michael Katalaktes auf. Wir sehen ihn nun an Brennpunkten des byzantinischen Reichs, am Euphrat und in Sizilien, wo die arabische Menschenflut

Asiens und Afrikas unter dem Zeichen des Halbmondes gegen das schon leicht brüchige oströmische Imperium brandete. Auf Sizilien war Harald dem Kommando des Generals Maniakos unterstellt, von dem heute noch das Kastell Maniace in Syrakus den Namen hat. Es war der letzte erfolgreiche Widerstand gegen den Ansturm der Sarazenen, ehe die Insel für hundert Jahre Europa verlorenging.

Um 1040 betrat Harald den Schauplatz Athen. Rasch warf er eine Rebellion nieder. Danach eine Pilgerfahrt nach Jerusalem. Nach Byzanz zurückgekehrt, überwarf er sich mit dem kaiserlichen Haus. Die Legende erzählt, daß der Söldnerführer – wie einst Joseph Potiphars Weib – die ihn begehrende Kaiserin Zoe zurückgewiesen habe. Man ahnt auch warum – nun setzt sich Haralds Biographie im Stil des Märchens fort: In Kiew wartete ja die warägische Solveig auf ihn, Elisabeth, Jaroslaws Tochter – jene übrigens, die uns auf dem neuentdeckten Fresko im Innern der Kiewer Sophien-Kathedrale entgegentritt. Harald Hadraada konnte sie nun endlich heimführen. Heimführen? Hatte dieser schwertumgürtete Globetrotter überhaupt einen heimischen Herd? Bejahrter geworden, sehnte er sich anscheinend danach. Ihn zog es nach Norwegen. Doch auf dem Thron der Königsstadt Drontheim saß bereits ein anderer: sein Neffe Magnus der Gute, Olafs Sohn. Harald hielt ihn für einen Usurpator – er bestand auf seinem eigenen Königsrecht, auch wenn er sich jahrelang nicht darum gekümmert hatte. Mit Elisabeth, nunmehr seine Gemahlin, reiste er zunächst nach Schweden weiter, erlebte dort aber keinen Honigmond, sondern konspirierte mit dem von Magnus vertriebenen Dänenkönig Sven Esdridsen: Gemeinsam wollten sie den Norwegerkönig vom Thron stoßen und zogen deshalb vor Drontheim, die Königsstadt.

Magnus der Gute verdiente seinen Namen. Er hegte Familiensinn und haßte Blutvergießen. Versöhnlich bot er dem Oheim, der so schroff an die Burgpforte klopfte, die Teilung der Macht an. Ganz ungewöhnlich für dynastische Streitigkeiten in jener Zeit: Harald Hadraada, in diesem Fall gar nicht »hart«, nahm den Vorschlag zum Kompromiß an. Der Däne Sven hatte das Nachsehen. Gemeinsam fielen Oheim und Neffe nun über den Enttäuschten her, der weiterhin aus Dänemark verbannt bleiben sollte.

1047 verunglückte Magnus. Harald Hadraada war damit Alleinherrscher, neunzehn Jahre lang. Seiner Wikingernatur entsprechend, waren es Jahre der Fehde. Vor allem zankte er sich mit seinem früheren Bündnispartner Sven, der inzwischen Dänemarks Thron zurückgewonnen hatte. Harald gründete Oslo als Militärbasis für seine Vorstöße gegen Jütland. Im Zuge dieser Händel äscherte der ehemalige Warägerführer und nunmehrige Norwegerkönig Haithabu ein.

Aus dem Liebesbund mit Elisabeth gingen nur zwei Mädchen hervor. Nach dem häufigen Rezept gekrönter Häupter nahm er eine zweite Frau, Thora, Tochter des norwegischen Magnaten Thorberg Arnisson. Doch Elisabeth verbannte er nicht. Beide Frauen erhielten den gleichen Rang wie in Goethes »Stella«.

Obwohl Thora mit der Geburt von zwei Söhnen die Nachfolge sicherte, blieb allen Anzeichen nach die warägische Elisabeth die Favoritin. Harald nahm sie mit, als er mit 200 wohlausgerüsteten Schiffen die Nordsee überquerte, um mit der Eroberung Englands seiner Krone eine zweite hinzuzufügen. An der Mündung des Tyne-Flusses erreichte die norwegische Armada die Ostküste der britischen Insel. Ein neues Abenteuer stand bevor. Es sollte Harald Hadraadas letztes werden.

Doch dies ist ein Akt, der bereits in das große Drama vom Kampf um England gehört.

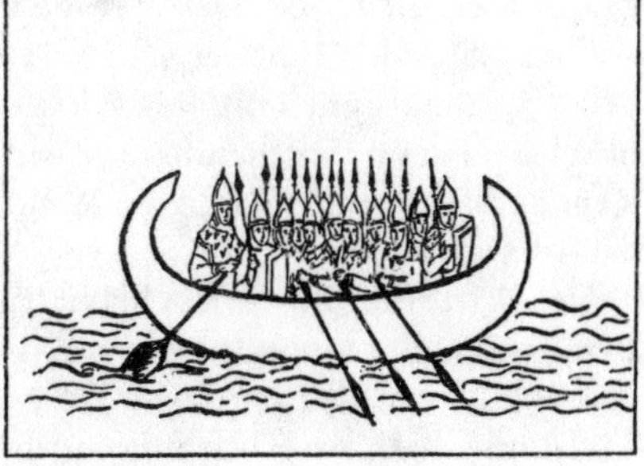

Die Erstentdeckung Amerikas

Drachenschiffe vor Grönland

Als die Wikingerflotten England und Frankreich heimsuchten, als Rurik nach Rußland zog und die Waräger sich beim Kaiser von Byzanz verdingten, lag weit im Nordmeer noch unberührt von normannischem Zugriff eine Insel von urtümlicher Großartigkeit: Island mit seinen Vulkanen und Gletschern, seinen Bergseen und Wasserfällen, seinen Ebenen, Schluchten und Hochflächen mit dunkelgrünem Moos. Um die Insel zu erreichen, genügte es nicht, sich an Küsten entlangzutasten. Man mußte mitten ins Meer vorstoßen. Und es gab keine Städte und Dörfer, die sich überwältigen ließen, keine Reiche, die man unterjochen konnte, keine Monarchen, denen man seine Klinge lieh. Es war ein mare incognitum, ein weißer Flecken auf der ozeanischen Landkarte. Tummelfeld für Abenteuer, Entdeckung und Tod.

Das Kälteste an Island, so sagt man, sei sicher sein Name: Eisland. Trotz der nördlichen Lage – Grönland näher als Schottland –, trotz Firnschnee und eisiger Ströme entspricht das Klima dank des wärmenden Golfstroms und der eigenen Geysirerwärmung dem von weitaus südlicher gelegenen Regionen.

Insel aus Feuer und Eis: Der Vatna Jöküll mit seinen 2122 Metern weist den größten aller vermessenen Gletscher auf. Die Schneemassen, die alljährlich von den eisigen Höhen stürzen, könnten als Wasserkraft Europa mit Energie versorgen. Unter Islands Boden hingegen brodelt die Hölle. Der »Große Geysir« ist mit 70 Meter Höhe – alle 24 Stunden führt er sein Wasserschauspiel vor – der höchste heiße Springbrunnen unseres Globus. Das Wasser schwappt in den blubbernden und zischenden Geysirsee zurück und strömt über die Ränder talabwärts, wo es, vom Wind gekühlt, sich in Waschküchendampf verwandelt.

Der Wirt, der mir in Reykjavik den Kaffee nach Landessitte ans Bett bringt, gibt mir einen guten Rat mit auf den Weg ins Landesinnere: »Nicht zu weit vorwagen . . . Ein Fehltritt ist hier wirklich eine Todsünde, man ist gleich mittendrin in der unterirdischen Glut.«

Zur Zeit der Normannen muß es auch um Reykjavik Wasser- und Schwefeldampfsäulen gegeben haben, denn Reykjavik heißt »Rauchbucht«. Heute ist die Erde um die Haupt- und Hafenstadt still geworden. Am Horizont landeinwärts erhebt sich die grauschwarze, mit ewigem Schnee bedeckte Bergkette Esja, aus der der Vulkan Snaefell herausragt. Doch weiße Wassersäulen suche ich vergebens.

Die Stadt beherbergt fast die Hälfte aller Isländer. Hier drängen sie sich in einem Bürgermilieu, wie es Björnson nicht heimeliger und adretter hätte erfinden können, vor der kalten Inselweite zusammen, die dennoch an jedem Flecken der kleinen, selbstbewußten, etwas blassen Handels- und Hafenmetropole gegenwärtig ist.

Die Bürger Reykjaviks fühlen sich noch heute als Normannen. Ihre Geschichte ist zeitlos, und sie glauben, obwohl verbürgerlicht und schnell seekrank, fest an das Wikingerblut in ihren Adern (mag es auch ein wenig keltisch durchsetzt sein).

Sehr hübsch schildert der englische Auslandskorrespondent James Morris, wie ihm ein bejahrter Politiker in Reykjavik erklärt hat: »Diese Fedayin, sie sind nichts als Unruhestifter. Wenn die hier bei uns wären – Einar Arnarson, glaube ich, würde es ihnen heimzahlen, oder Jon Olafsson und ein oder zwei andere.«

Einar Anarson und Jon Olafsson haben vor tausend Jahren gelebt, es sind die Helden isländischer Frühgeschichte und isländischer Sagas.

Trotz ihrer Versunkenheit in die allgegenwärtige Geschichte ihres kontinuierlichen Inseldaseins, trotz ihrer Isolierung zwischen Ost und West, zwischen Arktis und Antarktis (zwischen Island und der Antarktis ist nur Ozean) unterstreichen die Inselbewohner ihre Zugehörigkeit zur Zivilisation der großen Erdteile; ihre Wagen, ihre Modevitrinen, ihre Heißwasseranlagen beweisen es. Diese verursachen kaum laufenden Kosten, denn sie werden von Geysiren mittels Rohrleitungen versorgt.

Der Komfort der Hauptstadt täuscht freilich nicht darüber hinweg, daß Island, dies vulkanische Stück Land im weiten Atlantik, kein Paradies ist. Ein Viertel des Bodens ist öde, ein Drittel bloße Schafweide mit den anspruchslosesten Schafen, die es auf Erden gibt und mit denen es an Genügsamkeit nur Islandponys aufnehmen. Allein das Schwemmland aus Gletschergrus und Sandgeschieben läßt Gras sprießen, und das wiederum nur eine kurze Zeitspanne.

Doch ein Land kann man nicht einpacken und mitnehmen. Die Normannen paßten sich deshalb vor tausend Jahren als Fischer, Jäger, Hirten an dieses Land an. Bis 1600 haben sie auch Getreide angebaut. Heute lohnt sich das nicht mehr. Import ist rentabler. Auch der Import von Fremden.

»Wissen Sie«, sagt Sigurd, mein Wirt, als ich von meiner Inlandexkursion vom warmen Laugt-vatu-See zurückkomme, »kürzlich stieg bei mir eine amerikanische Gesellschaft ab. Ein Mann war dabei, der hatte seine Frau zu Hause gelassen ... Island sei für das zarte Geschlecht zu hart und zu rauh. Und wissen Sie, was passiert ist? Die Gesellschaft bestand außer ihm – aus lauter Damen.«

Wandlungen der Jahrhunderte: statt Normannenheere reisende Amerikanerinnen. Plötzlich tauchen sie auf – plötzlich sind sie wieder fort. Die Nachfahren der Wikinger nützen alle Chancen. Karge Plätze schaffen kluge Völker.

Einer der ersten Normannen, die Island sahen, war Floki Velgerdarsson aus Rogaland. Er machte es Noah nach. Als nach wochenlanger Meerfahrt kein Land zu entdecken war, ließ er in Abständen drei Raben frei. Die ersten beiden kehrten wieder zurück und ließen sich auf dem Takelwerk nieder. Der dritte blieb aus. Floki folgte mit dem Bug seines Drachenschiffes der Richtung des gefiederten Boten – und erreichte Island. Von ihm stammt auch die Bezeichnung »Eisland«, die die Insel behalten sollte. Floki sah vorwiegend Eis, zumal er auf dem ungastlichen Eiland den Winter verbrachte. Freundlichere Gegenden hat er übersehen. Die Kunde von der fernen Insel sprach sich in der norwegischen Fjordheimat herum. Als die Vettern und Blutsbrüder Leif Hrodmarson und Ingolf Arnarson wegen einer Fehde ihre Wohnsitze verlassen mußten, machten sie es Floki nach. Auf Island eingetroffen, gewannen sie durch ausgiebige Erkundungszüge einen weitaus günstigeren Eindruck von der Bewohnbarkeit der Eisinsel. Als sie nach Norwegen zurückkehren konnten, organisierten sie ein erfolgreiches Auswanderungsunternehmen. Es gelang ihnen, eine Reihe befreundeter Sippen zur Ausfahrt in das Neuland zu bewegen. Eine Flottille von Drachenschiffen nahm Kurs auf Island. Den Ort der Landnahme zu bestimmen, überließ man dem Gott. In Küstennähe warf Ingolf einen Hochsitzpfeiler seiner Halle, den er als Fetisch mitgenommen hatte, über Bord: Wo Odin ihn hintreibe, da wolle man landen. Odin dürfte damit für die Existenz der isländischen Hauptstadt Reykjavik verantwortlich sein. Denn ungefähr dort, wo sie seit Jahrhunderten liegt, wurde das magische Stück Holz an Land geschwemmt.

Leif, der Bruder, war lange auf Irland gewesen. Er schien von irischen Mönchen christlich »infiziert« zu sein. Er verwarf Ingolfs abergläubische Ansicht und landete an einem anderen Küstenplatz. Dort wurde er von seinen irischen Sklaven, die er mitgeführt hatte, erschlagen. Die Iren bemächtigten sich der wikingischen Frauen und zogen sich mit ihnen auf eine kleine Nachbarinsel zurück. Ingolf rückte heran, erschlug die Rebellen, befreite die Frauen und wies in einer Ansprache auf das warnende Beispiel seines Bruders hin: Seht, so geht es, wenn man den alten Göttern nicht die nötige Achtung zollt ...

Diese frühesten »Stories« aus Island kennen wir aus einem ungemein wertvollen Geschichtswerk, das unter dem Namen »Landnamaboks« bekannt ist und eine Fundgrube unseres Wissens über die normannische Besiedlung der Nord- und Eismeerregionen darstellt. Durch das Landnahmebuch sind wir darüber unterrichtet, daß die Ansiedlung des ersten norwegischen Auswanderungsschubs immer neue Wellen der Emigration auslöste, so daß König Harald Schönhaars totalitäres Regime eine Auswanderersteuer erhob. Sie änderte nichts an der Massenumsiedlung nach Island: Das Landnahmebuch nennt die Namen von 400 Großbauern, die über ungefähr 2500 Gefolgsleute herrschten. Als Rollo Herzog der Normandie wurde, waren auf Island schon an die 20000 Skandinavier ansässig – die einzige Landnahme im Zuge normannischer Expansion, bei der sich das nordländische Element durch die Jahrhunderte erhalten hat.

Die Neusiedler auf Island lebten von Jagd, Viehwirtschaft und Fischfang. Einen Oberherrn lehnten sie ab. Dafür bildeten sie den Althing, ein Parlament freier Männer, das bis 1798 bestand. Der Ort der Zusammenkünfte, Thingvellir, liegt 40 Kilometer von Reykjavik entfernt – heute eine ehrwürdige geschichtliche Stätte, bei deren Besuch sich die Isländer ihrer freiheitlichen Gesinnung bewußt sind. Thingvellir ist eine Ebene, die an einen der größten Seen Islands grenzt. Eine Erhebung, der Löberg, diente dem Althing als eigentlicher Versammlungsort, gewissermaßen als Sitzungssaal unter freiem Himmel. Der Althing war auch das oberste Gericht. Außerdem hielt man während der Zeit der Einberufung in Thingvellir Sportkämpfe ab. Der feierliche Platz kann demnach als isländisches Olympia gelten. Als relativ spät die Botschaft des Kreuzes auf der Insel Eingang fand, namentlich durch die Einwirkung des norwegischen Königs Olaf Tryggveson, wurde um das Jahr 1000 im Althing abgestimmt, ob man die Lehre Christi als Staatsreligion annehmen und sich der Kollektivtaufe im Öxara, dem Axtfluß, unterziehen wollte. Man war dafür. Es ist das einzige Beispiel der Geschichte, daß das Christentum durch einen Parlamentsbeschluß eingeführt worden ist.

Einmal hat das Althing einen folgenschweren Entschluß gefaßt, ohne die Auswirkung vorauszuahnen. Der Isländer Erik der Rote war wegen Totschlags angeklagt. Das Inselgericht verurteilte ihn zu dreijähriger Verbannung. Das Urteil löste die Auffindung und Besiedlung Grönlands aus. Diese wiederum führte zur Erstentdekkung Amerikas – fünfhundert Jahre vor Christoph Kolumbus.

Stavanger am »Haupt« des skandinavischen Löwen – als solcher stellt sich die Halbinsel in ihren Umrissen dar – ist mit 50000 Einwohnern die viertgrößte Stadt Norwegens nach Oslo, Bergen und Drontheim, der alten Königsstadt. Altstädtische Behäbigkeit verbindet sich mit der Geschäftigkeit des Seehafens. Im Schutz des Boknfjords, an dem Stavanger liegt, ankern Frachtschiffe mit Flaggen aus aller Welt. Im Vergleich zu den meisten Häusern sind sie Kolosse. Über dem goldenen, silbernen, purpurnen und violetten Segen der Fischernte auf dem Markt hält der norwegische Dichter Kjelland in Bronze mit Pelerine und Zylinder geruhsam Wacht, und er verliert selbst dann seine Fassung nicht, als ihm zu Füßen ein Korb glotzender Heringsköpfe ausgeleert wird.

Der Dom von Stavanger hat mit seinen wuchtigen Ecktürmen normannisches Gepräge. An Alter und Ausstattung will er mit dem in Drontheim hoch im Norden konkurrieren. Das christliche Zeichen des Fisches hat in der kleinen Stadt am Boknfjord nicht nur Symbolcharakter. Es ist lebensnotwendige Realität. Hochseefischer in gelben Ölmänteln und mit blauen Schiffermützen lehnen an der Reling ihrer soeben am Kai eingelaufenen Heringsfänger. Die Heringsberge, aber auch Kabeljau, Rotbarsch, Heilbutt und Schellfisch, wandern in die Auktionshallen und dann in die Konservenfabriken von Stavanger, um, mit dem Namen der Stadt etikettiert, in alle Welt weiterzureisen. Manche der Trawler, die sich wochenlang am Gat, an der Doggerbank und am Fladengrund, doch auch vor den Shetlandinseln, um Island und Grönland herumgetrieben haben, sind leicht lädiert. Knallrote Mennigeflecken sollen die »Hautkrankheit« des Rostes am Schiffskörper aufhalten. Über der Ausbeute, die die schweigsamen Männer im Kampf mit dem Meer heimgebracht haben, schlagen schreiende Möwen ihre Kreise. An einem Fischstand schaukelt der Leib eines Rochens. Er sieht aus wie ein Seegespenst. Eines Tages wird er, in Striemen geschnitten und geräuchert, in irgendeinem Fisch- oder Delikateßgeschäft Europas liegen.

Wenn es vor tausend Jahren auch noch keine Elektrolote und elektronische Apparaturen zur Auffindung der Fischschwärme gab, wenn noch keine Zweieinhalb-Tonnen-Laster vor Kühlhäusern aus Stahlbeton hielten – immer nur war es der Fisch gewesen, der Broterwerb, Mittagstafel und Gesprächsstoff für die Bevölkerung am Boknfjord gebildet hat. Auch damals, als Erik der Rote das kalte fahle Licht des Nordens erblickte, als Sohn eines Norwegers aus Jaederen bei Stavanger, der Thorwald Asvaldsson hieß.

Schon Thorwald war ein Streithahn – bei Wikingern nichts Außergewöhnliches – und mußte wegen einer Fehde mit tödlichem Ausgang mit seiner Familie den altüberlieferten Wohnsitz unter dem Fjordhimmel verlassen, als Erik gerade zehn Jahre zählte.

Das neue isländische Anwesen der Ausgewiesenen lag in dem am wenigsten begehrten Teil der Eisinsel; im unwirtlichen, dem Pol zugewandten Norden – auf jener Seite, deren Horizont den Blick in ungewisse Ferne lenkte, womöglich zu einer verlockenden Terra incognita, reicher und blühender, als die karge Weide des nördlichen Island. Was wußte man damals schon von den Gesetzen der Arktis oder des Golfstromes? Hat Erik bereits in jenen Tagen, nach der fluchtartigen Ankunft und in Erinnerung an die lebenssichernde Geborgenheit der Fjordberge seine Blicke dorthin gerichtet? In Island jedenfalls gab es nichts mehr zu holen – der ergiebige und fruchtbringende Boden war längst ausgeteilt.

Durch Heirat kam Erik dann doch an besseren Grund. Er bezog in Haukadal, im Süden, einen Neusiedlerhof. Doch Stetigkeit war seine Sache nicht. Wie sein Vater löste er Streitfragen durch Totschlag, und das gleich zweimal. In einem Zeitalter, in den Normannen ganze Städte ausräucherten, war Selbstjustiz dieser Art kein Verbrechen. Zumindest ging sie nicht an die Ehre.

Erik mußte sich allerdings vor dem Althing in Thingvellir verantworten. Das Inselparlament legte ihm als Sühne eine dreijährige Verbannung auf. Und nun fuhr er nicht etwa in die Sicherheit des im Rücken liegenden Norwegen, sondern in die lebensbedrohende Ungewißheit jenes westlichen Horizonts, auf den er als Halbwüchsiger fernsüchtig geblickt haben mag.

»Ein Sturmtief über Island mit Windstärke 10 bis 12 zieht rasch ostwärts.« Gelegentlich gibt der Rundfunk eine Meldung dieser Art durch. Da es uns nicht betrifft, achten wir kaum darauf. Droben aber, in der Kälte des Nordatlantik, durchpflügt der Bug eines Heringsfängers die anstürmenden Wogen. Der Wind heult in Wanten und Antennen. Der Funker hält angespannt Verbindung mit seinen Kollegen auf anderen Fangschiffen, die ebenfalls gegen den Orkan ankämpfen.

Zwei Wochen bin ich an Bord des norwegischen Fischdampfers »Boknfjǫrd«. Will ich das Oberdeck erreichen, muß ich abwarten, bis Steuer- oder Backbordseite sich hebt und kein Brecher zu befürchten ist. Mein Magen rebelliert, denn seit acht Tagen tischt der Schiffskoch nur gebackenen Fisch auf. Ein schneidender Wind fegt über Deck.

Bei Petersen, dem Netzmacher, finde ich Schutz. Aus seiner Koje zieht er ein vergilbtes, angefeuchtetes Album hervor und zeigt mir Bilder seiner Familie, die im Sognefjord lebt. Nur selten ist Petersen in dem kleinen rotgestrichenen Holzhaus mit dem Blumen- und

Gemüsegarten, immer nur während der kurzen Hafenzeit, wenn er, ein Faß frischer Heringe unterm Arm, sich heimwärts begibt. Und die erwachsenen Söhne? Auch sie sind Wikinger des zwanzigsten Jahrhunderts und fahren zur See, zur Zeit auf Frachtschiffen in gut entlohntem Charterverkehr zwischen New Orleans und Maracaibo. Sie haben sich für drei Jahre verpflichten müssen. Danach reicht ihre in blanken Dollars gezahlte Heuer für ein Holzhaus im Sogne-, Hardanger- oder Boknfjord.

Das Wetter hat aufgelichtet. Ich wate in langen Gummistiefeln in einem silbrigen See voller Wogenschlag: Das emporgehievte Netz hat Zentner von Heringen ausgeschüttet, daneben vereinzelt Tümmler, Knurrhähne, Krebse. Das Sortieren nimmt Stunden in Anspruch. Hundert Körbe mit Heringen gelangen in den Kühlraum der kleinen schwimmenden Fabrik.

Bis zum nächsten Hieven des Netzes – bei dem jeweils ein Schwarm von Möwen die Fischbeute umkreist – ist Ruhe. Vom Bug aus, auf dem Verdeck der Mannschaftsunterkunft, sehe ich im leichten Nebel die dünne Linie des Horizonts. Dort war vor tausend Jahren Grönland aufgetaucht, ein neuer, unbekannter Kontinent, als Erik Kurs Nordwest genommen hatte. Sein Drachenschiff mit der drohenden Galionsfigur, die die Dämonen des Wassers schrecken sollte, wies noch nicht die halbe Tonnage der »Boknfjord« auf. Und bei aufkommendem Sturm gab kein Netz dem hölzernen Schiffsleib Halt. Kein Radar, kein Sextant, keine automatische Steuerung boten Sicherheit – das einzige, worauf man vertrauen konnte, war die Kunst des Steuermanns, der das Ruder fest in Händen hielt, die bannende Kraft des hölzernen Dämons am Steven und die gute Laune des Gottes der Stürme, des hammerschwingenden Thor.

». . . er sagte, er wollte das Land suchen, das Gunnbjörn, der Sohn von Ulf Krake, erblickt habe, als er westlich von Island im Meer umhertrieb und das seitdem die Gunnbjörnschäre genannt wurde. Er versicherte, er werde zu seinen Freunden zurückkehren, wenn er das Land gefunden hätte.« Dies ist der kurze Vermerk des Landnahmebuchs über die Ausfahrt des verbannten Erik im Jahre 982 in Richtung West. Der im Text genannte Gunnbjörn hatte zwei Menschenalter früher auf Westkurs angeblich Land gesehen – doch waren es nicht vielleicht Luftspiegelungen oder eine jener Inseln, die gelegentlich durch vulkanische Bewegung des Meeresgrundes auf- und niedertauchen?

Erik landete mit zwanzig Mann und einer Handvoll Sklavinnen an der Westküste Grönlands, jenseits des südlichsten Punktes Kap Farvel; und wir dürfen sagen, dies war sein Glück: Denn der Golfstrom beschert im Westen eine Lebensbasis, während die Ostküste im ewigen Eise erstarrt. Die erwärmende Meeresströmung, die auch unser europäisches Klima mitbestimmt, bewirkt an der Westküste Grönlands im Januar eine Durchschnittstemperatur von minus fünf Grad. Auf dem gleichen Breitengrad mißt man an den Ufern der Hudsonbai Kanadas dreißig Grad unter Null. Voller Freude sahen Erik und seine Begleiter, als sie an Land gingen, grüne Matten. Sie nannten den Küstenstrich »Grünland«.

»Grünland« war zugleich ein »Werbeslogan«, den Erik auf Island verbreitete, als er nach den Verbannungsjahren nach Haukadal zurückgekehrt war. Denn wie einst die Vettern Leif und Ingolf von Norwegen nach Island, so wollte nun Thorwalds Sohn von Island nach Grünland Siedler nach sich ziehen, um in der Einöde des entdeckten Küstenstrichs eine normannische Herrschaft zu begründen.

Im Sommer 986 ging Eriks Plan auf Island von Mund zu Mund. Viele Bauern veräußerten ihren Grundbesitz und trieben ihr Vieh zum Breidafjord im Westen der Insel, wo die Flotte des »Abwerbers« bereitlag. Man wartete, bis der Wind eine gute Überfahrt versprach. Dann stach man mit 25 Schiffen in See; an Bord der Segler waren 500 Menschen, darunter Frauen und Kinder, dazu Kühe und Schafe, Felle, Tran und Häute.

Nur 14 Schiffe erreichten bei der gefährlichen Navigation durch treibendes Eis ihr Ziel. Die Ankömmlinge fanden nur spärliches Grün vor. Sie erkannten, daß Erik mit der Bezeichnung »Grünland« aufgeschnitten hatte. Doch sie entschlossen sich zu bleiben. Sie bauten Häuser aus Stein und ausgestochenen Grasstücken. Mit Pfeil und Harpune jagten sie Rene und Robben, mit Netzen holten sie die Fischernte ein. Die Frauen spannen und webten. Verhängnisvoll war der Mangel an Holz, zumal für Menschen, die einem Holzland entstammten und deren Häuser, Schiffe und Götter aus Holz gebildet waren. Lediglich Treibholz fand man vor, das von den Flüssen Sibiriens über das Polarmeer hierhergelangt war. Als ebenso nachteilig empfanden sie das Fehlen von Eisen. Zwar gibt es Lager – der norwegische Polarforscher Nordenskiöld hat sie um 1870 entdeckt –, doch Eriks Umsiedlern blieben sie unbekannt.

»Grünland« war ein Ödland. Unmittelbar hinter den Fjorden begann die tote, starre Welt des ewigen Inlandeises. Auf dem schmalen Ackerboden in Küstennähe trugen nur widerstandsfähige Getreidesorten Frucht, Strandhafer und die genügsame Gerste, die auch im nördlichen Norwegen gedeiht, wo kein Weizen, kein Roggen mehr wächst. Ende August schon lag eine Eisschicht auf den Wasserstellen. Der Wintervorrat, im kurzen Sommer hastig eingebracht, mußte dann bereits in der Scheuer sein. Der lange Winter zwang zur Rationierung des Heus. Damit ging die Milchproduktion zurück. Man half sich mit Skyr, der in Fässern verwahrten, gesäuerten und gesalzenen Dickmilch. Sie schmeckte abscheulich.

Da Holz, Eisen, Getreide und Salz Mangelware darstellten, mußte Erik sie auf der gefährlichen Nordatlantikroute um Kap Farvel herum zu seiner Kolonie kommen lassen. Viele Segler zerschellten auf hoher See oder wurden an die Ostküste Grönlands verschlagen, wo sie im Packeis zerdrückt wurden. Einmal hat eine Schiffsbesatzung versucht, nach Verlassen des Wracks durch Nacht und Eis die rettenden Fjorde der Westküste zu erreichen. Sie gelangten bis auf einen Tagesmarsch zu den ersten Gehöften heran. Dort brachen sie zusammen. Man fand ihre Leichen.

Erik behauptete sich als Kopf der Kolonie; die Sage teilt mit, daß »sich alle nach seinem Willen richteten«. Er baute seinen Hof am klimatisch günstigsten Platz des Siedlungsbereichs; im geschützten Eriksfjord. Der Hof hieß Brattalid. In Fjorden und Tälern verteilt lagen 280 weitere Höfe. Sie bildeten die sogenannte Ostsiedlung (Eystribyggd). Eine zweite Kolonie, die Westsiedlung (Vestribyggd), entstand einige Schiffstagereisen weiter nördlich.

Nach isländischem Vorbild rief Erik von Zeit zu Zeit ein Althing zusammen, das auf einer Landzunge südlich des Eriksfjord »tagte«. Am gleichen Platz, Gadar, erstand später der erste grönländische Bischofssitz.

Wie man es nimmt: Eriks Kolonie war eine Staatengründung en miniature oder, nach neuzeitlichen Gesichtspunkten, eine Siedlungsgemeinschaft. Bei den ungünstigen Lebensbedingungen, die noch schlechter waren als die isländischen, bleibt es erstaunlich, daß der Normannenstaat an der Westküste Grönlands bis ins fünfzehnte Jahrhundert hinein bestanden hat.

Hundert Jahre vor ihrem Ende waren die grönländischen Normannen gezwungen, ihre Freiheit aufzugeben und sich dem norwegischen Mutterland unterzuordnen, etwa gleichzeitig mit den Isländern. Kein Despot hat es ihnen aufgenötigt, sondern allein der Mangel an Schiffen, der wiederum aus dem Mangel an Holz resultierte. Um zu den Importprodukten zu gelangen, die die Grönlandnormannen in der Isolation des Nordens brauchten, waren sie auf fremde Schiffe angewiesen.

Mit der Zeit blieben die Schiffe aus. Die Teilnahme des Mutterlandes an den fernen Verwandten erlahmte. Als dann die Kalmarische Union 1387 die drei skandinavischen Länder unter eine einzige Krone brachte, die der Dänenkönigin Margarethe, verlagerte sich das politische Schwergewicht von Drontheim nach Kopenhagen. Dort hatte man noch weniger Neigung, die Verbindung über Tausende von Seemeilen hinweg mit den grönländischen Normannen zu pflegen. Walfischzähne, Grönlands Hauptexportartikel, hatten ohnehin einen Preisrückgang erfahren. Über Vestribyggd und Eystribyggd breitete sich die Nacht des Vergessens. Und wie endeten die Sich-selbst-Überlassenen, von Europa Aufgegebenen? Über Hypothesen kommen wir nicht hinaus. Vielleicht sind sie, durch Not und Inzucht degeneriert und dezimiert, von eindringenden Eskimostämmen überwältigt worden, vielleicht haben sie sich auch mit diesen vermischt. Oder hat nach dem Raubbau an den spärlichen Birkenwäldern der Flugsand die letzten Weidegründe zerstört? Man hat auch angenommen, daß das Klima den letzten Normannen auf Grönland zugesetzt hat. Anzeichen sprechen dafür, daß es sich seit Eriks Landnahme verschlechterte. Heute wäre in Westgrönland keine Staatengründung von Europäern mehr möglich. Man hat an den Küsten des Eriksfjords Gräber gefunden. Die Leichentücher sind trotz der Einwirkung des verwesenden Inhalts gut erhalten geblieben. Das läßt darauf schließen, daß schon bald nach der Beisetzung das ewige Eis einen weiteren Zersetzungsprozeß aufgehalten hat.

Als Eystribyggd noch bestand, 1348, war Vestribyggd, das ja sehr viel weiter nördlich lag, schon untergegangen. Wir besitzen hierüber einen Bericht des Bischofs von Gadar, Ivar Bardsen: »Es sind von Eystribyggd zur Vestribyggd zwölf Segeltage. Alles ist Einöde. In Vestribyggd befindet sich eine große Kirche, die steht zu Stensnes. Sie war eine Zeitlang Hauptkirche und Sitz der Bischöfe. Die Skarlinger (Eskimos) haben nun ganz Vestribyggd geplündert, so daß dort nur noch Ziegen, Schafe, Rindvieh und Pferde sind, alle wild, indessen keine Menschen mehr, nicht Christen, nicht Heiden.«

Der isländische Kapitän Jon ist der letzte gewesen, der einen Grönland-Normannen gesehen hat – wenn auch nur als Leiche. Auf einer unbewohnten Insel fand er zwischen Bootshäusern und Steinwällen 1540 einen toten Europäer, bekleidet mit Robbenfellen und einer Kapuze. Der Hamburger Kapitän Mestemaker berichtete ein Jahr später, an der westgrönländischen Küste seien auch nicht die geringsten europäischen Siedlungsspuren zu entdecken.

Der erste, der nach zweihundertjährigem Todesschlaf der Nachfahren Eriks des Roten eine Spur ihrer Existenz aufspüren konnte, war der englische Kapitän John Davis, nach dem die Meerenge zwischen Westgrönland und dem nordamerikanischen Baffinland heißt. Er fand 1568 ein Grab mit dem Zeichen des Kreuzes. Seit Grönland eine wichtige Station für Walfänger wurde, häuften sich Meldungen über Gräber- und Skelettfunde. Man fand die Überreste ausnahmslos an der Westküste.

Im heißen Sommer 1721 segelte Hans Egede aus Trandenaes von den Lofoten westwärts, um den Eskimos auf Grönland die Botschaft von der Auferstehung Christi zu bringen. Den Fjord, an dem er die Küste betrat, nannte er Gotteshafen. Er forschte nach Eystribyggd, doch nicht nach Vestribyggd, das man damals noch irrig an Grönlands Ostküste vermutete. Hans Egedes Suche blieb ergebnislos. »Anbelangend das alte grönländische Eystribyggd«, so lautete der enttäuschte Rapport des Apostels der Eskimos, »glaube ich ohne Zweifel, daß es noch am Leben ist und mit Nachkommen reinen norwegischen Volkes erfüllt, die auch mit Gottes Hilfe und bei Zeit und Gelegenheit entdeckt werden.«

Zur Zeit, als man in Deutschland Biedermeier trug und die ersten Zollschranken fielen, fand man auf einer Insel an der Westküste Grönlands zwischen dem 72. und 73. Breitengrad drei Steinstelen, deren eine Runen aufweist: »Erling Sigvatsson, Bjarne Tordsson und Eindride Oddson errichteten am Samstag vor dem Prozessionstag diese Steinmale und runten sie.«

Man datierte den Stein auf das Ende des dreizehnten Jahrhunderts. Da der Fundort keinerlei Anreiz für eine Expedition bot, fragen wir uns, warum die Grönlandnormannen nach dorthin aufbrachen.

Etwa zur gleichen Zeit, als man den Runenstein gefunden hat, glaubte man, eine »biologische Spur« der Nachfahren Eriks des Roten entdeckt zu haben: die »weißen Eskimos«, die auf eine Mischrasse zwischen Eingeborenen und Europäern hinweisen. 1824 beschrieb John Franklin einen dieser »blonden« Grönländer: »Das ovale Gesicht trug eine vorspringende Nase und unterschied sich wenig von europäischen Gesichtern, wenn man von den kleinen Augen und der schmalen Stirn absah. Die Haut war frisch und rot, sein Bart war der längste, den ich jemals bei amerikanischen Eingeborenen gesehen habe.« Und 1837 trafen die amerikanischen Arktisforscher Dease und Simpson in der gleichen Gegend einen Eskimo, der »vornehm aussah und fast ein Skandinavier hätte sein können«.

Nach dem Ersten Weltkrieg begab sich eine dänische Kommission unter Leitung des Archäologen Paul Nörlund in die Gegend Westgrönlands, in der man den Normannenstaat vermutete. Und Nörlund ist es gelungen, Gewißheit über Existenz und Untergang der grönländischen Wikinger zu schaffen. Der Forscher wies in Eystribyggd 200, in Vestribyggd 100 Gehöfte nach. Besonders fesselten ihn die Reste eines Hauses mit mehreren Räumen sowie einer stattlichen Halle mit einem Brunnen in der Mitte. Die Bauten waren gemauert und mit Grassoden gegen die Kälte abgeschirmt. In der Umgebung des Anwesens lagen die Ruinen von Stallungen, Magazinen und Heuschobern.

Nörland zweifelt nicht daran, daß er die »Residenz« Eriks des Roten aufgefunden hatte!

Wie bei allen »ausgehobenen« Kulturen sprechen besonders aufschlußreich auch im Revier der Grönlandnormannen die Gräber zu uns. Während Kirchen und Höfe zusammengesunken, Wiesen und Gärten verdorrt sind, liegen die Enkel der Wikinger noch immer in der Tiefe des ewig gefrorenen Eises. Eine große Zahl hat Nörlunds Expedition ans Licht des Tages gebracht und identifiziert; unter ihnen waren: Bischof Jon Smyrill mit Bischofsring und -stab sowie einem kunstvoll geschnitzten Walroßzahn als Grabbeigabe, die Jungfrau Ingibjorg und viele andere, deren Namen aus beigefügten Runen hervorgehen. Eines der Gräber war leer; doch ein Runenstäbchen bedeutete: »Diese Frau, die Gudeweig hieß, wurde im Grönlandmeer versenkt.« Die Toten trugen norwegische Trachten ihrer Zeit, die Frauen vereinzelt modische Kleidungsstücke Pariser und Burgunder Kreation.

Das Merkwürdigste an Nörlunds Entdeckung war, daß die Körper der Bestatteten fast durchweg verkrüppelt waren, zwergwüchsig, unterernährt, rachitisch. Dies bestärkte die Theorie, die Grönlandnormannen seien in der Isolation physisch degeneriert als Folge jahrhundertelanger Entbehrungen im sogenannten »grünen Land«.

Der normannische Kolumbus

1957 erwarb der amerikanische Buchantiquar Laurence Witten in Europa einen alten Folianten, der von einer im Mittelalter durchgeführten Reise zu den Tataren handelt. Das Buch enthielt eine 27,9 zu 40,6 Zentimeter große Kartenskizze, die den nördlichen Atlantik zeigt und aus dem Jahre 1440 stammen soll. Die Sensation dieses Kartenfundes lag darin, daß auf dem Blatt ziemlich genau – Amerika eingezeichnet ist.

Wie? Hat Kolumbus Amerika nicht erst 1492 entdeckt? Hat er vielleicht die Karte gekannt? Oder wer sollte vor ihm die genaue Kenntnis der Neuen Welt besessen haben?

Die aufgespürte Karte, von der Wissenschaft als »größte kartographische Entdeckung des zwanzigsten Jahrhunderts« gefeiert, ist laut Angabe von einem Basler Mönch gezeichnet worden. Erstmals wurde der Fund in Norwegen ausgestellt. Der Arktisforscher Helge Ingstad und viele andere Wissenschaftler bekannten sich zu seiner Echtheit.

Nun gelangte die Karte über den Atlantik in den Besitz der Yale-Universität in New Haven. Auch dort befaßte sich ein Gremium von

Forschern mit der kartographischen Kostbarkeit. Es setzte sich zusammen aus R. A. Sleton und George D. Painter vom Britischen Museum in London sowie Thomas E. Marston und Alexander O. Vietor von der Yale-Universität. Der Direktor der Bibliothek der Hochschule, James Tenis, nannte die Karte das »faszinierendste Einzelexemplar, das Yale in der neueren Zeit besessen hat, wichtiger als die Ausgabe der Gutenbergbibel der Universität«.

Eine breite Weltöffentlichkeit erfuhr von dem Fund, als Chester Kerr von der Yale-Universität im Rahmen einer Pressekonferenz der Norwegischen Akademie der Wissenschaften in Oslo die Karte vorzeigte und erläuterte.

Nicht viel Zeit verstrich, da meldete sich die Stimme eines Skeptikers. Es war kein Sachverständiger, sondern ein Außenseiter: der Richter Michael A. Musmano vom Obersten Gerichtshof von Pennsylvanien in Harrisburg. Er warf Yale »ethnische Vorurteile« vor, da die Karte dokumentieren solle, daß das germanische, nicht das romanische Element die Großtat der Entdeckung der Neuen Welt für sich buchen könne. Wenn wir bedenken, daß im Völkertiegel Amerika gewisse Rivalitäten zwischen den Neu-England-Staaten und den romanisch durchsetzten Südstaaten bestehen, so sehen wir den Hintergrund eines scheinbaren Gelehrtengefechtes. Die Karte solle, so argumentierte Musmano, als handgreifliches Dokument die freilich schon bekannte Fama erhärten, grönländische Normannen seien die ersten gewesen, die Amerikas freiheitliche Küste sahen.

Aber, so lautete die Verteidigung, die Karte ist doch verblüffend genau.

Darauf Musmano: »Kein Wunder, die Karte wurde 500 Jahre nach den Reisen Kolumbus' fabriziert, und ihre Urheber hätten, wenn sie gewollt hätten, auch Fotografien von Vinland beifügen können.«

Musmano wurde nun von den Kartenverfechtern Befangenheit vorgeworfen. Der Richter stamme von Italienern ab und sei Mitglied der Italienisch-Amerikanischen Gesellschaft. Es herrsche kein Zweifel, daß er das Erst-Entdeckungsrecht seines Landsmanns Kolumbus nicht angetastet wissen wolle. Auch neuerdings sind wieder erhebliche Bedenken gegen die Echtheit dieser Karte erhoben worden.

Aber die Tatsache, daß fünfhundert Jahre vor dem Genuesen in spanischen Diensten, Cristobal Colon, bereits Weiße, Europäer, Wikinger die Küste der westlichen Hemisphäre betreten haben, ist auch ohne Beleg der umstrittenen Landkarte nicht zu bezweifeln. Denn unabhängig vom Streit um diese Karte beweisen zwei andere Quellen die normannische Landnahme in Amerika. Es sind zwei altisländische Sagas, nämlich die »Grönlandsaga« und die »Eriks-des-Roten-Saga«. Wahrscheinlich sind sie wie die Gesänge Homers oder das Nibelungenlied ursprünglich nur von Mund zu Mund gegangen. Erst später hat man sie dann aufgezeichnet. Diese frühesten Aufzeichnungen besitzen wir allerdings nicht. Doch auch die biblischen Bücher sind uns ja nur durch spätere Abschriften bekannt. Und solche späteren Kopien der altnordischen Manuskripte liegen vor, kostbare alte Dokumente aus norwegischen Klöstern, eines etwa um 1300, das andere um 1400 niedergeschrieben. Die in den beiden Sagas enthaltenen Berichte über die Erstentdeckung Amerikas laufen, wie es bei den Synoptischen Evangelien des Neuen Testaments in ähnlicher Weise der Fall ist, große Strecken hindurch parallel. Nur sind die Abweichungen der Erzählung bei den Sagas größer als bei den biblischen Büchern.

Die »Grönlandsaga« enthält eine Geschichte, die die »Eriks-des-Roten-Saga« verschweigt. Sie stellt dar, wie 985 der isländische Kapitän Bjarne Herjulfson aus Norwegen zur Eisinsel zurückkam und dort erfahren mußte, daß sein Vater mit der ganzen Sippe dem Propagandaruf Eriks des Roten gefolgt und nach Grönland aufgebrochen war. Bjarne beschloß, ihm nachzusegeln.

Doch die Winde, die auch die Ursachen vieler Abenteuer der homerischen Odyssee gewesen sind, wollten es anders. Sie trieben Bjarne an eine unbekannte Küste, berglos, bewaldet und voll kleiner Klippen. Der isländische Kapitän hatte nicht die Absicht, der Erstentdecker Amerikas zu werden – in der Tat handelte es sich mit größter Wahrscheinlichkeit um die Küste des kanadischen Neufundland –, denn er drehte nach ausgiebigem Seehundfang ab. Es ging ihm so sehr darum, seinen Vater zu finden, daß er kein Auge für die Neue Welt hatte. Zwei Tage segelte er nordwärts, um wiederum bewaldetes Land zu erblicken, diesmal Labrador. Nach drei weiteren Tagen schaute er – wie anzunehmen ist – die Küste von Baffinland. Doch auch hier blieb er lediglich der Moses Amerikas, der das verheißene Land sah, aber nicht betrat, und ließ von neuem sein wollenes Rahsegel vom Winde schwellen, um nach vier weiteren Tagen endlich an der Südspitze Grönlands den Hof seines emigrierten Vaters zu erreichen. Hier endet der aufregendste Teil seines Lebens; Bjarne ist nach einem Wort von Frank R. Donovan »der am wenigsten besungene Held der Welt«. Seine Geschichte ist eine Geschichte mit Happy-End, doch ohne handgreifliche Ergebnisse – erst im Anschluß daran sollten Dinge geschehen, die die Welt noch Jahrhunderte beschäftigten.

Denn Bjarne Herjulfsons Erzählungen seiner normannischen Odyssee in westlichen Gewässern bewogen einen forschen, ehrgeizigen, nach Abenteuern hungernden jungen Mann, zehn Jahre später Bjarnes nassen Spuren zu folgen, um das von ihm geschilderte Waldland zu betreten und von dort Holz nach Grönland zu importieren, das nach Verbrauch eines großen Teils des angelandeten Treibholzes dringend benötigt wurde. Dieser junge Mann war einer der drei Söhne Eriks des Roten. Er hieß Leif Eriksson.

Von Leif wird berichtet, er habe das Christentum aus Norwegen nach Grönland gebracht. Seither ging regelmäßig der Peterspfennig nebst einer Ladung Walfischzähne von Gadar, dem grönländischen Bischofssitz, nach Rom. Doch Leifs zweite Großtat ist noch bemerkenswerter. Es ist eine kühne Seefahrt. Sie steht tief eingegraben in den Annalen der Forschungs- und der Weltgeschichte. Leif sollte der erste Entdecker Amerikas werden.

Sommer 995. Über der kleinen Küstenebene des Eriksfjords lag grüner Flor. Ein leichter Ostwind kräuselte das Fjordwasser. Keine Wolke am Himmel. In der Stille hörte man den Bach, der sein gletschergespeistes Wasser in die Bucht ergoß, die an diesem Tag einem Bergsee nicht unähnlich sah.

Im Hafen von Eystribyggd, der von Landzungen gut eingeschirmt war, lag ein Drachenschiff mit steilem, geschnitztem Vorder- und Achtersteven, insgesamt 25 Meter lang. Der Drachenkopf blickte in Richtung West; er flößte der Besatzung Vertrauen ein, denn er war imstande, die Seegeister zu bannen. Die Mannschaft bestand zwar vorwiegend aus frisch getauften Christen, doch der alte Aberglaube hielt sie, wenn auch uneingestanden, immer noch gefangen.

Das Schiff hatte Bjarne Herjulfson gehört. Es war der Segler, mit dem Bjarne im Westen neue Länder ausgemacht hatte. Durch die Pioniertat mochte es – im Rahmen der damaligen Verhältnisse – so berühmt gewesen sein wie später Nansens »Fram«. Leif Eriksson hatte Bjarne das Schiff abgekauft.

An den Sitzen der Ruderer hingen hölzerne rotgestrichene Rundschilde, fünfzehn auf jeder Seite. Der Steuermann kontrollierte das Seitenruder. Einige Matrosen beschäftigten sich mit den Seilen des Rahsegels. Frauen und irische Sklaven trugen Lasten auf den Segler, Kisten mit Rauchfleisch und Dörrfisch sowie einige Bottiche mit Skyr und Fässer mit Wasser.

Zwei Männer ritten auf den Anlegeplatz zu, die Leute machten den Weg frei, denn es waren Erik der Rote, der heimliche Jarl von Eystribyggd und Vestribyggd, und sein vor kurzem aus Norwegen zurückgekehrter Sohn Leif. Sie wollten wie an vielen Fahrten auch an dieser gemeinsam teilnehmen.

Da stürzte Eriks Pferd. Er sagte: »Es ist mir nicht bestimmt, noch andere Länder zu finden außer diesem, in dem wir jetzt leben. Wir werden wohl nicht mehr zusammen fahren.« Nach diesen Worten ritt er zurück nach Brattalid. Leif machte das Schiff allein klar und stach in See.

Im Gedenken an die Weltminute dieser ersten Ausfahrt der Menschen der Alten Welt zu neuen Ufern müssen wir uns an jene andere Ausfahrt erinnern, die ein halbes Jahrtausend später stattgefunden hatte, am denkwürdigen 3. August 1492. Damals stand nicht eine überschaubare Schar von Abschiednehmenden an einer rauhen Küste des Nordmeers, sondern eine buntgekleidete Menge, die in dem von südlicher Sonne bestrahlten San Lucar de Barrameda an der Mündung des Guadalquivir jenem Mann zujubelte, der an der Spitze seiner Mannschaft zu einer der drei ansehnlichen Karavellen schritt, die zwischen einem Wald von Masten lagen, überschüttet von Wimpeln in allen Farben. Trompetenstöße und anhaltender Beifall begleiteten die Männer, als sie sich einbooteten: Christoph Kolumbus, Ihrer spanischen Majestät Generalkapitän, und seine Besatzung. Die zweite Sternstunde Amerikas sollte beginnen.

Die erste hatte sich sehr viel bescheidener vollzogen, bemerkt nur von der Welt des Nordens, ihren Skalden und Sagadichtern.

35 Mann begleiteten den Sohn Eriks des Roten. Sie hielten Kurs nach West und erreichten nach einigen Tagen diejenige Gegend des nördlichen Kanada, die Bjarne zuletzt wahrgenommen hatte: das Stück Steinküste von Baffinland. Hinter Klippen erhoben sich Gletscherberge, wie man sie auch von Island und Grönland kannte. Man ankerte und stieg an Land. Es ist einer der Augenblicke, bei denen man den Atem anhalten muß: Zum erstenmal betreten Europäer den Boden jener Welt, die eines Tages die vorherrschende Macht der Erde sein wird. Der historische Augenblick ist es wert, im wörtlichen Text der Überlieferung festgehalten zu werden:

»Da segelten sie auf das Land zu und gingen, nachdem sie Anker geworfen und ein Boot niedergelassen hatten, ans Ufer, fanden dort aber kein Gras. Im Hintergrund erblickten sie überall große Gletscher. Das Land zwischen dem Meer und den Gletschern war wie ein einziger flacher Fels, und das Land schien ihnen ohne jeden Wert zu sein. Da sagte Leif: ›Wir haben es nicht versäumt zu landen wie Bjarni! Jetzt will ich diesem Land einen Namen geben und nenne es Helluland (Klippenland).‹ Daraufhin kehrten sie an Bord zurück und stachen wieder in See.«

Diesem ersten Landgang folgten noch zwei andere. Es sind wie im Märchen der Dinge drei: drei Wünsche, drei Aufgaben – drei Landungen. Die dritte erst ist erfolgreich. Die zweite hat – eine Steigerung zur dritten hin – eine Küste mit Wald gebracht und daher den Namen Markland (Waldland) bekommen. Doch der Ort schien unwirtlich und nicht des Bleibens wert. Die letzte der drei Landungsstellen – Erfüllung und passable Stätte des Überwinterns – nun, wie sollte sie heißen?

Hier sei zunächst eine Episode kurz nach dem Landgang erzählt. Wir wissen, daß sich in der Mannschaft ein Deutscher namens Tyrkir befunden hat. Er hatte schon Erik dem Roten gedient und den heranwachsenden Leif unterwiesen. Er wird als klein und sommersprossig geschildert.

Dieser Tyrkir wurde plötzlich vermißt. Mit zwölf Mann machte sich Leif auf den Weg, ihn zu suchen. Als er ihn entdeckt hatte, fiel ihm etwas Eigentümliches auf: Tyrkir wankte, torkelte und benahm sich wie ein Betrunkener. Leif fragte ihn, was mit ihm los sei. Im Zustand der Trunkenheit spricht auch der Sprachenkundige oft in seiner Muttersprache. Tyrkir sprach – stammelte deutsch, verzog das Gesicht, torkelte weiter. Und dann sagte er auf norwegisch zu Leif etwas sehr Bemerkenswertes: »Ich habe Weinstöcke gefunden!«

»Ist das wahr?«

»Gewiß ist das wahr, denn ich bin ja in einer Gegend aufgewachsen, wo es weder an Weinstöcken noch an Reben mangelt.«

Ohne auf den seltsamen Umstand einzugehen, wie auch ungekelterte Trauben trunken machen können, berichtet die Saga, daß Leif nun seinen Leuten den Befehl gibt, abwechselnd Tag für Tag entweder Bäume oder Weinstöcke zu fällen und damit das Schiff zu beladen. Man fragt sich allerdings, wozu Weinstöcke im kalten Grönland dienlich gewesen sein sollen – ein Rätsel, über das die Chronik keine Auskunft gibt.

Im Frühjahr segelten die Normannen mit ihrer Fracht wieder ab. Und nun finden wir in der Saga ein vielgedeutetes Leif-Zitat. Der Sohn Eriks des Roten sagte mit der Gewichtigkeit eines Bibelspruchs: »Wir wollen das Land nach seiner Beschaffenheit Vinland nennen.«

Vinland gleich Weinland. Bis zur Entdeckung Amerikas durch Kolumbus blieb es der einzige und nur wenigen bekannte Name des transatlantischen Kontinents.

Der Expedition Leifs des Glücklichen (diesen Titel erhielt er wegen seines Erfolgs) haben sich bald danach noch vier weitere angeschlossen.

Als erster startete Leifs Bruder Thorwald. Es muß um das Jahr 1002 gewesen sein. Nach seinem Logbuch hat er den Ankerplatz des Ältesten der Erik-Söhne und dessen zurückgelassene Hütten aufgefunden. Bei Gefechten mit Eingeborenen traf ihn ein Indianerpfeil. Er war das erste Opfer der Amerikaforschung. Die Trauernachricht brachte Thorwalds Steuermann zwei Jahre später nach Brattalid.

Nun zog es auch Thorstein, den dritten Sohn Eriks, in die Weite des arktischen Wilden Westens. Doch er nahm Kurs heimwärts, als er nirgendwo Land gesichtet hatte. Schmähungen beim Empfang scheute er nicht – und das zeigt vielleicht größeren Mut, als wenn er um des Prestiges willen den Untergang gewählt hätte.

Der dritte Expeditionsnachfolger Leifs war der bedeutendste, kundigste und erfolgreichste: der Isländer Thorfinn Karlsefni, der nach Grönland ausgewandert war und seine Vinlandfahrt nicht als Expedition, sondern als Siedlungsunternehmen aufzog. Zum Leif-Klan stand er dadurch in Beziehung, daß er Thorsteins Witwe Gudrid geheiratet hatte. Sie war die Triebfeder der neuesten Vinlandreise. Auch Eriks uneheliche Tochter Fröydis fuhr nebst ihrem Mann Thorward mit, von dessen Schwäche wir noch hören werden. Man startete in Grönland mit 60 Mann und 5 Frauen und nahm sogar Haustiere mit, mehrere Kühe und einen Bullen; was darauf schließen läßt, daß man sich in Vinland während der langen Zeit mehrerer Rindviehgenerationen einzunisten gedachte.

Die Route der vier Schiffe glich genau der des großen Vorbilds Leif. In Vinland blieben die »Newcomer« einige Jahre, errichteten erst ein Lager, dann ein Dorf mit Häusern aus Stein und Grasstücken, betrieben Viehzucht, Jagd und Fischfang und mußten sich – wie sehr viel später die Tramper an Hudson und Mississippi – der Indianer erwehren. Die Normannen verfügten, ohne damit gerechnet zu haben, über eine ungewöhnliche »Waffe«: den Bullen. Die Eingeborenen, die zum erstenmal einen Stier erblickten, suchten vor seinem Gebrüll das Weite. Doch sie kamen wieder. Im Kleinkrieg wichen nun die Weißen hinter ihre Palisaden zurück. Fröydis, die Erikstochter, tat es den Frauen der Kimbern in der Schlacht von Vercellä gleich, indem sie die lauen Männer zu energischerem Widerstand anfeuerte: »Warum lauft ihr großen Kerle vor solch kleinem Gesindel davon. Ihr könntet sie doch totschlagen wie Schlachtvieh! Hätte ich Waffen, so würde ich besser kämpfen als ihr!«

Immer neu von den Eingeborenen bedrängt, gaben die Normannen Karlsefnis schließlich ihre amerikanischen Siedlungsplätze auf und kehrten nach Grönland zurück.

Und nun wird die Erikstochter Fröydis, bislang eine Nebenfigur des großen Dramas der Erstentdeckung Amerikas – eine »Wutzenrolle«, wie man in der Schauspielersprache sagt –, zu einer Heroine ersten Grades, von einer Leidenschaftlichkeit, neben der die Zerstörungswut Medeas in der griechischen Tragödie fast verblaßt. Das Vinlandfieber hatte Fröydis so stark erfaßt, daß sie zwei Isländer, Helge und Finnboge, bewog, mit ihr und ihrem Mann Thorward eine weitere Fahrt zu unternehmen. Jede Partei stellte dreißig Ruderer.

Kaum erreichten sie die Hütten, die Leif vor Jahren an der Vinlandküste errichtet hatte, da gab es schon Streit. Fröydis verbot, daß die beiden Isländer einige von Leifs Hütten bewohnten. Sie mußten sich eigene bauen. Beide Parteien zogen sich in ihre Behausungen zurück. Die Atmosphäre von Hütte zu Hütte wurde immer gespannter – eine Atmosphäre unheildrohender Isolation, wie sie Sartre nicht eindringlicher und beklemmender hätte erfinden können.

In den zwanziger Jahren ist der Berliner Arzt Dr. Ritter mit einer Gruppe Zivilisationsmüder auf eine der Galapagosinseln an der pazifischen Küste Südamerikas gezogen, um, von der Welt isoliert, ein einfaches Leben zu führen. Es gab Zwist auf Leben und Tod; die Zeitungen der Welt waren voll davon. Die Vorgänge, die den nächsten Abschnitt der freiwillig in Vinland Exilierten verdüsterten, sind psychologisch kaum anders zu begreifen.

Unvermittelt stachelt Fröydis Thorward an, die Isländer samt Gefolge hinterrücks zu ermorden. Ob sich hinter der Anstiftung Eifersucht verbirgt, eine verletzte Brunhilden-Seele? Ein Gespräch zwischen Fröydis und Finnboge läßt es als möglich erscheinen. Doch die Saga verschweigt es. Jedenfalls: Das blutige Werk geschieht. Und die Begleiterinnen der Isländer? Vor ihnen versagen Mut und Waffen der Männer. Da greift Fröydis selber zur Klinge, um die Frauen, wie man heute sagt, zu »liquidieren«. Danach erläßt sie ein Schweigegebot; keiner der Schergen des Bluthandwerks darf nach der Rückkehr in Grönland ein Sterbenswort verlauten lassen, welche Verbrechen in Vinland geschehen sind. Das Gebot wird eingehalten. Das ist der Wälsungen, nein, der Grönlandnormannen Not. Die Saga klingt aus wie eine dunkle Ballade. Dies war die letzte überlieferte Expedition. Man nimmt an, daß die Grönlandkolonie sich auch weiterhin, solange sie bestand, mit Labradorholz versorgt hat. Einige Indizien geben zu denken: In grönländischen Gräbern stieß man auf Särge aus Lärchenholz; die einzig erreichbaren Lärchenwälder stehen in Nordamerika. In den Ruinen eines Gehöfts fand man einen Klumpen Anthrazitkohle; Vorkommen von Anthrazit gibt es auf Rhode Island. Auf einem Friedhof entdeckte man eine Pfeilspitze. Der dänische Archäologe Meldgaard stellte fest: »Dieser Typ ist rein indianisch.« Und der norwegische Forscher Helge Ingstadt folgerte: »Rührt die Pfeilspitze von einem der Toten, die zurückgebracht wurden, um in christlicher Erde bestattet zu werden?«

Seit es in der Geschichtswissenschaft eine sogenannte »Quellenkritik« gibt, also seit etwa hundertfünfzig Jahren, tauchen immer wieder Zweifel an der geschichtlichen Glaubwürdigkeit der Sagas auf. Man hielt sie für Mythen. Die Hypothesen überschlugen sich.

Doch nicht nur Sagas, auch Geschichtsbücher des Mittelalters erwähnen die Vinlandfahrten. Adam von Bremen schreibt in seiner Hamburgischen Kirchengeschichte über einen dänischen Gewährsmann aus dem Jahre 1075: »Außerdem tat er noch eines Landes Erwähnung, das in diesem Oezan von vielen aufgefunden worden ist und das Vinland genannt wird, und zwar deshalb, weil dort wildwachsende Reben gedeihen, die den trefflichsten Wein tragen.«

Der früheste isländische Geschichtsschreiber, Ari Thorgilsson (1067–1148) aus der Sippe Thorfinn Karlsefnis, nennt Vinland mehrfach ohne genaue Angaben. Er setzt die Kenntnis voraus.

Das große Rätsel, das die Wissenschaft immer wieder beschäftigt, ist die Frage, wo nun das von Leif Eriksson entdeckte Vinland gelegen hat. Man tippte auf alle nur denkbaren Punkte der nordamerikanischen Atlantikküste von Florida bis Labrador. Man schlug Virginia vor, man glaubte, Beweise für Massachusetts zu besitzen, man stellte Rhode Island zur Debatte.

Rhode Island lenkte die Aufmerksamkeit der Spurensucher wegen eines runden Steinturms in Newport auf sich. Dieser ruht auf acht Steinbögen romanischer Bauart. Eine ganz ähnliche Konstruktion findet sich auch bei Türmen aus dem dreizehnten Jahrhundert in Europa, so in St. Baro in Belgien. Die Wissenschaft hat lange angenommen, daß der Turmbau von Newport das gleiche Alter haben müsse und nur von Normannen herrühren könne.

Inzwischen ist man jedoch von der Vermutung abgerückt. Man hält den fragwürdigen Bau für einen Leuchtturm von Kolonisten aus dem siebzehnten Jahrhundert.

Newport hat sich indessen den Nimbus seiner Turmsensation nicht absprechen lassen und einen Fremdenrummel angekurbelt. Das Haupthotel am Ort trägt den Namen »Viking«. Im Speisesaal prangen an den Wänden Drachenschiffe, und bärtige Krieger ziehen, während die Gäste Steak oder Lobster verzehren, martialische Wikingerklingen.

Es gibt für die mögliche Lage des normannischen Vinland Anhaltspunkte: Nach der Saga konnte dort das Vieh auch im Winter im Freien bleiben; es hat wilden Wein und wilden Weizen gegeben; Lachse kamen vor – der Lachs ist eindeutig ein Kaltwasserfisch, der in allzu südlich gelegenen Regionen nicht mehr angetroffen wird. Wilder Wein hingegen gedeiht nicht in kalten Gegenden; man hat ihn allenfalls bis zur Höhe des Sankt-Lorenz-Stromes aufgefunden. Eine Nebenbucht des St. Lawrence River hieß schon im Zeitalter der Entdeckung Kanadas durch die Franzosen Baie du vin. Und der Italiener Verrazano, der 1524 dort gewesen ist, hat geschrieben: »Die Weinreben winden sich an den Bäumen empor, genauso, wie man das auch in Südfrankreich beobachten kann. Würden sie veredelt und gepflegt, so wäre es sicher möglich, aus den Trauben den besten Wein zu bereiten. Denn sie sind süß und kaum geringwertiger als unsere.«

Nicht zu weit nördlich wegen des Weins, nicht zu weit südlich wegen der Lachse – der verzwickteste Rebus ist daneben ein Kinderspiel –, wo nur mag Vinland gelegen haben?

Auf der Suche nach Vinland

Im August 1898 entdeckte der in Minnesota eingewanderte Schwede Olaf Ohman beim Roden einer Espe auf seiner Farm in Salem bei Kensington einen Runenstein. Der Fund erregte in der wissenschaftlichen Welt beträchtliches Aufsehen. Denn er würde, wäre er echt, einen erstaunlichen Vorgang belegen: daß Normannen von Vinland aus über den Sankt-Lorenz-Strom und die große Seenplatte bis ins Innere des nordamerikanischen Kontinents vorgedrungen seien. Freilich wurden auch hier sofort Zweifel laut: Die Niagarafälle bilden für Wikingerschiffe eine unüberwindliche Barriere; selten zogen Norweger und Schweden zu gemeinsamen Unternehmungen aus; die Runen sind nicht in Altnorwegisch abgefaßt, sondern stellen ein Gemisch von Schwedisch, Norwegisch und Englisch dar. Professor George O. Curme von der Universität Evanston (Chicago) nannte den Stein einen plumpen Schwindel. Farmer Ohman war verärgert. Er baute den Runenstein als Türschwelle in seinen Kornspeicher ein.

Dort blieb er nicht ewig. Nach zehn Jahren trat der Runenstein von Kensington erneut in das Licht der Öffentlichkeit, und zwar durch das Interesse, das der Skandinavienforscher Hjalmar R. Holand an dem Runeninhalt nahm, den er folgendermaßen übersetzte: »8 Schweden und 22 Norweger auf Entdeckungsreise von Vinland nach Westen. Wir hatten ein Lager bei zwei Schären, einige Tagesreisen nördlich von diesem Stein. Wir fischten einen Tag. Danach kamen wir heim, fanden 10 Leute rot von Blut und tot.«

In Holand war ein eifriger Verfechter der Echtheit erstanden. Sein Hauptargument lautete: Die von Ohman gefällte Espe, deren Wurzelwerk sich um den Stein gekrallt hatte, war laut Gutachten des Landwirtschaftsministeriums von Minnesota ungefähr siebzig Jahre alt; demnach mußte der Stein seit etwa 1820 im Boden sein. Die ersten weißen Siedler sind erst 1858, die ersten skandinavischen Einwanderer 1867 ins Land gekommen. Und: Der Verwitterungsgrad, der nicht künstlich herstellbar ist, deutet auf das vierzehnte Jahrhundert; geologisch ist nachweisbar, daß der Fundort im Mittelalter an einem

Seeufer lag; die Runen sind unkorrekt, weil es sich um die Schreibweise des einfachen Mannes handelt.

Hjalmar R. Holand hat seine Forschungsergebnisse 1932 unter dem Titel »The Kensington Stone. A Study in pre-columbian History« veröffentlicht. Die Diskussion über den Kensingtonstein riß seither nicht ab. Die meisten Wissenschaftler lehnen ihn heute als fragwürdig ab. Der Kulturhistoriker Paul Herrmann meint hingegen: »Das Vorhandensein eines runologisch, chemisch, linguistisch und historisch gleich versierten Fälschergenies um 1820 in der Wildnis der Gegend westlich der Großen Seen würde ein viel größeres Wunder darstellen als das Vorhandensein einer Runenritzung aus dem vierzehnten Jahrhundert.«

Sollte der Kensingtonstein tatsächlich auf einer Fälschung, etwa einem Ulk unter skandinavischen Landsleuten, beruhen, so stünden immerhin noch andere Fingerzeige dafür zur Verfügung, daß vinländische Normannen über den Sankt-Lorenz-Strom ins Landesinnere gelangt sind. 1930 hat man in Beardmore, Ontario, ein zerbrochenes Wikingerschwert und eine Axtscheide gefunden. Sensationell gewiß – doch nicht weniger umstritten. Sind es Reste eines Normannengrabes? Oder Schaustücke eines Antiquitätenhändlers, die auf irgendeine Weise in die Erde gelangten?

Ernst zu nehmen ist die Entdeckung Eber Rusells, eines Archäologen aus Perrysburg (New York), der vor einiger Zeit auf einer Farm im Chautauqua-Distrikt am Eriesee auf Spuren einer europäischen Siedlung gestoßen ist. Unter anderem fand er drei Stelen mit runenähnlichen Zeichen und Dreikantlöchern. Diese Löcher, die man in ähnlicher Form in Skandinavien gefunden hat, konnten nur mit Eisenwerkzeugen gefertigt sein. Eisen war jedoch den Irokesen, den ursprünglichen Herren des Landes, unbekannt. Außerdem galt das heutige Schutzgebiet als heiliger Bezirk der Indianer; er durfte nicht bebaut werden. Und auch die Schriftzeichen ähneln nicht indianischen, sondern normannischen Einritzungen.

Schließlich fand Rusell ein teilweise ausgeschmolzenes Stück Kupfererz. Weder die Indianer noch die ersten Kolonisten schmolzen Erz. Experten des naturwissenschaftlichen Museums von Buffalo haben festgestellt, daß das Fundstück von der Isle Royale im Oberen See stamme.

Rusell hat zudem – und es stimmt mit den Beobachtungen in Westgrönland überein – Eingeborene, in diesem Fall Indianer, europäischen Aussehens getroffen. Doch dies könnten auch Mischlinge aus der sehr viel späteren Zeit der französischen Besiedlung sein, sogenannte Métis, wie man sie zu Dutzenden in der Irokesen-Reservation Kaunawaga bei Montreal sehen kann.

Eher gibt Rusells Hinweis zu denken, daß es unter den Eingeborenensagen eine Legende gibt, die von Eroberern weißer Hautfarbe berichtet. Diese würden an die Außenbordwände ihrer Kanus »schimmernde Schilde« hängen!

Hier schließt sich ein weitgespannter Ring. In Mittel- und Südamerika kennt man die Sage von den weißen Göttern. In merkwürdiger Übereinstimmung finden wir sie von Mexiko bis Peru. Der Brasilianer Pierre Honoré mutmaßte, daß Kreter der minoischen Kultur vor langer Zeit einmal über den Atlantik gekommen sind. Thor Heyerdahl, der Norweger, glaubt hingegen, daß die Normannen von Vinland in Nordamerika nicht haltgemacht haben. Sie seien weit über den Äquator nach Süden vorgestoßen. Auch will Heyerdahl Spuren einer normannischen Pazifikfahrt bis Polynesien nachgegangen sein. Doch dies gehört schon in das Reich der Phantasie.

Glaubhafte Wirklichkeit hingegen ist, daß sich vinländische Normannen vor tausend Jahren im Mündungsgebiet und am Unterlauf des St. Lawrence River aufgehalten haben.

Heute sieht das Land, an dessen einsamer und wilder Küste Europäer erstmals die Neue Welt betreten hatten, ganz anders aus. Es ist das Land der noch unbegrenzten Möglichkeiten, Asyl für die Heimatlosen der Welt und erträumtes Paradies für alle, die sich danach sehnen, frei oder reich zu sein, Land der Großspekulanten und der Lumberjacks, der Weizen- und Wälderwüsten, der Uran- und Bauxitminen, der Gras- und Ölfelder, der Tundren und der Arktis. Es ist Kanada, wo die Welt noch einmal von vorne beginnt.

In diesem viertgrößten Staatsgebilde der Erde stellt die Provinz Quebec, die vom Sankt-Lorenz-Strom durchquert wird, ein europäisches Reservat dar, daß sich in seiner persönlich gefärbten Szenerie von Poetik und romanischer Tradition abhebt vom weitgehend nivellierten Amerika der Massenprodukte, des Fließbandes und des genormten Denkens.

Am Flughafen von Quebec steige ich in ein Taxi. Der Mann am Steuer ist Franzose, Nachkomme von Normannen aus der Normandie. »Franc Parleur« steht auf franco-kanadisch an der Windschutzscheibe: »Man spricht Französisch.« Ich glaube, als wir uns der Stadt nähern, am Sankt-Lorenz-Strom Seineluft zu atmen. Pioniere aus den nördlichen Regionen Frankreichs haben dieses Land entdeckt und besiedelt.

Am Rand der Rollbahn reihen sich Straßenschilder in Breitwandformat. Sie laden doppelsprachig zum Kauf von Sandwiches, kanadischem Bier und anderen Artikeln ein, wobei das Französische den Vorrang hat. »Ajax ... le beau savon ... the beauty soap.« Auch

Verkehrsschilder berücksichtigen beide Landessprachen: »Vitesse 20 milles . . . speed 20 miles.«

Der Fahrer heißt François Boucher. Sein Geburtsort Trois Rivières, eine der zahlreichen altfranzösischen Siedlungen, liegt am Sankt-Lorenz-Strom, den im zehnten Jahrhundert die grönländischen Normannen Leif Erikssons und im sechzehnten Jahrhundert die Normandie-Normannen Champlains und Cartiers stromauf gefahren sind.

François ist gesprächig, als stamme er aus der Gascogne. Er spricht mit dem schweren, wenig eleganten, nur mit Mühe verständlichen Zungenschlag der Franco-Kanadier. Indem er virtuos in die Avenue Maisonneuve einbiegt, erteilt er mir eine regelrechte Lektion in Landesgeschichte. »Quebec«, sagt er, »ist nach Kanada importierte Normandie. Sie kennen Rouen? Nun, da haben Sie den Vergleich, Monsieur. Sie sind zu beneiden. Seineluft – merveilleux! Doch eine leichte Brise finden Sie auch hier. Gehen Sie mal am Abend über die Terrasse Dufferin, hoch über dem Saint Laurent. Keine Stromaussicht ist pittoresker. Die Yankees kommen in Scharen hierher und bevölkern die Zimmer des Hotels Frontenac. Schauen Sie, Monsieur, dort oben erhebt es seine Türme und Zinnen – ist es nicht echteste Normandie?« – »Magnifique!« stimme ich bei. Ich will seinen rührenden Stolz nicht verletzen. Trotzdem teile ich nicht ganz seine Schwärmerei. Das Monstre-Hotel, das die kanadisch-pazifische Eisenbahngesellschaft hier im Stil der Plantagenet-Schlösser der Normandie über den Sankt-Lorenz-Strom gesetzt hat, wirkt zwar wie ein Paukenschlag der Romantik, wie Mittelalter im Land von übermorgen, doch unser europäischer Sinn, der Stile nun einmal anders abschätzt als nur von der vue romantique, wird verstimmt vom Hang zu sentimentaler Nachahmung, von der zivilisatorischen Absicht, in Kanadas Theaterkulisse ein kulturverbrämtes Superhotel hineinzuzaubern, ein chaotisches Gewirr von Turmhelmen, Dachreitern und Erkern, ein Gegenstück zum Hotel Banff in den Rockie-Bergen oder zum Chateau Laurier in Kanadas Hauptstadt Ottawa, beide Luxusklasse.

Vor dem Frontenac steht das Bronzedenkmal Samuel de Champlains, der 1608 die Stadt Quebec gegründet hat, damals ein improvisiert errichtetes Palisadendorf gegen Indianerüberfälle, das sich zum bedeutenden Binnenhafen von einer Viertelmillion Einwohner auswuchs, einem Hafen wie Rouen und zugleich wie Le Havre, denn Überseeschiffe bis zu Zehntausendtonnern fahren den Saint-Laurent stromauf nach Montreal und über die Großen Seen nach Chicago, also ins Herz des Kontinents, seit man nach dem Zweiten Weltkrieg den Strom durch Ausschachtung und Staustufen in einen gigantischen Seefahrtsweg verwandelt hat.

Noch vor Champlain, dem Gründer Quebecs, ist Jacques Cartier von der Normandieküste zum Saint-Laurent gesegelt, um auf der Ile d'Orléans, mitten im Strom, die Christenfahne und Frankreichs Lilienbanner aufzupflanzen. Unter beider Schutz wanderten seine Landsleute in das Niemandsland Kanada ein. Sie waren unternehmend wie die Wikinger (von denen sie freilich nichts wußten): Als Waldläufer drangen sie auf Ledermokassins und in Birkenkanus nach Norden vor und handelten von den Eingeborenen Biberfelle ein – gegen Branntwein. Dann kam England und kreiste von Norden und Süden her die Franzosen Quebecs ein. Englands König Heinrich VIII. neidete dem König Frankreichs, Franz I., den Vorsprung an elegant drapiertem Putz. Und er hatte einen wirksameren Trumpf im Norden Amerikas einzusetzen: starken westindischen Rum, der im kanadischen Pelzhandel als Tauschmittel den welschen Branntwein rasch verdrängte. Dem Sieg der Händler folgte der Sieg der Generale: Quebec und die Nachbarschaft Montreal ergaben sich den Briten im Verlauf des Siebenjährigen Kriegs, der bekanntlich bis nach Amerika hinüberschwelte.

»Im Frieden von Paris«, sagt Abbé La Salle, mein Gastgeber im Pfarrhaus von Sainte-Anne-de-la-Pocatière, indem er mir selbstgezogenen Burgunder einschenkt, »im Frieden von Paris verbriefte man uns die eigenständige französische Kultur. Und doch haben wir uns mit den Franzosen drüben auseinandergelebt. Wir haben uns selbständig weiterentwickelt – oder sind stehengeblieben, wie Sie wollen. Die Wende der Großen Revolution – sie wurde von den Franco-Kanadiern nicht miterlebt. Das Frankreich des Feudalismus blieb auf kanadischem Boden konserviert. Wir haben am Saint-Laurent eine façon feudalwirtschaftlicher Struktur, an der Wilhelm der Eroberer seine Freude hätte. – Noch ein Glas Burgunder – kanadischer Burgunder, Monsieur?«

Der Abbé trinkt mir zu.

»Den Wein haben wir Franzosen an den Sankt-Lorenz-Strom gebracht. Er gedeiht prächtig, wie Sie zugeben werden. Wein soll es auch früher hier gegeben haben, lange bevor Europäer, Franzosen sich für immer angesiedelt haben. Sie kennen die Geschichte?«

Ich nicke: »Sie meinen Vinland, Abbé.«

»Kein Wort ist wahr daran, Monsieur. Die Wikinger haben wilde Beeren angetroffen, doch keine Trauben. In Vinland hat es niemals Wein gegeben.«

»Wo liegt Vinland?«

»Fahren Sie dort hinunter«, der Abbé deutet stromabwärts, »bis weit in die Mündung hinein. Sie werden auf eine große Insel vor der Küste stoßen, die weit in den Norden reicht. Die Insel ist Vinland.«

»Sie meinen – Neufundland, Abbé?«
»Voilà, Monsieur.«

Immer wieder sind Menschen ausgezogen, um aus Ehrgeiz oder Forscherdrang die Geheimnisse der Erde zu entschleiern, seien es die Rätsel um das sagenhafte Atlantis, um das Goldland Eldorado, um die letzte Inkafestung Vilcapampa, um die geheimnisvollen Quellen des Nils oder – um das Vinland der grönländischen Normannen.

In der großen Zahl der Spurensucher war der Norweger Helge Ingstad einer der letzten – und erfolgreichsten. Nur mit seiner Frau, Anne Stine Ingstadt, und einigen Expeditionsmitgliedern brach er 1960 auf, um 2500 Kilometer der nordamerikanischen Atlantikküste mehrmals entlangzufahren, alle Hypothesen über die Lage von Vinland zu überprüfen und nach neuen, bisher unbekannten Anzeichen einer normannischen Siedlung zu fahnden. Zeitweise unternahm Ingstad seine Bodenbeobachtungen vom Flugzeug aus. Doch eigentliches Gefährt der kleinen Expedition war ein älterer norwegischer Seenotrettungskutter, aus Eiche gebaut, mit kräftigen Spanten und solider Haut. Er hieß »Halten« und war vom selben Schiffsbaumeister gefertigt, der Nansens berühmte »Fram« gezimmert hatte. Ingstad bewies mit seinen Kreuzfahrten an Deck dieses Schiffes, daß Entdeckungsabenteuer unserer Zeit nicht dem Weltraum vorbehalten bleiben.

Wie Schliemann an den geschichtlichen Hintergrund der homerischen Gesänge geglaubt hat, um nach deren Angaben Troja zu finden, so war auch der norwegische Forscher fest davon überzeugt, daß die Grönlandsaga und die Erikssaga keine Mythen oder Märchen seien, sondern historische Wirklichkeit. Seine Spurensuche hatte also zunächst am Schreibtisch begonnen: mit einer genauen Textanalyse, aus der er seine Folgerungen zog.

Als er dann an Ort und Stelle jedes Für und Wider der in Frage kommenden Küstenstriche überprüfte, engte sich seine Suche immer mehr auf die Nordspitze Neufundlands ein. »Es ist bemerkenswert«, stellte Ingstad fest, »daß Adam von Bremen Vinland eine Insel nennt und daß die Insel Neufundland wie ein Arm ins Meer hinausragt, auf den aus dem Norden heruntersegelnde Schiffe unvermeidlich stoßen mußten. Alles in allem deuten die Beschreibungen der Fahrten und Länder darauf hin, daß Normannen sich an Neufundlands Nordküste niedergelassen hatten und daß jenes Gebiet Vinland war.«

Unermüdlich befragte Ingstad im Norden Neufundlands die Einwohner kleiner Fischerdörfer. Überall Kopfschütteln, auch Verdacht, daß ein »Schatzsucher« ihnen zuvorkommen könne. Bis eines Tages ein Mann behäbig seinen Nacken kratzte: »Gebäudereste? Ja, ich meine doch gehört zu haben, daß es so was bei L'Anse aux Meadows geben soll. Aber darüber weiß nur George Decker Bescheid, er ist der Boß dort.«

Es war, als hätte ein Lachs angebissen.

George Decker ward bald aufgetrieben: ein Mann um die Fünfzig mit verwittertem, bärtigem Gesicht und einem Anflug von Humor. Er meinte: »Ja, so etwas gibt es dort drüben beim Black Duck Brook.«

Nach zehn Minuten gelangten sie zu einer Bucht namens Epaves Bay, in die ein Bach mündet. Er windet sich glitzernd zwischen Heide, Weidenbüschen und Gras durch das flache Land. Nicht weit davon wölbt sich eine alte Strandterrasse etwa vier Meter über dem Meer dem Bach entgegen. Auf der Terrasse entdeckte Ingstad einige undeutliche, überwucherte Erhöhungen, die fast in Gras und Heide verschwanden. Für ihn bestand kein Zweifel: Dies mußten Gebäudereste hohen Alters sein. Er glaubte fünf zu erkennen.

»Wer mag hier gelebt haben?« fragte Ingstad seine einheimischen Begleiter.

Decker schüttelte den Kopf: »Das weiß keiner. Diese Ruinen waren hier schon, bevor die Fischer nach L'Anse aux Meadows und nach anderen Stellen der Nordküste kamen. Meine Familie war die erste hier.«

Die eigentliche Arbeit begann jetzt erst. In mehreren Ausgrabungssaisons untersuchte man 1961 bis 1964 den Boden. Noch einmal wie in den Jahren Nörlunds begann eine Blütezeit nordländischer Archäologie. Ans Licht des Tages trat eine Wikingersiedlung nach der Anlage, wie wir sie ähnlich von Island und Grönland kennen: eine Halle, 21 mal 16 Meter, mit vier Nebenräumen, die Feuerstellen und Glutkammern aufwiesen; nebenbei die Fundamentreste weiterer Häuser und einer Schmiede sowie eine Holzkohlengrube. Unter dem aufgefundenen Inventar befanden sich Steinwerkzeuge, Nägel, eine Steinlampe, ein Nadelwetzstein, eine Knochennadel nordischen Typs und vor allen Dingen – ein Spinnrad aus Speckstein; auch dieses unzweideutig norwegischer Herkunft. »Dieser Fund gab uns mehr, als wir zu hoffen gewagt hatten«, kommentierte Ingstad die Entdeckung, »ja mehr, als wenn wir ein Schwert gefunden hätten. Er sagte nämlich, daß sich unter den Menschen, die damals in L'Anse aux Meadows lebten, auch Frauen befunden hatten. Er sagte uns ferner, daß sie Wolle zum Spinnen gehabt haben müssen.« Und weiter kombinierte der glückliche Finder: »Der kleine Raum, der an die Fundstelle grenzte, lag als einziger für sich an der Südseite der großen Halle. War dies der Frauenraum? Draußen, wo das Spinnrad in der Erde lag, muß sich damals, als das große Haus noch stand, der

Die Abteikirche Ste. Trinité in Caen, eine Stiftung der Königin Mathilde, ist ein Beispiel normannischer Romantik. Erste Äbtissin war Cäcilie, Wilhelms und Mathildes Tochter.

Die fruchtbare Normandie mit ihren Baumhecken und Gehöften bietet ein Landschaftsbild von herber Schönheit. Hier war Herzog Wilhelms einstiger Herrschaftsbereich.

Der schönste Bauteil der Battle Abbey ist der Gateway, das im Tudorstil erbaute Abteitor.

Battle Abbey: Das Wohngebäude der Mönche ist heute eine Public School for Girls.
Den Dom von Cefalù (1131) gründete Roger II., erster Normannenkönig von Sizilien. ►

Das Gespinst des normannischen Fachwerks findet sich diesseits und jenseits des Kanals. Besonders schöne Fachwerkhäuser stehen in der alten Herzogsstadt Rouen an der Seine.

Teppich von Bayeux: Normannen landen nach der Kanalüberquerung mit ihren Pferden.

Teppich von Bayeux: In der Schlacht von Hastings schlagen die berittenen Normannen 1066 die zu Fuß kämpfenden Angelsachsen. König Harald fällt auf dem Senlac-Hügel.

Normannen-Ritter kämpfen noch heute gegen Sarazenen: im sizilianischen Puppentheater.

Mit Bildern aus der Normannenzeit sind die berühmten sizilianischen Eselkarren bemalt. Die Erinnerung an die nordländischen Ritter ist noch heute auf der Insel lebendig.

geschützteste und sonnigste Platz befunden haben. Dort mag vor tausend Jahren eine Frau an der Sonnenwand gesessen und gesponnen haben.«

Mit der Radio-Karbon-Methode ließ sich feststellen, daß die Siedlung um das Jahr 1000 an diesem Ort bestanden hat.

So einwandfrei erwiesen war, daß hier Normannen, die von Grönland herübergekommen waren, eine Zeitlang gesiedelt hatten, so ungeklärt blieb vorläufig die Frage: Wie ließ sich auf Neufundland Vinland lokalisieren, wo es auf der ganzen Insel keinen Wein gibt und aus klimatischen Gründen niemals gegeben haben kann?

Ingstad ist es gewesen, der erstmals die sehr eingängige These vertreten hat, daß es sich bei dem »Wein« der Grönlandsaga gar nicht um den Saft der Trauben, sondern um wild wachsender Beeren gehandelt habe, wahrscheinlich die johannisbeerähnlichen Squashberries, wie man sie heute noch auf Neufundland vorfindet.

»Die Nordgrenze der wilden Weintrauben«, überlegte der Forscher, »liegt an der Ostküste Nordamerikas bei etwa 42 Grad nördlicher Breite, das heißt in der Gegend von Massachusetts. Im Inneren des Landes verläuft die Grenze etwas weiter nördlich. Hätten die Normannen bei ihrem Hauptquartier in Vinland Weintrauben gefunden, so würde das besagen, daß sie von Baffinland noch etwa 2000 Seemeilen weit gereist wären, was vierzehn Tage und wahrscheinlich mehr als das in Anspruch genommen hätte. Man müßte dann einfach einen Strich durch praktisch alle kurzen Fahrtangaben der Saga machen, von denen man annehmen sollte, daß sie für die Berichte von Seeleuten wesentlich wären.«

Ebenso willfährig folgen wir Ingstad bei einer weiteren These: Vinland heißt gar nicht »Weinland«, sondern »Grasland«. Im Altnorwegischen verstand man unter »Vin« auch eine Weide. Viehweiden waren den Normannen weitaus wichtiger als berauschende Beeren. Es gibt in der Grönlandsaga auch keine einzige Stelle, die die Namensgebung der entdeckten Erde auf das Vorhandensein von Wein zurückführt. Der Passus, der zu dem Fehlschluß Anlaß gegeben hat, lautet ganz einfach: »Leif benannte das Land nach seinen Möglichkeiten: er gab ihm den Namen Vinland.«

Es gibt ein Pathos der Nüchternheit. Mit großartiger Sachlichkeit haben epochemachende Forscher von Schliemann bis Nansen einen Schlußstrich unter ihre Beweisführungen gezogen. Ähnlich lapidar klingen die abschließenden Sätze Ingstads:

»Nach dem vorliegenden Gesamtmaterial zu urteilen, ist es wahrscheinlich, daß die Normannen, die sich vor etwa tausend Jahren in L'Anse aux Meadows aufhielten, identisch mit den Vinlandfahrern der isländischen Sagas sind. Es ist auch wahrscheinlich, daß es dort war, wo Leif Eriksson seine ›großen Häuser‹ baute. Wir müssen annehmen, daß das Vinland der Saga das nördlichste Neufundland war.«

Und nun sind wir wieder am Beginn unseres Kapitels angelangt. Fünfhundert Jahre vor Kolumbus war die Existenz Amerikas der Alten Welt schon bekannt. Aber hat Kolumbus von Vinland gewußt?

Der norwegische Historiker Tornö hat dieser Frage ein ganzes Buch gewidmet, das den sensationellen Titel »Kolumbus in der Arktis« trägt. In diesem Buch zitiert er zunächst ein Schreiben des Nachfolgers Petri von 1160 an den Bischof von Drontheim, das den Bewohnern einer Insel, »die zwölf Tage Seereise von anderem Land entfernt liegt«, Befreiung vom Kirchenkanon zusagt und Verwandtschaftsehen erlaubt. Tornö weist ferner darauf hin, daß am Rand der jetzt veröffentlichten Vinlandkarte ein Bischof Erik Gnupsson erwähnt wird, der 1121 von Grönland nach Vinland gereist sei. Und schon 1025 habe der päpstliche Stuhl den Erzbischof von Bremen angewiesen, »die Kirche in Grönland und den angrenzenden Inseln zu organisieren«. Unter den »angrenzenden Inseln« seien Helluland, Markland und Vinland zu verstehen.

Doch das eigentliche Anliegen Tornös ist der Versuch eines Nachweises, daß Kolumbus 1476 an einer Nordlandexpedition zur Insel Devon nordwestlich von Grönland teilgenommen und dabei von jenem Kontinent erfahren habe, den er sechzehn Jahre später entdekken sollte.

Der Amerikaner Forley Mowat glaubte, den Grund für Kolumbus' Grönlandreise gefunden zu haben: »Wahrscheinlich wollte er sich Gewißheit über die genaue Lage der neuen Länder verschaffen, damit er seine Expedition tief genug im Süden ansetzen und auf dem Wege nach China und Indien glatt an ihnen vorbeikommen konnte. Kolumbus ist bekanntlich trotzdem nicht daran vorbeigekommen, und das Ergebnis war die uns allen geläufige ›Entdeckung‹ Amerikas im Jahre 1492.«

Ob Kolumbus Vinland kannte oder nicht, ob er eine Grönlandreise unternommen hat oder nicht – die These steht auf schwachen Beinen und wurde mehr der Kuriosität wegen hier erwähnt: Das säkulare Verdienst des Genuesen bleibt von alledem unberührt. Erst durch seine Tat in einem Zeitalter, das das nötige geistige und technische Rüstzeug für eine wirkliche Erschließung neuer Welten besaß, ist die westliche Hemisphäre für Europa wirklich nutzbar geworden. Kolumbus fuhr nicht auf ungewisse Abenteuer, sondern baute auf die weltbewegende Erkenntnis, daß die Erde eine Kugel sei. Er segelte nicht durch Meere, die immer wieder Landstützpunkte aufwiesen, sondern über einen riesigen Ozean, dessen Begrenzung die Mehrzahl der europäischen Menschheit nicht für möglich hielt. Als Christoph Kolumbus 1492 im Feldlager Isabellas von Kastilien während der – geschichtlich ebenfalls epochalen – Belagerung des islamischen Granada die Finanzen für sein kühnes Unternehmen erbat, hatte die Stunde geschlagen, die Neue Welt wirklich zu entdecken.

In den Vereinigten Staaten neigt man neuerdings dazu, auch der Erstentdeckung durch die Normannen den gebührenden Platz einzuräumen. In Boston werden Kränze am Denkmal Leif Erikssons niedergelegt. Und Präsident Lyndon B. Johnson hat, bestärkt durch die Funde Helge Ingstads, neben dem Kolumbustag (12. Oktober) auch einen Leif-Eriksson-Tag (9. Oktober) festgesetzt. Er wollte damit die nachgewiesene Tatsache würdigen, daß vor der eigentlichen Entdeckung Amerikas schon einmal Weiße Gottes eigenes Land und den Boden der künftigen Weltmacht betreten haben.

Auch Kanada würdigt die Erstentdeckung: Als ich in Montreal durch Simpsons Warenhaus schlenderte, fiel mein Blick auf ein monströses Breitwandgemälde: Leif Eriksson landet mit seinen normannischen Gefährten an der Küste der Neuen Welt.

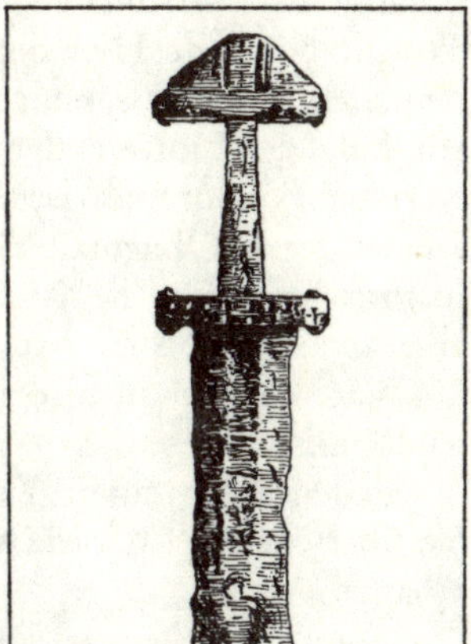

Der Kampf um England

Angelsächsische Ouvertüre

Oxford ist ein Geschichtsbuch in Stein. Man geht von College zu College, wie man in einem Museum von Saal zu Saal geht: dreizehntes, vierzehntes, fünfzehntes Jahrhundert . . .

Jedes College ist eine schloßartige Anlage altertümlicher Bauten mit Zinnen, Erkern und Türmchen. Die Datierung fällt schwer, denn bis in die jüngste Zeit hinein hat man hier unbeirrt auf gotisch weitergebaut. Jedes College hat seinen repräsentativen Hof. Er geht auf den Kreuzgang ursprünglicher klösterlicher Schulen zurück, gleicht aber in seiner Weiträumigkeit eher dem Vorhof einer Moschee. Die Höfe sind nur selten leer. Englands studentische Elite, der Nachwuchs der High-Society, bevölkert die Kasernenhöfe des Geistes, sitzt auf breiten Steinstufen in der Sonne, schmökert in Lehrbüchern, diskutiert, döst. Manchmal schreitet jemand im Talar, oft schlendern Studenten in Blue jeans über den Hofplatz. Man ist trotz aller hier gepflegter, ja konservierter Konventionen unkonventionell modern.

Studentische und touristische Atmosphäre gehen eine unauffällige Ehe ein. Es gibt kaum eine Straße, auf die das Wort »malerisch« mehr zutrifft als auf die berühmte »High«, die man die schönste der Welt genannt hat. Wo nicht gerade eine Collegefassade mit mächtigen Torspitzbogen die High begrenzt, laden die typisch englischen buntbemalten Gasthausschilder zur Einkehr ein. In den Gasträumen empfängt den Eintretenden die behagliche Stimmung mondän aufgewerteter Folklore. Zwischen Grapefruit und Applepie, unter den Augen der in Öl gemalten Königin, kreisen die Gespräche um das historische Kolorit der Museumsstadt, die trotz potenzierter Gotik alles andere ist als ein Freilichtmuseum.

»Waren Sie schon in der Divinity School? Ein Meisterwerk des Tudorstils!«

»Sind Sie schon auf die Kuppel des Sheldonian-Theaters gestiegen? Sie überschauen Oxford, wie Sie Rom von der Peterskuppel überschauen.«

»Waren Sie schon an der Seufzerbrücke?«

Auch die gibt es in Oxford, das mit seinen Wasserläufen Themse und Cherkwell sowie dem dort kursierenden Bootsbetrieb Venedig nicht einmal so unähnlich ist. Die Brücke, die zum Hertford College gehört, ist eine Schöpfung der romantischen Kopierfreudigkeit der Jahrhundertwende. Hier, wo alles »historisch« ist, fügt sie sich nahtlos ein, und wer nicht gerade in seinem Guide bleu blättert, wird auch sie für Quattrocento halten.

Zwischen Exeter und Queens College, zwischen Lincoln und Worcester College, zwischen den Schatten der Namensträger Shakespearescher Königsdramen, die alle hier gewirkt und gebaut haben, zwischen würdigen Masters und Baccelors of Art, beflissenen und saloppen Musenjüngern aus 30 Colleges und der ganzen, vom Verkehr leicht angekratzten Idylle der legendärsten Universitätsstadt des Globus mit ihrem liebenswürdigen Charme und Rummel wird nur selten ein Blick auf jenes archaisch-frühzeitliche Gebäude fallen, das ganz in der Nähe des Martinstors am Ende der High steht: auf den massiven Turm, der an die jüngere Saint Michael Church angelehnt ist. Er darf beanspruchen, der älteste Bau von Oxford zu sein. Das unebene Mauerwerk hat Feldsteincharakter. Nur an den Kanten entdeckt man verstärkende Hausteine. Die bauchigen, gerillten Säulen der Doppelfenster wirken wie holzgedreht. Am Gemäuer sind Anker in Kreis- und Sternform angebracht. Den First hat man um etwa zwei Meter neuzeitlich aufgestockt.

Der Turm von Saint Michael ist das einzige Bauwerk der geschichtsgesättigten Stadt, das an das Frühkapitel der britischen Geschichte erinnert, an die Zeit, bevor die Normannen kamen: an die angelsächsische Ouvertüre.

Die Bauten Englands aus angelsächsischer Zeit kann man an den Fingern abzählen. Denn vor der normannischen Epoche hat man in Holz gebaut. Nur dem Lob Gottes blieb das teure Steinmaterial vorbehalten. Die Frühform der Westminster Abbey, die Fundamente der schlichten Hallenkirchen von Durham, Northans, Bradford on Avon und North Elmham, der Turm von Saint Michael in Oxford – bald sind wir am Ende. Die Geschichte der Angelsachsen ist fast nur in Chroniken zu Buch geschlagen.

Um den späteren Auftritt der Normannen auf dem »Eiland, in die Silbersee gefaßt« zu verstehen, müssen wir uns vergegenwärtigen, was Mönchslatein aus den ersten christlichen Jahrhunderten übermittelt hat.

Bis ins fünfte Jahrhundert war Britannien ein Teil des Imperium Romanum. Bei dessen Zusammenbruch zog sich der römische »Hochkommissar« im Zuge der Frontverkürzung an den Tiber zurück. Ihm folgten die Legionen, deren Feldzeichen einst Cäsar an die Themse getragen hatte. Zurück blieben die teilweise romanisierten Kelten.

Im Streit um die von Rom geräumte britische Bühne betraten wenige Jahre später neue Herren die Insel: Germanen aus Jütland und dem südlichen Holstein, vor allem aus der Gegend von Bad Bramstedt, die auf kleinen Schiffen nach Britannien übersetzten, die Kelten zurückdrängten und unter ihren Anführern Hengist und Horsa eine eigene Herrschaft begründeten. Von diesem Ereignis leitet sich das vor allem im vorigen Jahrhundert in Deutschland vielgebrauchte, nur bedingt richtige Wort von den »englischen Vettern« her. Die Jüten nahmen Kent, die Insel Wight und den Küstensaum von Hampshire, die Sachsen das Themsegebiet und das Land bis Warwick und Northampton, die Angeln das nördliche Britannien. Ein Teil der keltischen Briten wich vor dem Ungestüm der Eroberer in jenen Teil Nordfrankreichs aus, der seither den Namen Bretagne trägt.

Bei ihrer Invasion in Britannien stießen die blonden Riesen aus Niedersachsen und Jütland auf den Widerstand eines keltischen Anführers von hohem Rang: des in Sage und Legende durch das ganze Mittelalter hindurch verherrlichten König Artus. Er und seine Ritter - Parzival, Lanzelot und andere – erwarben sich in den britisch-angelsächsischen Kämpfen weit in die Nachwelt reichenden Rum, der dem Karls des Großen und seiner Paladine vergleichbar ist.

Die Chronik eines gewissen Nennius hat die Taten des Königs Artus erstmals schwarz auf weiß festgehalten. 1136, zur Zeit der Normannenherrschaft in England, nahm Gottfried von Montmouth sie in seine »Geschichte der britischen Könige« auf. Zwanzig Jahre später faßte der normannische Dichter Wace das Heldenleben des britannischen Königs in altfranzösische Verse. Artus und seine Tafelrunde galten als höfisches Leitbild der Normannen (die allerdings zu Lebzeiten des Königs noch als Barbaren an norwegischen Fjorden gesessen hatten). Der Artusmythos war schon zur Zeit Wilhelms des Eroberers so sehr in Mode, daß dieser den berühmten Tisch der Tafelrunde in Winchester Castle hat nachbilden lassen. Die Platte aus dicken Eichenbohlen weist grüne Segmentstreifen auf, an deren Ecken die Namen von Artus' Rittern vermerkt sind. Das wertvolle Stück ist bis heute erhalten geblieben und dient jetzt als Wandschmuck des »großen Saals«, der allein unzerstört geblieben ist und in dem das Gericht von Winchester tagt.

Durch die Jahrhunderte hat man die Tischplatte für die echte des Königs Artus gehalten. Erst in jüngerer Zeit fand man heraus, daß sie während der normannischen Herrschaft in Britannien angefertigt worden ist. Wilhelms Platte weist einen Durchmesser von 6 Metern auf. Sollten Artus' 150 Ritter daran Platz gefunden haben, müßte der Durchmesser 40 Meter betragen.

Artus' Nimbus zur Normannenzeit geht auch daraus hervor, daß man im zwölften Jahrhundert sehr bemüht war, das Grab des britannischen Königs zu entdecken. Die Mönche der Abtei von Glastonbury Abbey behaupteten 1191, die sterblichen Reste des Vorsitzers der Tafelrunde gefunden zu haben. Ihr Indiz, es habe sich um ein besonders großes Skelett gehandelt, dürfte nach heutiger Beurteilung nicht gerade stichhaltig sein. Doch bei der Bereitschaft des normannischen England, etwas für wahr zu halten, was man aus romantischem Streben wahr haben wollte, anerkannte man die Grabstätte und gab der zum Wallfahrtsort erhobenen Abtei die geldlichen Mittel, die kurz zuvor aufgetretenen Brandschäden zu beseitigen.

Nach Artus' Zeitalter fiel nahezu die ganze britische Insel den germanischen Invasoren – kurz Angelsachsen genannt – in die schwertgewohnten Hände. Sie waren nun die Herren. Die Briten bildeten die Unterschicht. Aus Britannien wurde England.

Um 600 schworen die Angelsachsen ihrem Wodanglauben ab und nahmen das Kreuz, das ihnen Augustin, der Abgesandte Papst Gregors des Großen, ins Land gebracht hatte. Augustin war der Meinung, in Britannien »Engel« anzutreffen – das Wortspiel »Angeln – Angeli« war ein Bonmot des Mittelalters –, doch entsetzt meldete er nach Rom: »Die Angeln sind wilde Tiere, die nach Menschenblut dürsten und dem Christenblut den Vorzug geben.« Dennoch gelang es dem Glaubensboten, die Angelsachsen zu zähmen und unter das christliche Joch zu beugen. England wurde Ausgangsort der Bekehrung Germaniens, in dem Bonifatius, der auf angelsächsisch Winfried hieß, als Apostel der Deutschen im siebten Jahrhundert das Kloster Fulda gründete.

Zur Zeit Karls des Großen einigte der angelsächsische König Egbert von Wessex die damals noch selbständigen Inselkönigreiche Wessex, Essex, Sussex, Kent, Ostanglia und Mercia zu einem Machtgebilde unter seinem Zepter. Die in Großbritannien an allen Kiosken erhältliche Schrift »Britain's Kings and Queens«, die 63 Monarchen in 1100 Jahren aneinanderreiht, beginnt die Folge englischer Könige darum zu Recht mit dem Angelsachsen Egbert. Die keltischen Briten behielten nur den äußersten Westen der Insel, Wales, das bis heute seinen keltischen Volkscharakter bewahrte.

An dieser Stelle müssen wir auf ein Datum zurückgreifen, das am Anfang unseres Kapitels über die normannischen Piratenzüge im

Abendland gestanden hat: die Einäscherung des angelsächsischen Klosters Lindisfarne im Jahre 793. Das Datum steht nicht vereinzelt in der nun folgenden Epoche der Geschichte Englands. Immer wieder tauchten, Naturkatastrophen gleich, an der Küste Ostenglands Drachenschiffe auf. Wikinger schwangen das Rabenbanner, plünderten, schlugen tot, äscherten ein. Im Gegensatz zu ihrer Taktik im Frankenreich begnügten sie sich auf der englischen Insel aber nicht mit Raubzügen. Sie blieben als Herren im Land. Allmählich besetzten sie die ganze Nordseeküste, Ostanglia. Sie stellten ihren neuen Landbesitz unter dänisches Gesetz und nannten ihn danach »Danelaw«. In den zwei Jahrhunderten, in denen das angelsächsische Reich noch Bestand hatte, mußten sich die Könige Englands ständig bis auf wenige Ruhepausen gegen den Normannensturm aus dem Osten zur Wehr setzen. Manchmal unterlagen sie, traten ab und überließen die Herrschaft über die Insel Wikingerkönigen aus Dänemark. London ging von Hand zu Hand.

Englische Chronisten gebrauchen für die Seepiraten nicht das im Frankenreich gebräuchliche Wort »Normanni«. Sie sprechen von »Dänen« oder »Norwegern«, je nachdem, von welchem skandinavischen Land die brandschatzenden Eindringlinge gerade gekommen waren. Wir wollen an diesem Sprachgebrauch altenglischer Annalen festhalten – schon deswegen, um die Wikingereinbrüche aus Skandinavien von der später folgenden entscheidenden Landnahme Englands durch die Normannen der Normandie deutlich zu unterscheiden.

Der Ostwind blähte vor allem die Segel dänischer Wikinger, die die Steven ihrer Schiffe gegen England richteten. Einmal vertrieben sie nach der Einnahme Londons den angelsächsischen König Alfred, einen der Nachkommen und Nachfolger Egberts. Alfred zog sich in die Sumpflandschaft von Somerset zurück und führte von hier aus einen Partisanenkrieg gegen die Erbfeinde aus Skandinavien. 880 stieß Alfred überraschend an die Themse vor, schlug die Dänen bei Eddington und entsetzte London. In die Hände der Angelsachsen fiel auch das Rabenbanner, das drei Töchter des Wikingerführers Ragnar Lodbrog in einer Morgenstunde genäht haben sollen.

Durch den Sieg von Eddington war das angelsächsische Übergewicht auf der grünen Insel wiederhergestellt. Die Briten im Westen, die Dänen im Osten hielten Ruhe. Alfred – später »der Große« genannt – wurde für England ungefähr das, was für den abendländischen Kontinent Karl der Große gewesen ist: Ordner des Staatswesens, Förderer der Kirche, Sammler alter Schriften. Alfred machte in einer Zeit, in der Priester und Politiker lateinisch, Bauern und Handwerker keltisch-britannisch sprachen, den Unterricht im Angelsächsischen für alle Freien zur Pflicht. Und er betätigte sich persönlich als Übersetzer. Zu den von ihm übertragenen Schriften zählt die Weltchronik des Spaniers Orosius (wobei der englische König den Norweger Ottar – wir kennen ihn bereits – als Kommentator der skandinavischen Passagen herangezogen hat). Man hat dem gekrönten Humanisten mit Recht den Beinamen »Praeceptor Angliae« gegeben.

Als Alfred 899, dreiundfünfzigjährig, auf der Höhe seines Ruhmes starb, brachen die Feindseligkeiten zwischen Engländern und Dänen wieder aus. Sie erreichten ihren Höhepunkt unter seinem achten Nachfolger, Ethelred II.

Das klassische Beispiel einer Massenexekution auf ein vereinbartes Zeichen hin ist die als Opernlibretto Verdis allgemein bekannte »Sizilianische Vesper« vom 31. März 1282. Nicht weniger berühmt ist die »Vesper« Frankreichs, die Bartholomäusnacht vom 24. August 1572. Die angelsächsische Geschichte Englands kennt einen ähnlichen schwarzen Tag. Es war der 13. November 1003, der Sankt-Briccius-Tag, der Tag des »Dänenmordes«.

Ethelred, der den Beinamen »der Ratlose« trug, hatte sich darauf eingelassen, von den Dänen den Frieden zu erkaufen. Vielleicht wußte er – hierin gar nicht ratlos – von dem geschichtlichen Vorbild des Karolingers Karl des Einfältigen, der ebenfalls von den Normannen den Frieden erkauft hatte. Der englische König zahlte dafür 16000 Pfund im Jahr.

Die Winkinger waren ja immer in einer merkwürdigen, scheinbar unverträglichen Verquickung zugleich Freibeuter und Kaufleute. So verstanden sie es auch, das »Dänengeld« hinaufzudrücken. Aus 16000 Pfund wurden im Laufe der Zeit 72000 Pfund. Im Stil des modernen Devisentransfers gelangten große Teile der Münzberge nach Skandinavien. Die Archäologen unserer Tage haben herausgefunden, daß zwei Drittel aller englischen Münzen, die man auf norwegischem Boden aufgefunden hat, aus der Regierungszeit des Königs Ethelred stammen.

Eine verfahrene Situation läßt oft nur einen Weg offen, der ebenfalls verfahren ist. Mit dem Gewaltakt des »Dänenmordes«, der angelsächsischen »Vesper«, glaubte der König, sich aus dem Netz seiner Erfüllungspolitik befreien zu können. Aber warum wählte er gerade den Tag des heiligen Briccius?

Der 13. November war der Tag der allgemeinen Waffenabgabe zu Musterungszwecken (auch Siegfried war nach Ablage seiner Waffen getötet worden). Hinzu kam, daß es sich um einen Samstag handelte, an dem die heidnischen Dänen im Gegensatz zu den christlichen

Angelsachsen – bei den Christen des Frühmittelalters war die Hygiene als heidnischer Brauch verpönt – ihr obligates Bad nahmen. Die Geheimhaltung des Plans der Massenexekution gelang so vorzüglich, daß der Überraschungseffekt der angelsächsischen »Vesper« eine furchtbare Panik auslöste.

In der naiven Art alter Chroniken malen die Quellen die am Sankt-Briccius-Tag begangenen Grausamkeiten drastisch aus. Eine Dänin, so heißt es, wurde zur Hälfte in die Erde vergraben, worauf man Bluthunde auf ihren nackten Oberleib hetzte.

Unter den Opfern des »Dänenmordes« befanden sich der Mann und der Sohn einer hochgestellten Persönlichkeit: der Schwester des dänischen Königs Sven. Diese, Gunhild mit Namen, schwor tödliche Rache. Die Vergeltung ließ nicht lange auf sich warten. Mit einer Flotte von Drachenschiffen überquerte Sven die Nordsee und landete in Nordengland an der Mündung des Humber. Die Losung des Rachezuges lautete: die Männer der Axt, die Weiber der Lust. Die Rosse der Dänen zerstampften die englische Flur. Blut floß in die Themse. Ethelred mußte fliehen.

Er floh zu seinem Schwager, Herzog Richard II. von der Normandie, dessen Schwester Emma Ethelreds Gemahlin war. Schon zeichnet sich ein neues Kapitel der Geschichte Englands ab – vorläufig noch am fernen Horizont, jenseits des Kanals: der Auftritt der in Nordfrankreich lebenden Normannen.

Ein einziges Mal nur hatte ein dänischer Potentat Englands – ungeachtet der jahrhundertelangen Gegensätze zwischen Angelsachsen und Skandinaviern – die uneingeschränkte Anerkennung und Gefolgschaft beider Volksteile für sich buchen können: Knut der Große, Svens Sohn. Er war fast so etwas wie ein legitimer englischer Herrscher ohne den Beigeschmack des Invasoren, des Zugezogenen. Grund des allseitigen Respektes, den Knut beanspruchte und fand, war die Aura seiner Persönlichkeit.

Der neue König konnte grausam oder milde sein, Autokrat oder Patriarch, je nach den politischen Erfordernissen. Seine Macht beschränkte sich nicht auf die Insel; er beherrschte zugleich sein angestammtes Erbe Dänemark und gewann später Norwegen und Schottland hinzu. Zur Befriedung Englands trug bei, daß dieser Beherrscher eines weitgespannten Nordseereiches das Wikingerheer auflöste und nur eine Kerntruppe von 3000 Mann beibehielt, eine Schwertbrüderschaft ohne Ränge, die eines der Muster des mittelalterlichen Rittertums gewesen ist: Selbst der König war nur Primus inter pares dieses Militärordens. Als zweites Zugeständnis Knuts an das angelsächsische Element seines Königreichs England verstieß er seine Gemahlin, um nach dem Tod des geflohenen Ethelred die englische Königswitwe Emma zu ehelichen. Und eine dritte proenglische Entscheidung: Knut stützte seine Macht nicht auf dänische Jarls, sondern auf angelsächsische Earls – die Earls Leofric von Mercia, Godwin von Essex und Siward von Northumbria (der als späterer Gegner des schottischen Königs Macbeth in Shakespeares Schauspiel eine Rolle spielt).

Während es so aussah, als ob eine dänische Dynastie auf unabsehbare Zeit den englischen Thron besetzt halten sollte, lebten am Hofe der Herzöge der Normandie in Rouen die Söhne des letzten englischen Königs angelsächsischen Geblüts als Verbannte, Geduldete, gelegentlich politisch Ausgespielte: die Brüder Eduard und Alfred. Würde einer von ihnen Englands Thron, den Thron ihres großen Vorfahren Alfred, besteigen können?

Das Erbe des Bekenners

Fast alle Städte von Weltrang sind schicksalhaft mit einem Fluß verbunden, der ihre Lebenslinie ist. Berlin ohne Spree, Rom ohne Tiber, Paris ohne Seine? Undenkbar!

Vielleicht noch enger, untrennbarer, ist die Verbindung von London und Themse. Die Geschichte der Themse ist die Geschichte Londons, das jahrhundertelang seine Häuser über den Fluß baute, als Fracht der London Bridge, der einzigen Brücke, die die City mit Southwark bis zur Mitte des achtzehnten Jahrhunderts verbunden hat. Die Themse ist, wie man sagt, »flüssige Geschichte«.

Auf dem Lebensstrom Londons fuhren britische Fischerkähne und römische Lastboote, die leichten Segler der Angelsachsen und die Drachenschiffe brandschatzender Dänen und Norweger. Durch den sprichwörtlichen Nebel über dem Strom Londons navigierten die Koggen der Hanse, die Karavellen Sir Francis Drakes und Sir Walter Raleighs, die Auswandererschiffe britischer Sektierer, die Fregatten Cooks und Cabots. Hier liegen im Docklabyrinth des »Pool of London« breite Lastschiffe mit Baumwolle aus Indien, Wolle aus Australien, Holz aus Kanada, mit Gewürzen, Elfenbein, Rum und Zucker. Die Themse war eine der Hauptschlagadern des Imperiums, der nasse Verkehrsweg von Königen, Admiralen, Matrosen, Kaufleuten, Schmugglern. Das dunkle Wasser der Themse trug die Fahrzeuge brandschatzender Freibeuter, heimkehrender Pioniere der Weltentdeckung, saturierter und lebenshungriger Dandys, Schleppdampfer, Bugsierboote, Ölleichter, Frachtkähne, Barkassen.

Auch um das Jahr tausend brauten Nebel über dem Strom. Sein Bett war noch ungeordnet, zerklüftet, weit ins Land greifend, von

Urwäldern umrandet und durchsetzt. Nichts in der Welt deutete an, daß dieser Wasserlauf einst die Freihandelspolitik eines Walpole, den Im- und Export der industriellen Revolution vor und während des Viktorianischen Zeitalters erleben sollte. Die Siedlung am Themseufer bestand aus strohgedeckten angelsächsischen Holzhütten.

Diese Hütten verteilten sich auf zwei Hügel, die heute unter einem vier Meter dicken Kulturschutt verborgen liegen. Der eine Hügel war der Cornhill. Er erhob sich dort, wo heute die Bank of England steht. Es ist der alte Platz des römischen Kastells Londinium. In der Zeit des frühen Christentums stand hier in der Gegend des Leadenhall Market eine Basilika. Die Angelsachsen kümmerten sich wenig um die Römerstadt, die bei ihrer Ankunft halb zerfallen war, und bevorzugten für ihren ersten Stützpunkt den zweiten Hügel, den Ludgate Hill, an der Stelle der Saint Paul's Cathedral, die Sir Christopher Wren nach dem großen Brand 1666 erbaut hat und die heute eines der Wahrzeichen Londons ist.

Während die Könige der Angelsachsen auf dem Ludgate Hill residierten, errichteten auf dem Cornhill ausländische Kaufleute – Flamen, Franken, Deutsche, Spanier – ihre Quartiere, Lagerschuppen und Verkaufsbuden. Als Knut der Große Krone und Zepter trug, wuchsen die beiden Bezirke zusammen und bildeten das London des Mittelalters. Es reichte vom Tower im Osten bis zur U-Bahn-Station Charing Cross im Westen. Nach Norden hin dehnte es sich zwei Kilometer aus, etwa bis zur Höhe der Euston Road.

Weit im Westen der City, dort, wo sich die Themse in einem scharfen Knick wendet, liegt der heute neben der City bedeutendste Stadtteil: Westminster. Zwei historische Gebäude geben dem Stadtteil seinen Rang: die Westminster Abbey und der Westminster Palace. Der Bezirk wurde erst im achtzehnten Jahrhundert mit dem eigentlichen London, dem fachwerklich idyllischen, bürgerstolzen London Shakespeares verbunden. In den Kindheitstagen der Metropole war der Kern des heutigen Stadtteils Westminster eine Sandinsel inmitten der Themse.

Die Insel hieß Thorney Island (Dorneninsel). Die Erinnerung an den Inselcharakter Westminsters ist in der Straßenbenennung »Long Beach« erhalten geblieben. In angelsächsischer Zeit trug das Eiland eine Holzkirche. Der Erbauer der ersten Steinkirche war Eduard, der Sohn Ethelreds, der nach dem frühen Tod der Söhne Knuts als letzter angelsächsischer König den Thron Englands innehatte. In die Geschichte ist er als »Eduard der Bekenner« eingegangen. Den Namen »Bekenner« trägt er, weil er sich zu Christus bekannte. Obwohl er schwach, zaghaft und wankelmütig war, maßen ihm die mönchischen Chronisten Größe bei. Wilhelm von Jumièges rühmte ihn mit allen nur denkbaren Beiwörtern der Geisteshelle, Tugend und Frömmigkeit. Mittelalterliche Wertung richtete sich, wie der Stand der Chronisten erklärt, nach dem Grad der Kirchentreue.

Das von Eduard dem Bekenner auf der Thorney-Insel errichtete Gotteshaus hat die Zeiten überdauert. Es bildet das Kernstück der berühmtesten Kirche Englands, der Westminster Abbey. Der Name »Westminster« (Westmünster) besagt, daß die im elften Jahrhundert begründete Benediktinerabtei weit im Westen Londons gelegen hat. Wer Westminster vom Westtor aus aufsuchen wollte, mußte eine gute Stunde durch Feld und Wald gehen. Der Plantagenet-König Heinrich III., Schwager des Stauferkaisers Friedrich II., erweiterte die Kirche zur Kathedrale. Seither hat der Bau Grundriß und Form kaum mehr geändert. Das Grabmonument des Begründers steht an der alten Stelle des schon früh verschollenen Holzschreines.

Die Raumwirkung der Westminster-Kathedrale kommt nur unvollkommen zur Geltung. Denn das Kathedral-Innere ist bis in das Querschiff und die Seitenkapellen hinein berstend angefüllt mit Marmor: Gräbern und Grabdenkmälern, Zenotaphen und Epitaphen, Statuen und Plaketten. In der Westminster-Abtei vertreten zu sein – das kommt in England der Unsterblichkeit gleich. Allerdings sind nicht die glänzendsten Geister mit dem größten Pomp zur Schau gestellt. Und der Kunstwert der meisten Bildwerke ist gering. Der Großteil stammt aus der künstlerisch wenig ergiebigen, flachsentimentalen viktorianischen Epoche, dem Zeitalter der Machtausweitung des Weltreiches.

Doch Tradition fragt nach Erinnerungs-, nicht nach Kunstwert. Wo die Kunst mittelmäßig ist, entbieten wir Namen und Ruhm unsere bewundernde Reverenz: Newton und Darwin, Disraeli und Gladstone, Elisabeth I. und Maria Stuart. Ja, auch die beiden berühmten Königinnen ruhen hier auf steinernen Betten, dem Kampf ihrer Lebensbühne entrückt; nur auf den Brettern der Schauspielbühne tragen sie immer neu ihren Hader aus.

Der Bau der Abteikirche lag Eduard so sehr am Herzen, daß er seine Residenz unmittelbar neben der Baustelle aufschlug, um den Fortgang des Werks zu Ehren Gottes und Sankt Peters dauernd vor Augen zu haben. Die Residenz war keine Notunterkunft auf Zeit. Die Könige Englands regierten noch lange danach, im Bewußtsein der Einheit von Kirche und Staat, in der Nachbarschaft der Westminster-Kathedrale. An die Stelle der Königsresidenz ist später das Parlamentsgebäude getreten, das heute noch den offiziellen Namen »Westminster Palace« trägt.

Die Klosterfundamente der Abtei aus der Zeit Eduards sind erhalten geblieben. Wir finden sie in der Krypta unterhalb der Grabstelle des Bekenners. Dort stehen wir auf den Fliesen des Dormitoriums (Schlafsaals) der Mönche, und nahebei sehen wir ein Mauerstück des Refektoriums, in dem die Jünger Sankt Benedikts ihr tägliches Brot gebrochen haben. Der Ort ihres besinnlichen Wandels, der Kreuzgang, zeichnet sich ebenfalls noch im Grundriß ab. Hinzu kommen, will man den Bestand ältester Bauteile erschöpfend aufzählen, drei Bögen der Katharinenkapelle.

Am 28. Dezember 1965 legte Königin Elisabeth II. auf dem Grabmal ihres Vorgängers, des 1159 heiliggesprochenen Bekenners, einen Strauß Rosen nieder. Man gedachte der Gründung der Abteikirche vor genau 900 Jahren. Wer in England Rang und Namen hatte, war bei den Feierlichkeiten zugegen. Man sah Kronen, Tiaren, mittelalterliche Gewänder. Und erstmals seit der Reformation betrat ein katholischer Bischof als Ehrengast die zum anglikanischen Gotteshaus umgewandelte ehemalige Benediktinerabtei.

Die Abtei, der Elisabeth I. 1561 den offiziellen Namen »Kollegiatskirche von St. Peter in Westminster« gegeben hat, blieb als einzige anglikanische Kirche außerhalb des Sprengels des Bischofs von London und des Erzbischofs von Canterbury. Sie gilt als die zweitwichtigste Kirche der Christenheit – nach dem Petersdom in Rom.

1890 und 1926 gingen königliche Kommissionen daran, das von Monumenten überfüllte Kirchenschiff zu »entrümpeln«. Doch die Ausräumung unterblieb, weil die Beseitigung vieler Monumente den Einsturz der von ihnen gestützten Kirchenmauern bewirkt hätte. Dafür hat man die Abbey von der häßlichen grauschwarzen Farbe befreit, die Londons Ruß und viele Generationen von Tauben bewirkt hatten. Da chemische Mittel den Stein angegriffen hätten, wuschen zahllose Hände zehn Jahre lang das Gemäuer mit purem Wasser ab.

Als die Pforten sich zur Jubiläumsfeier öffneten, hatte das Grauschwarz sich in ein Sepiabraun zurückverwandelt.

Wir haben gehört, daß Eduard mit seinem Bruder Alfred in der normannischen Hauptstadt Rouen aufgewachsen ist, wo das angelsächsische Königshaus während der dänischen Ära Asyl gefunden hatte.

Nach dem Tod des Vaters plante Eduard eine Invasion des besetzten England. In seiner Jugend schien richtige Einschätzung der Realitäten den künftigen Glaubensmann auszuzeichnen. Er kam, sah – und zog sich schleunigst wieder zurück. Über die Stärke des dänischen Gegenspielers hatte er sich keine falschen Vorstellungen gemacht.

Eduards Bruder Alfred war unbedachter. Er bereitete ebenfalls eine bewaffnete Rückkehr vor, sorgte freilich, durch Eduards Beispiel gewitzigt, für bessere Rüstung. Sein Landungstrupp stieß nach der Kanalüberquerung bis Canterbury vor. Insgeheim traf er sich dort mit einem mächtigen angelsächsischen Adligen, dem Earl Godwin von Wessex. Sie aßen gemeinsam zu Abend. Alfred gab sich der Illusion des schon halbwegs geglückten Unternehmens hin.

Aber Godwin war nicht, wie er es Alfred gegenüber vorspiegelte, Widerständler, sondern Kollaborateur. In seinen Adern floß von der Mutterseite Dänenblut. Zur Schlafenszeit gab er Befehl, Alfred zu überwältigen und samt Gefolge gefesselt den Dänen auszuliefern. König Harald Harefoot, Knuts Sohn und Nachfolger, ließ die Begleiter Alfreds in dessen Beisein enthaupten, Alfred selber blenden und nackt am Schweif eines Rosses zur Küste schleifen. Auf der Insel d'Ely verendete der Sohn Ethelreds als Verstümmelter.

Geduldiges Abwarten ist manchmal überstürzter Handlung vorzuziehen. Harald Harefoot und sein auf dem Thron Englands nachfolgender Bruder Hardiknut lebten nur wenige Jahre. 1042 war der Weg frei für Eduards Rückkehr. Ein Landungstrupp schien diesmal überflüssig. Jubelnd empfing die Insel den Nachkommen Alfreds des Großen. Die wenig tüchtigen Söhne Knuts haben das vom Vater erzielte Ansehen der Dänenherrschaft in England verspielt. Man wollte wieder angelsächsisch sein. Eduard war der Garant des neuen Kurses. Ein weiteres Kapitel englischer Geschichte begann.

Das zehnte Jahrhundert stand in der christlich-abendländischen Welt unter dem Zeichen der Glaubensreform des Abtes Odo von Cluny in Burgund. Die Reform wollte die Grundsätze des Urchristentums in einer Zeit verweltlichter, nachlässiger Gottesauffassung wiederherstellen und erstrebte zugleich eine straffere, zentralistische Glaubensherrschaft. Der Bau der Basilika von Cluny 981 war das äußere Zeichen der inneren Umkehr: gesammelte Kraft, Einfachheit, Wegfall des Dekorativen. Die reinigende, erneuernde Bewegung von Cluny drang damals in alle Teile des Abendlandes, an den Rhein, an die Seine, in die Normandie.

Die Glaubensreform war für den in Rouen heranwachsenden Eduard ein Ereignis, so nahe wie für uns das Ende des Zweiten Weltkriegs. Der ohnehin allem Geistlichen zugeneigte Hof hatte für die Leitsätze von Cluny offene Ohren. Reformfreudige Mönche aus der Schule Odos erzogen den angelsächsischen Prinzen. Sie unterwiesen ihn in jenem weltflüchtigen Sinn, der später seinen Regierungsstil gekennzeichnet hat. Seine Persönlichkeitsstruktur trug dazu bei, daß die Erziehung in Rouen aus ihm keinen Frommen, sondern einen Frömmler machte.

Den Lehrmeistern aus der Normandie blieb Eduard auch verbunden, als er die Krone Englands trug. Er holte sie ins Land. Plötzlich saßen französisch sprechende, fränkisch gekleidete, cluniazensisch denkende Zuzügler aus Rouen in den wichtigsten Staatsämtern, auf den bedeutendsten Bischofsstühlen. In die Register der Liegenschaften schlichen sich normannische Namen ein. Das höchste geistliche Amt, das England noch zu vergeben hatte, das des Erzbischofs von Canterbury und Primas der englischen Kirche, übernahm ein Normanne: Robert von Jumièges.

Das schuf böses Blut. Gemeinsam revoltierten Angelsachsen und Dänen gegen den Fremdeinfluß. Die zuvor Zerstrittenen waren mit einemmal eins in der Frontstellung gegen Eduards Normannenvorliebe. An der Spitze der »Interessengemeinschaft« stand Earl Godwin.

Am Hof Persona ingrata war nunmehr Godwin an der Reihe, das Emigrantenschicksal auszukosten. Mit seiner Gemahlin Gutha und dreien seiner Söhne – Sven, Gyrth und Tostig – schiffte er sich nach Flandern ein. Die Söhne Harald und Leofrik reisten über Bristol nach Irland ins Exil.

Das Jahr 1052 brachte London einen politischen Wetterwechsel. Die angelsächsisch-dänische Richtung siegte über die normannische. Die Folge war eine radikale Umbesetzung der Spitzenstellungen. Godwin kehrte mit seinen Söhnen im Triumph an die Themse zurück. Die – zumindest äußerliche – Versöhnung zwischen ihm und dem Thron kam dadurch sichtbar zum Ausdruck, daß König Eduard Godwins Tochter Edith ehelichte. Die Blutspur zwischen den Familien schien ausgelöscht. Sieben Monate nach der Heimkehr starb der Earl von Wessex an einem Herzinfarkt während der Ostermontagspredigt.

Da Sven der Älteste schon vor ihm gestorben war, trat Harald als Zweitältester die Nachfolge im Earltum an. Durch planmäßige Sippenpolitik spielte er die wichtigsten anderen Grafschaften seinen Brüdern in die Hände. Schließlich kontrollierten die Godwin-Söhne über drei Viertel des englischen Grundbesitzes. Und der Gipfel dieser steilen Karriere eines rückberufenen Landflüchtigen: Harald gewann so viel Macht über den König, daß er im Westminster-Palast zum Rang eines heimlich Gekrönten aufstieg. Eduard war nur noch ein Schattenmonarch. Das Charisma des Herrschers umgab nicht ihn, sondern den Earl. In Staatspapieren erschien Haralds Name mit einem Beiwort, das sonst nur gekrönte Häupter ziert: »von Gottes Gnaden«. Der zeitgenössische Verfasser einer »Vita Edwardi« verglich den Earl bei der mittelalterlichen Vorliebe für biblische Bilder mit Judas Makkabäus.

Eduard, der König, blieb kinderlos. Die Legende fand rasch eine Ursache: Bei seinem frommen Sinn ziehe der Monarch ein asketisches Leben vor, so daß er im Einverständnis mit der Königin eine Josephsehe führe. Der Ruf keuscher Gesinnung hat später bei der Heiligsprechung des Bekenners eine wichtige Rolle gespielt. Doch die Kinderlosigkeit warf die Frage der Nachfolge auf. Zwar hatte der König einen Großneffen namens Edgar – doch Edgar war ein Kind.

In England gab es um die Jahrhundertmitte keinen Zweifel, daß der unbestrittene Nachfolger des Bekenners nur der mächtige Earl von Wessex sein könne. Die Schilderhebung des neuen Königs erfolgte bei den Angelsachsen durch Beschluß der Witan, des Rats der Weisen, der aus dem altgermanischen Thing hervorgegangen war. Und die Witan würde keinem anderen die Krone zusprechen als Earl Harald.

Dennoch erhob noch ein anderer Anspruch auf den goldenen Reif. Der Anwärter war eine Hauptfigur auf dem politischen Schachbrett des Kontinents: Wilhelm der Bastard, Herzog der Normandie, der Sohn Roberts II. aus dem Hause Rollos – auch er eine Kraftnatur wie Judas Makkabäus. Im Überschwang der Fürstendienerei verglichen ihn seine Lobredner sogar mit Samson und Salomon: Sinnbildern der Kraft und der Weisheit. Doch außer Wilhelm selber glaubte wohl niemand diesseits und jenseits des Kanals an seinen Triumph im Spiel um England.

Gegen Weihnachten 1065 erkrankte Eduard der Bekenner bedrohlich. Am Tag vor Epiphanias verschied er. Zuvor hatte er Harald Godwinson zum Kronerben bestimmt.

Es war für Wilhelm klar: Nur das Schwert konnte die Frage der englischen Thronfolge entscheiden. Der Krieg schien unvermeidlich.

Das Petrusbanner

Eine Krönung hat auch heute noch etwas Faszinierendes an sich. Sie mobilisiert die Massen, bringt sie auf die Straße, ins Kino, ans Fernsehgerät. Illustrierte garnieren ihre Titelseiten mit farbigen Schnappschüssen. An Krönungen teilzunehmen, ob im Parkett oder im vierten Rang – das ist das »panem et circenses« unserer Tage. Republiken schauen ein wenig von oben auf Monarchien herab, die sie für überholt halten. Doch der Krönungsrummel schlägt in ihren publizistischen Organen durchaus noch zu Buch.

Natürlich sind heute Unterhaltungsbedürfnis, Schaulust und Flucht aus dem technisierten Alltag die eigentlichen Triebfedern.

Und doch spielt die leise, unterbewußte Sehnsucht einer rationalisierten Welt mit, Bindungen und Formen zu erleben, die nicht allein mit der Ratio, mit der Meinungsforschung oder gar dem Computer erfaßbar sind. Man lächelt über Traditionen und fühlt sich doch von ihnen angezogen.

Traditionen, oft als Zopf verschrien, geben Großbritannien trotz aller Krisen die Kraft der Beharrlichkeit, des Nichtanfechtbaren, des Kontinuierlichen. Manche seiner Zeremonien gehen auf die graue angelsächsische Zeit zurück, ja bis zum frühgeschichtlichen Mythos. Die Magie alter Würde verleiht der Monarchie ihren Nimbus. Es gibt bestimmt niemanden an der Themse, der für ernst nimmt, daß die gegenwärtige englische Königin Elisabeth II. vom obersten Gott der Germanen, dem in Walhalla zechenden oder dem der wilden, verwegenden Jagd voranreitenden Wodan, abstammt. Ihre Majestät wird es selber nicht glauben. Und doch ist es so in Christopher Brooks »The Saxon and Norman Kings«, ediert bei B. T. Batsford Ldt. in London 1965, schwarz auf weiß zu lesen.

Die Krönung Harald Godwinsons, Earls von Wessex, am Dreikönigstag 1066 unterscheidet sich im Grundsätzlichen nicht von der Krönung Elisabeths II. aus dem Hause Windsor am 2. Juni 1953. Allerdings: Augenzeugen der Krönung Elisabeths waren über 600 Millionen Menschen. Augenzeugen der Krönung Harald Godwinsons waren, wenn es hoch kommt, 600 Menschen.

Doch dies ist nur eine Differenz der Zahl . . .

Der Chor der Westminster Abbey sang an einem trüben, wolkenschweren Freitag das Laudamus. Am Altar legte Harald Godwinson seine Hand auf das Buch der Sakramente und sprach die Eidesformel mit den großgeschriebenen Wörtern »Friede« und »Gerechtigkeit«. Das Amen der Menge klang durch die Kirche.

Der vorgeschriebene Ritus gab nun Eldred, dem Erzbischof von York, das Stichwort. Er stellte die Routinefrage, ob das Volk Harald als König Englands anerkenne. Das Volk stimmte, mit der Formel vertraut, der Frage zu. Eldreds Worte hallten im Gewölbe: Gott möge Harald Kraft geben, seine Feinde, sichtbare und unsichtbare, zu besiegen.

Der eigentliche im Metaphysischen verankerte Akt der Krönungszeremonie ist die Salbung, Sinnbild der Gotteserwähltheit des Gekrönten. Harald kniete am Altar. Der Erzbischof ließ das Salbungsöl auf sein Haupt träufeln. Der Chor sang die Hymne von der Salbung Salomons, des Sohns Davids, durch Zadok, den Priester, und Nathan, den Propheten.

Nun hatte im Wechselspiel von Monolog, Dialog und Chor wieder

der Erzbischof das Wort. Seine Stimme klang sanft, als er die Fürbitte der Jungfrau Maria, St. Peters (des Patrons von Westminster), St. Gregors (des Wegbereiters der Angelsachsen-Mission) sowie aller anderen Heiligen erflehte.

Als nächste Handlung des Krönungszeremoniells folgte das feierliche Schauspiel der Investitur. Der Ornat, in den man den König einkleidete, bestand aus einer ärmellosen Tunika von weißem Batist, einem umgürteten Gewand aus Goldbrokat, dem leichten, dreizipfligen Mantel und der golddurchwirkten Stola. Der Erzbischof setzte Harald den Goldreif aufs Haupt und übergab ihm Schwert, Zepter und Reichsapfel. Der Sohn Godwins war gekrönter Herrscher über England. Der Beifall der Augenzeugen klang bis zum Westminster Palace.

Als die Versammlung die Kirche verließ und sich in festlicher Prozession zum Palast begab, hing der Himmel über Westminster, Palast und Themse immer noch voller Wolken.

Alles deutet darauf hin, daß die Krönung Harald Godwinsons zum König von England in großer Hast, ja überstürzt inszeniert worden ist. Noch waren die Spuren der Werkleute, die den Sarkophag Eduards des Bekenners in der Kirche aufgestellt hatten, nicht beseitigt.

Die Eile schien verständlich. Ein verwaister Thron mußte auch andere Prätendenten zum Zugriff reizen, zumal wenn das Nachfolgerecht nicht über alle Zweifel erhaben war. Und das war bei Harald Godwinson der Fall.

Natürlich sprachen gewichtige Gründe für das Anrecht des Earl von Wessex, vor allem die letztwillige Verfügung des soeben verstorbenen Königs. Doch es hieß, der Monarch sei in der letzten, dem Ende zuneigenden Lebensphase nicht mehr seiner Sinne mächtig gewesen. Zur Zeit seiner Normannenabhängigkeit habe er sich unmißverständlich für Wilhelm, den Herzog der Normandie, ausgesprochen. Ein ausdrücklicher Widerruf sei nicht erfolgt.

Aber Wilhelm war Ausländer. Der Angelsachse Harald konnte königliche Ahnen aufweisen, wenn auch nicht der angelsächsischen, so doch der dänischen Dynastie. Seit Jahr und Tag besorgte er die Krongeschäfte. Die großen Earls folgten ihm zwar nur zögernd; dafür hatte er die Masse des niederen Landadels hinter sich. Auch sprach für Harald, daß der verstorbene König sein Schwager war. Innerhalb der Grenzen Englands kam niemand dem Sohn Godwins an Rang und Recht der Königsnachfolge gleich.

Nun galt im angelsächsischen Britannien aber nicht das Erb-, sondern das Wahlrecht. Die Witan war die zuständige Instanz für die Königskür. Hatte der Rat der Weisen Harald auf den Schild gehoben? Diese rechtlich entscheidende Frage muß offenbleiben. Zwar melden die Berichterstatter, daß die in London versammelten Großen des Königreichs – und aus Anlaß des Ablebens Eduards waren es sehr viele – Harald die Krone angeboten hätten, doch war dies Gremium der Königsmacher die Witan? Man darf annehmen, daß bei der Dringlichkeit des Krönungsaktes Zusammenkunft und Spruch des autorisierten Rates gar nicht erst abgewartet werden konnten und daß dafür die zufällig in London anwesenden Earls und Lords ihre Stimme gaben.

Sofort erhob sich Protest von jenseits des Kanals. Wilhelm der Bastard empfand die Krönung als Herausforderung. Was aber hatte der Herzog der Normandie an Trümpfen aufzuweisen?

Zunächst berief sich Wilhelm auf seine Großtante Emma, die Mutter Eduards des Bekenners. Außerdem betonte er seine Verwandtschaft mit dem angelsächsischen Königshaus über seine Gemahlin Mathilde, die Tochter des flandrischen Grafen Balduin. Auch konnte er die Verdienste des Hofs von Rouen um den verbannten Eduard anführen. Ferner: Der Bekenner soll Wilhelm in einer Aufwallung des Dankes bei einem Besuch des Bastards in London 1051 die Nachfolge in die Hand versprochen haben. Es gibt für dieses Versprechen keinen geschichtlichen Zeugen. Doch bei den Fäden, die London und Rouen verbanden, darf man es immerhin für möglich halten.

Schwerer als all diese Gründe wog Wilhelms Argument, Harald habe bei einem Aufenthalt in der Normandie die Ansprüche Wilhelms eidlich anerkannt und für sich selbst auf die Nachfolge verzichtet.

War die Behauptung des Bastards stichhaltig?

Im Herbst 1064 tobten an der Küste der Grafschaft Ponthieu in der Nähe der Sommemündung heftige Stürme. Ein Drachenschiff trieb halbwrack an den Strand. Der Steven mit dem geschnitzten Schlangenkopf war zerbrochen, das Segel zerschlissen. Durchnäßt und frierend ging die Mannschaft an Land.

Nach mittelalterlichem Recht gehörte Strandgut dem Herrn des Küstenstrichs. Herr der Grafschaft Ponthieu war Graf Guy. Der Graf ließ sich die Gestrandeten auf Schloß Montreuil vorführen. Wir können uns in der Phantasie ausmalen, wie er beim Genuß von Kastanien und Krammetsvögeln am Schloßkamin plötzlich gewahr wurde, eine Persönlichkeit ersten Ranges in seiner Gewalt zu haben: Harald Godwinson, Earl von Wessex, Schwager des Königs von England und selber Kronanwärter. Guy ließ Harald und seine Begleiter auf die nahe Burg Beaurain in strengen Gewahrsam bringen und überlegte, was dieser seltene Fang wohl an Lösegeld wert sei.

Der Graf war – und das machte die Festnahme Haralds zum Politikum ersten Grades – ein Lehnsmann des Herzogs der Normandie, an dessen Gebiet seine Grafschaft im Osten angrenzte. Wilhelm verlangte, als er von Haralds Haft erfuhr, die unverzügliche Auslieferung. Man traf sich in Eu, nahe der Grenze, wo Graf Guy den Gefangenen persönlich dem Herzog und seinen Reitern übergab.

Herzog Wilhelm mußte es als Gunst des Schicksals aufgefaßt haben, daß es ihm den Rivalen in die Hände spielte. Die Behandlung, die er ihm angedeihen ließ, war offensichtlich in den Dienst seiner englischen Politik gestellt. Er nahm den Earl als hochgeehrten Gast in Rouen auf, tafelte mit ihm, ritt mit ihm zur Falkenbeiz – ließ ihn aber zugleich spüren, daß er, der Graf, tiefer stand als der Herzog. Es war eine Art sanfter Gewalt, mit der Harald in Rouen festgehalten wurde.

Im gleichen Jahr 1064 flammten in der benachbarten Bretagne Unruhen auf. Der junge Graf Conan II. mußte sich gegen die Widerstandsbewegung bretonischer Rebellen wehren, an deren Spitze Rivallon von Dol stand. Wilhelm machte sich die Opposition zunutze, um in die Verhältnisse des Nachbarlandes einzugreifen.

An der Spitze seiner Truppen ritt er in Richtung West. Harald begleitete ihn. Man durchquerte bei Mont-Saint-Michel den Couesnon, der heute noch die Grenze zwischen Bretagne und Normandie bildet. Der Fluß ist ein breites, gemächliches Gewässer vom Aussehen eines Kanals. Vor neunhundert Jahren muß er heimtückisch gewesen sein, denn der bewaffnete Übergang ging nicht »glatt« vor sich. Einige Männer Wilhelms gerieten in Strudel. Harald fand Gelegenheit zu einem Bravourstück, indem er gleich zwei samt Waffen aus der Flut zog.

Die erste Stadt der Bretagne, die man nach Überquerung des Couesnon erreicht, ist Dol im Département Ille-et-Vilaine. Schwer, breit und düster steht die Kathedrale Saint-Samson auf dem Markt. Nach der Einäscherung durch Johann ohne Land ist sie in normannischer Gotik wieder aufgebaut worden. Die Stadt machte sich in Wilhelms Feldzug gegen die Bretagne dadurch einen Namen, daß sie das erste Belagerungsobjekt des normannischen Herzogs darstellte. Conan, der sich in ihren Mauern eingeschlossen hatte, gelang es, in das nahe Dinan zu entfliehen. Dol ergab sich, ebenso die bretonische Hauptstadt Rennes. Das Finale des Blitzkrieges war die Belagerung von Dinan.

Es gibt wenige Kleinstädte Frankreichs, die sich an bezauberndem Charme mit Dinan vergleichen lassen. Es ist der Charme eines reich gelebten Lebens, einer altstädtischen Idylle aus Fachwerk und Blumen, eines »Schwalbennestes«, wie Victor Hugo Dinan genannt hat.

Von der Place des Cordeliers (Platz der Seiler) gelangen wir durch enge, saubere Gassen zum wehrhaften Steinoval der Burg, auf deren Zinnenkranz eine Flagge aufgepflanzt ist. Wir stellen uns mit romantischer Phantasie die Belagerung des Wehrbaus durch Wilhelm den Eroberer vor. Aber die steinerne Burg stammt aus dem vierzehnten Jahrhundert. Im elften verfügte Dinan nur über Holzbalustraden. Wilhelm ließ sie mittels Brandpfeilen auflodern. Conan streckte, ehe er ausgeräuchert werden konnte, die Waffen, indem er den Torschlüssel an einer Lanze hinabreichen ließ.

Harald hat auf dem Feldzug, dessen aktiver Begleiter er war, erleben müssen, wie zielstrebig Wilhelm seine Macht ausweitete. Und er hat es sich gefallen lassen müssen, daß Wilhelm ihn, den Waffenbruder, zum Ritter schlug. Die Schwertleite galt zwar als hohe Ehre, hatte aber in diesem Fall einen fatalen Beigeschmack. Denn nur der Herr schlägt den Vasallen zum Ritter. Hiermit war unversehens ein Vasallenverhältnis Haralds demonstriert worden. All dies schien von Wilhelm mit Absicht ausgeklügelt und raffiniert in Szene gesetzt.

Doch der Schachzug, der Wilhelm einen entscheidenden Vorteil einbrachte, stand noch aus: In Bayeux leistete Harald auf zwei Altartruhen den Eid, Wilhelms Anwartschaft auf den Thron von England anzuerkennen, ja mehr noch: am englischen Hof zu unterstützen. Er sollte dafür seinen bisherigen Rang und Besitzstand als Earl von Wessex beibehalten.

Nur normannische Geschichtsquellen bezeugen den Eid. Die angelsächsische Chronik schweigt sich darüber aus. Vor allem Wilhelm von Jumièges, der Hauskaplan des Normannenherzogs, widmete der Eidleistung breiten Raum. Er berichtete sogar, Harald habe Wilhelm zugestanden, zur Unterstützung des Kronanspruchs normannische Besatzungen in Dover und andern Plätzen Englands aufzunehmen. Dies scheint freilich wenig glaubhaft. Solches Ansinnen zu Lebzeiten König Eduards hätte in England antinormannische Strömungen oder sogar eine Rebellion ausgelöst.

An dem Eid selbst ist nicht zu zweifeln. Wird er von angelsächsischer Seite auch nicht bezeugt, so streitet man ihn auch nicht ab. Doch war der Eid erzwungen? Nach dem Reglement unserer modernen Rechtsprechung wäre er dann hinfällig. Nach Anschauung des Mittelalters galt er in jedem Falle. Der Eid Haralds war dabei noch von besonderem moralischem Gewicht.

Denn in den Altartruhen lagen heilige Reliquien. Harald hat, so sagt man, erst nach dem Eid davon erfahren. Doch untergeschoben oder nicht: Die Eidesformel auf Reliquien war für das fromme Mittelalter ein sakraler Akt: Wer einen solchen Eid bricht, ist ein Frevler vor Gott.

Wilhelm tat, nachdem er den Schwertbruder mit reichen Geschenken übers Meer nach England entlassen hatte, alles nur Mögliche, den Tatbestand des Eides zu verbreiten und damit Haralds Thronanspruch zu diskriminieren. Das Netz des Fallenstellers war geschickt gestellt – und das Wild hatte sich darin verfangen.

Müssen wir der Schläue, mit der Wilhelm der Bastard seinen Kampf um England vorbereitete, unsere Bewunderung zollen? Oder stößt uns die rücksichtslose und teilweise hinterhältige Zielstrebigkeit dieses großen und vitalen Egozentrikers ab?

Im Spiel, das dem Kampf vorausging, beherrschte der Enkel des Gerbermeisters von Falaise die gesamte Tastatur, selbst das tiefe, salbungsvolle geistliche Moll. Er verstand es, sich von einem Stiefkind der Kirche zu deren Lieblingssohn zu wandeln.

Ein Stiefkind der Una sancta war der Herzog der Normandie durch seine Ehe. Denn Mathilde, seine Gemahlin, war Wilhelms Kusine fünften Grades. Das ist zwar nach heutiger Anschauung bedeutungslos. Doch im Mittelalter galt es als Sünde. Dennoch hielt der Herzog an der Verbindung fest. Dieser ausgeprägte Familiensinn versöhnt uns mit vielen Zügen der Härte im Charakterbild des Willensmenschen Wilhelm. Er nahm die Ungnade der Kurie in Kauf, um seine Ehe zu bewahren. Zwar wurde ihm nachgesagt, auch hinter der Eheschließung stünde politisches Kalkül – Aufwertung des Bastards durch fürstliche Heirat, Knüpfung verwandtschaftlicher Fäden zum angelsächsischen Haus –, doch viele Reaktionen Wilhelms beweisen, daß Zuneigung und Anhänglichkeit das Fundament dieses Lebensbundes gebildet haben.

Diese gut geführte Ehe war aus formalen Gründen der Kirche ein Ärgernis. Es zu beseitigen, war das besondere Verdienst einer geistlichen Persönlichkeit, deren Aufstieg mit der Karriere Wilhelms eng verbunden blieb: Lanfranc, der Prior des normannischen Klosters le Bec.

Lanfranc war kein Normanne. Er stammte aus der Lombardei und wird deswegen in vielen Geschichtsbüchern als »Italiener« bezeichnet. Doch er war als Langobarde nicht mehr und nicht weniger Nordländer als Wilhelm auch. Der Prior Lanfranc verfügte über hervorragende Beziehungen zum Heiligen Stuhl. Er erwirkte die nachträgliche Lizenz der Eheschließung Wilhelms – zumal inzwischen auch zwei Kinder geboren waren – und handelte als »Sühne« die Verpflichtung des Herzogs aus, in Caen für sich und seine Gemahlin je eine Abtei zu gründen.

Dieser Sühneleistung verdankt die Kunstgeschichte im »normannischen Athen« zwei ihrer schönsten Bauwerke: die Abtei Saint-

Etienne als Stiftung Wilhelms (Abbaye aux Hommes) und die Abtei Sainte-Trinité als Stiftung Mathildes (Abbaye aux Dames). Die Zwillingskirchen haben die Jahrhunderte überdauert. Sie sind die große Sehenswürdigkeit von Caen. Baugeschichtlich haben sie Schule gemacht, denn sie stehen am Beginn der sogenannten »normannischen Romanik«, die sich nachher in Nordfrankreich und England entwikkelte und die gesamte Bauentwicklung des Mittelalters befruchten sollte.

Das Einverständnis Roms mit seiner Ehe kostete Wilhelm noch ein weiteres Opfer. Die der »sträflichen« Ehe entstammende Tochter mußte der Welt entsagen und ihr Leben als Äbtissin von Sainte-Trinité beschließen. Wobei zu überlegen wäre, wer das größere Opfer gebracht hat, Vater oder Tochter.

Immerhin, die Beziehung zum Stuhl Petri, damals Voraussetzung erfolgreicher Politik, war geklärt. Mit kirchlich »sauberen« Händen konnte Wilhelm fortfahren, die Eroberung Englands voranzutreiben.

In der Geschichte der Päpste kam es hin und wieder vor, daß zwei Oberhirten den Stuhl Petri beanspruchten: Papst und Gegenpapst. Für die Großen der Welt war es eine heikle Entscheidung, Partei zu ergreifen. Wer sich für den Papst entschied, der nachher unterlag, dem drohte der Bann.

1061 herrschte in Rom wieder einmal das für die christliche Welt so verhängnisvolle Dilemma. Neben Alexander II. erhob Honorius II. den Anspruch, die Tiara zu Recht zu tragen. Und ausgerechnet die Partei dieses 1064 exkommunizierten Antipapstes hatte Stigand, Erzbischof von Canterbury, der Engvertraute des Earls Harald, ergriffen. Stigand empfing von Honorius das Pallium, den weißen, mit schwarzen Kreuzen bestickten Wollkragen, an dem zwei Bänder herabhängen: das Zeichen bischöflicher Einkleidung durch Rom. Kaum war Alexander wieder alleiniger Oberhirte, da traf Stigand der päpstliche Bannstrahl.

Und weiteres Ärgernis für Rom: Während Eduard der Bekenner als Ergebnis seiner normannischen Erziehung die Reformbewegung von Cluny unterstützte, gehörte Stigand der Gegenrichtung an, die bei den alten Verhältnissen bleiben wollte. Der Stellvertreter Christi, Alexander, war jedoch ein Reformpapst. An eine Rücknahme des Bannstrahls konnte bei dieser Frontstellung nicht gedacht werden. England und seine Kirche standen bei der Kurie in Ungnade.

Diesen Umstand nutzte der hellsichtige Taktiker Wilhelm im Frühjahr 1066 zu seinen Gunsten. Er schickte eine Gesandtschaft unter der Führung von Archidiakon Gilbert von Lisieux an den Tiber, um beim Papst moralische Unterstützung für seinen Erbanspruch auf England zu erbitten. Der Herzog hatte die Gesandtschaft sorgfältig ausgewählt: Es waren ausschließlich glühende Verfechter der vom Papst geförderten Reform, unter ihnen befand sich auch Lanfranc, der Prior von le Bec, der aus seiner italienischen Zeit als Freund des Kardinals und Archidiakons Hildebrand galt, der »grauen Eminenz« von fünf aufeinanderfolgenden Päpsten, Leo IX., Victor II., Stephan IX., Nikolaus II. und Alexander II.

Hildebrand war langobardischer Herkunft wie Lanfranc auch. Unscheinbar in seinem Äußeren – ein kleiner, schmächtiger Mann mit schwacher Stimme – war er von einer unbändigen Willenskraft, darin Wilhelm von der Normandie ähnlich. In Cluny hatte er die Mönchsgelübde abgelegt. Seither empfand er sich als Apostel der Reform. Er setzte sich das missionarische Ziel, sie über alle Rücksichten hinweg im Abendland zum Sieg zu führen. Die leidenschaftliche Überzeugungskraft des Kirchenmanns gewann die Päpste. Vor allem durch Hildebrand fand der Reformgedanke Eingang in Rom.

Aber Hildebrand gewann nicht nur die Päpste, er hat auch Päpste »gemacht«. Einen vom Kaiser eingesetzten Pontifex bewog er, die Papstgewänder wieder abzulegen und sich in Rom wählen zu lassen. Unbeugsam trat er für die Vorrangstellung der geistlichen vor der weltlichen Macht im christlichen Europa ein – einen der Leitsätze der Bewegung von Cluny.

Als Wilhelms ebenfalls cluniazensisch ausgerichtete Gesandtschaft in der Ewigen Stadt eintraf, fand sie wohlvorbereiteten Boden für ihre Saat. Hildebrand stand auf der Höhe seines Einflusses. Er, der als Gregor VII. später selbst den Stuhl Petri besteigen und einer der mächtigsten Oberhirten werden sollte, war praktisch schon damals Papst. Über diesen Parteigänger, Fürsprecher und Steigbügelhalter verfügte Wilhelms Abordnung, als sie am Vorabend eines geplanten Feldzugs den Papst zum Richter aufrief.

Gilbert von Lisieux brachte, juristisch geschult, alle für Wilhelm sprechenden Argumente vor: die von ihm in der Normandie geförderte, Rom genehme Kirchenordnung, die Kirchenwillkür des englischen »Usurpators«, die Schuld des Godwin-Klans an der Ermordung Alfreds, des Bruders des Bekenners, und vor allem: Haralds Eidbruch. Namentlich das Wort von der Kirchenwillkür in England traf in Rom auf willige Ohren. Kardinal Hildebrand versprach sich von einem Sieg Wilhelms zu Recht einen Umbruch: den Sturz des gebannten, aber vom König gedeckten Erzbischofs Stigand, die Einführung der Reform auf der Insel, vielleicht sogar – die Politik des Kirchenstreiters war jedenfalls darauf gerichtet – die Lehnsherrschaft des Heiligen Stuhls über England.

Das Kardinalskollegium trat unter dem Vorsitz Alexanders im Lateran zusammen, um die Entscheidung über Wilhelms Erbanspruch zu treffen. Hildebrand war seiner Sache sicher, als er in den Saal trat und die Versammelten ehrfürchtig verstummten. Doch unerwartet gab es Widerstand: Ein Großteil der Kardinäle stellte sich gegen den Bastard der Normandie; noch nahm man Anstoß an seiner Ehe, auch mag mancher im Kollegium erkannt haben, daß hier ein Aggressionskrieg bemäntelt werden sollte.

Mit hinreißender Beredsamkeit gewann Hildebrand die Zögernden. Sein cluniazensischer Eifer trug Frucht. Der Antrag ging durch. Der Heilige Stuhl sprach Wilhelm die Berechtigung seines Erbanspruchs und die Billigkeit seines geplanten Unternehmens gegen England aus. Der Urteilsspruch war für Wilhelm eine Armee wert.

In einem Handschreiben des Papstes, den die Gesandtschaft als Beleg der positiven Bilanz ihrer Mission in Rouen abliefern konnte, stand zu lesen, »daß der Herzog der Sache Gottes und der Heiligen Kirche um so größere Dienste leisten könne, je höher er steige«. Außerdem übergab Archidiakon Gilbert seinem Herrn als persönliche Gabe des Oberhirten in Rom einen mit Diamanten geschmückten Ring, in den ein Haar Petri eingefaßt war. Und als weiteres Zeichen päpstlicher Huld wies er das gleichfalls mitgebrachte Petrusbanner vor: eine golddurchwirkte Fahne mit dem Symbol des Kreuzes und dem Bildnis eines kämpfenden Kriegers.

Die Verpflichtung, die man Wilhelm als Gegenleistung empfahl, war gering; nämlich den Peterspfennig zu entrichten, eine Abgabe an Rom, die auf eine Stiftung des angelsächsischen Königs Ethelwulf (839–856, Vater Alfreds des Großen) zu dessen Seelenheil zurückging. In den letzten Jahren war der Peterspfennig nicht mehr gezahlt worden.

Der Auftrag der Kirche, England vor sittlichem Verderben zu retten, war damit erteilt. Wilhelms Vorhaben, ein geplanter Überfall, besaß die Weihe eines Kreuzzugs.

Kuriere des Herzogs verbreiteten die Nachricht an den Höfen Europas. Der deutsche Kaiser Heinrich IV. gab eine öffentliche Erklärung zugunsten Wilhelms ab. Auch die Nachbarn der Normandie, die Grafen von Ponthieu und Boulogne, ergriffen seine Partei. Der König von Frankreich verhielt sich neutral.

Englands letzte Invasion

Der Küstenstrich im Mündungsgebiet der Orne, den man als »Startrampe« von Wilhelms Operation gegen England ansehen könnte, ist in unserem Jahrhundert von einem furchtbaren Kriegsgeschehen heimgesucht worden: dem Unternehmen »Overlord« am 6. Juni 1944, dem Einbruch der Alliierten in die Festung Europa während des Zweiten Weltkriegs – eine Aktion, die den Krieg, wenn nicht entschied, so doch verkürzte.

Das Opfer der Landung war die Normandie. Im Gegensatz zu der glimpflicher aus dem Krieg hervorgegangenen Bretagne sind weite Strecken der Küstenregion verheert. Zumal das normannische Fachwerk wurde leicht die Beute der Flammen. Damit hat die Gegend des ehemaligen Herzogtums Wilhelms viel von ihrem alten Gesicht verloren. Anstelle der historischen Stadtteile von Caen sehen wir heute, nachdem 7000 Tonnen Bombenlast die Vergangenheit ausgelöscht haben, monotone Stahlbetonbauten. Ein wahres Glück, daß die beiden Stiftungskirchen Wilhelms und Mathildes von den Bomben verschont worden sind. Man braucht nur einen Blick in die Buchvitrinen Caens zu werfen, um wahrzunehmen, wie gegenwärtig der Feuerschlag von 1944 im Gedächtnis der Menschen geblieben ist: Ein Viertel der ausgestellten Titel behandelt das Thema der Invasion.

Die Bomben auf Caen waren militärisch sinnlos. »Wie es sich herausstellte«, schrieb ein amerikanischer Kriegskorrespondent, »lagen die Deutschen am D-Tag, als wir die Stadt verwüsteten und schätzungsweise 5000 Zivilpersonen, Männer, Frauen, Kinder töteten, gar nicht in der Stadt.«

Der Stundenplan des vernichtenden 6. Juni war folgender: Um 2 Uhr luden 2395 Flugzeuge und 867 Gleitflugzeuge Fallschirmjäger und Waffen aus. Für den 2 Uhr 14 angesetzten Bombenteppich standen 2219 Flugzeuge zur Verfügung (zwei deutsche Jagdflugzeuge leisteten Widerstand). Das Bombardement von der See begann 5 Uhr 50. Die erste Welle der fünf Landungstruppen, herangeschafft auf 4266 Landungsschiffen und -fahrzeugen, betrat 6 Uhr 30 normannischen Boden. Während der Landung riegelte stehendes Sperrfeuer die Dünen ab. Zerstörer und Landungsgeschütze »überschwemmten« jeden Zoll des Strandes mit Granaten.

Die Wunderwaffe des Unternehmens »Overlord« gegen den schwach besetzten Küstenstrich war jedoch der amphibische Tank. »Der Gebrauch einer größeren Anzahl von amphibischen Tanks«, schrieb Eisenhower, »bildete einen wesentlichen Punkt in unseren Plänen, und trotz der Verluste, die sie infolge der schweren Seegänge erlitten, ist es zweifelhaft, ob die Angriffsstreitkräfte sich ohne den Beistand dieser Waffe hätten fest behaupten können.«

Das Landungsunternehmen vom 28. September 1066, das einzige, das der Kanal vor der Operation »Overlord« erlebte, verlief in mancher Hinsicht anders. Es nimmt sich dagegen wie ein harmloser Landgang aus. Statt 4266 Kriegsschiffen und 5481 Luftkreuzern waren nur 800 Kleinfahrzeuge eingesetzt, aus Holz gefertigt, mit Segeln bespannt und mit geringem Fassungsvermögen. Statt amphibischer Tanks hatte man Streitrosse aufzubieten. Sie mußten umständlich ausgebootet werden.

Trotz des lächerlich geringen Aufwands der Invasion Wilhelms stellte sie für die Verhältnisse des Mittelalters ein erstaunliches Aufgebot dar. Und sie war, weltgeschichtlich gesehen, nicht weniger folgenschwer als das Unternehmen Eisenhowers. Sie war die Voraussetzung eines totalen Siegs und bestimmte die Entwicklung Englands und Frankreichs auf Jahrhunderte. Sie prägte dem Antlitz Britanniens Züge ein, die wir heute noch wahrnehmen.

In einem sind sich die beiden einzigen über den Kanal gerichteten militärischen Operationen ähnlich: Keiner der beherrschenden Planer, weder Herzog Wilhelm noch General Eisenhower, erwies sich als Hasardspieler. Beide hatten die Uhr minuziös genau gestellt, so daß ein Großteil des Erfolgs bereits mit der exakt ausgeklügelten Vorbereitung gegeben war. Man konnte dem Ablauf mit weitgehender Sicherheit entgegensehen. Es fällt schwer, von Tugenden wie Umsicht, Solidität und Gewissenhaftigkeit zu sprechen, wo es um Menschenleben geht, doch der Erfolg der beiden Invasionen, der nach England und der nach Frankreich, lag darin begründet. Es war nicht mitreißende Genialität wie im Falle der Siege Alexanders, Karls XII. oder Napoleons. Es war Planarbeit.

In Lillebonne, einem reizenden Städtchen mit römischen Ausgrabungen in der Seinemündung, hielt Wilhelm der Bastard eine Ratsversammlung ab, um mit dem Einsatz seiner dialektischen Fähigkeiten den Adel der Normandie zu äußerster, über das Soll hinausgehender Hilfeleistung zu bewegen. Wilhelms Vollmachten reichten trotz seiner autokratischen Gebärde damals noch nicht aus, Aufgebote einfach zu kommandieren.

Zunächst, so darf angenommen werden, wies er auf das moralische Gewicht: das beeidigte Anrecht des normannischen Herzogs auf Englands Thron, die Parteinahme des Papstes, die Kreuzzugsidee. Doch die Chance, Gott wohlgefällig zu sein, genügte selbst im glaubensbetonten Mittelalter nicht immer, freiwillig im Krieg das Leben zu riskieren. Man brauchte handfeste Lockungen: das Abenteuer eines großen Unternehmens, die Aussicht, nach dem Sieg an der Beute teilzuhaben, womöglich Land und Adelstitel zu gewinnen – im Fall persönlicher Absage die Gefahr, bei einem säkularen Ereignis nicht dabeigewesen zu sein.

Das Säkulare des Kampfes um England mochten die in Lillebonne versammelten Barone gespürt haben. Sie sagten ihre Teilnahme und die Bereitstellung verstärkter Kontingente zu. Und sie kamen.

Aber nicht nur sie, auch eine Rekordzahl von Kriegswilligen der befreundeten Nachbarländer, zu denen die Kunde gedrungen war, strömte hinzu. An der Küste der Normandie formierten sich die Zeltstädte der sich sammelnden Heeresteile: feudales Aufgebot der Normandie, in den Dienst genommene Söldner aus Flandern, Ponthieu, Bretagne, Maine, Picardie und sogar normannische Abenteurer, die aus dem fernen Unteritalien gekommen waren.

Wilhelm, der im August die Kontingente in Caen zusammenzog, erwies sich – ein Steuben des Mittelalters – als energischer Drillmeister, indem er aus einem bunten Haufen von Dienstverpflichteten und Abenteurern eine Armee schmiedete, die eine historische Aufgabe erfüllen sollte.

Mit gleicher Sorgfalt organisierte der Herzog die Rückendeckung in seinem Herrschaftsgebiet. Der Kampf um England war als Blitzkrieg gedacht. Doch wer konnte voraussehen, ob das Unternehmen nach dem ersten Elan nicht in den Downs von Sussex steckenblieb?

Darum zog Wilhelm in den Monaten fieberhafter Vorbereitung die Zügel seiner Herzogsgewalt straffer. Herzogin Mathilde sollte den abwesenden Fürsten vertreten. Ein Zeichen dafür, was Wilhelm ihr zutraute. Auch Robert, sein damals vierzehnjähriger Ältester, erhielt Befugnisse. Die feudale Oberschicht der Normandie leistete ihm als Erben der Macht den Treueid – für den Fall, daß Herzog Wilhelm nicht zurückkehren würde. Gemahlin und Sohn verfügten über den Rückhalt bewährter Berater und Schildträger: Roger von Beaumont, Roger von Montgomery, Hugo von Avranchin.

Zur weltlichen trat die kirchliche Rückversicherung auf dem heimischen Boden. Lanfranc, inzwischen Prior von Saint-Etienne in Caen, erfreute sich der Bestätigung großzügiger Dotierung. Das Kloster Avranches hatte einen jahrelangen Kleinkrieg um die Grenzziehung seines Landbesitzes geführt, nun wurde sie mit einem Mal nach Wunsch beurkundet. Das Kloster Fécamp band Wilhelm durch »vordatierte« Schenkungen an seinen Angriffskrieg: indem er der Mönchsgemeinschaft Ländereien in Sussex versprach, die erst erobert werden mußten. Die Klosterbrüder waren also angehalten, für den Sieg der guten Sache zu beten . . .

Wilhelms Rezept machte Schule. Seine feudalen Gefolgsleute teilten gleichfalls an Kirchen und Klöster verschwenderisch Länder aus – die jenseits des Ärmelkanals in England lagen.

Der geplante Eroberungskrieg glich bei der Fülle der Verträge und Abmachungen einem geschäftlichen Coup, bei dem viele Kreditgeber interessiert sind, mit allen Mitteln einen Erfolg zu erzielen.

Nachmittags werfen die schmalbrüstigen, sechs- bis siebenstöckigen Häuser von Honfleur tiefe Schatten in das Vieux Bassin. Zwischen Backstein und Schiefer schaut bei manchen der Hausveteranen ein Stück unverkleidetes engmaschiges Fachwerk heraus wie ein altvererbtes Strickhemd. Ein stiller und warmer Tag geht zu Ende.

Ein Fenstersitz in einem der Fischrestaurants ist jetzt der richtige Platz. Ich liebe es, mittels einer Stecknadel gekrümmte Muscheltiere aus ihren Gehäusen zu ziehen, ein Vorgang, der mit Andacht zelebriert werden muß. Vor mir sind auf einem ovalen Porzellanteller die Meeresfrüchte ausgebreitet, Austern und Crevetten, Langustenscheren und Muscheln in allen Spielarten, große und winzige, dunkle und freundlich helle, glatte, gerillte und krustige. Die Platte ist das Kunstwerk eines Muscheldekorateurs. Sie verbreitet den Duft des Ozeans. Ich fühle mich als Gourmet.

Neben dem Restaurant hat eine Poissonerie ihre Tische auf das Pflaster gestellt. Silberne Fische liegen schleimig in weißen Schalen, Krabben türmen sich zu spitzen Bergen. Darüber hängen Geranientöpfe.

Dicht gereiht liegen am Quai Sainte-Catharine die Fischerboote und ruhen sich aus. Jedes trägt zwei Buchstaben und eine Ziffer, die Nummernschilder der Seefahrzeuge. Ein Wald von Masten überragt die Quaimauer.

Ein Wald von Kaminen befindet sich unter den Häusergiebeln, die um das Bassin ein Karree bilden. Das Spiegelbild des spitzen gotischen Turms von Saint-Etienne zittert im tranigen Wasser. La Lieutenance, die einstige Residenz des Lieutenant du Roi, macht sich am Ausgang des Bassins großspurig breit. Der Festungsklotz ist düsterhumorlos im Vergleich zu den blauen, roten und gelben Marquisen. Auch die buntbespannten Luxusboote kümmern sich wenig um den steifen und ernsten Wächter.

Man könnte glauben, an einem pittoresken Hafenort des Südens zu sein, wenn die Häuser nicht diese harten Linien hätten. Der Himmel ist stahlblau, ein Wikingerhimmel. Es ist eine Hafenlandschaft, wie sie Boudin, Monet oder Dufy liebten. Honfleur sei der kostbarste seiner Träume, sagte Baudelaire. Honfleur ist Poesie in Prosa.

Die Fischerboote im Bassin sind teilweise kaum kleiner, als die Boote der Invasionsflotte des Herzogs Wilhelm gewesen sind, 100 bis 200 Tonnen. An der Seinemündung und an allen Hafenplätzen der Normandie hat man sie in fieberhafter Eile konstruiert und ausgestattet, allerdings zu einem weitaus ergiebigeren »Fang«, als es Makrelen, Knurrhähne und Crevetten sind. Alle Lehnsträger Wilhelms haben dazu beigetragen, die Flotte zusammenzubringen. Die Verwandtschaft des Herzogs ging mit gutem Beispiel voran. Sein

Halbbruder Robert von Mortain steuerte 120, sein Halbbruder Odo von Bayeux 100 und Wilhelm von Evreux, ein Vetter Wilhelms, 80 Boote bei. Unter den Grafen standen mit Schiffsausrüstungen an der Spitze: Wilhelm Fitz Osbern mit 60, Hugh von Avranches mit 50, Walter Gifford mit 30 Booten. In der Psychose des Dabeiseinwollens brachte mancher kleine Edelmann mühsam ein einziges Seefahrzeug auf, das sich den insgesamt 800 übrigen beigesellte.

Das Flaggschiff der Invasionsflotte, die »Mora«, an deren Mast eine Laterne hing, war ein Geschenk der Herzogin Mathilde an ihren Gemahl.

Die Bereitstellung so vieler Schiffe in erstaunlich kurzer Zeit muß im Hinblick auf das technische Vermögen des elften Jahrhunderts wundernehmen. Sie ist ein Beweis für die Fähigkeit der Führungskräfte, die die Normandie Wilhelms auszeichneten. Der Vollendung der Flotte ging die flinke Arbeit des Bäumefällens, des Zimmerns, des Teerens, der navigatorischen Ausstattung voraus. Im Schiffstyp hielt man sich an das bewährte Muster des Wikingerbootes. Drachen-, Schlangen- und Greifenköpfe schauten von den Steven in Richtung Nord.

Am Quai komme ich ins Gespräch mit Mr. Edward Urmson Dieppe. Er ist Tourist aus Großbritannien. »Einst gab es einen normannischen Einmarsch in Großbritannien«, meint er scherzhaft und entzündet eine Zigarette, »heute findet allsommerlich der Einmarsch in umgekehrter Richtung statt – Tausende meiner Landsleute fühlen sich mit mir an der normannischen Küste wohl. Es ist eine geschichtlich begründete gegenseitige Liebe.«

Mr. Dieppe gibt mir seine Karte. »Mein Urahn«, sagt er, »ist mit den Normannen nach England gegangen. Nicht gerade mit Wilhelm, aber bald danach, als seine Dynastie noch über England und die Normandie herrschte. Mein Urahn hieß Stanislaus de Deppe, der Name kann auch Saladinus de Deppe gelautet haben. Ganz gewiß ist aber, daß er von Dieppe aus nach Britannien übersetzte und daher den Namen ›de Deppe‹ bekommen hat. Daraus ist dann im Lauf der Zeit ›Dieppe‹ geworden.«

Er spuckt Tabak aus und meint lachend: »Sie haben also den Nachfahren eines Piraten vor sich, Sir. Gastfreundlich wie die alten Normannen sind wir immer noch. Wenn Sie nach Southwick in Sussex kommen, besuchen Sie mich. Southwick liegt bei Brighton, das Ihnen sicher ein Begriff ist. Bis dahin – a good trip!«

Wie ein normannischer Seemann, groß und schwer und etwas rauhbeinig, geht er über die groben Steine der Quaimauer, die das Bassin von Honfleur umrahmen. Ich schaue ihm nach.

Westlich von Honfleur, zwischen Seine und Orne, fällt die Küstenregion in mäßiger Höhe steil ab. Der Ärmelkanal brandet gegen blankgewaschene Klippen. Niederer Baumbewuchs duckt sich am Rand der dünenartigen Halde vor dem Nordwind. Es ist kein Platz für das Rendezvous einer großen Flotte.

Dann flacht sich das Gelände zu breiten Sandstränden ab. Man spricht von der sogenannten Perlmuttküste. Von Bewohnern der Ile de France und von Großbritannien frequentierte Badeorte geben sich die Hand: Deauville, Houlgate, Cabourg, es ist die Küste des Calvados, des weltberühmten Obstwassers, das bei stürmischem Wetter, wenn die weißgebleichten »Plages« leergefegt sind, gehörig aufwärmt. Houlgate und Cabourg mit ihren pseudo-normannischen »Hostelleries« sind Familien-Oasen. Das mondäne Deauville hingegen, eine Gründung des zweiten Kaiserreichs, erlebt alljährlich die Ansammlung edler Pferde – statt Wilhelms forscher Kavallerie, die an der Normannenküste einige Wochen lang das Gras zerstampfte, die »Auslese« internationaler Stallungen, die zum Rennen um den »Grand Prix de Deauville« antritt. Die Kulissen des normannischen Iffezheim bilden die Luxusvillen des Pariser Geburts- und Geldadels im Nizzastil. »Ein zweites Nizza«, sagte die Creme der Hautevolee, »lediglich mit dem Unterschied, daß Deauville nur 200 Kilometer weit von Paris entfernt ist.«

Das Gefühl horizontloser Weite überkommt uns, als wir uns im grünen Flachland der Divesmündung verlieren. Es ist eine Landschaft, die nach einem Wort von Georges Borgeaud »ganz der Herrschaft des Meeres und seinem Licht hingegeben ist.« Meist hängt der Himmel tief über der Dives, die sich in trägen Schleifen durch das Weideland zum Meeressaum schlängelt – für den Ausdruck »Küste« ist der Übergang vom Land zum Meer viel zu sanft.

Der Ärmelkanal wurde im Verlauf von neunhundert Jahren durch Schwemmerde um zwei Kilometer zurückgedrängt. Damit ist das Bild verwischt, das die Mündung der Dives mit ihrem Brackwasser im August 1066 geboten hat, als Wilhelms Flotte hier invasionsbereit ankerte. Daß sich an dieser Stelle ein günstiger Ausgangspunkt für ein großangelegtes Seeunternehmen befunden haben muß, können wir heute noch aus der überschaubaren Topographie des sich in breiter Niederung öffnenden Wasserlaufs ablesen. Ein eigentlicher Hafen war bei dem geringen Tiefgang von Wikingerschiffen kaum erforderlich. Aber hier meidet man die Klippen, etwa die »schwarzen Kühe« vor dem Küstenabschnitt von Villers, die leichtgebaute Segler bei plötzlich aufkommendem Sturm zerschellen lassen.

In dem entzückenden Städtchen Dives-sur-Mer gibt es in Erinnerung an den Aufbruch der Flotte von 1066 eine »Hostellerie de Guillaume de Conquérant«. In dem von Efeu verkleideten, verwunschenen Innenhof steht eine Steinbüste – doch sie stellt nicht den Bastard dar, sondern den Sonnenkönig mit sorgfältig gelockerter Allongeperücke. Die Zeit Wilhelms veranschaulichen authentischer die »Halles«, Scheunen aus offenem Holzgebälk, von Walmdächern zeltartig überdacht. In ähnlichen Bauten mag der Herzog Waffen, Proviant, Weinfässer und -schläuche des Invasionskorps bis zur Verladung magaziniert haben.

Am 12. September kam Sturm auf. Der Herzog mußte Verluste durch Unwetter und Desertion hinnehmen. Allzu langes Warten bekam der Schlagkraft seines Unternehmens nicht. Und einen vollen Monat lagen die 800 Boote schon in der Divesmündung, bereit, jederzeit die Anker zu lichten. Doch der Wind kam von Nord. Zwar konnten Wikingerschiffe bei günstigen Windbedingungen auch gegen den Wind kreuzen, doch dies verlängerte die Fahrzeit; außerdem schien ein Manöver gegen den Wind für eine Flottenformation zu riskant.

So lag man denn Tag für Tag ungeduldig mit angespannten Nerven an der Reede bereit und wartete auf die Ausfahrt. Sie lag in den Händen des Wettergotts.

Der Herzog schaute jeden Morgen zum Himmel auf. Die Litaneien der Priester erflehten Wetterumschwung. Der Himmel bescherte Regenvorhänge oder aufgewühlte Wolkenmassen, doch nicht den begehrten Südwind.

Nach einem Monat verlagerte der Herzog den Standort der Flotte. Er ließ sie in Richtung Ost nach Saint-Valéry an der Sommemündung segeln. Der Ort gehörte nicht mehr zu seinem Herrschaftsbereich, sondern zum Küstenstrich seines Lehnsmannes, des Grafen Guy von Ponthieu.

Die Spannung, wie wir sie am Vorabend eines umwälzenden Ereignisses mit allen ihm innewohnenden Gefahren und Unwägbarkeiten erleben, lag über der Kanalküste.

Wann würde Wilhelm die Signallaterne des Flaggschiffs entzünden können – das Zeichen des Starts?

König Harald hatte die Vorbereitungen seines herzoglichen Gegenspielers jenseits des Ärmelkanals nicht untätig verfolgt. Um der täglich erwarteten Invasion zu begegnen, hatte er die angelsächsische Flotte aus der Themsemündung ausfahren lassen; sie sollte die Kanalhäfen an der Südküste Englands besetzen. Mit der Kerntruppe der Housecarls, einer Formation, die Harald den Dänen nachgebildet hatte, sowie der in Wessex eingezogenen Miliz lag er an der Kanalfront von Sussex in Bereitschaft. Wo würde Wilhelm, der Thronräuber, landen? Es war das gleiche Gefühl unbehaglicher Zweifel, das 1944 die Verantwortlichen des Atlantikwalls hegen mußten – landete der Gegner in Cherbourg, an der Orne oder in Boulogne? Wo war das Schwergewicht der Abwehr anzusetzen? Wo durfte man die Linien lockerer ziehen?

Seit dem 24. April erhellte ein Komet mit drei Schweifen fünfzehn Nächte lang den Himmel über dem Kanal. Beim Aberglauben des Mittelalters jagte er der Armee Schrecken ein. Auch 729 war ein Komet am Himmel erschienen: Am nächsten Tag erfolgte der Einbruch der Sarazenen in Frankreich. Was bedeutete dieses neue Himmelszeichen für das Schicksal Englands? Düstere Parolen kursierten unter den angelsächsischen Kanaltruppen.

Einmal gerieten patrouillierende Boote der sich untätig gegenüberliegenden Flotten aneinander. Ein Sturm kam auf, einige Seedrachen sanken, wobei die normannischen Verluste überwogen. Man wird dann wie in modernen Kriegen »Versenkungsziffern« erfunden und propagandistisch ausgemünzt haben.

Der Herzog der Normandie war, verglichen mit seinem angelsächsischen Gegner, im Vorteil. Seine Staatsfinanzen erlaubten es, daß sein Heer samt Rossen von den Furieren, ihren Feldküchen und Marketenderlagern versorgt werden konnte. Kein Bauer der Normandieküste brauchte sein Vieh, seine Vorräte zu verstecken. Harald hatte diesen langen Atem nicht. Sein Staatswesen war lose gefügt, nur die Hilfsquellen seiner eigenen Grafschaft Wessex standen voll zur Verfügung, die Kasse in London war leer. Schon nach wenigen Wochen sah der König sich gezwungen, dort, wo seine Truppen standen, entschädigungslos zu requirieren, also das Hab und Gut seiner eigenen Untertanen anzutasten wie ein tief im Lande stehender Feind.

Am 8. September zog Harald es darum vor, so selbstmörderisch die Maßnahme schien – die Miliz aufzulösen, die Flotte über Dover zur Themse zurückzubeordern und selber mit seinen Housecarls durch die Wälder der Downs nach London, der Hauptstadt, zu retirieren. Die Südflanke der Insel lag ungewappnet und verwundbar da, willkommene Beute für den Zugriff des im Anstand der Sommemündung lauernden Jägers.

Da, als Harald sich im Westminster eine Atempause gönnte, traf eine neue Meldung ein.

Es war eine Alarmmeldung, die ihm den Atem stocken ließ.

Hier müssen wir in das Jahr 1065 zurückblenden. Wie wir erfahren haben, hatte der angelsächsische König in den Jahren vor seiner Krönung – wie Napoleon und die Napoleoniden – seine Machtstellung durch geschickte Familienpolitik vorbereitet; seine Brüder Gyrth, Leofwin und Tostig bekamen je ein Earltum zugesprochen. Tostig, der Älteste nach Harald, wurde Earl von Northumberland. Sein herrisches, rauhes Wesen brachte aber seine Untertanen gegen ihn auf. Sie jagten ihn aus dem Land. Er mußte nach Flandern fliehen.

Die ganze Affäre war Harald im äußersten Maße unangenehm. An eine gewaltsame Rückführung des mißliebigen Bruders war jedoch nicht zu denken. Im Gegenteil, es mußte alles geschehen, um den Unruheherd im Norden des Königreichs zu befrieden. Harald sorgte für Wiederherstellung der Ordnung, indem er am Hof in London durchsetzte, daß Moncar, der Bruder Edwins, Earls von Mercia, in York, der Hauptstadt Northumberlands, die Nachfolge des gestürzten und verjagten Godwin-Sohns antrat.

Die Regelung im Norden zugunsten des Friedens war keine Patentlösung. Denn Harald hatte sich durch seine Taktik einen tödlichen Feind geschaffen: seinen eigenen Bruder Tostig.

Der für vogelfrei erklärte Godwin-Sohn entschloß sich im Mai 1066, mit Waffengewalt auf die Insel zurückzukehren, plünderte die Insel Wight, erpreßte Seeleute zum Ruderdienst, fuhr mit 60 Schiffen die Ostküste Englands nordwärts und brach nach Wikingerart plündernd in Lincolnshire ein. Von Earl Edwin vertrieben, entwich er über die Grenze in das schottische Königreich. Vom Asyl bei König Malcolm aus knüpfte er Fäden zu einem der berühmtesten und verwegensten Krieger seiner Zeit, dem Wikinger Harald Hadraada, dessen Lebensgeschichte wir im Kapitel über die Waräger erfahren haben und der damals auf dem Thron Norwegens saß. Tostig ermunterte den skandinavischen König, sich die Krone Englands zu holen, die ihm, dem Nachkommen des Dänenhauses, eigentlich zustünde. Der Godwin-Sohn sagte Harald Hadraada für ein Landeunternehmen im Stil der früheren Däneneinfälle, die seit Jahrzehnten unterblieben waren, seine militärische Hilfe zu.

An der Mündung des Tyne-Flusses erreichte die norwegische Armada die Ostküste der britischen Insel. Bald darauf stieß Tostig mit seiner vom Schottenkönig verstärkten Flotte zu ihm. Sie wollten gemeinsam König Harald von England aus London vertreiben, wobei Harald Hadraada den Thron besteigen und Tostig als Earl von Wessex der Nächste des neuen Königs sein sollte.

Gemeinsam zogen Harald Hadraada und Earl Tostig nach Vertäuung der Flotten in der Humbermündung nach York, der Hauptstadt Northumberlands. Die beiden nordenglischen Earls Edwin und Moncar stellten sich ihrem Vormarsch in den Weg. Am 20. September kam es zur Schlacht von Gate Fulford. Es war ein voller Sieg der Invasoren.

Dies war die Alarmnachricht, die man König Harald nach London überbracht hatte. Er sah sich nun mit einem Mal zwei Thronanwärtern, zwei Thronräubern gegenüber. Vor ihm stand drohend die Gefahr des Zweifrontenkriegs. Es gab nur eine Rettung aus dieser Situation: im Blitzkrieg die Allianz im Norden zu vernichten, um dann in einer spontanen Kehrtwendung nach Süden die Küste von Sussex zu erreichen, ehe der Südwind Wilhelms Landungsflotte nach Britannien trieb.

Haralds Gewaltmarsch nach Northumberland war eine militärtaktische Glanzleistung. Zugleich stellte er seiner Willenskraft ein bewundernswertes Zeugnis aus. In Stamford Bridge, neun Meilen nordöstlich von York, stießen die Armeen aufeinander – vierundzwanzig Stunden nach dem heißen Tag von Gate Fulford.

Parlamentäre des englischen Königs ließen sich zu Tostig führen: Harald biete ihm Northumberland an, wenn er zum Frieden bereit sei.

»Und was erhält Harald von Norwegen?«

»Der König sagt: sieben Fuß englischer Erde – gerade so viel, wie sein Körper bedeckt.«

Nach dem Wortgeplänkel sprachen die Waffen. Das zweite der drei weltgeschichtlichen Treffen des Jahres 1066 begann. Die Norweger verfügten neben dem König selbst über einen martialischen Einzelkämpfer: Eystein Orre, der den Beinamen »Bluthahn« (Gorcock) trug. In England spricht man heute noch im Falle bedrängender Gefahr von »Gorcocks Storme« (Bluthahns Sturm).

Zunächst gelang es den Angelsachsen nicht, die norwegische Schildmauer zu durchbrechen. Sie wichen zurück – zum Schein? Die Norweger öffneten den Schildwall, um die Verfolgung aufzunehmen. Der Wechsel von Defensive zur Offensive war taktisch verfrüht und erwies sich als Verhängnis. Nun waren die Wikinger Zielscheiben der angelsächsischen Bogenschützten. Was nützte da Harald Hadraada sein furchtbares Breitschwert? Ein Pfeil traf seinen Hals. Er stürzte und bedeckte, wie der König Englands es hohnvoll verhießen hatte, sieben Fuß englischer Erde. Nach dem Tod des Kampfgefährten gab Tostig jedoch nicht auf. Er stritt weiter, bis auch er auf der Walstatt blieb.

Harald Godwinson hatte einen völligen Sieg errungen. Die Allianz der Nordfront war zersprengt. Ein Gegner, der kein militärischer Dilettant, sondern ein Kämpe von sagenhaftem Ruhm gewesen ist, lag tot auf der northumbrischen Erde. König Harald gab den Leichnam frei zur Überführung in die Königsstadt Drontheim. Den Leib des aufsässigen Bruders ließ er verbrennen und bei York beisetzen.

Zwei Tage später erreichte ein Bote aus dem Süden atemlos den siegreichen angelsächsischen König, der gerade im Palast von York tafelte: Der Wind über dem Kanal habe sich gedreht – Wilhelm der Bastard sei am Vorabend des Michaelsfestes an der ungeschützten Küste von Sussex gelandet – die Dörfer des Earltums stünden in Flammen.

Hastig verließ der König die Stadt York, um mit seinen Truppen nach Süden zu eilen.

Das erste und wichtigste, das Herzog Wilhelm an jedem Morgen in Saint-Valéry unternommen hatte, war der Blick auf den Kirchturmhahn: Wann endlich würde es Südwind geben? Er betete zum Himmel, und er gab Ordre, daß die ganze Armee betete. Die Invasionstruppen lagen, statt die Bastionen des Feindes zu stürmen, auf den Knien.

Wilhelm mußte die leidliche Wartezeit für ein Unglück halten. In Wahrheit war sie sein Glück. Der Nordwind hinderte ihn an der Ausfahrt zu einem Zeitpunkt, als König Harald noch mit der Flotte und den Truppen die Südflanke der englischen Insel deckte. Boas, der Gott der Winde, meinte es mit dem Herzog gut: Er gab den Südwind genau in jenen Tagen frei, an denen sich sein Gegenspieler wegen des norwegischen Einfalls nach Norden wenden mußte.

Die Überfahrt der Flotte erfolgte in der Nacht vom 27. auf den 28. September und ging bei stiller See vor sich. Zum Start entzündete man die Laterne auf dem Flaggschiff »Mora«. Neben dem Mast stand das Petrusbanner, das approbierte Zeichen des Kreuzzugs. Die vergoldete Galionsfigur zeigte mit ihrem Elfenbeinhorn in Richtung England. In der Dunkelheit geriet das Flaggschiff vom Kurs der Armada ab. Die Matrosen eilten ängstlich an Deck umher. Um keine Unruhe aufkommen zu lassen, aß der Herzog gemütlich scherzend zu Abend, ein Bild der Selbstsicherheit. Sie steckte an. Bald erreichte man wieder den Verband.

Die schwierige Operation gelang. Als der Morgen dämmerte, lag ein schmaler Küstensaum vor den Steven der Invasionsflotte. Es war England, für die Ankommenden das verheißene Land. Nur zwei Schiffe hatten den Kurs verloren und waren weiter östlich gelandet, bei Romney, zwischen Hastings und Dover. Die Besatzungen wurden sofort von der Bevölkerung niedergemacht.

Die Bucht, die das Gros der Flotte erreicht hatte, hieß Pevensey. Sie war sanft, eben und für eine Landung wie geschaffen. Nirgendwo erhob sich Widerstand; Rosse, Waffen, Proviant konnten an Land gebracht werden, noch ehe die Sonne richtig aufgegangen war.

Als Wilhelm die Küste betrat, stürzte er. Dies war nicht nur ein leichter Unfall – nach der abergläubischen Anschauung des elften

Jahrhunderts konnte es ein böses Omen bedeuten, das die Kampfkraft der Armee schmälerte. Geistesgegenwärtig tat der Herzog, als habe er sich mit Absicht zu Boden geneigt. Er ergriff eine Handvoll Erde – »seiner« Erde – und sagte mit teils echter, teils gespielter Pathetik: »Ich fasse dich, England!«

Über die Schlacht von Stamford Bridge war Wilhelm in diesen Stunden bereits informiert. Doch er wußte nicht, wer den Sieg errungen hatte.

Er rechnete damit, daß er gegen einen harten Gegner zu fechten hatte und daß ihm noch Blut und Schweiß abverlangt würden.

Der Gegner, dies eine stand fest, hieß Harald. Doch die entscheidende Frage war offen: Mit welchem Harald er es zu tun bekäme – Harald Godwinson oder Harald Hadraada?

Der heiße Tag von Hastings

Ich sitze in einem Abteil Zweiter Klasse des Zuges Brighton–Dover und bin damit zufrieden, daß in England alle Klassen gepolstert sind. In Eastbourne steigt ein großer, hagerer Mann ein, dem ich den Collegelehrer anzusehen glaube, noch ehe das Gespräch im sonst leeren Abteil ergibt, daß er in Bexhill Geschichte unterrichtet. Das Zeitalter Wilhelms des Eroberers, sagt er, sei sein Spezialgebiet. Er habe in einer Publikation der Historical Review nachzuweisen versucht, nach welcher Methode die Invasion am Morgen des 28. September 1066 in Pevensey landungstechnisch vor sich gegangen sei. Es sei praktisch unmöglich, eine so große Zahl von Bewaffneten hoch zu Roß und in voller Montur auszubooten, wie Wilhelm von Jumièges es darzustellen beliebt. Der Mönch müsse geflunkert haben. Die Publikation in der Historical Review habe zu Kontroversen im gesamten historisch interessierten England geführt.

»Übrigens«, fährt er fort, »die Normannen, die ja teilweise unsere Vorfahren sind und denen wir den Anschluß an den lateinischen Kulturkreis verdanken, waren alles andere als Gallier. Es waren Skandinavier.«

Mein Gegenüber hat in der Tat »Gallier« gesagt. Er meint die Franken. Doch im Sprachgebrauch der Briten ist der Ausdruck »Gallier« für die Bewohner des mittelalterlichen Frankreich allgemein geläufig, als ob keine Römer und Franken ins Land gekommen und die Gallier kulturell überdeckt hätten. Auch der betonte Hinweis auf die skandinavische Herkunft der Normannen scheint mir für die Vorstellung der Briten bezeichnend, die lieber in den Wikingern als in den Welschen ihre Vorväter sehen.

»Vielleicht ist es für Sie von Nutzen, in der Town Hall von Hastings mit der Hastings Corporation Fühlung aufzunehmen. Die kennen sich im elften Jahrhundert besser aus als im zwanzigsten und nennen Ihnen im Schlaf jeden Ort, wo man ein normannisches Schwert oder eine bretonische Pfeilspitze gefunden hat. Und wenn Sie nach Bexhill kommen ...«

Die Zahl der Visitenkarten in meiner Tasche vermehrt sich um die von Mr. Sellman.

»Bexhill ist ein nobles Bad«, sagt er. »Ich ziehe es sogar Brighton vor. Sein Strand ist schöner, sein Sand feiner. Brighton ist außerdem zu städtisch. Doch in einer Sache kann ich Ihnen nicht helfen ... in Bexhill hat Wilhelm der Eroberer keine einzige Spur hinterlassen. Er konnte es nicht würdigen, weil es Bexhill noch gar nicht gab.«

Der Zug hält in Pevensey-Westham, einer kleinen, kaum wahrnehmbaren Station. Ich steige aus. Mr. Sellmans freundliches »Nice time« klingt mir nach. Um mich ist die Sonne von Sussex, in einer Landschaft weiter Wiesenflächen, über denen ich Englands obligaten Nebel oder Dunst vergeblich suche. Doch ich spüre die herbe und feuchte Luft des nahen Meeres.

Pevensey-Westham liegt einige Kilometer landeinwärts von Pevensey, einem Badeort an der Südflanke der britischen Insel. »Halftimbered« (zur Hälfte aus Holz) heißt hier das Fachwerk aus enggefügtem senkrechten Gebälk, das der Hauptstraße von Westham ein unverkennbar britisches Kleinstadtgesicht gibt. Es ist auch das Fachwerkgitter der Normandie. Die Normannen haben es auf die Insel gebracht, zu einer Zeit, als der Ärmelkanal viel weniger eine Zäsur bedeutete als heute. Noch die Zimmerleute der Königin Elisabeth I. haben »halftimbered« gebaut. Das normannische Fachwerk ist die Kulisse der Shakespeare-Welt.

Ich gelange zu einer altertümlichen Dorfkirche, die der Lady Mary geweiht ist. In ihrer Bausubstanz geht sie auf das Zeitalter der normannischen Könige zurück. Auf dem einschiffigen Innenraum ruht ein offener Dachstuhl. Ein hölzernes Tonnendach überwölbt den Chor. Der Vikar winkt mir stumm. Er führt mich zum südlichen Außengemäuer: »Die drei schmalen Fenster hier stammen aus dem Jahre 1080. Aus einer Zeit also, in der Wilhelm der Eroberer noch an der Regierung war.«

»Und dieses vierte Fenster – es ist zugemauert?« Ich taste mit der Hand die noch sichtbaren Steinpfosten ab.

»Die Kirche hatte zur Zeit der Normannen Festungscharakter«, sagt der Vikar. »Natürlich war sie bei ihrem starken Gemäuer und ihrem schmalen, schießschartenförmigen Fenstern unvorstellbar dunkel. In der Reformationszeit brauchte man mehr Licht für die Kanzel. Da hat man dieses vierte Fenster geschlossen und dafür das geräumige gegenwärtige Fenster in die Mauer gebrochen. Wie Sie sehen – Tudorstil.«

Ins Innere der Normannenkirche zurückgekehrt, weist der Vikar auf den Altar. Er stellt eine Art »Mensa« dar, einen steinernen Tisch, wie er im Zeitalter der Romanik in Gebrauch war. Der Steintisch lastet auf einem Eichensockel.

Über den Altar weiß der Vikar eine kleine Detektivgeschichte. Die Mensa von Westham zählt zu den drei einzigen Steinaltären, die aus der normannischen Epoche auf uns gekommen sind. Während der Reformation hat man den Stein des damals verfemten katholischen Kultes zur Pflasterung des Kirchenbodens verwandt – damit die Schuhsolen der Protestanten darüber hinweggehen sollten. 1602 benötigte der Vikar Hodgson einen Grabstein für Miles, seine verstorbene Gemahlin. Der alte Altar erschien ihm brauchbar. Doch für einen Grabstein war er zu lang. Also ließ ihn Mr. Hodgson auseinandersägen. Drei Jahrhunderte lang fristete das normannische Relikt sein Dasein an zwei verschiedenen Orten – die eine Hälfte war im Boden verblieben, die andere stand auf dem Friedhof.

Nun hatte der Steinmetz aber – fast könnte man sagen: zu Gefallen unserer späteren Erkenntnis – in den Altar nach der unverkennbaren Manier des elften Jahrhunderts drei Kreuze in die Steinplatte eingeritzt. Beim Durchsägen war eines der Kreuze im Boden verblieben, die beiden andern zierten den Grabstein. Als in unserer Zeit das archäologische Interesse erwachte, erkannte man die Zusammengehörigkeit, fügte die beiden Steintorsos aneinander und restaurierte den alten Altar, wie er zu Zeiten Wilhelms des Bastards ausgesehen hat.

Mein Vikar, der berufliche Nachfahr des Mr. Hodgson, steht neben dem Stein, an dem schon Wilhelms Kaplane die Messe zelebriert haben. Er ist verliebt in die Geschichte seiner Kirche. »Die normannische Herkunft der Westham Church ist durch eine merkwürdige Inschrift belegt. Sie können sie bei der Kanzel dort entziffern. Mein Vorgänger Brian Duppa hat sie angebracht.«

Der Geistliche spricht von seinem »Vorgänger«, als sei er eben erst verstorben. Dabei starb er 1662. Im Stil ägyptischer Königslisten hat er in der Inschrift sämtliche Vikare der Kirche untereinandergesetzt, von 1332 bis 1625, insgesamt 54 Namen. Die frühesten sind ihm nicht mehr bekannt gewesen. Doch das Erbauungsjahr hat er anscheinend gewußt. Ich lese deutlich das Jahr 1080 und denke daran, daß Wilhelm der Eroberer 1087 das Zeitliche gesegnet hat.

»Die Geschichte ist noch nicht zu Ende«, sagt der Vikar und reißt mich aus meinen Träumereien. »Mr. Duppa, mein Vorgänger, ist nachher zum Hofbischof des unglücklichen Stuartkönigs Karl I. arriviert, den Cromwell in Whitehall hat enthaupten lassen. Karl II., unser lustiger König mit dem koketten Bärtchen, war Duppas Schüler. Kommen Sie nach London, Sir? Vergessen Sie nicht, in der Westminster Abbey das Grab meines Vorgängers zu besuchen. Er ruht im nördlichen Seitenschiff, gleich beim Eingang.«

Ich versprach dem Vikar, seinem »Vorgänger« und zugleich dem Gewährsmann für den normannischen Ursprung seiner Kirche in London baldmöglichst meine Reverenz zu erweisen.

Hinter dem klotzigen Bau der Kirche von Westham mit ihrem helmlosen Turm liegt noch der gleiche Friedhof, auf dem man einst Mrs. Hodgson beigesetzt hat. Weiße Grabsteine ragen aus dem ungeschnittenen Gras. Grüne Kieselsteine bedecken die Gräber. Blumen stecken in Blechsieben, die am Kopfende jedes Grabes angebracht sind. Der breite Gipfel einer Eiche überschattet die friedliche Stille. Doch schon ist es mit dem Frieden aus. Krähen erheben sich aus dem Geäst und stimmen ein makabres Konzert an.

Das Krächzen in der Weltabgeschiedenheit des Friedhofs von Westham gleicht einem Ruf aus tiefer Vergangenheit. Ich habe das Gefühl, nicht im zwanzigsten, sondern im elften Jahrhundert unterwegs zu sein. Die Faszination der historischen Kulisse von Sussex verläßt mich nicht mehr. Der Weg führt durch die Ruinen des wuchtigen Mauerrings eines von Wilhelm auf Römertrümmern erbauten Castle, das Erinnerungen an die Romane von Sir Walter Scott wachruft. Vor dem Sandsteingemäuer weiden Schafe, vierbeinige Statisten jenes Schauspiels, das der ländliche Alltag Englands durch die Zeiten zu bieten hat. Eine Jugendgruppe aus Bristol klettert in Blue jeans auf Wilhelms massigen Torbau.

Während des Zweiten Weltkriegs hat man die Normannenfestung in die Abwehrlinie eingebaut, die das englische Gegenstück zum deutschen Atlantikwall in der Normandie darstellte. Wilhelms Rundtürme trugen Maschinengewehrnester. Zeitweise belegten kanadische und amerikanische Truppen die Feste. Außerhalb des Gemäuers stehen Reste von Panzerfallen wie brüchige Zähne im Gelände. In den spanischen Reitern hat sich kein zweiter Eroberer verfangen.

Einfache blau, rosa und violett gestrichene Ferienbungalows sind die ersten Boten des Strands, der sich durch eine Reihe mehrstöckiger Hotelkästen abzeichnet. Statt der Atmosphäre der Geschichte habe ich nur das Flair modernen Badelebens um mich. Möwen segeln über die Weidegründe. Pevensey-Bay liegt unweit der sogenannten Normannenbucht. Der Name sagt, daß nach der Überlieferung irgendwo an diesem Küstenabschnitt Wilhelm der Bastard mit seiner Flotte gelandet ist. Der genaue Ort des ersten normannischen Brückenkopfes ist unbekannt, da die einst weit ausschwingende Bucht sich in neunhundert Jahren durch Schwemmland begradigt hat.

Ein Pferdezüchter aus Kent im Urlaubsdreß, der seiner Statur nach ein Normanne des Invasionsheers 1066 hätte sein können, weiß es besser. Während er mir ein kleines Kolleg über die Vortrefflichkeit von Wilhelms Kavallerie hält, gehen wir an »The Meermaid Room« und einigen anderen mit farbigen Reklameschildern aufgewerteten Strandlokalen vorbei auf die Beach zu, den Strand von Pevensey-Bay, hinter dem der Ärmelkanal als große graue Fläche liegt.

An einem Platz, dem »Lido« von Pevensey, steht ein einstöckiges Backsteinhaus, fast eine Baracke. Der Mann aus Kent nimmt seine weiße Schildmütze vom Kopf. Es sieht so aus, als täte er es aus Respekt. An der Fassade des unauffälligen Hauses, dicht neben der Tür, hängt eine plakatartige Tafel, auf der die Kanalküste, ankernde und teilweise noch ansteuernde Drachenschiffe sowie ein kniender Ritter im Panzerhemd abgebildet sind. Zwischen Pevensey-Westham und Pevensey-Bay breiten sich weite, saftige Matten aus. Galerien und Buschwerk bilden Windschutzreihen und erinnern an norddeutsche »Knicks«.

Die Ölfarbe leuchtet noch frisch. Über der naiven Darstellung steht der lapidare Satz »William the Conqueror, landed here in Oct. 1066«. Den wenigsten wird auffallen, daß der »Künstler« sich im Monat irrte; der Oktober ist der Tag der Hastingsschlacht, doch nicht der Landung, die bereits am 28. September stattgefunden hat.

Faschinen sichern den Sandstrand, der sich leicht zum Meer hin senkt. Zwischen Strand und Promenade stehen, dicht aneinandergereiht, weißgestrichene Bretterhäuschen, die Auskleidekabinen. Da inzwischen Wolken aufgezogen sind und Regen droht, bleiben sie unbenützt. Die Badegäste sitzen in Mänteln und unter Regenschirmen zwischen den Faschinen und schauen hinaus auf die sich kräuselnde Fläche des Meers. Eine Dunstwand verhüllt den Horizont. Kein Mast, kein Steven, kein Segel.

Am 28. September 1066, in den Stunden der Landung der normannischen Invasionstruppen, schien in Pevensey die Morgensonne. Mit Umsicht traf der Herzog Vorsorge, um seine ausgebooteten Truppen im Feindesland vor Überfällen zu schützen, den Brückenkopf abzusichern und das Gelände zu erkunden. In der Römerfeste, die er rasch ausfindig machte, ließ er einen inneren Wall aufwerfen und mit Palisaden bestücken, zur Aufnahme von Pferden, Waffen und Proviant. Die Feste lag damals vor der Versandung nahe am Meer.

Wer Kriegsoperationen unserer Tage miterlebt hat, wird sich die Situation nach der Landung bei den durch Jahrhunderte gleichbleibenden Gesetzen des militärischen Einsatzes leicht vorstellen können: die aufs äußerste gespannten Nerven aller Beteiligten, die durchs Lager schwirrenden Falschmeldungen, Meldegang und Wacheschieben, Essenholen und Waffenappell. Auch 1066 wird es den unvergänglichen Typ des Spießes gegeben haben, des Kommißkopfes, des Kettenhundes, des fronterfahrenen Obergefreiten ohne Aufschneiderei, bierruhig selbst bei dicker Luft, und auch den Typ des Katschmarek, des Soldaten Schweyk, den wir ja selbst in Shakespeares Königsdramen der normannisch-angeovinischen Epoche Englands antreffen. Wie bei allen Armeen der Welt wird der Kommißgeist von Saint-Valéry sich nun angesichts der Gefahr zum Frontgeist von Pevensey gewandelt haben, der die Chargen einander näherbrachte und militärische Etikette fallenließ. Zweifellos herrschte auch im Zeltlager von Pevensey Castle die unumgängliche Rivalität der Waffengattungen, das Mißtrauen zwischen Front- und Etappentruppen, wobei sich allerdings das Zahlenverhältnis entschieden anders verhielt; während in modernen Kriegen auf einen Frontkämpfer oder Kriegstechniker neun Uniformträger in Troß und Etappe kommen, stand in Wilhelms Armee fast die Hälfte seines Aufgebots in aktivem Waffeneinsatz. Man darf annehmen, daß die gehobenen Chargen ihre Kettenpanzer all die Tage und Nächte nicht abgelegt haben – im Sommer sicher eine Plage, im schon kühleren Oktober erträglich. Die Schilde wiesen die Form eines Papierdrachens auf, so daß sich im Englischen das Wort »kite-shaped shields« eingebürgert hat. Die konischen Helme besaßen als Augenschutz ein Nasenbein, das außerhalb des Treffens aufklappbar war.

Die Kluft zwischen militärischen Führern und einfachen Mannschaften wird vor neunhundert Jahren größer gewesen sein, denn zum Unterschied des Dienstgrades trat der Unterschied des Standes.

Wie sich die Truppe noch heute in Frontnähe Geschichten über die obersten Chargen erzählt, als seelisches Ventil zur sonst geübten Distanz, so wird man auch im Lager von Pevensey, teilweise hinter vorgehaltener Hand, über die unnahbaren Herren von Eu, von Lisieux, von Coutances und das ganze herzogliche Führungskorps Parolen und Flüsterwitze im Frontjargon kolportiert haben. Die Landser der Invasion 1066 und die Landser der Invasion 1944 stehen sich, von Kriegsziel, Montur und Kriegstechnik abgesehen, gar nicht so fern.

Inzwischen bin ich, vor dem Nieselregen flüchtend, mit meinem Begleiter in ein Strandrestaurant eingekehrt, das den Namen »La Fiesta« trägt. An den Wänden hängen über dicken Blumenmustern

Stierkampfbilder. Feriengäste verzehren »Hot snack« und »Fish and chips«. Draußen am Strand sind nur noch, unbeweglich wie Denkmäler, passionierte Sportangler zurückgeblieben. Sie tragen lange schwarze Ölmäntel und Kapuzen. Jetzt gießt es in Strömen.

Ein Whisky wärmt auf. Ich hoffe auf Wetterumschwung, da ich zu Mittag in Hastings sein will.

»Wilhelm ist von Pevensey bald weitergezogen«, sagt der Mann aus Kent, »Hastings war für ihn als Basis günstiger. Die Stadt lag damals auf einer Halbinsel, die im Notfall leicht verteidigt werden konnte, während das Gros der Truppe sich einschiffte. Hastings gehörte damals zu den berühmten ›Cinque Ports‹, den fünf Häfen, die schon unter Eduard dem Bekenner besondere Privilegien hatten. Die andern vier Häfen liegen in Kent: Romney, Hythe, Dover und Sandwich. Dover ist heute der einzige Hafen von Bedeutung. Aber auch Sandwich ist nicht ganz unbedeutend – da ist nämlich mein Haus und mein Gestüt.«

Ich falle in seinen Ton ein: »Und die Heimat der Sandwiches.«

Der Mund des Pferdezüchters verzieht sich zu einem breiten Grinsen. »Irrtum, Freund«, sagt er, »sie heißen nach Lord Montagu Sandwich, der zur Zeit des ersten Georg lebte. Er spielte ebenso leidenschaftlich wie pausenlos Karten. Da ihm keine Muße für Mahlzeiten blieb, ernährte man ihn mit belegten Weißbroten – Sandwiches!«

Der Bahnhof von Pevensey-Bay liegt im freien Feld weit hinter dem Küstenstrich; dort kreuzen sich Chaussee und Gleise. In England gibt es als doppelte Sicherung zwei Schrankenpaare; das eine für die Straße, das andere für die Schiene. Als ich am Bahnhof eintreffe, schließen sich gerade die Straßenschranken, während sich die Schlagbäume über den Gleisen öffnen. Auf den verkehrsreichen Strecken Südenglands hat man den Vorteil, wie im Vorortsverkehr einer Metropole alle Viertelstunden einen Zug zu bekommen.

Der Zug verläßt die Küstenebene und fährt in das Hügelland der sogenannten Downs von Sussex ein, die bei Hastings bis ans Meer reichen. Die Strecke, die ich zurücklege, entspricht ungefähr der Marschroute der normannischen Heeressäule im September 1066.

Der Strand von Hastings verhält sich zu dem von Pevensey wie der von Norderney zu dem von Langeoog. Die Promenade ist rivierahaft aufgeputzt. An einer breiten Fahrbahn liegen die Hotelpaläste, eine Mischung von Monte-Carlo- und englischem Landhaus-Stil.

Die Sonne bemüht sich, die letzten Wolkenfetzen wegzufegen. Sie breitet ein mildes Licht über den West Hill, zu dem ein Lift hinaufführt. Herzog Wilhelm hat auf dem Rücken des Stadtberges gleich nach seiner Ankunft ein hölzernes Fort errichtet. Später trat eine normannische Festung aus schweren Quadersteinen an seine Stelle.

Im Hundertjährigen Krieg ist sie zerstört worden. Ihre romanischen Ruinen sind ein beliebter Aufenthalt für flirtende Paare.

Hastings ist mit der Nachbarstadt St. Leonard zu einer einzigen Badestadt zusammengewachsen. Am Strand von St. Leonard, vor dem Royal Victoria Hotel, lenkt ein ungefüger Stein, in einem Azaleenbeet nach der Art von Grabsteinen schräggestellt, die Aufmerksamkeit der auf der Promenade Flanierenden auf sich. Es ist, wie eine Inschrift unterrichtet, »The Conqueror's Stone«. Nach der Überlieferung soll der Eroberer an diesem Stein sein erstes englisches Picknick verzehrt haben . . .

Die Hotellerie von St.-Leonards-Hastings hat sich auf Gäste eingestellt. Eines der Lokale demonstriert britischen Humor. »Unser Haus«, liest man an der Fassade, »ist für jede Invasion bestens gerüstet.«

Im Jubiläumsjahr 1966 lag in den Buchvitrinen der Promenade der »Hastings Observer« aus, der Tag für Tag wie eine aktuelle Nachricht druckfeucht darbot, was am entsprechenden Datum 1066 gerade vor sich gegangen ist. Am 14. Oktober verkündete das von der Verlegerschaft mehrerer Küstenblätter edierte Blatt mit dreispaltiger Balkenüberschrift: »Harald killed in Battle near Hastings.« – »William devastated Sussex«, hatte man zehn Tage zuvor gelesen, am 4. Oktober 1966.

In der Tat hat Herzog Wilhelm, nachdem er in Hastings Fuß gefaßt hatte, zunächst die Taktik der verbrannten Erde angewandt. Seine Truppen steckten Dorf auf Dorf in Brand. Da die Angelsachsen fast ausschließlich in Holz gebaut hatten, fand der rote Hahn reichlich Nahrung. Das Vieh trieb man in die Heeresarsenale. Die Ernte wurde verwüstet.

Wilhelm wußte, daß die Zeit gegen ihn arbeitete. Seine Hilfsquellen lagen jenseits des Meeres. Die Truppen verbrauchten sich durch den Müßiggang. Harald, der Gegner, besaß zunächst den kürzeren Arm. Jeder gewonnene Tag war für ihn ein Tag neuer Truppenaushebungen, neuer Kontributionen, während das Schwert in der Hand des Angreifers, die Waffe der Überraschung, abstumpfte.

Der Herzog, der inzwischen erkundet hatte, mit welchem der beiden Haralde er rechnen mußte, suchte die schnelle Entscheidung. Er forderte sie heraus, indem er Haralds Herzland, sein Earltum Wessex (zu dem Sussex damals gehörte), systematisch mit einem Flammenmeer überzog.

Der Feueralarm drang bis zur Themse, wo König Harald nach einem neuerlichen Gewaltmarsch am 6. Oktober eingetroffen war. Seine Truppe besaß trotz des Sieges nicht mehr die volle Kampfkraft. Stamford Bridge hatte Verluste gebracht. Die beiden Earls des Nordens, Edwin und Moncar, hatten in Gate Fulford solche Schläge erlitten, daß sie für künftige Kriegshandlungen ausfielen – allerdings spielte bei ihrer Weigerung, weiter Gefolgschaft zu leisten, auch ein alter Vorbehalt gegen den Godwin-Klan eine Rolle. Durch einen anderen Vorfall wurde die angelsächsische Position noch mehr geschwächt: Der Marsch nach London war so überstürzt vor sich gegangen, daß ein Teil der Infanterie und der Bogenschützen das Tempo nicht mithalten konnte und für die entscheidende Stunde ausfiel.

In London beging Harald, kaum zu Atem gekommen, den schlimmsten Fehler seines nur noch kurzen Lebens. Er meinte, den erfolgreichen Schlag von Stamford Bridge wiederholen zu können. Und er wollte – Wilhelms Rechnung ging auf – sein Earltum Wessex, zumal die Länder seiner Hausmacht, vor weiterer Verheerung schützen. So entschloß er sich am 11. Oktober mit erschöpften Truppen zu verfrühtem Kampf. Der Austausch der Emissäre verlief, wie zu erwarten, ergebnislos. Die Fronten versteiften sich. Es gab bei dieser Auseinandersetzung keine Kompromißformel. Für beide, Harald und Wilhelm, ging es um Thron und Leben oder Tod.

Wieder war Harald gezwungen, seiner Heeresmacht eine Marschleistung zuzumuten, die ihre Schlagkraft mindern mußte. Die Downs von Sussex sind etwa fünfzig Kilometer von London entfernt. Am frühen Morgen des 14. Oktober trafen die Angelsachsen dort ein. In der Nähe der heutigen Stadt Battle besetzte der König einen kleinen Höhenrücken, der den Namen Senlac trägt. In einem Apfelbaum ließ er das Banner mit dem goldenen Drachen von Wessex aufrollen.

Wilhelm war über die Heeresbewegung seines Gegners im Bilde. Nach Messe und Abendmahl brach er in Hastings auf, um die elf Kilometer durch Matten und Waldungen zum Senlac-Hügel vorzurücken. Auf dem Telham Hill, wenige hundert Meter vom Feind entfernt, bezog er seinerseits Stellung, indem er das Petrusbanner aufpflanzte.

Um neun Uhr machten sich beide Heere kampfbereit, beide glaubten an ihren Sieg. Harald richtete sich in seiner günstigen Höhenposition auf Verteidigung ein, indem er seine Housecarls einen Schildwald bilden ließ. Das Gesetz des Handelns, der erste Zug im Spiel um England, lag bei Wilhelm. Der heiße Tag von Hastings konnte beginnen.

Battle liegt 350 Meter hoch. Zur Zeit der Schlacht standen dort Eichenwälder, breiteten sich Sümpfe, lagen vereinzelte Grasplätze. Der Hügel Senlac zeichnet sich trotz mäßiger Höhe noch immer sichtbar im Gelände ab. Der Name des Hügels geht auf ein altes

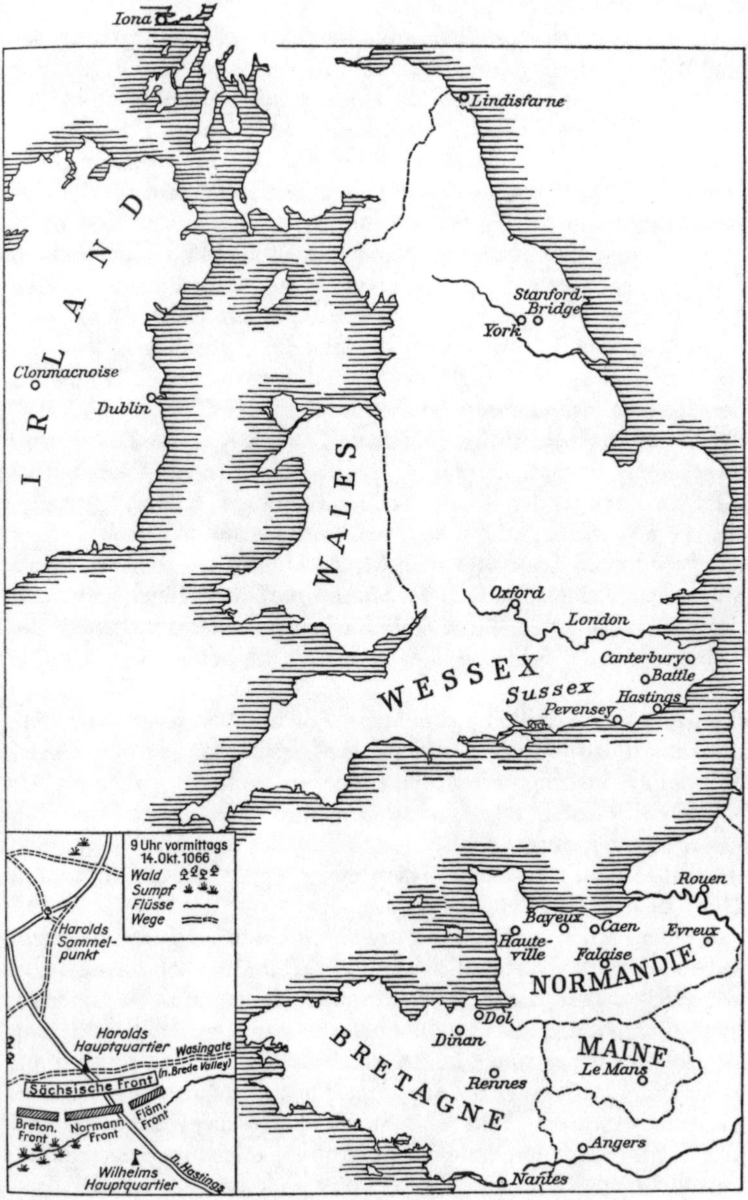

Das Herrschaftsgebiet Wilhelm des Eroberers

keltisches Wort zurück. Nach ihm und nicht nach der doch ziemlich entfernt liegenden Stadt Hastings müßte eigentlich der Waffengang benannt sein. Tatsächlich ist die Bezeichnung »Schlacht von Senlac« in Großbritannien die geläufigere.

Unweit von Haralds Hügel steht heute ein kleines Gasthaus, das Senlac-Hotel. Es grenzt an das Bahnhofsgelände der Stadt Battle. Vor dem Hoteleingang grünen in Holzkübeln einige Lorbeerbäume. An dem freundlichen Gebäude führt die Straße Hastings–London vorbei; sie kreuzt den Schienenstrang. Jenseits der Straße liegt ein Garagenhof. Die Türen und Fenster sind gelb gestrichen. Auf der Benzinsäule thront eine rosengefüllte Schubkarre.

Am Garagenhof vorbei gelange ich querfeldein zu einer leichten Senke, in der Disteln, Sauerampfer und Butterblumen wachsen. Nach Überwindung von zwei Holzbarrieren und einem kleinen Waldstück erreiche ich den Telham-Hügel, den Standort, wo Herzog Wilhelm vor Schlachtbeginn sein Banner hat aufpflanzen lassen. Zwischen dem Telham Hill und dem Senlac Hill liegt eines der sanften Täler, die die Downs auszeichnen. Durch die Talsohle führt die Powdermill Lane, eine gute Asphaltstraße, die auf beiden Seiten von Zäunen flankiert wird. Hinter den Zäunen weiden Pferde und Kühe, die neugierig an die Straße herankommen, wenn sich jemand nähert. Zwischen der Powdermill Lane und dem Senlac Hill reihen sich drei ovale Sümpfe aneinander. Jenseits der Sümpfe, auf dem Hügel, kann man das alte Gemäuer der Battle Abbey erkennen. Dies ungefähr ist die Topographie des Schlachtfeldes vom 14. Oktober 1066.

Gespannt spähte Wilhelm zum Senlac Hill hinüber, wo es merkwürdig ruhig blieb. Schliefen sich die Angelsachsen, die vor wenigen Stunden eingetroffen waren, erst einmal aus, gesichert von umsichtig verteilten Wachen? Der Herzog ermahnte seine Krieger, den Tag tapfer und zäh durchzuhalten – den Tag, der über eine Krone und ihrer aller Glück entscheide: dem einen winke Land, dem andern Gold, dem dritten der Ritterschlag.

Wieder hätte es an diesem Morgen fast ein böses Omen gegeben, indem Wilhelm versehentlich sein Panzerhemd verkehrtseitig angezogen hatte. Und wiederum war es ihm gelungen, mit Schlagfertigkeit zu parieren. Dies Versehen bedeute, sagte er, daß der Herzog sich an diesem Tag zum König wandeln solle. Er schien aufgeräumt, guter Dinge, zu kleinen Späßen aufgelegt, als ritte man zum Turnier, nicht in die Schlacht. Sein Schlachtroß, ein Geschenk König Alfons' von Kastilien, das ihm Walter Gifford aus Spanien mitgebracht hatte, tänzelte. Neben dem Herzog ritt Toustain le Bec, der sich der Auszeichnung erfreute, das Petrusbanner schützend über seinen Herrn zu halten. Um doppelt sicherzugehen, hatte Wilhelm sich zusätzlich Reliquien um den Hals gehängt. In der mit dem päpstlichen Ring geschmückten Rechten schwang er, seine einzige Waffe, eine Keule. Auch sein wehrhafter Bruder Odo, Bischof von Bayeux, war mit einer Keule bewaffnet.

Seine Schlachtordnung stellte Wilhelm in der Talsohle auf, etwa auf der Linie der heutigen Powdermill Lane: im Zentrum die normannische Elite – im Zusammenspiel bewährt in Dutzenden von Treffen in der Normandie –, auf dem rechten Flügel Flamen und Franken, auf dem linken Bretonen. Vor der eigentlichen Schlachtreihe standen die Bogenschützen und Schleuderer, die den Kampf eröffnen sollten, um den Gegner im Sinne des modernen Trommelfeuers zunächst einmal psychisch zu zermürben. Hinter den speerbewaffneten Rittern wartete die Kavallerie auf ihren Einsatz. Die gezackten Fähnchen an den Speerspitzen gaben den Reitern das Aussehen der späteren Ulanen. Insgesamt verfügte Wilhelm über etwa 3000 Mann.

Die Truppen König Haralds standen denen seines herzoglichen Gegners nicht an Kopfzahl, doch an Ausrüstung und Drill um einiges nach. Die Kerntruppe stellten die 1800 schwerbewaffneten Housecarls, die aktive Leibgarde, die Stamford Bridge entschieden hatte und nun den Schildwall bildete. An den Flanken stand das leichtbewaffnete Aufgebot des Landadels von Wessex. Die Krieger der Nordprovinz, zäher und wilder als die des Südens, fehlten. Auch war es für die angelsächsischen Aushebungen nachteilig, daß Kirchen und Klöster, die vermögendsten Landeigner, keine Bewaffneten zu stellen brauchten. Im Gegensatz zum starken Kavallerieeinsatz der Normannen kämpften die Angelsachsen durchweg zu Fuß, selbst Harald und seine Brüder Gyrth und Leofwin. Harald stritt mit der herkömmlichen Waffe der Dänen, der Streitaxt, und dem angelsächsischen Rundschild.

Die Fronten lagen fest. Wilhelms entscheidender Tag konnte anheben. Und ein Drama konnte sich entwickeln, das nach Bau und Regeln der klassischen Tragödie ablief, mit Aktion, Aufschub und neuer Aktion, mit Kulminationspunkten und schließlich erreichtem tragischen Konflikt, nach dessen Überwindung alles nach einem fast mathematischen Gesetz dem Ende zustrebt.

Die Schlacht begann, als Wilhelms Bogenschützen und Schleuderer unter frenetischem Trompetenschall den Senlac-Hügel hinaufstürmten und einen Pfeil- und Steinregen gegen den Schildwall der Angelsachsen prasseln ließen. Die Attacke prallte an der Standfestigkeit der Housecarls ab.

Nach kurzer Kampfpause schwärmte Wilhelms leichte Infanterie in gesamter Breite aus, um in Haralds Front eine Bresche zu schlagen.

Auch diese zweite Welle des Angriffs verlief ergebnislos. Eine heitere Sonne schien über die beiden Hügel. Vom Meer her kam ein scharfer Wind, es war noch immer der Südwind, der Wilhelm bis zu diesem Zeitpunkt Glück gebracht hatte.

Gegen Mittag rückte der Kern der normannischen Ritter vor, ein Aufgebot berühmter Namen. Unter ihnen war ein Einzelkämpfer von sagenhaftem Ruhm, Taillefer, Prototyp des unerschrockenen Ritters, der »Roland« des Normannenheeres. Der Kampf, der nun am Abhang des Senlac-Hügels zu toben begann, war kein Kampf »taktischer Körper« wie die großen Schlachten der Römer, sondern eine Summe von Einzelgefechten. Mann kämpfte gegen Mann, hartnäckig und verbissen, in unentwegtem Ablauf zahlloser Waffen-Dialoge. Schwerter und Äxte schlugen tiefe Wunden. Blut sickerte ins Gras. Auf den Gesichtern der Kämpfenden perlte Schweiß. In dieser Phase des heißen Tages von Hastings erlitt Harald einen schweren Verlust: Seine beiden Brüder fielen.

Toustain le Bec wich nicht von Wilhelms Steite. Über ihm wehte das Banner des Papstes Alexander II. im Wind, das Zeichen des Kreuzzugs. Die normannischen Kämpfer schauten vertrauend zu dem Stück Tuch, im festen Glauben, daß sie unter diesem Zeichen triumphieren müßten. Im elften Jahrhundert zweifelte niemand, daß Sankt Michael, der christliche Mars, und die himmlischen Heerscharen den Gott wohlgefälligen Truppen unsichtbar voranschwebten.

Als es der Infanterie nicht gelungen war, den Schildwall der Housecarls zu sprengen, gab Wilhelm die Ordre zum Kavallerieangriff. Er wußte, daß er damit seinen letzten Trumpf, seine eigentliche Überlegenheit gegenüber dem Gegner ausspielte. Die Aufgabe, den Hügel zu erstürmen – für Reiter in jedem Fall ein schwieriges Unternehmen –, gelang der berittenen Truppe nicht. Die Wurfspieße der Housecarls stifteten Verwirrung. Die Pferde scheuten, ritten in die eigenen Fußtruppen hinein. Unerschütterlich stand die Phalanx des Schildwalls. Der König selbst kämpfte mit vorbildlicher Tapferkeit und riß seine Leibgarde mit. Der Rückzug der normannischen Reiter glich einer Flucht. Vergeblich versuchte Bischof Odo in der Talsohle, die Zurückflutenden aufzuhalten. Ein wildes Getöse erfüllte den Senlac Hill. Eisen schlug gegen Eisen. Äste und Zweige brachen. Unter den Normannen kam das Gerücht auf, der Herzog sei gefallen.

In der Tat hatte Wilhelm durch angelsächsische Pfeile nicht nur den spanischen Hengst, sondern noch zwei weitere Pferde verloren. Erneut im Sattel, rettete er die Lage durch seinen persönlichen Schneid. Er schob den Helm zurück und ritt zu den Brennpunkten des Schlachtgetümmels, um den Seinen zu beweisen, daß er noch am

Leben sei. Mit Berserkerstimme feuerte er die Truppen zu neuem Angriff an – nach der Schlacht sei er, wie berichtet wird, kaum mehr des Sprechens fähig gewesen. Damit wurde der Herzog zum berühmten »Felsen«, an dem die Brandung sich bricht. Sein persönlicher Wille in dieser Stunde sollte das Schicksal der Schlacht entscheiden.

Als die Sonne sich neigte, trat etwas Merkwürdiges ein: Die Reiterei des Herzogs wandte sich unvermittelt nach einer neuen Attacke zu neuer Flucht – nicht zur Flucht den Senlac Hill hinab und zur Talsohle, sondern weit darüber hinaus zum Telham Hill, wo sich das Herzogslager befand.

Indessen, die Flucht war nur »gespielt«. Es war eine von Wilhelm befohlene Scheinflucht. Diesen Trick hatte der Herzog in alter normannischer Tradition bereits einmal in der Schlacht von Saint-Aubin gegen den König Frankreichs angewandt. Die Gegenseite reagierte auf das Manöver ganz nach Wilhelms Erwartung. Die angelsächsischen Leichtbewaffneten des rechten Flügels preschten vor und nahmen ungeordnet die Verfolgung auf. Sie waren der Führung Haralds entglitten.

Mit dem unbedachten Ausbruch war der Vorteil der Höhenposition, der allein den Nachteil der Defensivstellung aufwog, aufgegeben, zugleich ging auch der Schutz der geschlossenen Kampflinie verloren. Auf der rechten Flanke des angelsächsischen Abwehrsystems klaffte eine Lücke. Der Schildwall war an dieser Seite ungedeckt.

Und ein weiterer Nachteil: Die Trupps, die die normannische Kavallerie verfolgten, bewegten sich voneinander isoliert auf die Talsohle zu, in verhängisvoller Nähe der Sümpfe.

Sie erkannten ihre Lage zu spät. Unvermittelt nämlich machte die scheinbar flüchtige Kavallerie kehrt und vollzog das klassische Manöver der Umkreisung, eine Operation, die in einem für Berittene weitaus günstigeren Gelände vor sich ging, als es der Hang des Senlac Hill dargestellt hatte. Die Leichtbewaffneten Haralds sahen sich nun mit einemmal hoffnungslos umstellt; statt der Rolle der Verfolger spielten sie die Rolle der Eingeschlossenen. Der »Kessel«, in den sie geraten waren, mußte für sie um so fürchterlicher sein, als die Berittenen Wilhelms sie in das faule, stinkende Wasser der Talsohle drängten. Schlagend, stechend, mordend, würgend, ohne Pardon preßten die Reiter die ungeordneten Haufen zusammen und trieben sie unbarmherzig in die Sümpfe.

Damit war ein zahlenmäßig entscheidendes Kontingent der Gegenseite ausgeschaltet. Die Krise für Harald und die Seinen zeichnete sich ab. Es war mehr als eine Krise: eine Katastrophe. Das Gesetz des Handelns lag jetzt bei den Normannen. Sie nützten es und stürmten mit dem Impetus eines Generalangriffs gegen die nunmehr entblößte rechte Flanke der Angelsachsen. Die Housecarls, ermattet und ebenfalls von Ausfällen betroffen, wankten. Der Schildwall wurde rissig.

Zugleich sammelte Wilhelm die Bogenschützen und gab die Ordre, den Schildwall nicht direkt zu beschießen, sondern in einer hohen ballistischen Kurve von oben herab. Hierbei kann man, allerdings ohne Treffsicherheit, Entfernungen von über hundert Meter erzielen. Außerdem erreichte der Herzog, daß der Schildwall, die »Wunderwaffe« der angelsächsischen Defensive, wertlos wurde: Zu Häupten der Housecarls schwirrten normannische Pfeile heran und prasselten fast senkrecht auf sie herab. Um fünf Uhr verbreitete sich unter den noch kämpfenden angelsächsischen Reihen die Schreckensnachricht, daß auch ihr König, daß Harald Godwinson gefallen war. Neben seinem Drachenbanner auf dem Gipfel des Senlac Hill war er einer Vielzahl anstürmender Normannen erlegen. Die Streitaxt war seinen Händen entglitten; der letzte der Godwinsöhne hatte sein Leben ausgehaucht. Nun verloren die Angelsachsen den Kopf. Während die Leichen der Housecarls um den toten Leib ihres Königs lagen, hieß es bei denen, die überlebt hatten: »Rette sich, wer kann!« Die Reste von Haralds Armee versuchten, in Richtung London zu entweichen. Die normannische Reiterei setzte ihnen nach.

Mit der von Eustace von Boulogne angeführten Verfolgung der angelsächsischen Heerestrümmer war der heiße Tag von Hastings beendet, die Krone Haralds zerbrochen, das Reich der britischen Angelsachsen erloschen. Ein neuer König, der künftige Herrscher Englands, ließ sich erschöpft von des Tages Mühe auf dem Senlac-Hügel nieder. Nicht die Reliquien um seinen Hals, nicht der päpstliche Ring und nicht das Petrusbanner hatten den Sieg gebracht, sondern die Taktik eines bedeutenden Militärs, die Präzision der Vorbereitung und der Korpsgeist der Truppe.

Das siegreiche Heer kampierte auf dem Schlachtfeld. Wilhelms Zelt stand auf dem Senlac-Hügel. Am nächsten Morgen begrub man die eigenen Toten. Die der Angelsachsen ließ man liegen. Nur nach dem Leichnam des Königs suchte man. Er blieb unauffindbar.

Es gab eine Frau, die den gefallenen König erkennen konnte: Edith Schwanenhals, Haralds Geliebte. Der Godwin-Sohn war zwar mit Alditha, der Schwester Edwins und Moncars, der Earl des Nordens, und Witwe des Königs von Wales, vermählt, doch es war eine Ehe aus politischen Gründen. Seit 1045 lebte Harald mit Edith zusammen, mit der er Kinder hatte. Ihre Beziehung zum König war so eng, daß sie allein, auf das Schlachtfeld gerufen, an einem nur ihr vertrauten Körpermal Harald herausfand.

Am 15. Oktober kehrte Wilhelm mit seinem Heer in das Lager von Hastings zurück. Er blieb dort einige Tage, um der Unterwerfung der englischen Großen entgegenzusehen. Er hatte eine Schlacht gewonnen, eine entscheidende sogar, doch immer noch lag das große Land, ausgedehnter als sein heimatliches Herzogtum, unbesetzt und rätselhaft vor ihm. Wie würden sich die Angelsachsen ihm, dem Eroberer, gegenüber verhalten?

Über dem besiegten England lag lähmendes Schweigen.

Harald raucht eine Chesterfield

Schon manchen Frühaufsteher mag verdrossen haben, daß in englischen Landgasthäusern das Frühstück unverhältnismäßig spät verabreicht wird. Im »Senlac Hotel« in Battle muß ich bis halb neun Geduld haben. Schon früh höre ich das Vogelgezwitscher von den Bäumen am Straßenrand, mein Blick fällt durchs Fenster auf die roten Blüten im Garagenhof gegenüber, von fern her tönen Glocken. Ich hätte Lust, aus dem Gasthoffrieden auszubrechen und als verspäteter Schlachtenbummler über den Schauplatz der Hastingsschlacht zu streifen. Doch die Zeitspanne bis zu Ham and Eggs und starkem englischen Tee, von der Wirtin im Morgenrock serviert, ist zu kurz, um wirklich Ergiebiges zu unternehmen, aber auch zu lang für meine Ungeduld.

So wird es zehn, bis ich die reizvolle Straße »Upper Lake« mit dem roten Backstein, dem Schiefer und dem Halftimbered ihrer schmukken kleinen Häuser erreiche. Ich steige bergan, denn die Upper Lake liegt schon halbwegs auf dem Senlac Hill. Hier und in der Caldbec Hill findet man verschiedene Book Shops und Läden mit Antiquitäten, denn Battle ist ein geschichtlicher Wallfahrtsort. In »The Prior's Lodge« trete ich bei Mr. Duncan Campbell ein. Neben alten Waffen, kanneliertem Silber und Wedgwood-Dosen, deren grazile weiße Reliefmedaillons wie Gemmen erscheinen, erweckt eine Kollektion von Zinnsoldaten meine Aufmerksamkeit – Krieger in Kettenpanzern der Schlacht von Hastings, Ritter, Bogenschützen, Schleuderer; Wilhelm selber, fein bemalt, ist auch dabei, sein Roß wirft sich mit ihm hoch wie auf dem Bronzemonument von Saint-Valéry.

»Alles originalgetreu«, versichert Mr. Campbell, »genau nach dem Teppich von Bayeux gefertigt, dem großartigen Dokument in der Normandie. Man könnte übrigens denken, die Panzer liefen in Hosen aus. Irrtum, Sir. Es sind Panzerhemden. Sonst hätte man sie nach der Schlacht nicht einfach den Gefallenen über den Kopf ziehen können, wie es auf dem Teppich zu sehen ist.«

Während der Antiquar seine Erklärung abgibt, ordnet er seine Miniaturarmee zur Schlacht: die Ritter in der Mitte, Flamen, Franken und Bretonen zur Seite. Ihnen gegenüber formiert sich Haralds Armee. Der 14. Oktober erlebt Auferstehung und Nachvollzug in »The Prior's Lodge«.

»Wissen Sie, wer gestern bei mir im Laden war? Mr. Gifford!«

»Wilhelms Bannerträger?«

»Nicht gerade er. Aber der siebenundzwanzigste Gifford in direkter Linie. Mr. Thomas Gifford aus Chillington Hall in Staffordshire. Sein Stammbaum ist lückenlos bis zu Walter Gifford, der leider zu alt war, um Wilhelm zu begleiten. Dafür focht sein Sohn am Senlac Hill. Ihr Blut fließt in den Adern von Mr. Thomas. Die Giffords haben oft in der Geschichte unseres Landes eine Rolle gespielt.«

Unzählige Engländer unserer Tage pochen auf normannische Herkunft – ich muß an Mr. Dieppe aus Southwick denken, dem ich in Honfleur begegnet bin. Aber nur zweihundert Familien, so betont Mr. Campbell, könnten den Nachweis führen. Unter ihnen seien wiederum nur vier, deren Vorfahren wie die Mr. Giffords bei Hastings gefochten hätten.

»Noch heute finden wir in unserer High-Society«, sagt der Antiquar, »einen großen Teil normannisch-französischer Namen. Ich erinnere an Montgomery. Der bekannte Feldmarschall des Zweiten Weltkriegs hat übrigens nachzuweisen versucht, wie er mit den Streitmitteln Haralds bei Hastings gesiegt hätte.«

Mr. Campbell bittet mich, mit ihm auf die sonnige Upper Lake zu treten. Vor seinem Laden zeigt er die Straße hinab. »Dort, wo Sie das Gasthaus ›Cherquers Inn‹ sehen, war Haralds linker Flügel aufgestellt. Ein großer Teil des einstigen Schlachtfeldes ist heute mit den Häusern von Battle bedeckt, das ja der von Wilhelm begründeten Abtei sein Dasein und der Schlacht seinen Namen verdankt. Am stärksten erleben Sie die Atmosphäre des Geländes vor neunhundert Jahren, wenn Sie von der Terrasse der Abtei den Senlac Hill hinabschauen. Die Talmulde hat sich wenig geändert.«

Vor der Schlacht von Hastings hatte Herzog Wilhelm gelobt, an der Stelle, wo Haralds Banner stand, ein Kloster zu gründen. Am Ort des Sieges hatte er das Gelübde erneuert, wobei er dem Vorschlag des Mönchs William Faber von Marmoutier zustimmte, die Abtei nach dessen Klosterheiligen Sankt Martin, dem Patron der Franken, zu benennen.

Die auf dem Schlachtfeld gelobte und kurz darauf erbaute Battle-Abbey liegt auf dem Senlac Hill im Frieden einer Parklandschaft. William Faber hat die Abteikirche, als er mit fünf Benediktinern aus

Marmoutier über den Kanal zurückgekehrt war, im Grundriß so angelegt, daß der Altar die Stätte von Haralds Banner einnahm. Wilhelm der Eroberer dotierte das Kloster mit reichem Landbesitz in ganz Südengland bis Surrey und Devonshire und bestimmte es zu seiner Grablege. Es sollte anders kommen. Doch der Sohn des Bastards, Wilhelm Rufus, hat der Abtei am Ort des väterlichen Sieges das Königsgewand des Eroberers, 300 goldene und silberne Reliquiare und jenen altarförmigen Schrein vermacht, der Wilhelm in die Schlacht von Hastings begleitet hatte.

Von der Bausubstanz der frühesten Klosteranlage ist wenig übriggeblieben. Sie war aus Stein von Caen und Eichenholz von Sussex gefertigt. Ihr Baumaterial war ein Sinnbild der jahrhundertelangen Verbindung zwischen Normandie und England. Der Großteil der heute wahrnehmbaren Gebäudeteile weist die Spuren der Gotik auf. Der schönste Bauteil ist der Gateway, das im Tudorstil erbaute, von schlanken Türmen flankierte Abteitor. Im Hof steht ein kleines Haus, in dem ein Projektor gegen Eintrittsgeld den Teppich von Bayeux an die Wand wirft. Davor hält auf stelzförmigen Pferdebeinen ein hölzerner, buntbemalter Normannenreiter Wacht. Die Reklameplastik gleicht einer Skulptur von Marino Marini.

Das ehemalige Wohngebäude der Mönche beherbergt heute eine berühmte, 1912 in Bexhill gegründete Public School for Girls. Blonde Mädchen in braunen Trachten spielen vor dem alten Gemäuer Tennis. Auf der Rückseite der Schule sieht man noch die Spur des spitzbogigen Kreuzgangs. Einen prachtvollen Eindruck mittelalterlicher Gewölbekunst vermittelt die untere Halle des Dormitoriums der Mönche, des Gebäudes der Schlafsäle. Ein neugotisches Steinmonument unter hohen Eichen, einige Schritte vom Dormitorium entfernt, zeigt den Platz, an dem Harald starb.

Ich trete auf die Terrasse. Auf einem Wiesenstück liegen in Reih und Glied gotische Konsolenfiguren, die man wohl zu Restaurierungszwecken demontiert hat. Im Gras sehen sie aus wie Gnomen. Dort, wo Haralds rechter Flügel gestanden haben muß, zielt ein Gärtner mit einem Rasensprenger auf Rhododendronhecken.

Die Terrasse gewährt, wie Mr. Campbell mit Recht betont hat, einen umfassenden Blick auf das einstige Schlachtfeld: die Talmulde mit hohen Eichen, Buschwerk und den drei Sümpfen. Jenseits der Powdermill Lane steigt das Gelände zum Telham Hill auf, wo Wilhelms Banner wehte.

Das Herz von Battle ist der Market Green. Der Markt ist eine der anmutigsten Kleinstadtszenerien von Sussex. An seiner Stirnseite erhebt sich der Torbau der Battle Abbey. »The Pilgrim's Rest«, dicht bei der Abtei, ist eine der hübschesten historischen Gaststätten von England. Normannisches Fachwerk trägt ein geziegeltes Walmdach. Zwischen Cottages und Teestuben treffe ich statt des Markttreibens das blecherne Idyll zahlloser parkender Kraftwagen an. Vor dem Abbey Hotel täuschen Orangen- und Zitronenbäume aus Plastik den fernen Süden vor. In einem klassizistischen Bau der Market Green hat die »Battle and Distric Historical Society« ein kleines Stadtmuseum eingerichtet, in dem alles im Umkreis von Battle zusammengetragen worden ist, was auf Wilhelms Sieg Bezug hat. Auf einem Plakat am Eingang lese ich, daß Miß Dorothy Whitelock in den kommenden Wochen über das Thema »William the Conqueror's right to the English throne« referiert. Daneben hängt ein Plakat ganz anderer Art; es kündigt die Aufführung von »The student prince« in einem Nachbarort von Battle an. »Der Studentenprinz« ist die in der angelsächsischen Welt hochbeliebte amerikanische Musicalfassung von »Alt-Heidelberg«.

Im Langton House, einem Hotel, das einen Baedeker-Stern verdient, nehme ich mein Dinner ein. An der Bar sitzen Dandys, die Oscar Wilde erfunden haben könnte, trinken dünnes Bier und führen pretentiöse Gespräche. Draußen im Hof wird mir wieder ein Stück Bayeux-Teppich ins Gedächtnis gebracht. Der Patron hat eine Schlachtszene über den Türflügel der Hotelgarage ans Gemäuer gemalt.

In der Saint-Bernard-Bar des »Senlac Hotels«, in der ich den Abend verbringe, habe ich keine Schlachtatmosphäre um mich, sondern ein Raritätenkabinett der Großväterzeit: eine Empire-Uhr, Kupferkannen, Wachsblumen, ausgestopfte Leguane, einen Totschläger, ein Pferdegeschirr, einen Stock, aus dem man einen Dolch herausziehen kann. Ein bleierner Pfefferfresser stützt meine Tischlampe. Er taucht seinen Schnabel in ein überschäumendes Bierglas; Reklame für Stout Bier. Die Servietten stecken, hübsch gedreht, in zylindrigen Gläsern. Die Bar füllt sich mit Bürgern Battles, skurril anmutenden Kleinstadthonoratioren aus der Dickenswelt.

Im Herbst 1966 hatte die kleine Stadt alles Skurrile und Verträumte abgelegt und sich für ein Festival von weltweitem Widerhall gerüstet. England feierte das neunhundertjährige Gedächtnis seines wichtigsten Geschichtsdatums. Schon im Spätsommer begann der Zulauf an Touristen, Historikern, Verehrern Wilhelms oder Haralds, für die man heute noch genauso leidenschaftlich Partei nimmt wie für das letzte Fußball-Weltmeisterschaftsspiel oder ein Quiz von Radio London. Auf der Titelseite der »Times« las man in diesen Tagen unter der Rubrik »In Memoriam« unter vielen andern Anzeigen: »Im

Gedenken an Harald von England, im Feld gefallen bei der Verteidigung seines Vaterlandes gegen die Eindringlinge.« Eine Unterschrift fehlte.

Der Geist der Tradition, der das englische Volk vom Zeremoniell der Parlamentssitzung – Gesetze erhalten noch immer die normannische Bestätigung »La Reine le veult« – bis zur anonymen Anzeige in der »Times« kennzeichnet, kam am Jubiläumstag des 14. Oktober besonders eindrucksvoll zur Geltung. Ein reiches Festprogramm rollte ab. Dabei feierte England keineswegs allein; auch Frankreich beteiligte sich. Diesseits und jenseits des Ärmelkanals reihten sich die Veranstaltungen, die politische Perspektiven der Gegenwart mit einschlossen: Man wollte die schicksalhafte Verbindung beider Nationen demonstrieren, die fast neunhundert Jahre nach der Eroberung Englands zu verhindern wußten, daß auf die letzte Invasion eine allerletzte folgte. Das in Paris erscheinende satirische Blatt »Le Canard enchainé«, ein französischer »Punch« ging in der Direktheit modernen Vergleichs noch weiter, indem er die Bilderfolge des »Teppichs von Bayeux« in gegenwartsbezogener Verzerrung umzeichnete. Auf der Tapisserie erschienen nun statt Harald und Wilhelm – Hitler und de Gaulle.

»Die letzte Invasion«, lautete der Titel der in Hastings erschienenen Festschrift, die auch den Veranstaltungskalender enthielt. In Frankreich: gemeinsame französisch-englische Flottendemonstration vor Dives, der Reede der Invasionsflotte von 1066, Festakt und Festgottesdienst in der ehemaligen herzoglichen Hauptstadt Rouen, Einweihung eines Nationaldenkmals in Saint-Valéry-sur-Somme, dem Startplatz der Drachenschiffe, verbunden mit einer Gedenkfeier für die alliierte Landung in der Normandie 1944. In England: Dinners, Banketts, Bälle, Round-Table-Gespräche in London, Battle und Bexhill, Ausstellung von Wikingerschiffen und historisches Bogenschießen in York, Festgottesdienst in der Pfarrkirche von Battle, abgehalten vom Erzbischof von Canterbury, dreistündiges Glockenläuten. Neben dem Feierlichen kam auch das Profane zum Zug. In allen Städten Englands prangten Reklame-Normannen, grotesk dargestellt, von Plakaten. Sie erfrischten sich nach der Schlacht von Hastings mit englischem Starkbier.

Den Höhepunkt der Gedächtnisattraktionen bildete eine Nachvollziehung der Schlacht am historischen Platz durch Army und Studentenschaft, zweihundert Mann an jeder Front. Auch Kavallerie griff ein. Helme aus Pappmaché und Holzschwerter sorgten für historisches Kolorit. Der Heeresrapport allerdings zerstörte die Illusion: »Die feindlichen Armeen der Angelsachsen und Normannen marschieren zum Schlachtort in entgegengesetzter Richtung entlang der Fernverkehrsstraße A 21. Die Straßensammlung findet zugunsten wohltätiger Stiftungen statt.« Nachdem König Harald sein Leben ausgehaucht hatte, lag er erschöpft auf dem Senlac Hill im Gras und machte einen tiefen Zug aus einer Chesterfield.

Geschichte eines Teppichs

1792, drei Jahre nach dem Ausbruch der großen Französischen Revolution und ein halbes Jahr vor der Enthauptung des Königs, erklärte die Gesetzgebende Versammlung in Paris die Normandie für ein gefährdetes Gebiet. In einer Tradition, die auf Wilhelm den Eroberer zurückgeht, hatte sich das Land immer als königsfreundlich und königstreu erwiesen, selbst in den Tagen der sogenannten Volksherrschaft. Man verhängte über die Normandie, modern ausgedrückt, den Ausnahmezustand.

In Bayeux strömten Freiwillige zu den Waffen. Beim Abmarsch ins Feldlager stellte es sich heraus, daß zur Abdeckung der Wagen Planen fehlten. Da sagte einer der Revolutionssoldaten: »In der Kathedrale liegt ein alter Tepppich!«

Der Vorschlag, den Teppich aus dem Gotteshaus zu holen, fand allgemeinen Beifall. Der Stadtrat gab notgedrungen seine Zustimmung. So riß man den Stoffballen in der Sakristei aus seiner Umhüllung und spannte ihn über einen Wagen, der dazu bestimmt war, in das Unruhegebiet von Meaux gefahren zu werden.

Bei dem »alten Teppich« handelte es sich um eines der bedeutendsten Kulturdokumente der Welt, die Tapisserie von Bayeux, die die Geschichte von Wilhelms Kampf um England auf einem buntbestickten Stück Leinen von 70,34 Meter Länge und einem halben Meter Breite in ausführlicher Bilderfolge vor uns ausbreitet. Das einzigartige Dokument enthält die Darstellung von 626 Menschen und 190 Pferden. Einen besseren Anschauungsunterricht über Militärwesen, Tracht, Handwerk, Tischsitten, Alltägliches des Hochmittelalters gibt es schlechthin nicht. Und dieser unersetzliche Schatz lief nun im Revolutionsjahr 1792 Gefahr, der Menschheit für immer verlorenzugehen.

Die weltberühmte Tapisserie ist im allgemeinen unter dem Namen »Teppich der Königin Mathilde« bekannt. Der Name ist zur Zeit Napoleons aufgekommen und bis heute üblich – vielleicht der romantischen Vorstellung wegen, daß Wilhelms Gemahlin selber, während der Eheherr in der Ferne weilte, an dem Kunstwerk gestickt habe.

In Wahrheit spricht alles dafür, daß Wilhelms Halbbruder, Odo

Bischof von Bayeux, der Auftraggeber gewesen ist. Denn die Tendenz des gestickten Kriegsberichts ist ganz auf seine Person ausgerichtet. Er erscheint mehrfach an entscheidender Stelle im Bild, daneben treten einige seiner ritterlichen Lehnsleute auf. Odo war Kriegsteilnehmer und darum mit den Umständen vertraut. Beharrlich wird auf dem Bildteppich darauf hingewiesen, daß Haralds Eid, der Schlüssel zum gesamten Geschehen, in Bayeux geschworen worden ist, wenn auch andere Orte beanspruchen, der Schauplatz der Eidleistung gewesen zu sein, so etwa Bonneville-sur-Touques.

Der Bischof von Bayeux ist nach der Eroberung Englands zum Earl von Kent aufgestiegen. Als solcher war er Wilhelms Stellvertreter auf der Insel, wenn sein königlicher Halbbruder in der Normandie weilte. Obwohl es in Odos Privatleben Skandale gab, war die Autorität des sehr weltlichen Gottesmannes groß. Selbstbewußtsein und Strenge vereinten sich bei ihm mit Ehrgeiz und Machtbesessenheit. Es sollte in der Geschichte nicht zum ersten- und nicht zum letztenmal geschehen, daß nach einem Sieg die Mitstreiter gegen den eigentlichen Sieger aufsässig werden und im Bewußtsein ihres Beitrages am Erfolg einen höheren Rang fordern.

Lange nach dem Sieg von Hastings, als Wilhelms Beziehung zu Rom nicht mehr so ungetrübt war – wir werden noch sehen, warum –, versuchte der ehemalige Kardinal Hildebrand, jetzt als Gregor VII. auf dem päpstlichen Stuhl, den machthungrigen Odo gegen Wilhelm auszuspielen. Im Kampf mit dem deutschen Kaiser Heinrich IV. wollte er normannische Hilfstruppen gewinnen, die Odo ohne Wissen des in der Normandie weilenden Wilhelm tatsächlich in England aufstellte und zu einem der Kanalhäfen in Marsch setzte. Eifersüchtig auf Lanfranc, den Primas der englischen Kirche und Vertrauten des Eroberers, zankte er sich mit diesem um private Ländereien. Und mehr noch: Der Earl von Kent strebte nach der Tiara. Ihm war prophezeit worden, Gregors Nachfolger sei ein Odo. Um seine Wahl im Konklave durchzusetzen – Gregor war damals schon hinfällig –, zog er mit englischen Geldern Kardinäle auf seine Seite, ja er schickte Unterhändler an den Tiber, um einen geeigneten Palast aufzukaufen und prächtig ausstatten zu lassen.

Da griff Wilhelm zu. Noch ehe das von Odo an der Küste bereitgehaltene Heereskontingent eingeschifft werden konnte, erschien der König auf dem britischen Schauplatz und nahm den durch seine Gunst aufgestiegenen, selbstherrlichen Halbbruder kurzerhand gefangen. Die Grafschaft Kent löste er auf. Wegen Konspiration und Unbotmäßigkeit blieb der ehemalige Bischof von Bayeux und Earl von Kent von 1082 an in Rouen in Gewahrsam. Wahrscheinlich hätte er das Licht des Tages nie mehr erblickt, wenn er Wilhelm den

Eroberer nicht überlebt hätte. Als der König 1097 tödlich verunglückte, ließ er auf dem Sterbebett mit sämtlichen Gefangenen auch den Bischof frei.

Odo scheint durchweg ein Oppositionsgeist gewesen zu sein. Nun konspirierte er gemeinsam mit Wilhelms Älstestem, dem mißvergnügten Robert, Herzog der Normandie, gegen den neuen König Englands, Wilhelm Rufus, den zweitältesten Sohn des Eroberers und Odos Neffen. Wilhelm Rufus verwies Odo außer Landes. Der Ruhelose zog wie damals zahllose Normannen, zumal die vom Ertrag der Hastingsschlacht Enttäuschten, als Kreuzfahrer ins Heilige Land. Auf der Rückreise steuerte er Sizilien an, einen vertrauten Boden, denn der sizilianische Großgraf Roger war wie Odo Normanne aus der Normandie und sprach wie Odo französisch mit normannischem Zungenschlag. In der sizilianischen Hauptstadt Palermo ist Wilhelms Halbbruder nach einem ebenso ruhm- und unruhvollen wie zwiespältigen Leben verstorben. Roger ließ den Landsmann aus dem Norden in der Kirche Santa Maria beisetzen. Kirche und Grab sind vom Erdboden verschwunden.

Dieser Odo, einst Bischof von Bayeux und führender Heerführer in der Schlacht von Hastings, ist nach ziemlich einstimmigem Urteil der Historiker der Auftraggeber des Teppichs von Bayeux gewesen. Das Kunstwerk war angefertigt worden, um an Festtagen das Hauptschiff von Odos ursprünglicher Bischofskirche, der Kathedrale von Bayeux, zu dekorieren. Da Odo 1082 in Ungnade gefallen war, kann die Auftragserteilung durch Wilhelms Halbbruder nur vor diesem Jahr erfolgt sein. Ein einleuchtendes Datum bietet sich an: das Jahr 1077, in dem die neue Bischofskirche geweiht worden ist. Wilhelm und Mathilde sind bei der Einweihung zugegen gewesen; ihr Blick fiel dabei auf den feierlich aufgehängten Teppich.

Die Kathedrale von Bayeux gehört zu den schönsten Beispielen der sogenannten normannischen Bauweise. Zwar zählt sie in ihrem heutigen Gewand zur Epoche der Gotik, deren hochreißende Rhythmen sie angenommen hat, doch das typisch Normannische des elften Jahrhunderts hat sich im Baukörper erhalten: der verlängerte, lichtdurchflutete Chor, die Verdünnung der tragenden Glieder, die Emporen über romanischen Arkadenreihen und vor allem die Couronne de la Normandie, der mächtige, kronenartige Turmaufbau über der Vierung. Ein Relief des Südportals gibt eine Episode aus dem Leben des Urenkels Wilhelms des Eroberers wieder, die zur Zeit Heinrich II. erfolgte Ermordung von Thomas Becket im Dom von Canterbury.

Die Kathedrale, die auch die Beschießung von 1944 überstanden hat, erhebt sich auf engem, leicht abschüssigem Platz in einer kleinen, etwas schwermütig und erschöpft wirkenden Stadt von mittelalterlichem Kolorit. In der Rue Saint-Jean steige ich im Hotel Lion d'Or ab, das unter den wenig schönen Etablissements der Jahrhundertwende eine Ausnahme bildet. Das Hotel ist eigentlich ein Hinterhofarrangement, zu dem man von der Straße her durch ein Spalier von Büschen gelangt. Mir gefallen die bauchigen grünen Marquisen, die sich über jedem Fenster runden und die Szenerie für eine Commedia dell'Arte zaubern.

In der Rue Saint-Martin entdecke ich eines der ältesten Bürgerhäuser Frankreichs, das Maison du Syndicat d'Initiative. Zwischen dem Fachwerk normannischer Art ist der Stuck abgebröckelt, so daß der nackte Backstein zutage liegt. Ich empfinde es als wohltuend, daß man es hier einmal unterlassen hat, das verfallende Zeugnis des Mittelalters mit neuem Putz zu schminken und zu verfälschen. Am Hotel de Fresne in der Rue Saint-Malo fallen mir die hölzernen Heiligenfiguren auf, die als Konsolen die vorkragenden Obergeschosse in jahrhundertelanger Unermüdlichkeit abstützen.

Gegenüber der Kathedrale steige ich die doppelläufige Treppe hinauf, die zum Eingang des früheren Bischofspalastes führt, eines schlichten und edlen Barockbaus. Hier ist in einem neugestalteten Museumsraum der Teppich von Bayeux untergebracht. Touristen aus aller Welt schreiten, Kopfhörer über den Ohren, die 58 Szenen der Bilderfolge ab.

Die gestickte Story beginnt mit der Entsendung Haralds durch den Bekenner an den Hof von Rouen. Sie gipfelt mit dem Eid. Sie endet mit Wilhelms Krönung in der Westminster Abbey. Doch diese Szene fehlt, da das Ende des Teppichs verlorengegangen ist. Ein anderes Teilstück, das sich im Viktoria- und Albertmuseum in London befunden hat, ist dem Museum in Bayeux 1854 zurückgegeben worden.

Die einzelnen Vorgänge, die der Wandteppich festhält, sind durch Häuser oder Bäume voneinander geschieden. Diese dienen gewissermaßen als »Satzzeichen« in einem Bildbericht, der hauptsächlich für Analphabeten gedacht war. Die allegorischen Figuren der Bordüren erinnern mich stilistisch an den reliefartigen Figurenschmuck in den Arkadenzwickeln der Kathedrale. Sowohl die gestickten wie die gemeißelten Motive stammen aus dem gleichen Jahrzehnt. Es ist das Jahrzehnt der Einweihung der Bischofskirche.

Ähnlich wie bei Comic strips – um das profane moderne Beispiel zu wählen – sind die einzelnen Bilder mit begleitenden Texten versehen. Die Eigennamen der lateinischen Kommentare erscheinen in angelsächsischer Schreibweise. Dies deutet auf eine englische Werkstätte hin. Da sich in Kent, der Grafschaft Odos, die berühmte Manufaktur von Canterbury befand, verweist man mit guten, auch herstellungstechnischen Gründen die Herkunft des Teppichs an diesen Ort.

Die auf der Tapisserie Dargestellten gefallen sich in dem heute eher dem weiblichen Geschlecht vorbehaltenen Brauch häufigen Kleiderwechsels. Bei den Normannen fällt eine merkwürdige Haartracht auf, eine Rasur des Nackens, die man als »Henkerschnitt« bezeichnen könnte. Die Angelsachsen tragen im Gegensatz zu den bartlosen Normannen Schnurrbärte.

Harald tritt einmal als Falkner auf. Der Falke trägt keine Haube. Die Einrichtung der Falkenkappe ist erst einige Jahrzehnte später aufgekommen. Auf Miniaturen der Stauferzeit fehlen sie nie.

Vielumstritten ist die in Rouen angesiedelte Szene einer Frau namens Aelfgyva, die unter einem Torbogen steht und auf die ein Kleriker hinweist. Man hat sie als eine Tochter Herzog Wilhelms gedeutet, die Harald zur Heirat versprochen wurde. Dagegen spricht, daß die Bordüre unmittelbar unter dieser Darstellung einen nackten Mann mit drastischer Betonung des Geschlechts aufweist. Es muß sich um eine Szene – vielleicht skandalösen Inhalts? – gehandelt haben, die damals jedermann bekannt gewesen ist, so daß sich eine nähere Erläuterung erübrigte. Dies deutet wiederum darauf hin, daß die Tapisserie nicht allzulange nach der wiedergegebenen »Affäre« angefertigt worden sein kann.

Innerhalb der ungemein bewegten Bilderfolge der Schlacht von Senlac erscheint der Satz »Harold rex interfectus est«. (König Harald wird getötet.) Unter dem Namen »Harald« sehen wir einen angelsächsischen Ritter, der sich einen Pfeil aus dem Auge zieht. Dies hat zu der Auffassung geführt, es handle sich bei diesem Mann um Wilhelms Gegenspieler. Mit gleicher Wahrscheinlichkeit könnte jedoch jener andere Ritter König Harald sein, der unter dem Wort »interfectus« abgebildet ist und der gerade von einem normannischen Kavalleristen mit dem Schwert erschlagen wird. In den Händen hält er die dänische Streitaxt.

Ein Gewährsmann, Wilhelms Hauskaplan Wilhelm von Poitiers, dem wir die authentische Schilderung der Schlacht verdanken, schweigt sich über Haralds Todesart aus. Gut zwei Menschenalter später hat der Hausdichter der Normannen, der 1100 auf Jersey geborene und als Kanonikus von Bayeux 1175 verstorbene Wace, in einem Gedicht von 16000 Versen 2000 der Schlacht von Hastings gewidmet. Wace war das, was man heute einen Tendenzschriftsteller nennt. Er stellt Harald als Choleriker und Feigling hin und vermittelt als erster die Geschichte des Pfeiles als Ursache für des Königs Tod.

Kanonikus Wace hat an allen Festtagen, wie man annehmen darf, im Chor der Kathedrale von Bayeux die Tapisserie vor Augen gehabt. Es bedarf darum keiner großen Spitzfindigkeit, zu entdecken, wie er zu seiner Version gekommen ist. Wace hat sich nicht an schriftliche Quellen gehalten, sondern an den Teppich. Und dabei entschied er sich, wie es beim Betrachten der einmaligen Bilderfolge naheliegt, für die Figur unter dem Namen »Harold«, obwohl dessen Identität mit dem Godwin-Sohn nicht gesichert ist. Wie Harald wirklich zu Tode kam, bleibt ungewiß.

So bewegt wie der Inhalt des gestickten Kriegsberichts ist die Geschichte des Teppichs selbst. Es ist geradezu ein Wunder, daß er die Zeiten überstanden hat.

1105, während der Feldzüge von Wilhelms Sohn und zweitem Nachfolger Heinrich I., brannte die Kathedrale ab. Der Teppich blieb unverletzt. 1159 ging das Gebäude erneut in Flammen auf. Der Teppich blieb wieder verschont und überstand auch ohne Schaden den Hundertjährigen Krieg.

Die erste Bestandsaufnahme des Kircheninventars stammt aus dem Jahre 1476. Erwähnt wird neben den damals noch erhaltenen Hochzeitsgewändern Wilhelms und Mathildes die Tapisserie: »Item ein sehr langer Behang aus Leinwand, bestickt mit Figuren und Inschriften, die Eroberung Englands darstellend, der beim Fest der Reliquien und während der ganzen Oktave rund um das Kirchenschiff aufgehängt wird.«

In den Reformationskriegen plünderten die Protestanten die Sakristei. Der Teppich überstand. Während der Französischen Revolution ereignete sich jener aufregende Vorfall, den wir eingangs beschrieben haben. Es war die größte Gefährdung in der Geschichte der Tapisserie. Schon lag das kostbare Stück Leinwand als Plane auf dem Wagen, der jede Minute ins Kampfgebiet aufbrechen sollte.

Da trat der berühmte »Retter in der Not« auf den Plan. In diesem Falle hieß er Lambert Léonard-Leforestier. Er war angesehener Advokat und Angehöriger der Stadtverwaltung. Man darf annehmen, daß er der Revolution als Mitläufer anhing. Es gelang ihm, die Soldateska vom Wert des Teppichs und von der Unsinnigkeit ihres Vorhabens zu überzeugen. Man trug das leinene Dokument der Normannenzeit in das Büro des Advokaten und deckte dafür den Wagen mit Sackleinwand zu, die irgendwo aufgetrieben wurde. Dann gelangte die Tapisserie in die Obhut der Stadtväter.

Am 9. Fructidor des Jahres V nach neuer Revolutionsdatierung – nach alter Rechnung handelte es sich um den 26. August 1794; der König war bereits anderthalb Jahre tot – widerfuhr dem Teppich eine besondere Ehre: Er wurde im »Tempel des Höchsten Wesens« von Bayeux ausgebreitet. Tempel dieser Art waren während der Revolutionsära überall in Frankreich an die Stelle der christlichen Kirchen eingerichtet worden.

Am 29. Brumaire des Jahres XII (21. Nobember 1803) machte die Tapisserie auf Anforderung des Ersten Konsuls, des nachmaligen Kaisers Napoleon, die Reise nach Paris. »Der Minister des Innern hat entschieden«, so lautete die Anordnung von höchster Stelle, »daß der sogenannte Teppich der Königin Mathilde im Musée Napoléon auszustellen sei.«

Die Bürger von Bayeux protestierten.

Eine neue Depesche aus Paris lautete schärfer: »Bürger, ihr müßt wirklich und wahrhaftig glauben, daß die Absendung des Teppichs eine unvermeidliche Notwendigkeit ist und ein Akt des Gehorsams gegenüber dem ausdrücklichen Befehl des Ministeriums des Innern.« Aus den Worten klang bereits das Grollen der Diktatur. Der Teppich wurde unverzüglich nach Paris gebracht. Die Reise ging nicht unbeachtet vor sich. Sie war eine kleine Sensation.

»Soeben ist in Paris ein historisches Dokument der außergewöhnlichsten Art eingetroffen«, schrieb der »Moniteur Universel« am 7. Frumaire XII (29. November 1803), »es soll im Musée Napoléon ausgestellt werden. Dieses sehr empfindliche Denkmal unserer Geschichte scheint wie durch ein Wunder in Bayeux gerettet worden zu sein.«

Napoleon Bonaparte war ein Freund der Altertümer, gewiß. Doch mit der Anforderung des Teppichs in die Hauptstadt bezweckte er mehr: einen Propagandacoup. In seinem Kampf um Europa war Frankreichs Todfeind England. Napoleon wollte die Briten auf die Knie zwingen. Er plante eine Invasion der Insel. Gegner des Regimes schüttelten den Kopf und hielten das Unternehmen für technisch undurchführbar. Napoleon wollte beweisen, daß es doch im Bereich des Möglichen stand: Schaut den Teppich von Bayeux an – bereits vor annähernd siebenhundert Jahren hat ein Franzose, Wilhelm von der Normandie, die Insel bezwungen und den Angelsachsen Räson beigebracht!

Wie die meisten Diktatoren war Napoleon trotz aufklärerischen Gebarens abergläubisch. Bei der Besichtigung des ausgestellten Teppichs verharrte er lange schweigend vor jener Episode in der Szenenfolge, die von dem Kometen erzählt, der das Unheil für Harald angekündigt haben soll.

Der Verfasser der Ausstellungsbroschüre, Visconti, hatte sich einen makabren Scherz geleistet, indem er die Geschichte eines neuen Kometen auftischte, der während der napoleonischen Ära am Himmel erschien: zugleich war eine Pressemeldung jener Tage abgedruckt:

»Gestern abend, etwa um neun Uhr, beobachteten wir einen strahlenden Kometen, der im Südwesten aufstieg und in nördlicher Richtung flog. Der Komet hatte einen fast 30 Meter langen Schweif. Das ganze Land ringsherum war mehrere Meilen weit hell erleuchtet, und als er verschwand, ließ er durchdringenden Schwefelgeruch hinter sich zurück.« Man kann sich vorstellen, wie Bonaparte, die Hand unterm Kinn, beim Betrachten der Bilderfolge von Bayeux über die Parallelität der Kometen von 1066 und 1803 nachgegrübelt haben mag ...

Paris erlebte damals seinen Tapisserie-Rummel. Jedermann wollte, nein mußte die Ausstellung gesehen haben. Das Théâtre du Vaudeville brachte die Uraufführung des Einakters »Der Teppich der Königin Mathilde«.

Wie man weiß, hat Napoleon in der Tat in Boulogne Flotteneinheiten zusammengezogen, um in England zu landen und damit seinen gefährlichsten Gegner auszuschalten. Dann aber erwies es sich, daß man Wilhelms Unternehmen im neunzehnten Jahrhundert nicht wiederholen konnte. Das Projekt wurde abgeblasen. Und damit erlosch auch das politische Interesse am Teppich von Bayeux. Er wurde in die Normandie zurückgebracht.

1812 erlitt der Teppich einige Beschädigungen, als er zu Forschungszwecken ins Hôtel de Ville überführt worden war, wo er in zwei Blechzylindern lagerte. Das dauernde Rollen verbesserte den Zustand nicht.

1939, bei Ausbruch des Zweiten Weltkriegs, verstaute man das Dokument im Ratskeller. Als die deutschen Truppen 1940 Frankreich eingenommen hatten, ließ die für die Normandie zuständige Kommandostelle den Leinenstreifen der Tapisserie an zwei Stäben befestigen, so daß er wie eine jüdische Gebetsrolle aufgerollt werden konnte. Militärinstanzen besichtigten ihn wiederholt: wie in den Tagen Napoleons zog man anhand dieses glänzenden Anschauungsunterrichts Parallelen zu Wilhelms Kanalüberquerung und den eigenen Vorkehrungen, die Invasion von 1066 im Zug der Kriegshandlungen gegen England nachzuvollziehen.

Als die Invasion genauso hoffnungslos erschien wie 1803, fand der Teppich eine neue Heimstätte im Prämonstratenserkloster Juaye-Mondaye. Danach wurde er auf das Schloß Sourches bei Le Mans evakuiert, von wo ihn die Alliierten nach der Landung nach Paris beförderten. Dort wartete er in trockenem, sachgemäß gelüftetem Keller das Kriegsende ab. Bei den Siegesfeiern im Mai 1944 wurde er öffentlich ausgestellt wie zur Zeit Napoleons.

Dann kehrte er zu seinem Ursprungsort Bayeux zurück, an jenen Platz, an dem wir ihn heute noch bewundern können. Modernste museumstechnische Erkenntnisse sorgen für die Erhaltung des über siebzig Meter mit bunten Wollfäden bestickten Leinens, das uns wie kein anderes Erinnerungsstück des Mittelalters die Epoche Wilhelms des Eroberers und des Kampfs um England vor Augen führt. Eine Spezialbeleuchtung verhindert das Verblassen der Farben. Die Einweihungsfeier des neuen Standorts fand am 6. Juni 1948 statt. Der Präsident der Republik, Auriol, war zugegen.

Nachspiel in Westminster

Nach dem Sieg von Senlac – dem ersten und letzten Fall, daß eine einzige Schlacht von Morgen bis Abend über das Schicksal eines großen Landes entschieden hat – blieb Herzog Wilhelm fünf Tage in Hastings. Der Etappenstadt seines kurzen Feldzugs hat der Eroberer zeitlebens besondere Bedeutung beigemessen. Ihre Hafenprivilegien blieben unangetastet. Von hier aus startete Wilhelm bei den Kanalüberquerungen vom englischen Königreich zu seinem Herzogtum Normandie, das er nach wie vor als sein Kernland empfand. Der Graf von Hastings erhielt das Privileg, bei den englischen Königskrönungen als Baldachinträger zu fungieren. Das Privileg ist bis heute erhalten geblieben.

Das Verhältnis zwischen Wilhelm und der Stadt Hastings war eine Liebe auf Gegenseitigkeit. Hastings hat sie dem Eroberer bis heute bewahrt, wobei der Normannenkult zugleich auch dem Fremdenverkehr zugute kommt. Als sichtbare Dokumente jener Zeit, in der Hastings ins Licht der Weltgeschichte trat, stehen in der Stadt mit dem berühmten Namen, dieser Mischung von Fischmarkt-Odeur und Strandatmosphäre, die normannische Burg und die beiden Gotteshäuser All Saints Church und Saint Clement's Church. Im Innern hängen Memorials aus Messing. »Man sagt, die Kirchen gehen auf den Eroberer zurück«, erklärt mir der kundige Sekretär der Hastings Corporation. Und mit lächelndem Understatement fügt er hinzu: »Aber man sagt es sehr leise . . .«

Am fünften Tag nach der Schlacht brach die Armee nach Osten auf. Romney, dessen Bewohner die Insassen der zwei von der Armada abgetriebenen Invasionsschiffe niedergemacht hatten, traf ein furchtbarer Vergeltungsschlag; die Stadt wurde eingeäschert, die Bevölkerung dezimiert.

Der Untergang Romneys beeindruckte die Einwohnerschaft des benachbarten Dover so stark, daß sie dem nahenden Sieger bereitwillig die Tore öffnete. Wilhelm hatte damit eine entscheidende Schlüsselstellung seines künftigen Königreichs in Händen.

Die Stadt auf dem Kreidefelsen, die den vom belgischen Ostende zureisenden Kontinentaleuropäer als erster Inselplatz begrüßt, hat noch augenscheinlicher als Hastings das normannische Gesicht bewahrt. Das auf den Dover-Cliffs gelegene mächtige, turm- und zinnenreiche Schloß mit Walter-Scott-Romantik, dessen Silhouette einen Hollywood-Regisseur für mittelalterliche Monstrefilme begeistern könnte, überragt eine Mittelstadt, die noch Wälle und Baureste aus der Zeit von Wilhelm bis zu den Plantagenets aufzuweisen hat. Hafenkais und Werften haben das alte Dover nicht verstellt. St. Mary's Church konnte seinen normannischen Turm über die Zeiten retten. Die Maison Dieu Hall bewirtete ohne Unterbrechung ihre Gäste, von der Regierungszeit des Plantagenetkönigs Heinrich III. bis zu jener der Windsorkönigin Elisabeth II.

Wilhelms Vormarsch lag auf einer bewußt ausgesuchten strategischen Linie. Er wählte als nächste Station Canterbury, Sitz des Primas der englischen Kirche, der damals freilich in London weilte. Die Unterwerfung der Stadt des Erzbischofs Stigand war von ungeheurem moralischen Gewicht. Sie erfolgte prompt.

Englische Küche gehört auch heute nicht zu jenen Vorzügen, die den Fremden für Großbritannien begeistern. Wilhelm dem Eroberer und einem Teil seiner Begleiter ist sie ausgesprochen schlecht bekommen. Magen- und Darmbeschwerden fesselten ihn den ganzen November über in Canterbury ans Lager. Dabei stand vor ihm noch unbewältigt die große Unbekannte – die Hauptstadt London. Wie würde die Stadt an der Themse sich ihm gegenüber verhalten?

London schwieg. Haralds Niederlage und Tod hatten der Stadt einen Schock versetzt. Doch es war nicht der Schock des Sich-Aufraffens, sondern der Lähmung. Man verhielt sich unschlüssig und ratlos, dazu uneinig. Die noch lebenden mächtigsten Männer des angelsächsischen Reiches, die Earls des Nordens, Edwin und Moncar, hatten das Ergebnis der Schlacht von Senlac an der Themse abgewartet. Nach der Schreckensnachricht vom 14. Oktober trieben sie eine Vogel-Strauß-Politik. Als sei nichts geschehen, verließen sie London und kehrten in ihre Grafschaften zurück. Ein Teil der Mächtigen in der angelsächsischen Hauptstadt besann sich auf jenen halbvergessenen Knaben, Edgar, den Großneffen des Bekenners und letzten Sproß des Hauses Alfred des Großen. Sie beschlossen ihn schnell auf den Thron zu heben. Sie organisierten Bürgerwehren. Eine weitere Gruppe, darunter die Stadtobersten, taten es wie später die Stadtväter von Berlin, als die Bärenmützen Napoleons vor den Toren standen; sie proklamierten: »Ruhe ist die erste Bürgerpflicht!«

Inzwischen war Wilhelm genesen. Langsam tastete er sich am Südufer der Themse entlang. Angelsächsische Freischärler, die über den Strom gekommen waren, wurden aufgerieben. Der Eroberer verheerte Southwark und ließ bei seinem vorsichtigen Weitermarsch entlang des Stroms, unter Aussparung der Hauptstadt, eine Spur des Feuers, der Zerstörung und des Bluts zurück. Terror mundi – Schrekken der Welt – auch ein anderer Normanne, Robert Guiscard, sollte diesen Namen »Ehre« machen. Wilhelms Methode war eine Politik des Schreckens statt des sich lange hinziehenden Partisanenkriegs.

Die Feuerspur des normannischen Vormarsches tat ihre Wirkung. Nachdem der Herzog nördlich von Oxford die Themse bei Wallingford überschritten hatte und sich von Nordwesten her der Hauptstadt näherte, kam ihm Erzbischof Stigand entgegen, um sich zu unterwerfen und den Treueid zu leisten. Bei Berkhampstead traf eine weitere Abordnung aus London ein: die Stadtobersten, der Erzbischof von York (der kurz zuvor Harald gekrönt hatte), der angelsächsische Thronanwärter Edgar. Und schließlich krochen die Earls Edwin und Moncar zu Kreuz.

Mitte Dezember traf Wilhelm mit seinen siegreichen Normannen in London ein. Die Stadt, die so oft ihren Herrn gewechselt hatte, sah einen neuen Gebieter. Am Weihnachtstag 1066 krönte Erzbischof Eldret von York den Eroberer zum König des Inselreichs. Er selbst hielt eine angelsächsische, Bischof Geoffry von Coutances eine französische Ansprache. Die Akklamation der Augenzeugen in der Westminster Abbey nahm ein so ohrenbetäubendes Ausmaß an, daß die vor der Kirche lagernden Truppen glaubten, ein Aufstand sei ausgebrochen. Sie setzten einigen benachbarten Häusern den roten Hahn auf.

Gleich darauf kehrte Wilhelm in sein Herzogtum zurück, nachdem er in der kurzen Zeitspanne von kaum mehr als einem Vierteljahr einen der folgenschwersten Kriege der Weltgeschichte, den Kampf um England, gewonnen hatte. Der Empfang des Volks von Rouen, das ihm zur Küste entgegeneilte, war triumphal. Im darauffolgenden Jahr erfolgte in der Westminster Abbey die Krönung von Wilhelms Gemahlin. Die Tochter des Grafen von Flandern und Herzogin der Normandie war damit Königin von England.

Der Krönung Wilhelms des Bastards, Herzog der Normandie, zum König von England, sind bis zum heutigen Tag neununddreißig weitere Krönungen gefolgt. Dabei setzte das Zeremoniell von Mal zu Mal neue Formen und Floskeln an, durch Zufall oder zeitgeschichtliche Gründe eingeführt, in ähnlicher Weise, wie auch die kirchlichen Liturgien ständig ausgeweitet werden.

Aus Ehrfurcht vor der Tradition hat man in England alle Zutaten zum Krönungsvorgang beibehalten. Viele sind durch die Zeit überholt und längst ohne Sinn. Dennoch pflegt man sie weiter.

Die Historie der Krönungen von Wilhelm I. bis Elisabeth II. ist ein farbiges Gemälde von solennem Ernst und strenger Etikette, von bewundernswertem Geschichtsbewußtsein und – am Rande – von unfreiwilliger Komik, wie sie mit dem allzu Gemessenen, Starr-Feierlichen manchmal einherzugehen pflegt.

Eine wichtige Krönungsfunktion kommt dem Lord High Steward (Zeremonienmeister) zu. Er muß ein guter Reiter sein. Denn im Verlauf des Zeremoniells werden seinem Roß ein paar Schritte im Rückwärtsgang zugemutet, was bekanntlich keinem Pferd Vergnügen macht. Monatelang trainierte der Lord, der als High Steward für die Thronerhebung Georgs III. ausersehen war, für den hohen Tag. Mit dem Erfolg, daß das Tier während des gesamten Krönungsschauspiels – rückwärts ging.

Manchmal unterlaufen unseren Politikern Fauxpas, die sofort als Blütenlese mangelnden Takts die Runde machen. Aber ein so peinliches Versehen wurde wohl kaum ein anderes Mal registriert, wie es dem Zeremonienmeister nach der Panne mit dem rückwärtsgehenden Roß unterlief. »Ich habe bereits Vorsorge getroffen«, sagte der Unglückliche zu dem frischgebackenen Monarchen, »daß so etwas bei der *nächsten* Krönung nicht mehr passiert!«

Der Zeremonienmeister beim Krönungsakt Georgs V. und Elisabeths II. ist der Herzog von Norfolk gewesen. Der Herzog war Katholik. Dennoch hat er in der protestantischen Kathedrale unter den Augen des anglikanischen Primas und Erzbischofs von Canterbury sein Amt ausüben dürfen. Das Land verbindlicher Traditionen und puritanisch strenger Sitten ist zugleich ein Land der Freizügigkeiten und der Toleranz.

Vom 25. Dezember 1066 bis zum 2. Juni 1953: Der Anekdotenreigen, der neununddreißig Krönungen umrankt, ist englische Geschichte en miniature, Stoff genug für Klatschspalten und Witzelei, zugleich aber auch ein Teil des guten und sicheren Grundes, auf dem die Standfestigkeit des Inselstaates beruht.

Wir haben gehört, daß »Britain's Kings and Queens« den angelsächsischen King Egbert (802–839) als ersten König eines geeinigten Britannien anführt – daß das angelsächsische Königshaus wiederum im Mythos wurzelt, der als frühesten Ahnherrn den obersten Gott der Westgermanen, Wotan, bezeichnet. Wie entschieden andererseits das Königshaus des Inselreichs in der Eroberung Englands durch Wilhelm nicht nur einen Einschnitt, sondern einen Neubeginn erblickt, geht aus dem Tatbestand hervor, daß man hier die englischen Könige erst von 1066 an zu zählen beginnt. Nicht einmal Eduard der Bekenner, der letzte Angelsachse auf dem Thron, wird mitgerechnet. Als Eduard I. gilt nicht er oder Eduard der Märtyrer, der im zehnten Jahrhundert die angelsächsische Krone trug, sondern jener Plantagenet-Eduard, der das bislang keltische Wales dem Königreich einverleibt hat. Der letzte der Eduarde, nach seinem Thronverzicht Herzog von Windsor, saß nicht als Eduard X. (unter Einrechnung der beiden Angelsachsen), sondern als Eduard VIII. elf Monate lang auf Englands Thron.

Daneben aber ist die Monarchie Großbritanniens ein Bindeglied zwischen den verschiedenen Bestandteilen des Inselreiches. In den Adern der gegenwärtigen Queen fließt neben dem normannischen auch keltisch-schottisches und angelsächsisches Blut aus der Zeit der monarchischen Anfänge. Elisabeth II. zählt zu ihren Ahnen Wilhelm den Eroberer, doch auch den bei Hastings gefallenen Harald, und zwar über dessen Tochter Gytha. Diese wiederum ist eine Urenkelin der berühmten angelsächsischen Lady Godiva, die ihrem Gemahl Leofric gedroht hatte, nackt durch Coventry zu reiten, falls er die Steuern nicht senke. Da Leofric nicht daran dachte, machte sie die Drohung wahr, wobei allerdings, um puritanisch-angelsächsischen Gefühlen Genüge zu tun, ihr langes Haupthaar sie umhüllte.

Die »Times« schrieb am 20. Mai 1966, als Premier Wilson ebenfalls auf neuen Steuern beharrte, mit lakonischem Witz: »Im Hinblick auf die Steuererhöhung mögen einige Briten hoffen, daß Lady Godivas Geist in ihrer königlichen Nachfahrin noch lebendig ist. An einem ist nicht zu zweifeln – die Königin ist nicht weniger eine exzellente Reiterin . . .«

Abgesehen vom Königshaus dürfte es allgemein interessant sein zu wissen, wie hoch der normannische Anteil im britischen Volk zu bewerten ist. Man darf ihn nicht überschätzen. Es wurde ausgerechnet, daß nach 1066 zu einer Stammbevölkerung von 1 800 000 Köpfen 100 000 normannische Einwanderer hinzugekommen sind. Ein großer Teil von ihnen stellte den neuen Adel. Im Krieg der beiden Rosen während der Ära Plantagenet, die auf die Dynastie Wilhelms folgte, kamen viele von ihnen um. Mit dem Tudorkönig Heinrich VII., der über Richard III. siegte, Shakespeares in Wirklichkeit gar nicht so bösen »Bösewicht«, kam wieder das alte angelsächsisch-keltische Element ans Ruder. Nicht von ungefähr verlor sich um diese Zeit die von den Normannen unter Wilhelm importierte französische Hofsprache.

Wenn wir heute im Bevölkerungsbild Englands verhältnismäßig viele Dunkelhaarige antreffen, mag dies, von späteren Einflüssen abgesehen, viel glaubwürdiger auf die vierhundertjährige Zugehörigkeit der Insel zum Imperium Romanum zurückgehen als auf das Erbe der Normannen. Diese waren zum Zeitpunkt der Eroberung zwar kulturell-sprachlich romanisiert, in ihrer Volkssubstanz jedoch noch weitgehend skandinavisch. Die Invasionsarmee ist auf dem Teppich von Bayeux fast durchweg hellhaarig dargestellt.

Der 14. Oktober 1066 brachte also weniger bevölkerungspolitische als kulturelle und staatspolitische Impulse. Aus der Sicht des angelsächsischen England war er eine Katastrophe. Aus der Sicht des England von heute war er ein Glück. Erst das straffe Staatswesen Wilhelms, die Assimilierung widerstrebender Elemente und die von den Normannen nach Britannien gebrachte lateinisch-abendländische Kultur haben den Aufstieg der Insel zu weltumfassender Stellung möglich gemacht. Carlyle, der große Geschichtsanalytiker und Freund deutscher und preußischer Geschichte, sagte ein wenig überspitzt: »Was wären wir ohne die Normannen geworden? Ein gefräßiges Rassengemisch von Jüten und Angeln, unfähig, große Bündnisse zu schließen; ein Rassengemisch, das sich in schöner Eintracht den Wanst vollschlägt, weitab von Träumen heroischer Mühsal, Stille und Geduld, die in die weiten Sphären des Universums und auf die goldenen Gipfel führen, wo die Geister der Morgendämmerung wohnen.«

Die am Jubiläumstag des Jahres 1966 in Battle und an vielen andern historischen Städten der Briteninsel durchgeführten Festivals galten darum nicht nur einem dramatischen Vorgang aus Englands früher Geschichte. Sie galten dem wichtigsten Datum überhaupt: Der Eroberung eines alten Königreichs durch ein parvenühaft aufgestiegenes, nordfranzösisches Herzogtum, mit dem Ergebnis, daß England sich zu Großbritannien und zum Commonwealth entwickeln konnte.

Abenteuer in Italien

Sankt Michael – Patron der Normannen

Unteritalien und Sizilien, die größte Insel des Mittelmeers, haben immer eine Einheit gebildet.

Heute ist es die Einheit der Unterentwicklung und der Armut. Die italienische Cassa per il Mezzogiorno (die Bank für den Süden) geht auf Insel und südlichem Festland mit demselben unermüdlichen Optimismus gegen geradezu verewigte Notstände an: die veraltete Sozialordnung, den Raubbau am Boden, die industrielle Rückständigkeit. Auf Sizilien und in der unteritalienischen Provinz Lukanien gibt es heute noch Höhlenbewohner wie jenseits des Meeres in Afrika.

In früheren Zeiten war es die Einheit des Reichtums, die Unteritalien und Sizilien zu einem geschlossenen Gebilde gemacht hat. Sizilien galt als die Kornkammer der Römer. Die römischen Dichter haben die Fruchtbarkeit und den Blütensegen Unteritaliens gerühmt.

Als das römische Weltreich im Sturm der Völkerwanderung unterging, übernahm das Weltreich von Byzanz mit der Apenninenhalbinsel auch Süditalien. Zugleich drang von Norden her der letzte Schub wandernder ostgermanischer Stämme in Italien ein: die rotblonden Langobarden (Langbärte). Der Langobardenkönig Alboin setzte sich in der Lombardei fest. Ticinum, das später Pavia hieß, wurde königliche Residenz. Unter den Nachfolgern Alboins stieß die langobardische Expansion in keilartigen Vorstößen bis Unteritalien vor. Die »Langbärte« nahmen aber nicht das ganze Land in Besitz, sondern lediglich Landinseln, Zeugnisse ihrer geringen staatsbildenden Kraft, auch ihrer inneren Zerrissenheit. Neben dem Herzogtum Spoleto in Mittelitalien entstand auf unteritalienischem Boden das Herzogtum Benevent.

774 besiegte Karl der Große den Langobardenkönig Desiderius. Norditalien wurde dem Frankenreich einverleibt. Das Herzogtum Benevent, ohnehin nur in losem Verband mit Pavia, überlebte den Untergang des Königreichs. Im politischen Chaos des frühen Mittelalters zerfiel das Herzogtum, als sich die Grafschaften Salerno und

Capua als souveräne Kleinstaaten von ihm trennten. Diese Reste langobardischen Hoheitsgebiets in Italien trotzten noch eine Zeitlang dem Sturm, aber sie waren Inseln ohne Dämme. Die übrigen Gebiete Süditaliens, Siziliens, Apulien, Kalabrien und das Herzogtum Neapel, gehörten zwar noch zu Byzanz, doch fast nur dem Namen nach. Die Herrschaftsbereiche des süditalienischen Staatenmosaiks hielten sich in ihren ständigen Zwistigkeiten das Gleichgewicht. Es war das Gleichgewicht der Schwäche.

Zu der Zeit, als das Europa nördlich der Alpen vor den Normannen zitterte, brach 827 in Südeuropa eine ähnliche Katastrophe herein: Sarazenische Korsaren, die »Normannen Afrikas«, landeten auf Sizilien und nahmen die Insel gewaltsam in Besitz. Das Halbmondbanner wehte über ihrer neuen Hauptstadt Balerm (Palermo), wo ein mohammedanischer Emir residierte. Auf der ganzen Insel sproßten Minarette empor. Der Muezzin, der Vorbeter des Islam, verkündete auf dem einst christlichen Eiland Allahs Größe. Die neue Herrenschicht trug den arabischen Burnus und murmelte Verse des Korans. In byzantinischen Palästen nisteten sich orientalische Harems ein. Neben dem arabisch-muselmanischen Großreich Spanien entstand auf Sizilien ein zweiter arabischer Machtbereich in Europa.

Die Meerenge von Messina, die Sizilien von Unteritalien trennt, war für die »Ungläubigen« kein Hindernis. Sie versuchten, auch das Festland in ihre Gewalt zu bringen und bildeten in ganz Unteritalien Brückenköpfe für ihre Raubzüge. Ihre Vorstöße galten den langobardischen Kleinfürstentümern und dem morschen Gefüge der byzantinischen Herrschaftsgebiete. Apulien, Kampanien und Kalabrien wurden Schauplatz fortwährender sarazenischer Angriffe.

Das Herzogtum Salerno lag wegen seiner Küstenlage dem Zugriff der Sarazenen am nächsten. 1016, fast zweihundert Jahre nach der islamischen Besetzung Siziliens, belagerten sie die Residenz der langobardischen Herzogs Guaimar III. mit einer erschreckend großen Flotte. Die ausgehungerte Bürgerschaft bedrängte den Fürsten, die Stadt den Feinden auszuliefern.

Die Lage war bis zum äußersten bedrohlich.

Die Palastwache meldete dem Herzog von Salerno die Ankunft von vierzig Rittern. Es sei ihnen gelungen, unbemerkt in die Stadt zu gelangen. Ihr Anführer ersuche darum, vorgelassen zu werden.

Den Herzog durchzuckte es: verkleidete Sarazenen?

Der Befehlshaber der Wache erriet den Gedanken seines Herrn. Er versuchte zu beschreiben, daß es sich um keine sehnigen, dunkelhäutigen Afrikaner handle, sondern um großwüchsige blonde Gestalten, Nordleute. Außer kurzen Schwertern trugen sie keine Waffen.

Der Herzog ließ sie eintreten. Der Anführer und seine Begleiter überragten ihn um Kopflänge. Die Langobarden waren groß im Vergleich zu den eingesessenen Italienern – doch klein verglichen mit diesen Riesen.

Es handelte sich, wie sich herausstellte, um Normannen aus der Normandie. Sie hatten eine Pilgerfahrt nach Jerusalem unternommen – Reisen ins Heilige Land waren damals im Schwang. Auf der Rückkehr in ihre Heimat hatten sie von der Bedrängnis Salernos erfahren. Als Christenmenschen böten sie nun dem Herzog ihre Hilfe an. Ihnen fehle es nicht an Mut, nur an Pferden und Waffen.

Guaimar sagte ihnen erfreut beides zu.

Es war ein Zeitalter von Einzelkämpfern. Da heute kaum mehr Tapferkeit allein, sondern häufig nur der Einsatz von Rohstoffen und technischem Gerät Kriege entscheidet, ist uns die Kenntnis verlorengegangen, daß der Einzelkämpfer eine Schlacht und manchmal einen Feldzug zum Guten wenden konnte. Die Schweizer haben 1386 bei Sempach gesiegt, weil Winkelried die Speere der österreichischen Gepanzerten in seiner Brust vereinte und so »der Freiheit eine Gasse« schuf. Der Pionier Klinke hat 1864 einen nicht unerheblichen Beitrag zum Preußisch-Dänischen Krieg geleistet, weil er sich an der Düppeler Schanze durch Abziehen einer Lunte samt dem Befestigungswall zerreißen ließ.

Die vierzig normannischen Heimkehrer einer Pilgerfahrt dachten nicht entfernt daran, sich zu opfern. Sie wollten sich nur eine kurze Weile raufen, wie sie es bisher immer getan hatten, wenn sich Gelegenheit bot. Geschah es zum Wohl ihrer Seelen – um so besser.

Sie hatten nicht zuviel versprochen. Der ungestüme Ausfall der vierzig jagte den Arabern solchen Schrecken ein, daß sie die Belagerung aufgaben und die Anker lichteten.

Herzog Guaimar, von dem eine schwere Last genommen war, fragte die Helfer in der Not nach ihrem Lohn.

Ihr Anführer schüttelte den Kopf. »Wir haben allein für den wahren Glauben die Klingen gezogen.«

»Dann bleibt hier«, sagte Guaimar, »als meine Leibwache.«

Die Ritter schüttelten ihre Blondköpfe. Sie hatten Heimweh.

Da befahl der Herzog, ihnen Geschenke mitzugeben: Zedernäpfel, Mandeln, vergoldete Nüsse, kostbare Gewänder, goldverzierte Pferdegeschirre. Er sagte dazu: »Kommt wieder in ein Land, das solche Schätze hervorbringt! Oder erzählt euren Landsleuten davon, damit sie kommen mögen!«

Die vierzig Ritter reisten in die Normandie zurück. Wer von einem großen Abenteuer heimkommt, hat viel zu berichten. Der Bericht wird glaubhafter, wenn er durch Mitgebrachtes belegt wird. Geschenke aus der Ferne haben von jeher die Phantasie der Daheimgebliebenen angeregt.

Wenn wir den mönchischen Chronisten glauben dürfen, begann ein Massenauszug normannischer Glücksritter in das mittelmeerische Schlaraffenland. Die köstlichen Lockmittel des Südens verleiteten sie, ihre Heimat aufzugeben, auf der die harte Faust des Herzogs Richard II. lag. Die normannischen Edlen und ihre Dienstmannen, die nun in Süditalien eintrafen, verdingten sich als Söldner bei den langobardischen Fürsten von Salerno, Capua und Benevent, um gegen Sarazenen und Byzantiner zu streiten – manchmal führten sie auch das Schwert in den Händeln, die die Langobarden untereinander ausfochten. Da sie bald schon ihren Herren über den Kopf wuchsen und eigene Politik betrieben, kann man sie als Vorläufer der Condottieri der Renaissance bezeichnen.

Ihre Anreise zu Wasser und zu Land hatte zunächst fast durchweg das gleiche Ziel: das Michaelsheiligtum auf dem Monte Gargáno, dem Gebirgszug am Sporn des italienischen »Stiefels«. Normannen waren fromme Leute. Vor dem Blutvergießen wallfahrteten sie zum Erzengel Michael. Denn der Engel mit dem Flammenschwert entschied nach der Anschauung mittelalterlicher Krieger über den Ausgang der Schlachten.

Von Manfredonia am Adriatischen Meer – die Stadt heißt nach einem Sohn des Stauferkaisers Friedrich II. – strebt die Straße zwischen Opuntienhecken nordwärts zum Bergrücken des Gargáno hin und windet sich in strengen Kurven an der steilen Schräge empor.

Ich habe mir vorgenommen, den Aufstieg am frühen Morgen zu Fuß zurückzulegen. Doch ein Kraftwagen hält; ich möge einsteigen.

Unmöglich, das freundliche Anerbieten auszuschlagen. Im Wagen sitzt ein junges Paar. Die zwei kommen aus Neapel und sind auf der Hochzeitsreise. Noch ehe wir den Bergrücken erreicht haben, kenne ich alle Einzelheiten des Vermählungsfestes in der Kirche des heiligen Januarius. Die junge Frau holt aus einer geräumigen Tasche ein Tüllsäckchen mit weiß überzuckerten Mandeln heraus und drückt sie mir in die Hand. Mit neapolitanischem Charme erklärt sie, daß die Gaben für alle Weggefährten ihrer Reise bestimmt seien. Nun, nachdem Januarius den beiden seinen Segen erteilt hat, wollen sie, wie Millionen Vorgänger, Sankt Michael ihre Reverenz erweisen und seinen Schutz erbitten.

Der Bergvorsprung gleicht mit seinen Oliventerrassen einer Reliefkarte. Nähert man sich auf dem Kamm des Gargáno der weißgekalkten, auf nacktem Stein sich erhebenden Ortschaft Monte Sant'

Angelo, so genießt man im überwältigenden Rückblick den Schwung der Adrialinie, die sich von Manfredonia aus nach Süden zieht. Ein dünner Schaumstreifen trennt die Bräune des Kalksteingrundes von der Bläue der Adria. Dieses Bild muß sich den normannischen Kriegern, die im elften Jahrhundert aus der rauhen Normandie in den Süden kam, als einer der ersten Eindrücke auf dem Boden Italiens für immer eingeprägt haben.

In engen Windungen zieht die Straße durch Monte Sant' Angelo hindurch, passiert eine Pforte mit dem Bild des Erzengels, eine Reihe von Kram- und Devotionalienläden (auch eine Fleischerei San Michele) und zielt dann, sacht aufsteigend, zum End- und Höhepunkt, dem Michaelheiligtum. Hinter umgittertem Vorplatz reihen sich Verkaufsläden, wo der Erzengel als Nippes feilgeboten wird. Über der Pforte der Eingangshalle liest man ein gewichtiges Bibelwort: »Terribilis est locus iste. Hic domus Dei est et porta coeli« (Furchtbar ist dieser Ort. Hier ist das Haus Gottes und die Pforte des Himmels).

Weniger von Schrecken als von Geheimnis umwittert, steigen wir nahezu hundert Stufen hinab durch einen gewundenen, feuchten Höhlengang. Invalide Bettler hocken am Gemäuer. Die Wände hängen voll ungelenk selbstgefertigter Votivgaben. Gemeinsam mit meinem neapolitanischen Pärchen gehe ich durch einen kleinen Hof. »Wo die Felsen sich öffnen, werden die Sünden abgelassen«, verkünden große Buchstaben über der Pforte zum eigentlichen Heiligtum, der Höhlenkirche, die jährlich eine Million Pilger aufnimmt. Lüster spenden Dämmerlicht und spiegeln sich in den Pfützen, die sich in der feuchten Grotte gebildet haben.

Der dumpfe Geruch von dreizehn Jahrhunderten hängt zwischen den schwitzenden Wänden. Man glaubt das Wort »Terribilis est locus iste«. Unter zeltartig herabhängendem Gestein ducken sich in Felsennischen ein Marienaltar und der Altar des Erzengels mit einem Michaels-Steinbild der späten Renaissance. Vor den Altären knien apulische Wallfahrer.

Am Anfang der Gründungsgeschichte des Michaelsheiligtums auf dem Monte Gargáno stand eine Vision: Dem Bischof Laurentius von Siponto erschien 493 der gerüstete Engel in einer Höhle. Entschwebend ließ er im Gestein seine Fußspur zurück. Die Spur wird heute noch gezeigt. Gegenwärtig ist sie mit Wasser gefüllt. Eine Alte sammelt es in Miniaturgefäßen und bietet es gegen Lire feil. Es soll gleich den Steinen magische Heilwirkung in süditalienische Häuser bringen. Mein Neapolitaner ersteht gleich acht. Eines behält er selbst, ein anderes gibt er seiner jungen Frau, die restlichen sind für die Verwandtschaft in Kampanien bestimmt.

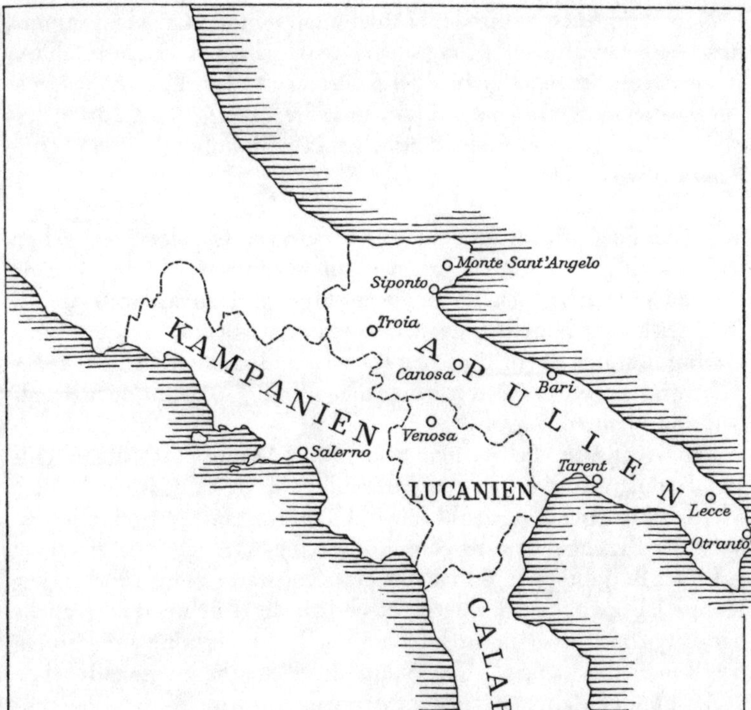

Normannische Herrschaft in Süditalien und Sizilien

Nach dem Aufstieg aus der Höhlenunterwelt des Erzengels nimmt uns wieder apulischer Alltag auf. Mit den beiden Neuvermählten steige ich die Steinstufen zu einer Kellertaverne hinab. Es ist fast wie der Abstieg in die Michaelshöhle; auch die Taverne hat Grottencharakter. Wir essen von einem ländlichen Holztisch Bel Paese und trinken Weißwein dazu.

Von dem Felsenthron auf dem Monte Gargáno flog der Erzengel im frühen Mittelalter weiter, um sich auf unzähligen Höhen in ganz Europa niederzulassen. Auf vielen Hügeln Deutschlands stehen Michaelskapellen. Selbst auf der Papstburg in Rom, dem einstigen Grabmonument des heidnischen Kaisers Hadrian, ließ sich der gefiederte und bewehrte Gottesstreiter nieder und gab damit dem Rundbau den Namen »Engelsburg«.

Das wichtigste Michaelsheiligtum nächst Monte Sant' Angelo entstand jedoch an der Küste der Normandie: Mont-Saint-Michel. Auch Mont-Saint-Michel verdankt seinen Ursprung einer Vision. Diesmal hatte der Erzengel dem Bischof Aubert von Avranches aufgetragen, auf einer Bergkuppe in Kanalnähe eine Kultstätte zu begründen. Die Kuppe lag zwischen Wäldern. Nachdem der Bischof eine Kapelle hatte errichten lassen, umschlossen – nach der Legende – die Fluten des Kanals die Kuppe. Mont-Saint-Michel wurde zu einer Insel.

Als hundert Jahre später der Normannensturm auf das Frankenreich einsetzte, wurde der Mont-Saint-Michel zu einer Art Fluchtburg. Viele auf die Insel Evakuierte blieben dort. Die Einsiedelei verwandelte sich in eine kleine Stadt. Als wiederum hundert Jahre später die Normannen abendländische Sitten annahmen, erwiesen sie sich als die inbrünstigsten Verehrer des heiligen Michael. Rollo, der erste Herzog der Normandie, wählte für seine Taufe den Mont-Saint-Michel. Führte Odin die Vorfahren der Normannen in die Schlacht, so konnten ihre naiven Gemüter sich auch dem geharnischten Erzengel anvertrauen.

Der Inselcharakter von Mont-Saint-Michel ist heute wieder verlorengegangen. Man hat durch das Wattenmeer einen zwei Kilometer langen Damm gebaut. Die Überfahrt muß den mittelalterlichen Besuchern ein starkes Erlebnis vermittelt haben – innere Vorbereitung für ihre bußfertige Begegnung mit dem Erzengel. Der dicht am heiligen Berg ins Meer strömende, strudelreiche Couesnin machte die Überfahrt oft zu einem wagnisreichen Abenteuer. Man gelangte nur unter Mühe und Gefahr zu Sankt Michael. Der Hang zur Bequemlichkeit im technischen Zeitalter hat dafür gesorgt, daß man heute mühe- und gefahrlos dem Erzengel begegnen kann.

Nähert man sich dem Mont-Saint-Michel von der Küste her, so erscheint er auf seinem Inselthron wie ein unwirkliches Montsalwatsch – Lohengrins Gralsburg. Nicht jahrhundertelanges Wachstum, sondern die gestaltende Hand eines Regisseurs, so möchte man meinen, hat diese einmalige Silhouette geschaffen. Von gotischen Blendbögen gegliedert, steigt über dem Häuserkranz am Fuß der Berginsel das Gemäuer der Burg Sankt Michaels empor. Der Turmhelm ragt als Leuchtturm des Glaubens 159 Meter hoch über das Meer.

Der Mont-Saint-Michel ist das meistbesuchte historische Denkmal Frankreichs. Und sicher auch das meistfotografierte. Manchmal sind Berg, Burg und Dom auf der Michaelsinsel nichts als eine schwarze Silhouette vor silbernem Himmel. Dann wieder, von der Sonne umglänzt, leuchten sie in satten Farben auf. Oder sie liegen verschleiert im Dunst, wie von einem Pointilisten gemalt, der mit zartem Pinsel Punkt neben Punkt setzt. Maupassant nannte Mont-Saint-Michel ein »riesengroßes Kleinod aus Granit, luftig leicht wie Brabanter Spitzen«.

»Ich sah, je näher ich herankam«, schrieb der große normannische Novellist, »wie sich die überwältigend eindrucksvolle Abtei vor mir immer jäher und himmelhöher auftürmte.«

Man steigt, wenn man sich nicht am Stadttor schon verleiten läßt, erst einmal bei »Mère Pulard« ein Omelett zu verzehren, eine enge Gasse empor, flankiert von Bijouterie- und Souvenirgeschäften und Oasen normannischer Küche, halb bedeckt von Markisen, die diesem Kalvarienberg der Touristik etwas Orientalisches verleihen. Die Gasse ist dicht angefüllt mit Volk in Sportdreß oder Kutte. Das Angebot von Trachtenpuppen, Kupferkannen und Muschelarrangements schwirrt einem im Kopf herum, ehe man den Gipfel erreicht.

Im Labyrinth der normannischen »Engelsburg« muß man sich durch Sakralräume, Säle und Sälchen, Gänge und Gewölbe auf mehreren Stockwerkebenen hindurchschieben. Der prächtigste und originellste Raum ist der Saal der Ritter, den man berechtigt »La Merveille« (Das Wunder) nennt. In dem mächtigen, vierschiffigen Saal, dem ursprünglichen Schreibsaal der Mönche, hat der Michaelsorden des Königs Ludwig XI. 1469 seine erste Versammlung abgehalten.

Der Andrang ist so groß, daß die Besucherschlange in einzelne Schübe aufgeteilt wird. Durch die Halle klingt das Echo der Erklärungen des obligaten französischen Fremdenführers.

Zur Zeit der Rolloniden (wie man in Frankreich Rollos Herzogsdynastie nennt) war der Mont-Saint-Michel im Bewußtsein des Abendlandes tief eingeprägt, auch wenn er noch nicht das monumentale Aussehen hatte, das erst die Gotik schuf. Jeder Normanne wußte aber auch von jenem anderen Michalsheiligtum, das vor dem Mont-Saint-Michel schon gewesen war – der Höhle von Sant' Angelo auf dem Monte Gargáno. Für normannische Frömmigkeit gab es sechs Stätten, an denen sich Jenseitiges im Diesseits abbildet: das Grab Christi in Jerusalem, die Apostelgräber in Rom, das Grab des heiligen Jakobus in Santiago de Compostela in Spanien, die Mönchsburg Monte Cassino und – die Michaelsheiligtümer von Mont-Saint-Michel und Monte Sant' Angelo.

Auf ihrem Zug nach Unteritalien war der Besuch der Pilgerstätte an der Adria so unumgänglich und verpflichtend wie für Mohammedaner die Wallfahrt nach Mekka.

Auch Osmond Drengots erster Gang galt dem Monte Gargáno. Osmond war ein vornehmer Normanne, der in der Normandie einen Günstling des Herzogs Richard II. während der Jagd getötet hatte. Er floh mit vier Brüdern in den Süden, wobei er bei den vielen bereits dort ansässigen Landsleuten Rückhalt erhoffte. Bevor sie weitere Pläne faßten, dankten die fünf in Sant'Angelo dem Erzengel für die geglückte Umseglung Westeuropas.

Am Wallfahrtsort trafen sie nun einen Noblen langobardischer Herkunft, Melus aus Bari, der sich nach einem mißglückten Aufstand gegen die byzantinische Herrschaft in Apulien ins Gargánogebirge geflüchtet hatte. Dieser klagte den Nordmännern sein Schicksal und forderte sie auf, ihm bei der Befreiung Apuliens vom oströmisch-griechischen Joch zu helfen.

Für Drengot und seine Brüder war es eine willkommene Botschaft. Sie verständigten sich mit normannischen Söldnerführern in Salerno, Capua und Benevent und sorgten außerdem für Nachschub von Kriegswilligen aus der Normandie. Im Mai 1017 überschritt Melus mit einem Heer von Normannen die apulische Grenze. Bei Cannä, wo Hannibal 216 v.Chr. die Römer vernichtend geschlagen hatte, traf er im Oktober 1018 auf die Truppen des byzantinischen Feldherrn Bojannes. An den Ufern des Ofanto entbrannte die Schlacht. Diesmal waren die normannischen Gebete zu Sankt Michael vergebens. Die überlegene Kriegskunst des Bojannes bewirkte, daß die Befreiungsarmee des Melus fast ganz vernichtet wurde.

In Erinnerung an die zwei Schlachten von Cannä heißt das Gelände unterhalb des Bahnhofs Pezza del sangue (Blutfeld). Man hat im Erdboden Skelette gefunden, die von den kriegerischen Handlungen herrühren könnten. Der Tag von Melus' Niederlage war ein letztes Sichaufbäumen Ostroms auf weströmischem Boden, ehe das Normannentum ein neues, geeinigtes Süditalien prägte.

Melus begab sich nach der Niederlage von Cannä an den Hof des deutschen Kaisers Heinrich II. nach Bamberg, um die kaiserliche

Unterstützung gegen Byzanz in Unteritalien zu gewinnen. Dort ist der Langobarde gestorben. Im Bamberger Dom liegt er bestattet.

Den Normannen muß am Tag von Cannä aufgegangen sein, daß sich Unteritalien nicht im Handstreich nehmen ließe, sondern daß ihnen mühselige, verlustreiche Kämpfe bevorstünden. Dennoch blieben sie. Als 1030 einer der ihren, Rainulf, von Herzog Guaimar mit der Grafschaft Aversa belehnt und hierin vom deutschen Kaiser Konrad II. bestätigt wurde, war ein Sammelpunkt normannischer Zuwanderung geschaffen. Die Abenteurer, die den straffen Zügeln der Herzöge in der Normandie entwichen waren, brauchten sich nicht mehr zu unsicheren militärischen Dienstleistungen verdingen. Sie scharten sich nun um Rainulf.

Doch das Gastspiel normannischer Krieger auf süditalienischem Boden wäre nichts anderes geblieben als eine der Dutzenden von Episoden fremdstämmiger »Reisläufer« in fürstlichem Dienst, wären nicht unter dem Nachschub aus der Normandie um 1040 die zwölf hühnenhaften Söhne des Grafen Tankred d'Hauteville gewesen. Die Hautevilles waren ein begütertes und doch nicht genügend reiches Geschlecht im Gebiet des heutigen Département Manche. In der Normandie gab es für sie keine Länder mehr. Die Tankredsöhne begnügten sich nicht mit der Bestellung des Bodens auf den ererbten Bauerngütern zwischen Coutances und Saint-Lô, auch wenn sie den Titel »Seigneurs« trugen.

Wie viele Normannen vor ihnen rüsteten sie ihre Barken mit den Drachenköpfen, um in den Süden zu segeln, dessen Früchtesegen auch ihnen im naßkalten Norden den mittelmeerischen Reichtum verkündet hatte.

Für die Verhältnisse des Mittelalters waren die zwölf eine Streitmacht.

Tankred und seine Söhne

Ich erhebe mich um sechs Uhr. Der Platz vor meinem Hotel ist noch leer. Tauben fliegen um den Normannendom von Coutances. Zwischen Coutances und Saint-Lô auf der normannischen Halbinsel Cotentin muß nach meiner Erkundigung Hauteville zu finden sein. Genaue Auskünfte einzuholen, war in Coutances unmöglich. Ich fahre auf gut Glück durch eine friedliche, ein wenig schwermütige Landschaft mit saftigem Grünwuchs, auf der eine warme Morgensonne liegt. Die Häuser sind aus gelbbraunen Granitquadern solid gebaut, mit breiten Giebelkaminen und weißen Läden. Auf halber Strecke weist ein Straßenschild nach links und zeigt an, was auf kaum einer Landkarte zu finden ist: den Ort, nach dem Tankreds Geschlecht benannt ist. Auf der engen, immer wieder um die Ecke biegenden und von Hecken umsäumten Fahrbahn muß ich noch mehrfach nach dem Weg fragen, nicht durchweg erfolgreich. Der Ausgangspunkt welthistorischer Ereignisse ist in unmittelbarer Umgebung nicht jedermann bekannt.

Um so überraschter bin ich, dann doch ein ansehnliches Dorf anzutreffen, das außer dynastischen Erinnerungen auch reizvolle Provinzkunst bietet. Der bescheidene Name, der am Eingang der Ortschaft zu lesen ist, wurde von Kaisern und Königen, Päpsten und Bischöfen mit Respekt oder Unwillen im Mund geführt.

Zunächst fällt mir ein massiver Rundturm auf, der von einem kegelförmigen Dach aus Schiefer bedeckt ist. Die Steine sind unregelmäßig behauen. Am Turmfuß blühen Rhododendron und Geranien. Der wehrhafte Bau stammt aus dem Mittelalter.

Wenige Schritte weiter erhebt sich auf erhöhtem, durch Gemäuer abgestütztem Gelände eine gotische Steinkirche, deren Turm sich nach oben verjüngt. Unter dem steinernen Helm, der das Zifferblatt einer Uhr trägt, schauen vier Wasserspeier in die Gegend von Tankreds einstigem Edelsitz. Die Kirche steht inmitten eines gepflegten Friedhofs.

Ich trete in den Kirchenraum, der keine sonderlichen Schätze birgt. Doch eine Steintafel am Eingang erweckt meine Aufmerksamkeit. Ich lese den Text:

»Zum Gedächtnis von Tankred d'Hauteville, seiner zwei Gemahlinnen Morielle und Frasende, seiner zwölf Söhne Wilhelm Eisenarm, Drogo, Humfried, Gottfried und Serlon, Robert Guiscard, Mauger, Wilhelm, Alfred, Tankred, Humbert und Roger und deren Nachkommen, der Eroberer Apuliens, Kalabriens und Siziliens, der Gründer des normannischen Königreichs von Sizilien, der Vorfahren zahlreicher Königsgeschlechter Europas 1035 bis 1194. Sie besiegten den Kaiser von Byzanz, den römisch-deutschen Kaiser, setzten Papst Gregor VII. in Rom wieder ein, entrissen den Muselmanen einen Küstenstrich Afrikas, herrschten über die Adria und das Mittelmeer und begründeten in Sizilien ein bemerkenswertes politisches Regime und eine bewundernswerte Zivilisation, indem sie ihren Völkern eine weise Führung und ein friedliches Leben schenkten. Weil sie der Welt die Schöpferkraft und das Genie der Normannen vor Augen führten, ehrt

DIE DANKBARE NORMANDIE

ihre Erinnerung in dem Land, in dem sie geboren wurden und von wo sie zu so glanzvollem Schicksalsweg aufgebrochen sind.«

Natürlich beschäftigt mich am Ort vor allem die Frage, ob noch ein Indiz auf den ehemaligen Herrensitz des Grafen Trankred, des Dynastiebegründers und Zeitgenossen Roberts des Teufels hinzuweisen vermag. Vergilbte Bücher machen geltend, daß ein Teil der Burg noch zu Beginn des vorigen Jahrhunderts gestanden habe.

Ich frage Einwohner, die vor einem Dorfrestaurant in Gespräche vertieft sind. Sie nicken mit Eifer und weisen in die Richtung einer Weide, auf der Kühe grasen. Ein Mädchen mit blondem Schopf, an das ich dieselbe Frage richte, steigt vom Rad ab und zeigt mir den gleichen Weg. Über den schlammigen Grund einer Feldstraße, die an einer Buschgalerie entlangführt, komme ich zu einem kleinen Gehöft. Ein Landarbeiter deutet, meinen Wunsch sofort erfassend, auf eine ganz aus Stein gebaute, uralte Scheune, die dem Zusammenbrechen nahe ist. Die Mauerung ähnelt der des Festungsturms am Ortseingang. Das rote Ziegeldach ist mit Blechteilen ausgeflickt. An der Seitenfront fallen mir zwei Pforten auf, deren eine zugemauert ist. Die Pforten weisen unverkennbare romanische Steinbögen auf. Die Vermutung liegt nahe, daß es sich hier zumindest um das Fragment eines Wirtschaftsgebäudes handelt, das zum gräflichen Anwesen gehört hat.

Der Abbé von Hauteville wohnt in einem hübschen Steinhaus neben der Kirche. Ich klopfe an und trete in sein Arbeitszimmer, dessen Wände bis zur Decke mit Folianten vollgestellt sind. Er lächelt nachsichtig, als ich ihm meine Entdeckung mitteile.

»Die Leute beharren darauf«, sagt der Geistliche, »sie sind nicht davon abzubringen. Es ist eine alte Legende – nichts mehr.«

Obwohl der Abbé der Typ eines feinen Gelehrten ist, überzeugt mich sein Zweifel nicht. An Volksüberlieferungen ist oft mehr Wahrheit, als »Schulweisheit sich träumen läßt«.

»Dort geht unser Maître d'Ecole – unser Schulmeister«, sagt der Abbé am Fenster, »vielleicht kann er Ihnen etwas über die Hautevilles sagen.«

Ich treffe den Lehrer gerade noch vor der Gaststätte. Die beiden Torbögen? Er verhält sich unschlüssig. »Monsieur l'Abbé will nichts davon wissen«, sagt er.

»Nimmt die Geschichte Tankreds und seiner Söhne in Ihrer Geschichtsstunde einen breiten Raum ein?«

Der Schulmeister nickt. »Wir nehmen sie durch – doch nur kurz.«

Der Maître d'Ecole führt mich zum Ort der anschaulichsten Normannenerinnerung: zur Mairie, dem Rathaus, einem schlichten zweistöckigen Gebäude. Wir steigen eine Stiege hinauf und klopfen an die Tür des Monsieur le Maire. Er ist im Amt und heißt uns eintreten. Sein Allerheiligstes ist ein schmuckloser, ja geradezu kahler Raum mit einem leeren Holztisch. Freundlich kommt er uns entgegen. Hinter ihm steht, bis zur Decke ragend, Robert Guiscard – aus Gips. Der Bildhauer del Sarte hat ihn um die Jahrhundertwende geschaffen, ganz im Sinn der romantischen Vorstellung seiner Epoche. Die eine gepanzerte Faust hält Schild und Schwert, die andere umklammert das Banner, das über unzähligen Siegen wehte. Roberts Blick richtet sich himmelwärts. Das hochgemute Abbild ritterlicher Avventura – der bescheidene Maire im abgetragenen Rock: dazwischen klaffen Jahrhunderte und Welten. Trotz des grotesken Mißverhältnisses ist es rührend, wie der Gemeindevorstand des Hauteville von heute im Schatten der Weltberühmtheit des Hauteville von einst (zu dem der Schulze verehrend aufschaut) seine kommunalen Pflichten wahrnimmt, die Genehmigung von Bauwünschen, die Anlage einer Dorfstraße, die Zählung des Viehs.

Doch um diese Dinge wird sich neben Trunk und Jagd auch der Graf Tankred d'Hauteville gekümmert haben, dessen zwölf vitale Söhne ein Menschenalter lang die Welt in Atem hielten ...

Als erste der Tankredsöhne trafen um 1030 die beiden ältesten in Unteritalien ein. Wilhelm Eisenarm und Drogo. Sie leisteten Söldnerdienste bei den Langobardenfürsten Gandulf von Capua und Guaimar IV. von Salerno (dem Sohn des inzwischen verstorbenen Guaimar III., der die Normannen ins Land gerufen hatte). Ob die Zuzügler sich mit den »Langbärten« haben verständigen können? Gandulf und Guaimar sprachen zweifellos nicht mehr Langobardisch, sondern das volkstümliche Latein ihrer Zeit. Die Tankredsöhne sprachen Altfranzösisch, eine Sprache, die dem Volkslatein noch sehr nahe war. Man könnte sich denken, daß eine Brücke der Verständigung bestanden hat.

Die Verständigung ließ auch sonst nichts zu wünschen übrig. Gemeinsam mit ihren langobardischen Herren entschlossen sich die Söhne Tankreds, an dem Feldzug des byzantinischen Kaisers Michael IV. gegen die Sarazenen Siziliens teilzunehmen. Es war fast das einzige Mal, daß Griechen, Langobarden und Normannen in derselben Front standen. Nicht nur der Glaube einte sie. Sie versprachen sich auch Gewinn. Der »Vertrag« war eindeutig: Man forderte die Hälfte der Beute und der eroberten Städte.

Der vom byzantinischen Kaiser beauftragte Feldherr Georgios Maniakos setzte 1038 mit seinem Heer bei Reggio auf die Insel über. Außer den fünfhundert normannischen Söldnern in seinem Heer verfügte er über die eigens für den Geldzug abgestellte kaiserliche Leibgarde der Waräger. Deren Anführer war bekanntlich Harald Hadraada. Im gleichen Jahr, in dem die Tankredsöhne von Hauteville in den Süden aufgebrochen waren, hatte auch Harald Hadraada seine Heimat verlassen, um seinen abenteuerreichen Auszug in Byzanz zu beenden. Es ist reizvoll zu überlegen, ob Harald, Wilhelm und Drogo sich getroffen haben. Amatus von Monte Cassino, der den Feldzug beschrieb, erwähnt nichts davon. Bei der Überschaubarkeit mittelalterlicher Heere liegt es aber nahe. Verständigen konnten sich die drei Söhne Skandinaviens nur mit Mühe, die Hautevilles sprachen Französisch, Harald Norwegisch und vielleicht etwas Slawisch und Griechisch.

Bei Messina stießen die Truppen des Maniakos auf die Scharen des Emirs Abd-Allah. Angreiferarmeen brauchten im Mittelalter kein schlechtes Gewissen zu haben. Da man fast immer Glaubensdinge vorspiegeln konnte, ließ sich jeder Angriffskrieg unschwer als Kreuzzug ausgeben. Das Heer der Byzantiner betete vor der Schlacht zu Christus, Petrus, der Jungfrau Maria und Sankt Michael. Das sarazenische Heer betete eindeutiger monotheistisch zu Allah.

Abd-Allahs Streitkräfte wurden vollkommen zerrieben, kein Wunder bei der vereinten Kraft von Normannen und Warägern. Mönchische Chronisten sind nicht sehr einfallsreich. Wie bei Dutzenden von ähnlichen Niederlagen heißt es auch hier: Die Bäche schwollen an vom Blut der Erschlagenen. Auch bei dem darauffolgenden Sieg in der Nähe des Ätna wird uns ein vielgebrauchtes Bild dargeboten: Ein Sturm erhob sich – aus der Chronistenwarte als Folge der Gebete – und trieb den Ungläubigen »Wolken Staubes« in die Gesichter. Zuvor hatten die Muselmänner mittels Fußangeln ein »Minenfeld« gelegt. Doch die Normannenrosse trugen – damals eine umwälzende Neuheit – Hufeisen und zerrissen die Angeln.

Nach seiner Niederlage konnte Abd-Allah auf Pferderücken zur Küste und in einem Nachen nach Palermo entkommen. Man schrieb dies der Unaufmerksamkeit des Admirals Stephan zu, der die Küste hätte bewachen sollen. Maniakos war, was sich auch heute nicht auszuschließen braucht, ebenso tüchtig wie rücksichtslos. In seinem Zorn ohrfeigte er den Admiral. Es war eine teure Ohrfeige. Stephan, der gute Beziehungen zum Hof in Byzanz hatte, schwärzte Maniakos beim Kaiser an. Obwohl der Feldherr noch Syrakus erobern und die Gebeine von Santa Lucia zum Bosporus schicken konnte, wurde er ungnädig abberufen und ins Gefängnis gesteckt. Sein Nachfolger, eben jener Admiral Stephan, erwies sich auch weiterhin als militärische Niete. Die Sarazenen eroberten den verlorenen Boden zurück. Die grüne Fahne des Propheten hatte die Chance, noch einige Jahrzehnte über Sizilien zu wehen.

Die Normannen, die Maniakos um ihren Sold geprellt hatte, waren schon zuvor nach Unteritalien heimgekehrt. Kurz nach dem mißglückten sizilianischen Unternehmen wurden aus Alliierten wieder

Feinde. Die Langobardenfürsten suchten mit Hilfe ihrer Normannensöldner die Byzantiner aus Apulien zu verdrängen und ganz Unteritalien zu gewinnen. Mit den angeworbenen Nordleuten hatten sie ein so unfehlbares Schwert in der Scheide, daß sie den kühnen Schlag gegen Ostrom wagten. In drei großen Schlachten, in denen Byzanz beträchtliche Teile Apuliens verlor, standen Normannen und Waräger nicht mehr Schulter an Schulter, sondern gegeneinander.

Als der Sieg erstritten war, ließen sich die Nordmänner 1043 von Guaimar in der lukanischen Stadt Melfi (von nun an das normannische Hauptquartier) zwölf apulische Städte zu Lehen geben. Zu den Belehnten zählten Wilhelm Eisenarm, der Arcoli, und Drogo, der Venosa erhielt. Guaimar blieb ihr Lehnsherr und nannte sich aufgrund der von Normannenschwertern erfochtenen Machtausweitung »Herzog von Apulien«. Unter seinen zwölf nordländischen Lehnsleuten errang Wilhelm Eisenarm – die Parallele zu Rollo liegt nahe – bald schon den Rang eines Primus inter pares. Die Auszeichnung nützte ihm wenig. Er starb schon 1045.

Die Sonderstellung Wilhelm Eisenarms kam nun seinem Bruder Drogo zustatten. Der normannische Neuadel Apuliens anerkannte auch ihn als Ersten unter Gleichen. Er besaß wie sein Bruder Format. Der alte Graf Tankred d'Hauteville konnte mit den zwölf Söhnen zufrieden sein, die seine zwei Gemahlinnen zur Welt gebracht hatten. Sie alle zog es, vom Erfolg der Brüder geblendet, nach Unteritalien, zuerst die Söhne Morielles – Humfried, Gottfried, Serlon –, später die Söhne Frasendes, unter ihnen Robert Guiscard. Sie alle waren »Treffer« im Spiel um Süditalien. Drogo konnte bald seine Macht erweitern. Er nutzte 1046 die Anwesenheit des römisch-deutschen Kaisers Heinrich III. in Capua, um seine Abhängigkeit von Guaimar zu lösen, indem er sich dem Kaiser als unmittelbarer Reichsvasall anbot. Der Kaiser war damit zufrieden. Guaimar verlor mit der Lehnsherrschaft zugleich die apulische Herzogswürde. »Graf« Apuliens und Kalabriens (das freilich noch Byzanz gehörte) wurde Drogo. Der deutsch-römische Imperator hat mit der Machtsteigerung der Hautevilles seinen Nachfolgern ein schlimmes Erbe hinterlassen. Denn im später ausbrechenden Kampf zwischen Kaiser und Papst ergriffen die Normannen die Partei der Kurie – als deren eigentliches Schwert.

Drogo stiftete als Grablege der Hautevilles die Kirche Trinità (Dreifaltigkeit) in Venosa, der in Lukanien gelegenen Geburtsstadt des altrömischen Dichters Horaz. Er ließ dort seinen Bruder Wilhelm Eisenarm beisetzen. Als er 1051 bei Betreten der Kirche von Bovino einem Attentat zum Opfer gefallen war, fand auch er in der Grabkirche von Venosa seine letzte Ruhestätte.

Ein Jahr später starb Herzog Guaimar IV. von Salerno durch Mörderhand. Sein Sohn Gisulf trat die Nachfolge an. Er herrschte nur noch von Gnaden der Normannen.

Die Hautevilles hatten bei ihrem Aufstieg zur Macht eine weitere Stufe genommen. Trotz der schon halbwegs gesitteten Umwelt des Herzogtums der Normandie, der sie entstammten, waren Tankreds Söhne bei ihrem ersten Auftreten in Italien nichts weiter als besitzlose Söldner – oft auch Wegelagerer und Piraten. Die sie gerufen hatten, wünschten sie bald wieder fort. Doch die Hautevilles waren bald schon mächtiger als ihre Herren, zuerst als Lehnsträger, dann als selbständige Fürsten. Mit Tatkraft und Überlegung, doch auch mit Unverfrorenheit, hatten sie Macht und Prestige »aufgebaut«. Europa begann von ihnen zu sprechen.

Drogos Bruder und Nachfolger Humfried sollte einen weiteren Schritt nach oben tun. Humfrieds erste Tat war es, unter den Schuldigen am Tod seines Bruders aufzuräumen.

Kaum hatte er die Ordnung im Innern hergestellt, als Gefahr von außen drohte. Den Stuhl Petri nahm seit 1049 ein Papst aus dem Herzogtum Schwaben ein, Leo IX., der als erster die cluniazensische Reformbewegung unterstützte, die später für den Aufstieg Wilhelms des Eroberers so entscheidend werden sollte. Leo verdammte die Politik gewaltsamer Übergriffe. Immer neue Klagen über die Gewaltpolitik der Nordmänner drangen aus Unteritalien nach Rom. Man verschrie die Unruhestifter als »verfluchte Normannen«. Vor allem Benevent, das seinen Herzog vertrieben und sich Rom unterstellt hatte, erlebte wiederholt normannische Übergriffe.

Leo, kämpferisch im Geist wie später Gregor VII., verhängte über die Normannen-Anführer den Kirchenbann. Dazu brachte er eine Koalition von drei Weltmächten zusammen: Papsttum, Imperium und Byzanz. Der Stellvertreter Christi stellte im Mittelalter nicht nur eine geistliche Macht dar. Er war auch ein weltlicher Machthaber, dessen Hoheitsgebiet ganz Mittelitalien umfaßte und der mit einer eigenen Armee Kriege führte. Mit seinem Heer, darunter 700 Deutsche aus seiner schwäbischen Heimat, zog Leo 1053 nach Unteritalien. In Civitate bezog er mit zahlreichen Bischöfen Quartier.

Die führenden Köpfe der Normannen, Graf Humfried, sein Bruder Robert Guiscard und Graf Richard von Aversa (einer der Nachfolger Rainulfs und Schwager der Tankredsöhne) vergaßen in Abwehr des drohenden Angriffs von drei Gegnern ihre Zwistigkeiten. Mit ihren Streitkräften traten sie den Päpstlichen entgegen. Sie wollten eine rasche Entscheidung herbeizwingen. Denn ihre Truppen litten unter Proviantmangel; außerdem galt es zu verhindern, daß die Alliierten sich vereinigen konnten. Bis die Reichsmacht nach Italien kam, dauerte es vermutlich noch lange. Dagegen war zu befürchten, daß die Papsttruppen und die apulischen Garnisonen von Byzanz gemeinsam operieren könnten. Also tat schnelles Zuschlagen not. Die Parole hieß: Angriff auf Leos Truppen.

Leos Armee stellte allein schon eine beängstigende Übermacht dar. Aber die Normannen vertrauten wie oft auf ihre sprichwörtliche Unbesiegbarkeit und auf die eigentliche Waffe der Nordmänner – die Reiterei. Vorher schickte man noch Unterhändler nach Civitate, die Leo anboten, die Hautevilles und Graf Richard würden alles eroberte Land vom Stuhl Petri zu Lehen nehmen und den Peterspfennig entrichten. Sie forderten allerdings, der Papst möge sein Bündnis mit Byzanz lösen. Leo lehnte ab.

Noch nie war die Lage für die Hautevilles so kritisch. Die Herrschaft der Normannen konnte an einem einzigen Tag, durch eine einzige Schlacht zusammenbrechen.

Und dann kam doch alles anders, als die Päpstlichen gehofft, als die Nordmänner gefürchtet hatten.

Die Schlacht entbrannte am 18. Juni 1053. Die Normannen hatten drei Kampfgruppen gebildet. Humfried und Richard stellten sich dem Feind; Robert Guiscard hielt sich in Reserve. Während Richard das italienische Aufgebot des Papstes in die Flucht warf, kamen Humfrieds Männer mit den Deutschen ins Handgemenge. Robert Guiscard eilte seinem Bruder zur Hilfe. Doch die Lage blieb bedrohlich. Die Entscheidung brachte Richard von Aversa, der mit den Seinen von der Verfolgung der flüchtenden Italiener gerade rechtzeitig zurückkam, um ein Weichen der Normannen zu verhindern. Mit vereinter Kraft gelang es, das schwäbische Korps nahezu ganz niederzumachen.

In Civitate löste der normannische Sieg Bestürzung aus. Man fürchtete die Rache der Sieger. Der Nimbus des Stellvertreters Christi besaß damals noch seinen vollen Glanz. Doch sah man sich einer realen, handfesten Gefahr ausgesetzt, so war der Bann der irrealen Welt der Kirche auch für den mittelalterlichen Menschen gebrochen. Seine eigene Haut galt ihm letztlich mehr. Die Bürger von Civitate ergriffen rasch die normannische Partei und plünderten den Troß samt Kirchenschatz. Leo mußte in seiner Bedrängnis als Glück empfinden, daß die Hautevilles ihn gerade noch rechtzeitig in Schutzhaft nahmen und vor dem Mob von Civitate retteten.

Nun geschah etwas absolut Unberechenbares und Überraschendes: Die Normannen demütigten nicht den besiegten Oberhirten, sondern im Gegenteil – sie beugten vor ihm ihre Knie und erwiesen ihm alle Zeichen ehrerbietiger Hochachtung.

Die Taktik war klug überlegt: Leo sprach seine unbändigen und doch in entscheidender Stunde hellsichtigen Gegner vom Banne frei, erteilte ihnen den päpstlichen Segen und bestätigte die von ihnen eroberten Länder. Der Tag von Civitate brachte eine Wende der päpstlichen Politik gegenüber Tankreds Söhnen. Und nur diese Wendung erlaubte es den Hautevilles, ihre bis dahin gewonnene Position in Unteritalien zu halten.

Als nach Humfrieds Tod und Beisetzung in Venosa 1057 Guiscard in die Stellung des Grafen von Apulien nachrückte, ging die Saat von Civitate auf. Die Situation in der italienischen Politik war für die Hautevilles noch nie so günstig.

Auf dem päpstlichen Stuhl saß damals als dritter Nachfolger Leos IX. ein Oberhirte, der sich als ausgesprochener Normannenfreund erwies: Nikolaus II.

Wieder einmal wählten die Bürger Roms ihren eigenen Papst, einen Gegenpapst: Benedikt X. Zu diesem Gegenspieler kam für Nikolaus II. noch ein weitaus gefährlicherer Widersacher: der römisch-deutsche Kaiser, der sich gegen die weltlichen Herrschaftsansprüche der Reformpäpste entschieden zur Wehr setzte. Schon zeichnete sich am Horizont das größte Ringen des Mittelalters ab: der Kampf zwischen Kaiser und Papst, zwischen weltlichem und geistlichem Machtanspruch innerhalb jenes Reiches, das seit Karl dem Großen die Nachfolge des römischen Weltreichs angetreten hatte und an dessen Spitze jetzt das deutsche Geschlecht der fränkischen Kaiser stand.

In der Krise der beginnenden Auseinandersetzung zwischen Rom und dem Reich benötigte der Oberhirte der Christenheit einen militärischen Rückhalt. Wer konnte ihn idealer bieten als die unschlagbaren Normannen, die sich um die Söhne Tankreds scharten?

Der eigentliche Verfechter des neuen Kurses war Kardinal Hildebrand, der nachmalige Papst Gregor VII. und Gönner Wilhelms des Eroberers. Er sollte nicht nur seine Hand über die Normannen der Normandie halten, sondern auch über die Normannen Apuliens, die sich anschickten, Unteritalien und Sizilien zu erobern. Indem er die Nordmänner förderte, legte er zugleich den Grundstein für die politische Weltmachtstellung der Kurie.

Zum Wohlwollen des Heiligen Stuhls kam in den Jahren nach Civitate noch eine andere günstige Wendung für den Aufstieg der Tankredsöhne. 1053 hatte sich dem Vormarsch der Hautevilles in Unteritalien vor allem das Bündnis zwischen Rom und Byzanz entgegengestellt. Auf die Dauer wäre man der vereinten Kraft beider Mächte nicht gewachsen gewesen.

Doch das Jahr 1054, das Todesjahr Leos IX., brachte einen Umschwung. In seine letzten Lebensmonate fiel das Schisma, jene Trennung zwischen östlicher und westlicher Christenheit, die bis heute bestehenblieb und um deren Beseitigung man sich in unseren Tagen mit gutwilligem Eifer und rührendem Unvermögen bemüht.

Verschiedene Ausdeutung des Wortes Christi, Ungleichheit des Gottesdienstes und Rivalitäten in der Rangfolge apostolischer Plätze, dazu auch politische Gegensätze zwischen Rom und Byzanz hatten um die Mitte des elften Jahrhunderts die christliche Welt so heillos gespalten, daß jeder Tag das endgültige Auseinanderbrechen bringen konnte. Am 16. Juli 1054 erschienen in Byzanz als päpstliche Legaten die Kardinäle Humbert und Friedrich sowie Erzbischof Petrus von Amalfi. Sie legten während der Liturgie eine Bulle auf den Altar der Hagia Sophia. Nach dem Gottesdienst öffnete man die Bulle. Sie enthielt schroffe Beschuldigungen, dazu den Bannspruch Roms über den ostkirchlichen Patriarchen Caerularius. Der Bruch war endgültig.

Zum Glück für die Normannen: Nie mehr würden sich die beiden Mächte gegen sie vereinen, ebensowenig wie Papst und Kaiser, Reich und Rom – die Mächte der Koalition von einst waren auf immer zerstritten. Die Hautevilles hatten freie Hand, den Byzantinern die letzten Stützpunkte Apuliens und Kalabriens abzunehmen. Ja günstiger noch: Nun, nach dem Schisma, waren die Christen des Ostens in den Augen Roms Ketzer, nicht besser als die Heiden unter dem Halbmond.

Die restliche Eroberung Süditaliens war nach dem Urteil des päpstlichen Stuhls nun nicht mehr Raub und Wegelagerei – sondern ein Kreuzzug. Vor der höchsten moralischen Instanz der gesitteten Welt waren die Strauchdiebe von gestern Kreuzfahrer von heute. Ihre Rehabilitierung ließ nichts zu wünschen übrig. Eine günstigere Wendung des Schicksals hätten sie nie zu erträumen gewagt.

Äußerlich kam die neue Stellung der Normannen in Unteritalien 1059 durch den Tag von Melfi zum Ausdruck. Die Kurie hatte ihren Besuch angemeldet. Nikolaus II. kam persönlich. Er empfing die Huldigung Robert Guiscards und Richards von Aversa. Robert wurde mit Apulien, Kalabrien und Sizilien belehnt, Richard mit Capua. Die beiden Normannenfürsten waren nun in den Augen der Welt rechtmäßige Machthaber. Die Kurie sprach ihnen Gebiete zu, für deren gewaltsame Besitzergreifung sie vor wenigen Jahren noch dem Bann verfallen waren.

Der Tag von Melfi und die päpstliche Weihe für die normannische

Landbeute wären nie zustande gekommen ohne Roms Bruch mit dem ost- und weströmischen Kaisertum. Nikolaus maßte sich Lehnsrecht über Länder an, die teils Byzanz gehörten, teils dem römisch-deutschen Kaiser lehnspflichtig waren. Und teilweise mußten sie überhaupt erst erobert werden. Aber die Eroberungszüge waren jetzt legal.

Der Papst legalisierte das Haus Hauteville aber noch mehr: Er begab sich nach dem nahen Venosa, um die Grabkirche der Söhne Tankreds eigenhändig zu weihen. Neben Wilhelm Eisenarm, Drogo und Humfried sollten hier später noch Frasende (Tankreds zweite Gemahlin, die ihren Söhnen nach Süditalien nachgefolgt war), Robert Guiscard und seine beiden Gemahlinnen Alberada und Sigelgaita beigesetzt werden. War schon die Weitergabe der Grafenwürde eine Art »Erbfolge«, so begründete die päpstliche Anerkennung von Venosa als Fürstengruft noch nachdrücklicher ein Erbrecht der Nachkommen Tankreds in Süditalien.

Europa hatte eine neue Dynastie. Und Robert Guiscard trug seit Melfi einen neuen Titel – »durch Gottes und des heiligen Petrus Gnaden Herzog von Apulien und Kalabrien und mit Hilfe beider künftiger Beherrscher von Sizilien«.

Der erste Herzog des Hauses Hauteville sollte bald seine Brüder in den Schatten stellen.

»Guiscard! Guiscard!«

Robert Guiscard war 1046 auf den Spuren seiner erfolgreichen Stiefbrüder in Unteritalien eingetroffen. Er besaß nichts als sein Schwert. Sein Bruder Humfried zuckte die Achseln und drückte sein Bedauern aus: Alles Land sei an die normannischen Barone verteilt. Robert mußte sich als Viehräuber über Wasser halten – eine »verkrachte Existenz« des Mittelalters.

Daß Robert zu seiner ersten Burg kam, verdankte er dem Umstand, daß Kalabrien noch nicht erobert war. Seine Brüder Drogo und Humfried, die im reicheren Apulien genügend beschäftigt waren, kamen auf den Gedanken, der jüngste Bruder könne das heiße Eisen Kalabrien anpacken. Als Ausfallstor in das kalabrische Bergland gaben sie ihm ein Kastell über dem Fluß Crati. Der Crati, der die Grenze von Kalabrien und Lukanien bildet, erreicht bei der antiken Stadt der Verschwender, Sybaris, das Ionische Meer. Es ist eine ausgesprochen »heroische« Landschaft, die unsere romantischen Maler des vorigen Jahrhunderts hätte begeistern können. Schroffe, abweisende Felswände steigen zum majestätischen, schneebedeckten

Pollino auf. Um das abstürzende Wasser des Crati wuchern lichtgrüne Akazien. Man findet hier Anklänge an die ursprüngliche Heimat der Normannen: Skandinavien.

Durch Roberts erste Burg pfiff der Wind. Sie war zur Eroberung Kalabriens wenig geeignet, allenfalls zu weiterem Wegelagern. Robert setzte zunächst auch sein Freibeuterleben fort. Er ergriff den Grafen von Bisigniano und hielt ihn auf seinem Bergnest fest, bis dieser die erpresserisch geforderten 20000 Goldstücke zu zahlen versprach.

Noch besser zu Geld kommt man durch eine sogenannte »gute Partie«. Robert Guiscard ehelichte Alberada, Schwester des vermögenden Normannen Gerard de Buonalbergo, der gleichfalls Absichten auf Kalabrien hatte. Robert, sein neuer Schwager, sollte ihm dabei helfen. Der »Schlaukopf« erhielt als Vorleistung und Hochzeitsgabe eine Schar von Reitern, mit denen er südwärts ritt.

»In Kalabrien nahm er Städte und Burgen ein«, schrieb der Chronist Wilhelm von Apulien, »und verwüstete das Land. Das war der Anfang des Wachstums aller Macht und allen Eigentums in der Hand Robert Guiscards.«

Als Robert begann, die kalabrischen Kastanien (die es tatsächlich gibt) aus dem Feuer zu holen, war das entlegene Gebirgsland an der Spitze des italienischen Stiefels noch fest in byzantinischer Hand. Byzanz hat bis heute seine Spuren hinterlassen. Die beiden schönsten Kirchen, San Marco in Rossano und La Cattolicà in Sila, könnten wir auch auf dem Balkan antreffen.

Im fünfzehnten Jahrhundert stand Kalabrien noch einmal unter dem Zeichen Griechenlands. Der Türkensturm, der nach der Eroberung von Byzanz 1456 über den Balkan hinwegging, löste eine Massenflucht unter den Griechen aus. In Unteritalien, das damals dem spanischen Haus Aragon gehörte, war man sich der Verbundenheit unter Christen bewußt. Man siedelte sie auf abgabefreien Ländereien im Herzen Kalabriens an, dem am dünnsten bewohnten Gebiet des aragonesischen Königreichs. Beharrlich haben die Griechen durch die Jahrhunderte Bauformen, Religion und Sitte der balkanischen Heimat beibehalten. Noch heute sieht man in den Griechendörfern Spezzano, San Demetrio, Santa Sofia d'Epiro Balkantrachten. Im Zeitalter verblassenden Lokalkolorits sind sie kaum mehr bewußte Erinnerung an eine Zeit, in der ganz Europa vor dem Osten zitterte.

Während Robert Guiscard im Verlauf von Jahren die Byzantiner aus Kalabrien verdrängte, stand ihm ein unersetzlicher Kampfgenosse zur Seite: sein jüngster Bruder Roger, der als letzter der zwölf in den Süden gekommen war.

In Milet – der Name deutet auf griechischen Ursprung – richtete Robert sein Heerlager ein. Er versprach dem Jüngeren die Hälfte der gemeinsam eroberten Halbinsel.

Später wollte er sich nicht mehr erinnern. Er lenkte seinen Bruder, der in Unteritalien vielleicht einmal unbequem werden konnte, nach Sizilien ab und versprach ihm freigebig ein Reich, das den Sarazenen gehörte.

»Robert ist freigebig mit Geld«, klagte Roger, »aber knauserig mit Ländern.«

Vom Kai des soeben eroberten Reggio schaute der junge Hauteville 1060 nach Sizilien hinüber. Zart hob sich im südlichen Licht der helle Küstenstreifen ab. Ob er es wagen sollte? Die Muselmanen waren hartnäckigere Gegner als das morsche Byzanz, als die verweichlichten, zerstrittenen Langobarden.

Es galt, mit Hilfe von Sankt Peter eine Insel zu gewinnen, zwischen deren fruchtbaren Gefilden und dem soeben eingenommenen Kalabrien nur noch ein schmaler Streifen Meeres lag.

Robert Guiscard war trotz der vom Papst bestätigten Herzogswürde keinesfalls unangefochtener Herr im Haus. Noch hielten sich die Byzantiner an apulischen Küstenpunkten. Noch saßen mitten im normannischen Hoheitsgebiet die restlichen langobardischen Fürsten in ihren Miniaturstaaten. Noch gab es unter den normannischen Adligen viele, die – Rest der Wikingerzeit – sich selber als Herren fühlten. Die Losung in der Normandie »Wir kennen keinen Herrn« spukte auch in ihren Köpfen.

Aber Roberts unbeugsamer Wille ließ den Griechen keine Ruhe, setzte sich gegen die eingesessenen Potentaten durch, hielt die normannischen Ehrgeizlinge nieder und überspielte sogar seine Brüder, die im Kleinkrieg aller gegen alle auf der Strecke blieben – außer Roger, dem begabtesten. Von den Mitbewerbern um die Macht waren ihm manche ebenbürtig an Muskelkraft, doch keiner an Entschlußkraft und Verschlagenheit, in der Kunst, alle gegeneinander auszuspielen, um über alle zu herrschen.

Mit nicht immer fairen Mitteln arbeitete sich der streitbare Riese von der normannischen Halbinsel Cotentin zur absoluten Macht empor, zur gesicherten Vorrangigkeit vor allen Rivalen. Die Fama seines Namens erfüllte Europa. »Wenn er sich etwas in den Kopf gesetzt hatte«, so charakterisiert die byzantinische Prinzessin Anna Komnene den Hauteville, »konnte ihn keiner und nichts davon abbringen. Die größten Kaiser überragte er um Haupteslänge. Wie Homer von Achill berichtet, daß man glaubte, eine große Zahl von Menschen gleichzeitig reden zu hören, wenn man seine Stimme vernahm, so erzählt man von Guiscard, daß sein Ruf genüge, um eine Armee von sechzigtausend Mann in die Flucht zu schlagen.«

Wie die meisten Emporkömmlinge suchte Robert Guiscard den Ruch des Glücksritters und Abenteurers loszuwerden. Er beschloß, in eines der alten langobardischen Adelsgeschlechter einzuheiraten. Bedenkenlos trennte er sich von Alberada de Bouonalbergo, seiner normannischen Gemahlin, der Mutter seines Sohnes Boemund, mit dem Scheingrund zu naher Verwandtschaft, um 1059 in Melfi die Langobardenprinzessin Sigelgaita, die Schwester Gisolfs von Salerno, zur Herzogin zu machen. Roberts zweite Ehe war eine Bindung des Herzens.

»Drei Tugenden«, so erzählt Amatus von Monte Cassino, »pries man an Robert und drei an seiner Gemahlin. Unter den Reichen war er der Reichste, unter den Demütigen der Demütigste, unter den Tapferen der Tapferste. Seine Gemahlin aber war vornehm von Geburt, schön von Gestalt und verständigen Sinnes.«

Die Durchschlagskraft seiner Kriegführung brachte Robert bei den Zeitgenossen den Namen »Terror mundi« (Schrecken der Welt) ein. Wo der Schlachtruf »Guiscard! Guiscard!« erklang, flohen Armeen, fielen Mauern, ergaben sich Besatzungen. 1060 sehen wir ihn auf dem Kriegsschauplatz Sizilien, wo Roger d'Hauteville, der jüngerer Bruder, inzwischen die Invasion auf die Insel wagte. Wie 1943 bei Dieppe, ließ man der »Premiere« der Landung eine »Generalprobe« vorangehen. Die Truppen erwiesen sich dabei als unzureichend, worauf man Nachschub heranholte und einen neuen Invasionstermin bestimmte.

Kaum hatte Guiscard an der Seite des Bruders auf Sizilien seine ersten Erfolge erzielt, tauchte er wieder in Kalabrien, Kampanien und Apulien auf, überall wo es »brannte«, wo Langobarden oder Normannen gegen die harte Faust des »Terror mundi« aufbegehrten.

1071 rückte er gegen Bari vor, die apulische Hauptstadt und letzte Bastion seiner Gegner in Unteritalien. In Bari verteidigten sich, auf die Stärke der Mauern vertrauend, Griechen und aufsässige Normannen. Einer von ihnen, Gozelin, erbot sich, vom Balkan her eine Hilfsflotte in den Hafen zu geleiten. Man wollte als nächtliches Erkennungszeichen ein Lichtsignal geben. Die Bareser sollten zur Erwiderung ebenfalls Fackeln entzünden.

In ihrer Freude über den Entsatz zündeten die Bareser ihre Leuchtfeuer verfrüht an. Außerdem begnügten sie sich nicht mit einem diskreten Licht. Jeder Reisende in Süditalien kennt die eingefleischte Lust der Bewohner am Lichtzauber – mitten am Tage entfachen sie ihn zu Ehren ihrer Stadtheiligen. So mag auch 1071 die Lichtregie der Hafenwachen das Maß militärischer Geheimhaltung überschritten haben, zu einem Zeitpunkt, als die Flotte von Byzanz mit ihrem normannischen Lotsen noch auf hoher See war. Guiscards Posten nahmen es wahr; seine Schiffe schwärmten aus und kaperten das segelnde Hilfskontingent.

Bari ergab sich. Robert behandelte die Bareser glimpflich. Je nach taktischer Notwendigkeit konnte er – wie Wilhelm von der Normandie – bestialisch grausam oder versöhnlich mild sein. Gozelin geriet in lebenslange Haft.

Von politisch gefestigtem Grund wagte der »Terror mundi« nun einen noch kühneren Griff, tollkühn fast und kaum mehr real: den Griff nach Byzanz, der zwar auf den Balkan zurückgewichenen, doch immer noch ersten Weltmacht. Wie wäre die Historie verlaufen, wenn Guiscard Ostrom überwältigt hätte? Wären die normannischen Hidalgos aufgesogen worden in der Weite des Raums und fremden Volks, oder hätten sie, staatsbildend begabt, einen Damm errichtet – eine Sperrmauer gegen den nachmaligen Einbruch von Orient und Asien?

Der vordergründige Anlaß des Kriegszugs nach Osten war privater Natur. 1078 stieß ein rebellischer Heerführer, Nikephoros Botaniades, den Kaiser von Byzanz aus dem Hause Dukas, Michael VII., vom Thron und sperrte ihn zusammen mit seinem Sohn Konstantin in das Kloster Studion. Ex-Kronprinz Konstantin war der Gemahl von Guiscards Schwester Helena.

Robert zeigte sich über die Behandlung des ihm verschwägerten Hauses Dukas empört. Zugleich sah er darin eine Chance: die moralische Rechtfertigung seiner imperialistischen Pläne gegen Ostrom. Vorher gab es jedoch ein burleskes Zwischenspiel: Im Sommer 1080 ließ sich ein unbekannter Grieche am Hof Herzog Roberts in Salerno melden. Er wirkte abgerissen und verwirrt. Man durchsuchte ihn nach Waffen und führte ihn zu Guiscard, der ihn empfing.

»Ich bin Michael VII.«, sagte der Fremde.

Robert hatte den Vater seines Schwagers noch nie von Angesicht zu Angesicht gesehen. Er ging auf den Dukas zu und umarmte ihn. Sie speisten gemeinsam zu Mittag. Man erwies dem Griechen kaiserliche Ehren.

Nach Tisch kam dann jedoch ein normannischer Anführer, der vorübergehend in der Warägergarde am Goldenen Horn gedient hatte, zu Guiscard: der Fremde sehe dem Kaiser nur wenig ähnlich; es müsse sich um einen »falschen Michael« handeln.

Heute, da uns Fernsehen und Presse weltpolitische Größen selbst dritter und vierter Garnitur täglich ins Haus bringen, ist es kaum mehr faßbar, daß die Menschheit des Mittelalters sich von den zwei, drei Größten ihrer zeitgenössischen hohen Politik kein Bild machen konnte. Ja selbst die Größten untereinander kannten sich nur ausnahmsweise. Früher, während der römischen Kaiserzeit, gab es Porträts von einer geradezu beängstigenden Naturtreue, einschließlich jeder Falte, jeder Warze; ein Gang durch die römischen Antikenmuseen veranschaulicht es uns. Anders im christlichen Mittelalter. Der Mensch schaute ins Jenseits. Das Diesseits war der Abbildung kaum wert. Die Porträtkunst starb. Sämtliche Kaiser- und Königsbildnisse jener Zeit sind nichts weiter als Sinnbilder, nach einem idealisierenden Schema gemeißelt, gemalt, in Mosaiksteinen gelegt. Die Künstler kannten ihre Modelle nicht. Zudem trugen die Herrscher ausnahmslos gepflegte, in modischer Einheitlichkeit zugestutzte Kinnbärte, die Charakteristika der Gesichtsform verdeckten.

Aus alldem wird verständlich, daß Robert Guiscard einen Unbekannten für den Kaiser von Byzanz, seinen Verwandten, halten konnte. Er behandelte diesen also trotz der Warnung jenes Normannen mit Auszeichnung und sagte ihm zu, daß er ihm die Kaiserkrone zurückgewinnen helfe. Ein Brief Guiscards unterrichtete zugleich den Nachfolger Christi von dem Flüchtling. Gregor VII. erließ ein Sendschreiben an die Bischöfe von Kalabrien und Apulien, daß der ruhmreiche Kaiser Michael von Konstantinopel, seines Throns verlustig, in Italien erschienen sei. Durch Gebet und mit den Waffen müsse die christliche Welt des Abendlandes für seine Wiedereinsetzung Sorge tragen. Wer sich hierzu zur Verfügung stelle, erhalte Sündenablaß.

Im Mai 1081 kehrte Guiscards Gesandter, Graf Raoul, der von dem Usurpator am Goldenen Horn Rechenschaft fordern sollte, nach Salerno zurück. Er erklärte seinem Herrn (zu dessen Ärger auch öffentlich), daß der hochgeehrte Grieche am herzoglichen Hof nicht der entthronte Kaiser Michael sein könne. Er habe diesen persönlich im Kloster Studion in Byzanz gesehen. Die Nachricht ging von Mund zu Mund, vor allem unter denen, die Guiscard nicht wohlgesinnt waren. Man mokierte sich über den Beinamen »Schlaukopf«.

Bald wußte in Unteritalien jedermann: Dieser verhätschelte Grieche in Salerno war alles andere als ein Exkaiser. Ganz offenkundig wurde es, als der Reichbeschenkte plötzlich von der Bildfläche des Herzogtums verschwand. Der Boden war ihm unter den Füßen zu heiß geworden.

Papst und Herzog waren einem Schwindler aufgesessen!

Aufgesessen? Doch sicher nur zum Schein. Robert müßte nicht der »Schlaukopf« gewesen sein, wenn ihm nicht gleich Verdacht gekommen wäre. Doch der »falsche Michael« kam ihm hochwillkommen, als Instrument, Indiz, greifbares und sichtbares Zeugnis, daß ein

Angriffskrieg gegen Byzanz berechtigt war. Einen Hilfeflehenden durfte ein Christ nicht abweisen.

Von Gregor VII., Schlaukopf auch er bei allem Fanatismus, dürfen wir ebenfalls nicht annehmen, daß er die Kolportage von dem flüchtigen Kaiser so ohne weiteres »schluckte«. Doch Gregor war nicht weniger als der Herzog darauf aus, einen Krieg gegen Ostrom mit einem einigermaßen anständigen Grund zustande zu bringen. Hoffte er doch, durch die Eroberung Griechenlands die durch das Schisma 1054 getrennten Kirchen wieder unter einen Hut zu bringen; unter die Tiara des Bischofs von Rom.

Aber nun geschah etwas höchst Peinliches. Die Warägergarde erhob ihren mannhaften Anführer Alexios auf den Thron. Der Usurpator Nikephoros Botaniades endete jetzt seinerseits in einem Kloster. Guiscards Schwager Konstantin, vom Mönchsgewand befreit, wurde Mitregent und trug Krone und Purpurschuhe, die Insignien des Imperators von Ostrom. Auch Guiscards Schwester Helena, Konstantins Gemahlin, residierte in Glanz und Würde im Blachernenpalast am Goldenen Horn.

Robert Guiscard war der Boden moralischen Rechtes entzogen. Der Krieg gegen Byzanz war kein heiliger Krieg zur Rettung der Familienehre mehr.

Aber die Angriffstruppen lagen an der apulischen Küste bereits in Garnison. Guiscard und der Papst waren zum Angriff auf das größte Reich ihrer Zeit entschlossen. Man konnte und wollte nicht mehr zurück. Der Herzog begann mit der Truppenlandung auf dem Balkan, obwohl die Maske der Heuchelei dem »Schlaukopf« vom Gesicht gerissen war. Nachschubhäfen waren Brindisi und Otranto. Roger, Guiscards Sohn aus zweiter Ehe, vertrat den Vater in Unteritalien. Boemund, der Sohn aus erster Ehe, begleitete den Herzog. Auch Sigelgaita fuhr in kriegerischer Rüstung mit über die Adria. Der Konvoi der Transportschiffe brachte 1300 normannische Ritter und 15000 Langobarden und Italiener nach Griechenland.

Alexios sah sich gezwungen, einen Zweifrontenkrieg zu führen. Denn von Osten bedrängten die Türken sein Reich. Dabei war die Kriegsmaschinerie der Byzantiner eingerostet. Die Staatskasse zeichnete sich durch gähnende Leere aus. Der neue Herrscher aus dem Haus der Komnenen (der viertletzten Dynastie vor dem Reichsuntergang) fand einen Ausweg: die Unterstützung von seiten der Weltmacht Venedig. Durch den normannischen Vorstoß zur See sah der Stadtstaat eigene Interessensphären verletzt. Venedig sagte dem Kaiser von Byzanz militärische Hilfe, vor allem Flottendeckung zu. Mittelbar löste Guiscards Feldzug also eine der weittragenden Entwicklungen des späten Mittelalters aus: die Ausdehnung des venezianischen Levantehandels auf die Häfen des östlichen Mittelmeeres, in denen Byzanz ihm Handelserleichterungen zugestand. Abend- und Morgenland begannen, sich auf dem Sektor des Warenaustausches näherzukommen.

Robert Guiscard plänkelte mit seinem ebenfalls hühnenhaften Sohn Boemund an der dalmatinischen Küste, den abwehrenden Kräften Ostroms (großenteils rasch angeworbene Slawen) an Zahl kaum gewachsen, an Ungestüm aber überlegen. Wieder standen Nordleute gegen Nordleute, die Warägergarde gegen die Normannen Unteritaliens. Erstere drangen mit dem Ruf »Guiscard! Guiscard!« in einem sensationellen Vormarsch in das Herz Griechenlands, nach Thessalien, vor. Alexios stellte sich zur Schlacht. Trotz der Elitetruppe seiner Waräger unterlag er. Die schnell ausgehobenen Rekruten vom Balkan und die barbarischen Hilfswilligen ergriffen die Flucht. Der Kaiser wurde in den Strom der Flüchtigen mithineingerissen. Im Frühjahr 1082 brachte Herzog Robert die Feste Kastoria in Mazedonien in seine Gewalt. Das Ziel Saloniki lag in erreichbarer Nähe; fast schon war jenes andere Ziel, der Traum der Rußlandnormannen durch Generationen, erreicht: die in Sagen und Märchen gefeierte glorreichste Hauptstadt der Welt, die Gründung Konstantins. Der Weg nach Konstantinopel, der Griff nach der Kaiserkrone, war für Robert Guiscard nur noch eine Frage von Tagen.

Da überbrachte ein Bote eine Alarmnachricht in Guiscards Lager. Sein Freund, Papst Gregor VII., war in harter Bedrängnis. Der deutsche König Heinrich IV. marschierte mit einer Armee von den Alpen her nach Rom. Wenn die Normannen, das »Schwert der Päpste«, nicht rechtzeitig auf dem Schauplatz Rom erschienen, war Gregor verloren.

Verloren wäre dann auch Unteritalien, das ehemalige oströmische Kaiserland, das ungeschützt im Blickfeld des nach Süden vorstoßenden Königs von Deutschland lag. Nur schnelles Handeln rettete die Lage.

Enttäuscht brach der »Schlaukopf« seinen Siegeszug nach Konstantinopel ab und eilte nach Rom.

Die Normannen in Rom

Rom trägt den Namen der Ewigen Stadt zurecht. Durch die Jahrhunderte hat es immer neue Jahresringe angesetzt – bis heute. Athen hat Altertum und Neuzeit, aber kein Mittelalter. Paris hat Mittelalter und Neuzeit, aber kein Altertum. Berlin hat Neuzeit, aber kein Altertum und Mittelalter. Rom ragt aus der Tiefe der Geschichte zu uns herauf; alle Zeitalter sind vertreten. Als es aufgehört hatte, weltliche Mitte der Welt zu sein, wurde es geistliche Mitte.

Die Zeugnisse der Vergangenheit machten Rom nicht zum Museum. Das Leben von heute flutet durch die Szenerie von gestern und vorgestern. Auf dem Boden, über den Horaz, Petrarca und Goethe gingen, spielt sich ewig-römisches Leben ab. Die Laken, die zwischen sepiabraunem Gemäuer über Marktstände gespannt sind, hat ganz ähnlich schon der Römer des Imperium Romanum gesehen. Aus jener entzückenden Cafeteria dort könnte soeben Goldoni, der Verfasser des »Kaffeehauses«, herauskommen. An einem der unverrückten Tischchen des berühmten Café Greco sehen wir im Geist den mürrischen Schopenhauer mit seinem ärgerniserregenden Pudel. Seit Jahrhunderten flirtet römische Jugend auf den großen Freiheitstreppen. Jahrhundertelang ergießt sich das Wasser der Tiburtiner Berge in römische Brunnen, Sinnbild der fliehenden Zeit. Treppen und Brunnen gehören von jeher zum ewigen Rom.

Das antike Rom ist der Welt wieder bildhaft ins Bewußtsein getreten, seit Antonio Bossi, der »Kolumbus der Katakomben«, seit Carlo Fea, der »Schliemann des Forum Romanum«, das unter- und überirdische Rom der Vergangenheit entrissen haben. Dennoch sind die Spuren Altroms im zwanzigsten Jahrhundert gering, verglichen mit denen, die das elfte Jahrhundert gekannt hat. Damals, wir wissen es durch zeitgenössische Berichte, stand noch ein großer Teil der Kaiserpaläste auf dem Palatinhügel, vor allem das vielgerühmte Septizonium (der Palast des Septimius Severus); heute sehen wir fast nur noch die kellerartigen Substruktionen, die zur Terrassierung des Hügelgeländes dienten. Noch standen die Prunkbauten des Marsfeldes, dieser klassischen Städte altrömischer Geschichte, noch die komfortablen Villen der Hügel Coelius und Aventin. Rom, das in der Völkerwanderung oft geschundene, wies noch eine Fülle von Portiken und Statuen auf. Dazu kamen die frühchristlichen Basiliken.

All diese Monumente sanken dahin während jener Katastrophe, die 1083 mit dem Nahen des deutschen Königs Heinrich IV. begann und mit dem Brand der Caput mundi, der Hauptstadt der Welt, endete. Als die Glut erloschen war, ragten nur mehr das Colosseum, das Augustusgrabmal und die Säule des Kaisers Marc Aurel einsam aus den rauchenden Trümmern.

1077 hatte sich Heinrich IV. im verbissenen Kampf zwischen weltlicher und geistlicher Macht vor Papst Gregor VII. bis zur Selbstentäußerung demütigen müssen: Von aller Welt verlassen, erschien er als Bettler barfüßig vor der verschneiten Burg Canossa, um vom Papst empfangen und vom Bann gelöst zu werden.

1082 war der König wieder erstarkt. Seine Losung lautete: Rache für Canossa! Mit einem Heer zog er über die Alpen. Kaiser Alexios von Byzanz hatte Heinrich reiche Geldmittel gegeben, damit er in Unteritalien einmarschiere und Robert Guiscard, den Feind der Griechen, bedränge. Doch Heinrich verwandte das Geld dazu, um die Stadtbevölkerung Roms für seine Sache zu gewinnen und gegen den Papst aufzuwiegeln.

Vor den aufsässigen Bürgern Roms floh Gregor in die Engelsburg. Eine kleine Schar Getreuer war um ihn.

Die Boten meldeten: Heinrich stehe schon in der Lombardei!

Gregor hatte den Abt von Dijon und eine Abordnung von Kardinälen zu Guiscard geschickt. Nur die Normannen konnten jetzt in letzter Minute den Bischof von Rom vor der rächenden Hand des deutschen Königs retten. Was würde Gregors Los sein, wenn er in Heinrichs Hände fiel? Rache für Canossa! Der König würde ihn über die Alpen schleppen und in irgendeiner Burg des Allgäu oder des Elsaß verschwinden lassen . . .

Die Boten meldeten dem Papst, der sich von Gegnern umringt sah: Heinrich stehe schon in der Toskana!

Wer würde zuerst am Tiber sein – Heinrich oder Robert? Der Papst betet. Immerhin, das Volk ist gegen ihn, aber der Adel ist gregorianisch gesinnt. Wichtige Punkte Roms, Coelius, Palatin, Kapitol, die Tiberinsel, die Brücken befinden sich noch in der Hand der Päpstlichen.

Die Boten melden: Robert Guiscard habe den Kriegsschauplatz Balkan verlassen und sei in Unteritalien eingetroffen. Er eile mit einer Armee von 6000 Reitern und 30000 Fußsoldaten nach Rom, dem Deutschen zuvorzukommen. Ein siegreicher König wäre auch Guiscard gefährlich. Der Papst schöpft Hoffnung. Unter Guiscards Truppen, so heißt es allerdings, sind Sarazenen, Ungläubige, von Roger, dem Bruder aus Sizilien, zugesandt. Alles andere als ein Kreuzheer also. Doch die einzige Rettung . . .

Die Boten Gregors jagen durch Italien. Jeder Tag ist wichtig. Guiscard muß mit Gottes Hilfe vor dem »Antichrist«, vor Heinrich, am Tiber sein, um Sankt Peters Nachfolger aus der Gefahr des bedrohlich nahen deutschen Königs zu befreien.

»Reitergeschwader nähern sich den Toren Roms«, melden die Boten.

»Guiscard?« fragt Gregor.

»Der König«, antwortet der Bote.

Am ersten Frühlingstag 1084 rückte Heinrich durch das Tor Sankt Johannes' (auch Gotenkönig Totila hatte dort Einzug gehalten) in die

Ewige Stadt ein. Sofort berief er ein Parlament der Römer, das Papst Gregor vorlud. Der Papst erschien nicht.

Das Parlament von Heinrichs Gnaden faßte den Beschluß: Der Papst ist abgesetzt. Als neuen Papst, als Gegenpapst, erwählte es eine Kreatur des Königs, Wibert, Erzbischof von Ravenna. Wibert nahm den Namen Clemens III. an.

Am Palmsonntag fand in der Lateranskirche (damals der obersten Kirche der katholischen Welt) die Weihe des Gegenpapstes durch einen lombardischen Bischof statt. Clemens III. krönte dann zu Ostern Heinrich IV. und dessen Gemahlin Berta als Kaiserpaar. Zugleich sprach das Parlament dem Deutschen die patrizische Gewalt über Rom zu.

Hocherfreut schrieb Heinrich an Bischof Dietrich von Verdun: »Am Tage Sankt Benediktus sind wir in Rom eingezogen; diese Wahrheit scheint mir ein Traum; ich möchte sagen, Gott hat mit zehn Mann in uns gewirkt, was unsere Ahnen nicht mit 10000 vermochten. Daran verzweifelnd, Rom zu nehmen, wollte ich schon nach Deutschland heim, da riefen uns die römischen Boten in die Stadt, die uns jubelnd empfing.«

Sofort begann Heinrich, der neue Imperator, mit der Aushebung der päpstlichen Widerstandsbewegung. Er berannte das Kapitol.

Aus den Kapitolbauten schlugen Flammen.

Von der Engelsburg aus sah der eingeschlossene Papst die Rauchsäulen. Jede Stunde konnte der Sturm auf die letzte päpstliche Zuflucht, die Festung des Erzengels Michael, beginnen.

Da nahte ein Bote des Abtes Desiderius von Monte Cassino: Guiscard, der Normanne, sei soeben mit seinem Heer nach Norden aufgebrochen!

Das Drama näherte sich seinem Höhepunkt. Ein neuer Kampf um Rom stand bevor.

Doch der Kampf blieb aus.

Heinrich, dieser erfolgreich-erfolglose Monarch Deutschlands, hat bei allen Unternehmungen immer im letzten Moment »die Felle davonschwimmen sehen«, so daß man ihn einen »Tantalus des Mittelalters« genannt hat. Guiscard Widerstand leisten? Dem schrecklichsten Krieger seiner Zeit? Und sich dabei auf die wankelmütigen Römer verlassen? Auch Guiscard kam mit Geld . . .

Heinrich zog es in richtiger Einschätzung der Kräfte vor, rechtzeitig nach Norden zu entweichen und dem Stärkeren die Tiberstadt zu überlassen. Die Römer waren über den Entschluß des Kaisers ratlos. Sie hatten sich von Heinrich kaufen lassen, für Heinrich eingesetzt und waren nun gegenüber seinem Gegenspieler Guiscard »diskriminiert«. Heinrich brachte verlegene Ausflüchte vor: Dringende Geschäfte würden ihn in die Lombardei rufen.

Am. 21. Mai rückte er über die Flaminische Straße ab.

Drei Tage später stand der »Schlaukopf« vor dem Tor San Lorenzo, das in der Nähe der Statione Termini, des Hauptbahnhofs unserer Tage, liegt und von einer der sieben Hauptkirchen Roms den Namen hat. Robert, dieser Hasardeur des Schwertes, schlug bei einer altrömischen Wasserleitung sein Lager auf, mimte in der Morgendämmerung mit einer Eliteschar einen Generalangriff auf das Tor, ließ aber in Wirklichkeit die Hauptmasse seines Heeres von Norden her über die Via Flaminia in die Papststadt eindringen. Der gefürchtete Ruf »Guiscard! Guiscard!« hallte durch die menschenleeren Straßen.

Unter dem Jubel der Normannen trug man den aus selbstgewählter Haft befreiten Oberhirten der Christenheit zum Lateran. Das ganze Heer – außer den Moslems – kniete nieder, als der Befreite den Papstsegen über den Häuptern der Befreier sprach.

Sicher gegen den Willen Gregors züchtigten nun die »Befreier« – wie oft in der Geschichte hatte der Name einen falschen Klang! – des Papstes aufsässige Stadt. Guiscard ordnete die Plünderung an, den in früheren Zeiten üblichen und unumgänglichen Lohn siegreicher Armeen.

Moslems schleppten Bürger Roms als Sklaven aus der Stadt. Adlige Damen waren Freiwild der Soldateska. Bittflehend näherten sich einige Senatoren dem Trankredsohn. Sie hatten sich Stricke um den Hals gelegt als Zeichen, daß sie sich dem Sieger auslieferten: Er möge die Schlingen zuziehen oder die Stadt retten.

Doch Guiscard war die Befehlsgewalt über die Marodeure seines Heeres entglitten. Als sich die Siegestrunkenen zum Festmahl setzten, griffen empörte römische Nobili zu den Waffen. Über die Tische flossen Wein und Blut. Die Lage war bis zum äußersten kritisch.

Da befahl Guiscard, die Stadt anzuzünden.

Bald stiegen an allen Ecken Roms Rauchschwaden zum Himmel der Campagna auf. Man konnte des Feuers nicht mehr Herr werden. Papst Gregor war entsetzt über das Los seiner Stadt, die letztlich um seinetwillen brannte. Die gesamte Stadtfläche zwischen Lateran und Engelsburg – Paläste, Basiliken, Häuserzeilen – sanken in der schwelenden Glut dahin.

Durch Europa ging das Wort: »Roma fuit – Rom ist gewesen!«

Beim Untergang Roms 1083 ist durch einen Glücksumstand eines der bedeutendsten Denkmäler der Kunstgeschichte erhalten geblieben: das zweifellos großartigste Reiterstandbild der Welt, das den heidnischen Kaiser Mark Aurel darstellt und von den Urchristen verschont worden ist, weil sie den bronzenen Reiter irrtümlich für den christenfreundlichen Kaiser Konstantin gehalten haben. Als Guiscard sich Rom näherte, stand die Skulptur noch unversehrt an ihrem alten Platz auf dem Forum Romanum neben dem Septimius-Severus-Bogen.

Clemens III., der von Heinrich IV. geförderte Gegenpapst – und zugleich dessen »Puppe«, die er jederzeit fallenlassen konnte –, hat sich gewiß nicht mit weltgeschichtlichem Ruhm bedeckt. Aber ihm danken wir, daß man die Marc-Aurel-Statue in einer Vigne, einem Weingarten, beim Lateran versteckte – wo genau, wissen wir nicht mehr, da die lateranischen Rebflächen veschwunden sind.

Auf diese Weise hat Marc Aurel den Normannensturm überdauert. Sixtus IV., der Erbauer der Sixtinischen Kapelle im Vatikan, stellte ihn dann vor der Lateranskirche auf, die damals »Basilica Constantiniana« hieß. Der Renaissancepapst Paul V. aus dem Hause Borghese ließ das Monument – man wußte inzwischen, wen es verkörperte – zum Kapitolsplatz bringen, wo wir es noch heute bewundern können. Michelangelo, dem der Auftrag der Aufstellung zuteil geworden war, fand für den Sockel keinen genügend großen Marmorblock, so daß er den Trajansthermen, den damals noch weitgehend erhaltenen Bäderanlagen des altrömischen Kaisers, ein entsprechendes Quaderstück entnahm.

Gregor wußte, daß er in Rom, »seiner« Stadt, nicht bleiben konnte. Die Erbitterung der Überlebenden richtete sich nicht nur gegen Heinrich, der die Stadt allein gelassen, Guiscard, der ihre Vernichtung verschuldet, sondern auch gegen ihn, den unnachgiebigen, puristisch eifernden, starren Gottesmann. Als Schutzhäftling mußte er den Herzog Apuliens und Kalabriens nach Unteritalien begleiten. Eine Atempause gewährte Monte Cassino, wo Abt Desiderius dem mittellosen Papst Gelder zukommen ließ. Endziel der Reise, die für Gregor eine Flucht darstellte, war Salerno, Guiscards Hauptstadt. Der Herzog ließ ihn dort in der Obhut der Geistlichkeit zurück, um selber wieder zu seinem andern Kriegsschauplatz, dem Balkan, zurückzueilen.

Salerno, Gregors Notunterkunft, war bis vor kurzem noch die Residenz des Langobardenherzogs Gisulf, des Bruders von Roberts zweiter Gemahlin Sigelgaita gewesen. Guiscard hatte seinen Schwager abgesetzt, um dessen Gebiet seinem Herzogtum einzuverleiben. Gisulf war an den päpstlichen Hof in Rom ausgewichen. Jetzt kehrte er mit Gregor entmachtet an den Ort seiner einstigen Herrschaft zurück.

Die geschichtliche Patina ist der Stadt kaum anzumerken, wenn man die Via Roma und die andern breiten und hohen Straßenfluchten von modernem Großstadtgepräge durchstreift. Lungomare, die Anlage am Meer, hat Rivieracharakter. Von hier gelangt man rasch in das sich verengende Gebiet der Altstadt. »Duomo« rufen barfüßige Kinder, sie wissen, wo es den Fremden hinzieht. Nach wenigen Schritten stehe ich vor dem vom altstädtischen Salerno umdrängten Bau, den der Größte der Hautevilles hat errichten lassen.

Über dem Portal zum Vorhof von San Matteo (der Dom ist Sankt Matthäus gewidmet) entdecke ich das Relief eines Löwen und einer Löwin. Sie versinnbildlichen Stärke und Milde. Das Obergeschoß des Vorhofes lastet auf 28 antiken Säulen, die Robert Guiscard aus dem Sumpfgebiet von Pästum nach hier hat verbringen lassen. In den Kolonnaden stehen Römersärge, die im Mittelalter als Grabtröge vornehmer Bürger dienten. In einer Inschrift über der byzantinischen Bronzetür des Domportals nennt sich der Bauherr »Herzog, König und Kaiser«. Von den drei erträumten Titeln hat er nur den ersten gewonnen. Den zweiten bekam sein Neffe. Die Tür zum byzantinischen Imperium blieb Robert verschlossen; als er sie aufstoßen wollte, um den Kaisertitel zu erringen, kam der Tod.

Das Dominnere hat, von den Schnörkeln stuckenen Barocks befreit, die alte romanische Würde zurückbekommen. Die Kanzel stammt von Matteo d'Aiello, dem Kanzler von Guiscards Bruder Roger. In der Domkrypta liegen angeblich die Gebeine des Evangelisten Matthäus.

Im rechten Querschiff von San Matteo ruht Gregor, der große Exilierte. 1085 ist sein Todesjahr. In den beiden letzten Lebensjahren war der Papst noch vom größten Teil der abendländischen Christenheit anerkannt, aber dennoch ohnmächtig und verlassen, fast ein Gefangener. Sein hartnäckiger Eifer hielt an. Er faßte Sendbriefe an Monarchen und Kirchenfürsten ab, erneute den Bann gegen Kaiser Heinrich und Clemens, den Gegenpapst. Der sich in Haß verzehrende Papst war nicht der bedeutendste Nachfolger Petri, doch derjenige, dessen Name stellvertretend für andere den unbeugsamen Machtwillen der Kirche im hohen Mittelalter bezeugt. Da die Interessen der Normannen und dieses Papstes eine Zeitlang übereinstimmten, hat Gregor den Aufstieg zweier großer normannischer Reiche begünstigt.

Das marmorne Grabmal unter dem Querschiffaltar von San Matteo in Salerno hält die bezeichnenden Abschiedsworte des ehemaligen Mönches Hildebrand fest: »Dilexi justitiam et odii iniquitatem, propterea morior in exilio – Ich habe die Gerechtigkeit geliebt und das Unrecht gehaßt; darum mußte ich in der Verbannung sterben.«

Das Jahr 1085 war auch das letzte Robert Guiscards. Sein neuer Auftritt auf dem Balkan hat ihm keinen Ruhm mehr gebracht. Die normannischen Anführer folgten seinem Kriegsziel, dem Griff nach der Kaiserkrone, nur noch mit Murren. Sie forderten Soldnachzahlungen. Ein Teil desertierte. Die Überläufer traten in die Warägergarde des Kaisers Alexios.

Kurze Euphorie vor dem Ende: Guiscard schlug die mit Byzanz verbündeten Venezianer bei Korfu. Im Winterquartier von Bundicia an der Küste von Epirus brach kurz danach im Heer die Pest aus. Auf der Fahrt nach Kephalonia, die er als Schwerkranker einnehmen wollte, nahm das Fieber derart zu, daß Guiscard nach Bundicia umkehrte. Am 17. Juli starb er dort, nachdem er noch den Tod Gregors erfahren hatte. Sigelgaita und Roger, der Sohn und Nachfolger, waren um ihn. Mit seinem Ende war normannischem Machtrausch die Grenze gesteckt. Das Heer flutete nach Italien zurück. Das Schiff, das Guiscards Leiche nach Apulien bringen sollte, versank; der Körper wurde gerettet. Sigelgaita brachte ihn nach Italien. Das Herz fand im Dom von Otranto, der Leib in der Abbazia della Trinità, der Grabeskirche der Hautevilles in Venosa, letzte Ruhe.

Ironie des Schicksals: Von allen Normannengräbern der Familiengruft blieb nur eines erhalten, das der verstoßenen ersten Gemahlin des »Terror mundi«. Der von korinthischen Kapitellen gestützte Architrav des steinernen Grabtrogs von 1122 trägt die Inschrift: »Guiscardi Conjux Alberada Hac Conditur Arca.«

Das kühne Aufbegehren, die weltweiten Pläne, die Verbindung großer Ideen und nüchternen Tatsachensinns fand noch einmal ihre Wiederholung in Guiscards Sohn aus erster Ehe, Boemund von Tarent. Mit ihm beginnt ein neues Kapitel der Normannen – ihr Beitrag zur weltbewegenden, zwei Jahrhunderte andauernden Geschichte der Kreuzzüge.

Zwischenspiel im Orient

In der apulischen Provinzstadt Canosa wird wieder einmal mitten am Tag zu Ehren irgendeines Heiligen ein Feuerwerk entzündet. Farbige Sprühregen ergießen sich über den Kathedralturm.

Ich dränge mich durch die Menge dem Domplatz zu. Vor einer Schlachterei liegen riesige Fleischstücke aus. Da es zu regnen beginnt, hängt der Inhaber zwei durchlöcherte Regenschirme darüber. Eine schwarzvermummte Frau, unterm Arm eine in Cellophan gepackte Puppe, schaut sich die Auslagen an. Die Fliegen, die um die blutenden Keulen summen, stören sie nicht.

Die Prozession hat sich aufgelöst. Man steht an den Ecken und schwatzt. Ein Bettler geht gebeugt von Gruppe zu Gruppe; in der Rechten hält er ein Holzpostament, auf dem, an dünner Kette angebunden, ein Äffchen hockt und Grimassen schneidet. Der Bettler stellt es als Signorina Anita vor und hält seinen Hut hin.

Auf dem Domplatz wartet eine Kolonne Schülerinnen in schwarzen Seidenkleidern mit großen weißen Kragen. Sie plappern lebhaft. Die Schwester, die die Mädchen betreut, unterhält sich mit einem baumlangen Padre, der aus dem Dom getreten ist und sich mit seinem breitrandigen Rundhut geduldig zu ihr niederbeugt. Zwei alte Weiber fegen das holprige Pflaster vor ihren Häusern mit Ginsterbesen, die am Straßenrand in ganzen Bergen zum Verkauf ausliegen. Ein schwarz umrahmtes Plakat am Gemäuer des Doms läßt wissen, daß für Signor Enrico Sannelli eine Messe gelesen wird.

Wie oft eine Stadt im Laufe der Jahrhunderte zerstört worden ist, kann man gewöhnlich an der Höhe des Schutts ablesen, der antike und mittelalterliche Stätten bedeckt. Canosa muß mehrmals wieder auferstanden sein, denn der Dom San Sabino ragt gleich einer Festung aus einem Graben empor. Eine Grünanlage hinter der Apsis ist ein Freilichtmuseum mit römischen Trümmern. Durch eine Pforte des rechten Domquerschiffs gelange ich in einen engen Hof. Eine achtekkige Kapelle füllt ihn fast ganz aus. Mit ihrer massiven Steinkuppel ähnelt die Kapelle orientalisch-islamischen Badehäusern. Blendarkaden mit korinthischem Kapitellschmuck umranken den Bau in ganzer Höhe. Die Bronzetür der Miniaturkirche weist byzantinische Nielloarbeit auf: eingeritzte Ornamente, die mit Silberfäden ausgelegt sind (diese wurden allerdings entwendet). Sarazenisch verschränkte Rosetten, wie aus arabischen Buchstaben gebildet, erinnern an Kunstgewerbe des Orients. Als Meister der grünpatinierten Tür ist »Rogerius Melfiae Campanarum« angegeben. Er muß seinem Namen nach ein Normanne gewesen sein.

Der kleine Bau ist eine Grabkapelle. 1461 haben die damaligen Herren Süditaliens, die Anjous, das Grab aufgebrochen und geplündert. Doch immer noch zeigen im Innern auf steinernen Fliesen lateinische Buchstaben den Ort der Bestattung an. Es gibt wohl an keiner Begräbnisstätte der Erde eine Inschrift, die bündiger, hoheitsvoller einen Toten ehrt und dauern läßt als diese:

BOAMUNDUS

»Das Ebenbild des Vaters an Kühnheit, Kraft, Tapferkeit und ungebändigtem Mannesmut« – so beschreibt Anna Komnena, die Tochter des byzantinischen Kaisers Alexios, in ihrem Bericht über den Ersten

Kreuzzug Robert Guiscards Sohn aus erster Ehe. Boemund mußte zusehen, wie Roger, Guiscards Sohn aus zweiter Ehe und damit ein halber Langobarde, ihm vorgezogen wurde; dieser war als Erbe des Herzogtums designiert. Erstaunlich, wie loyal sich Alberadas Sohn dennoch seinem Vater gegenüber verhalten hat. Wo es politisch »brannte«, griff er ein.

Die Amalfitaner waren Bürger einer stolzen Seestadt. Man nannte sie in einem Atem mit den Genuesen, Pisanern, Venezianern. Später sollte in ihren Mauern der Kompaß erfunden werden. Die Herren von Amalfi nun konnten es nicht überwinden, daß sie in das usurpierte Reich der barbarischen Normannen eingezwängt worden waren. 1095 suchten sie das Joch abzuschütteln.

Der die Strafaktion gegen sie unternahm, war Boemund. Mit einer so starken Flotte lag Guiscards Sohn vor der Goldenen Küste, daß die Einnahme und Züchtigung der Stadt jeden Tag zu erwarten war. Plötzlich lichtete die Flotte die Anker; die Belagerungsarmee lief auseinander.

Was war geschehen?

Durch Europa ging damals die mitreißende Woge der Kreuzzugsbewegung. Der Erste Kreuzzug war in vollem Gang. Heere aus allen Teilen des Abendlandes waren auf dem Weg, um über die Toskana, Rom und Apulien nach Bari zu gelangen und sich dort nach Nahost zur Befreiung des Heiligen Grabes einzuschiffen. Der Sog der Kreuzfahrer war so unwiderstehlich, daß auch die Normannen vor Amalfi, von Begeisterung ergriffen, ihr begrenztes militärisches Unternehmen zugunsten des weltweiten einer Heiliglandfahrt aufgaben. Boemund, dem im eigenen Land Übergangenen, winkte die ihm gemäße Aufgabe – er war der erste, der sich zur Kreuzfahrt entschloß. Er zerschnitt seinen scharlachroten Mantel zu vielen kleinen Kreuzen, die er als Abzeichen an die anderen Kreuzzugsbegeisterten austeilte.

Idealismus, religiöser Schwung, aber auch Abenteuerlust im besten Sinne kennzeichneten den Kreuzzugsbeginn, nachdem Papst Urban II. mit seinem Ruf »Hilf uns, Grab«! das Startzeichen zum allgemeinen Aufbruch in den Orient gegeben hatte. Wieder flatterte ein vom Papst verliehenes Petrusbanner den Kriegsfreiwilligen voran.

Hauptakteure des ersten Aktes im großen Schauspiel der Kreuzzüge waren außer Franzosen und Flamen die Normannen, voran Robert von der Normandie, der Vater Wilhelms des Eroberers, sowie Boemund Graf von Tarent und dessen Neffe Tankred. Boemund und Tankred, die der Kreuzzugsgedanke von der eben gewonnenen neuen Heimat der Nordmänner wegführte in die Welt von Tausendundeiner Nacht, galten dem Mittelalter als Vor- und Sinnbild der edlen Streiter, der ritterlichen Abenteurer. Sie haben Lebensstil und Ideal des ritterlichen Zeitalters mitgeprägt. Immer wieder kehren sie als Typus des hochsinnigen, in die Ferne schweifenden Ritters in Dichtung und Sage des fabulierenden Europas wieder, bis hin zu Tassos »La Gerusalemme Liberata« (Das befreite Jerusalem). Die Menschheit des Mittelalters, deren Gedankenwelt sich fast nur auf Irreales und Sinnenfernes beschränkt hatte, fand Gefallen an der Realität der Avventuras, der Sinnenfreude eines an orientalischer Farbenglut entzündeten Daseins.

Wie in vielen Märchen zog Boemund als der um sein Erbe Betrogene in die Welt. Laut Testament war er nur Fürst von Tarent und Otranto, Titel, die seinen weitschweifenden Sinn kaum zufriedenstellten. Jetzt war er der rechte Mann zur rechten Zeit: Die von Urban II. eingeleitete Kreuzzugsbewegung entsprach seinen Bedürfnissen.

Europas Elite marschierte, das Kreuzzeichen auf den Schultern und den Ruf »Gott will es« auf den Lippen, durch Kleinasien, nahm die Konzilstadt Nicäa ein, bediente sich auf türkisch-islamischem Boden der »Fünften Kolonne« der christlichen Armenier und stand im Jahr 1096 vor Antiochia am Orontesfluß. Abweisend ragten die zwölf Kilometer langen, auf dem Silpiusberg ansteigenden Mauern mit ihren 360 Türmen auf.

Antiochia war zur römischen Kaiserzeit die drittgrößte Stadt des Erdkreises. Hier hießen die Christen erstmals Christen; hier begann Paulus seine Missionsreisen. Auch während der Kreuzzüge war Antiochia noch von Glanz und Ruhm erfüllt. Der Besucher in unserer Epoche ist enttäuscht: Palastreste, einbezogen in neuere Bautrakte, ein Stück Stadtmauer auf dem Silpius, ein paar Museumsgegenstände – das ist alles. Antiochia, heute Antakia, ist ein türkisches Landstädtchen mit vorwiegend arabischer Bevölkerung. Ein Dutzend Minarette ragen in den Orienthimmel. Aber noch fließt der Orontes unter Steinbögen hindurch, noch erhebt sich der Steilhang des Silpius über einem Gewirr von Hohlziegeldächern, noch ist die Stadt ein Anziehungspunkt für Fremde. Doch nicht mehr die Händler des Altertums, die Kreuzfahrer des Mittelalters machen in Antiochia halt, sondern die Kunden von American Travel Company, für die man die Betten des nahen »Hotel des Cascades« reserviert.

»Die Kreuzfahrer zogen auf die Mauern von Antiochia zu, und im Glanz der vergoldeten, grünen, roten und andersfarbigen Schilde entfalteten sie ihre goldenen und purpurnen Banner; sie ritten auf Schlachtrossen und trugen funkelnde Schilde und Helme.«

Es war kein Epiker, der so begann, sondern ein Chronist, Albert von Aix. Die Gobelinfarben seiner Schilderung verblaßten bald im Grau des kriegerischen Alltags: Acht Monate lagerte das Kreuzfahrerheer vor den Mauern der vom türkischen Emir Baji Sijan verteidigten Orientmetropole am Orontes. Die Belagerung muß so zermürbend monoton wie der moderne Stellungskrieg gewesen sein.

Europa verfolgte die Kriegsberichte von der Einschließung Antiochias. Wie während des Ersten Krieges gingen Feldpostbriefe nach Hause. Ein Brief Stephans von Blois, Schwiegersohn Wilhelms des Eroberers, ist erhalten geblieben.

»Ihr könnt völlig gewiß sein, Vielliebe«, schrieb der Normanne an die daheimgebliebene Gattin, »daß der Bote, den ich sende, um Euch zu beruhigen, mich vor Antiochia wohlbehalten und durch Gottes Gnade in bestem Wohlergehen verlassen hat. Gegenwärtig sind es nun 23 Wochen, daß wir mit dem ganzen von Christus erwählten und mit großer Tapferkeit begabten Heer ununterbrochen unterwegs sind. Ihr könnt es für sicher nehmen, meine Vielgeliebte, daß ich an Gold und andern Reichtümern gegenwärtig zweimal soviel besitze, als was Eure Liebe mir mitgab.« Noch bestand nicht das Prinzip der Geheimhaltung von Standort, Truppenstärke, militärischer Aktion – freimütig plauderte Stephan sich aus, um dann privat zu schließen: »Da ich nicht fähig bin, Vielliebe, Euch alles zu erzählen, was ich im Sinn habe, empfehle ich Euch, daß Ihr Euch wohlverhaltet, sorgfältig über meinen Ländereien wacht und Eure Pflicht tut, wie es sich gegenüber den Kindern und Vasallen gehört. Ihr werdet mich wiedersehn, sobald ich zu Euch zurückkehren kann.«

Die Belagerer sprachen demjenigen unter den Fürsten die künftige Herrschaft über Antiochia zu, dem die Einnahme gelinge. Es war Boemund.

Der Hauteville schickte einen zum Islam übergetretenen Armenier in die Stadt, der nachts von einem der Türme ein Seil warf, an das man eine Strickleiter knüpfte. Der Armenier zog sie hoch und befestigte sie an der Balustrade. Boemund, sich bekreuzigend, bestieg sie zuerst; andere folgten. Die Eingedrungenen öffneten die Tore. Mit dem Ruf »Gott will es« stürzte die Belagererarmee in die Häuser und machte die schlaftrunkenen Moslems nieder, Männer, Weiber, Greise, Kinder. Der Modergeruch der Leichen nahm nach Tagen ein solches Ausmaß an, daß die Eroberer die Stadt verließen und erst zurückkehrten, als die christlichen Einwohner, in Arbeitskommandos eingeteilt, die Toten entfernt hatten.

Noch hallte der Lärm der Siegesfeier durch die Straßen – da hörte man vom Herannahen einer großen Moslemarmee. Emir Kerboga aus Mossul im Zweistromland schloß die Kreuzfahrer in der eroberten Stadt ein. Nun war ihre Situation schlimmer als zuvor: Aus Belagerern waren Belagerte geworden!

Wieder stand wochenlang Kreuz gegen Halbmond. Normannenschwert gegen Krummsäbel. Aber neben dem Kreuz fachte ein anderes Glaubenszeichen den noch nicht verflachten religiösen Eifer an: die »heilige Lanze« von Golgatha, die man in der Petrusbasilika durch eine bischöfliche Traumschau aufgefunden hatte. Ganz gleich, ob »echt« oder nicht – die Kraft, die von ihr ausging, kam Boemund gelegen. Schon waren die Vorräte bedenklich knapp, der Hunger demoralisierend. Die eingeschlossenen Kreuzfahrer zapften ihre Pferde an und tranken von deren Blut.

Boemund wagte unter dem Siegeszeichen der Lanze den entscheidenden Ausfall. Dank der moralischen Unterstützung durch die allen sichtbare Reliquie schlugen sich die Ritter tollkühn. Der Emir räumte fluchtartig das Orontestal.

Am Orontes entstand der erste orientalische Lehensstaat nach abendländischem Muster. Boemund wurde Fürst von Antiochia. Doch das Ziel seines Ehrgeizes war Byzanz. Wie sein Vater Robert Guiscard griff auch er in der somnambulen Sicherheit anhaltenden Erfolgs nach der Kaiserkrone.

Um eine schlagkräftige Armee zu sammeln, eilte Boemund 1104 in den Westen zurück. Er durchzog Italien und Frankreich, wo er Streiter gegen den Islam und gegen Byzanz warb. Man feierte ihn als Held des Jahrhunderts, Legende schon zu Lebzeiten. Der König von Frankreich, Philipp I., gab dem fahrenden Ritter und Fürsten des Morgenlands, dem Leitbild der Heldenepen und mannhaften Rittertums, seine Tochter Konstanze zur Frau, deren Schwester Cäcilie für Tankred bestimmt war. Mit 30 Galeeren und 200 Lastschiffen stach Boemund in Brindisi in See, um wie in seiner Jugend in Dalmatien zu landen und Ragusa zu berennen. Doch Kaiser Alexios schloß einen Vertrag, der die Entscheidung hinauszögerte.

1110 befreite der Tod Ostrom von der drohenden Gefahr, genau wie im Falle Guiscards: Boemund starb in der apulischen Heimat und wurde in Canosa beigesetzt. Die stärkste Figur im Spiel um den Nahen Osten war ausgefallen.

Doch eine Figur, die sich gleichfalls wirksam einsetzen ließ, rückte auf dem orientalischen Schachbrett nach: Tankred, Boemunds Neffe. War Boemund die tragende Persönlichkeit des Kampfes um Antiochia, so war Tankred einer der Hauptträger des Kampfes um Jerusalem. Der Name »Dankarî« (Tankred) erweckte bei den Arabern die gleiche Furcht wie vorher der Name »Maimûn« (Boemund).

Die Einnahme von Jerusalem im Jahre 1099 durch das Kreuzfahrerheer ist ein Makel in der Geschichte der Christenheit. Erschreckend, zu was Menschen in ideologischer Verblendung fähig sind. Bei der Menschenjagd im Schatten der Grabeskirche waren ausnahmslos die unterschiedlichsten Nationen des Abendlandes beteiligt ...

Jeder Anführer hatte »sein« Mauerstück: Tankred von Tarent und Gottfried von Bouillon den Westen (Jaffator), Robert von der Normandie den Norden (Damaskustor), Raimond von Toulouse den Süden (Zionsberg). Am 14. Juli zog das Kreuzheer im Bittgang mit dem Petrusbanner und anderen heiligen Fahnen um die ganze Stadt. Der 15. Juli war der Tag des Sturms. Sofort drängten die Kreuzfahrer zum Tempel, dem islamischen Felsendom, in dem die Mohammedaner Schutz suchten. Man watete in Blut. »Scheiterhaufen gab es wie Ecksteine«, schrieb ein anonymer Augenzeuge, »und niemand außer Gott kennt ihre Zahl.«

»Glücklich und vor Freude weinend«, heißt es weiter, »gingen die Unsrigen hin, um das Grab unseres Erlösers zu verehren, und entledigten sich ihm gegenüber ihrer Dankesschuld. Am folgenden Tag erkletterten sie das Dach des Tempels, griffen die Sarazenen, Männer und Frauen, an, zogen die Schwerter und schlugen ihnen die Köpfe ab. Einige stürzten sich von der Höhe des Tempels hinab.«

Dieser »Reportage« von der Einnahme Jerusalems folgt ein Satz, der ein Licht auf Boemunds Neffen wirft – zugleich auch aufzeigt, daß die alte, unbedenkliche Grausamkeit der Normannen in dieser Generation schon abzuklingen begann. Der Augenzeuge sagt nämlich bei der Schilderung des Blutbades: »Bei diesem Anblick wurde Tankred von Entrüstung erfüllt.«

Jerusalem ist insgesamt sechsundfünfzigmal eingenommen worden. Die furchtbarsten Eroberungen waren die im Jahre 70 durch die Römer und die im Jahre 1099 durch die Kreuzfahrer. Die Bezwingung des arabischen Jerusalems 1967 durch die Israeli hört sich daneben harmlos an. Doch in einer Hinsicht ähneln sich alle drei Einnahmen: aus dem besiegten Jerusalem ergossen sich Flüchtlingsströme in die Wüste. Dreimal ist auf dem Boden der »Tochter Zions« um eine »heilige Stätte« gerungen worden: 1099 um das Grab Christi, 1187, als Saladin Jerusalem den Kreuzfahrern wieder abnahm, um den Felsendom der Moslems, 1967 um die Klagemauer. Alle drei Male haben die siegreichen Feldherrn und die geistlichen Spitzen gleich nach Beendigung des Bluthandwerks an jeweils »ihrer Stätte ein inbrünstiges Dankgebet gesprochen«. Beim arabischen Angriff von 1187 und der israelischen Erstürmung von 1967 handelte es sich um faire Belagerungen, um Eroberungen mit Vorkommnissen, die nach Lage der Dinge unvermeidlich waren. Der christliche Angriffskrieg von 1099 endete dagegen in einer Blutorgie. Wieder war der Ruf erklungen »Gott will es«.

Ich trete, um den Felsendom in Jerusalem zu besichtigen, der den Platz des salomonischen Tempels einnimmt, auf ein von Jahrhunderten überkommenes, geräumiges Feld breiter Fliesen. Es liegt auf dem Berg Moria. Am Westrand reihen sich Reste einer Kolonnade, die zwar arabischen Ursprungs ist, aber sehr wohl den Eindruck jener Säulenhallen wachruft, die zu biblischen Zeiten das Allerheiligste umgaben und unter deren Arkaden Jesus das Krämervolk vertrieb.

Der Felsendom ist das baulich hervorragendste Denkmal der Zionsstadt, erdacht von byzantinischen Architekten, denn die Araber hatten zur Geburtsstunde ihrer Jerusalemer Moschee, im siebten Jahrhundert, noch keine eigene Baukunst. Die Kuppel ist trotz ihrer oströmischen Herkunft vollendeter Ausdruck des mohammedanischen Gefühls des In-sich-Eingeschlossenseins.

Als ich die islamische Wallfahrtsstätte betreten will, treibt mich ein Derwisch mit aufgeregter Händesprache von den Stufen zurück; ich möge morgen kommen. Am folgenden Tag ergeht es mir nicht besser; desgleichen am dritten. Ich weiß zwar, daß es in derselben Stadt Jerusalem drei »Sonntage« gibt, den Freitag der Moslems, den Samstag der Juden und den eigentlichen Sonntag der Christen – daß aber der Islam allein drei Tage feiern sollte, bleibt mir unerforschlich. Mit Hilfe eines freundlich gesinnten Arabers gelingt es mir am vierten Tag, mit Siebenmeilenpantoffeln in das Heiligtum Allahs einzudringen.

Der erste Eindruck ist der einer ungewöhnlich geglückten räumlichen Geschlossenheit. Eine äußere Säulenreihe beschreibt das Achteck der Außenmauern, eine innere ist kreisförmig angeordnet. Über den Boden breiten sich Perserteppiche, zwischen den Säulen hängen Brokatvorhänge.

Örtliche und geistliche Mitte des Heiligtums ist der geschwärzte, blankpolierte Kalksteinfels, der sich, von einem Gitter umgrenzt, zwei Meter hoch inmitten des Felsendoms erhebt – rohe Naturgewalt im Bereich verfeinerter Kultur. Der Araber, der mich in das drittwichtigste Heiligtum seines Glaubens (nach der Kaaba in Mekka, dem Grab Abrahams in Hebron) begleitet hat, flüstert mir zu, der Felsen schwebe frei in der Luft. Ich bedaure, daß es mir nicht vergönnt ist, darunterzuschauen. Und an einer der Säulen macht er mich auf eine islamische Reliquie aufmerksam: einige der berühmten Barthaare des Propheten, bei denen so viele Schwüre gesprochen – und nicht immer gehalten werden. Die Legenden des Halbmondes wuchern nicht weniger üppig als die des Kreuzes.

Die Überlieferung besagt, daß Mohammed, der Prophet, von diesem Felsen aus auf der geflügelten Schimmelstute Burak in den Himmel geritten sei; der Abdruck des Pferdehufs wird im Gestein mit gleicher Naivität vorgewiesen wie der Abdruck der Füße Christi am Platz der Himmelfahrt.

»Ein Gebet vor diesem Felsen«, sagt der Araber leise zu mir, »wiegt tausend Gebete anderswo auf.«

Daß seine Glaubensbrüder der gleichen Ansicht sind, beweisen die zahlreichen Muslims, die sich auf den Persern barfüßig in Richtung der Gebetsnische (und damit Mekkas) verneigen. Einige liegen auch auf dem Rücken und murmeln litaneimäßig Suren des Korans.

Der Araber gibt mir ein Zeichen, ich möge ihm folgen. Er führt mich in ein langes unterirdisches Gewölbe unter dem Tempelplatz. Da vor drei Jahrtausenden der Berg Moria für die umfängliche Anlage des jüdischen Tempelreviers nicht ausreichte, ließ Salomo einfach Stützmauern hochziehen, die den Grund erweiterten.

In einigen der Stützpfeiler, die die dreizehn Gewölbe tragen, kann ich Einbuchtungen erkennen: Hier waren zweifellos Ringe eingelassen, um Pferde anzukoppeln.

»Die Franken«, sagt der Araber. Er meint die Kreuzritter.

Nachdem sie den Halbmond vom Felsendom abgerissen und das Kreuz aufgepflanzt hatten, benützten sie die unterirdischen Räume als Pferdeställe.

Als Boemund 1104 nach Europa zurückgekehrt war, nahm Tankred dessen Platz in Antiochia ein. Wir können bei einem Besuch in Antakia kaum verstehen, wie man sich, von Italien verwöhnt, um ein Fürstentum, das ein Stück Steinsteppe ist, reißen konnte. Doch erst in den Jahrhunderten der Türkenherrschaft ist der nahöstliche Boden verkarstet. Außerdem lebte in Antiochia zur Zeit Tankreds noch die antike Tradition fort, die das Abendland vergessen hatte. Der Bildungsstand der Orientalen war dem des damaligen Europa überlegen. Antiochia war ein Zentrum der Zivilisation.

Dennoch wurde Tankred seiner Herrschaft nicht froh. Von Osten her machten ihm die Türken sein Fürstentum streitig, von Norden her erhob Byzanz Anspruch. Von Süden her drängte der Kreuzritterstaat von Tripolis nach Gebietserweiterung. Im Lande selbst revoltierten die christlichen Armenier gegen das Joch, das ihre Befreier ihnen auferlegt hatten.

1112 starb Tankred sechsunddreißigjährig, wahrscheinlich an Malaria. Seine Gemahlin Cäcilia verlobte er auf dem Sterbebett dem Grafen von Tripolis, so daß das Fürstentum von dieser Seite Ruhe hatte. Auf Tankred folgte ein Verwandter aus dem Haus Hauteville,

Roger von Principato, auf diesen 1126 Boemunds Sohn Boemund II. Dann ging die Herrschaft in die Hände eines weltmännischen Franzosen über, Raimond von Poitou.

Allmählich trug man sich mit dem Gedanken, sich ins Abendland abzusetzen. Isoliert in bedrohlicher Umwelt, auf verlorenem Posten jenseits des Meeres – der Vergleich der Rückkehr der Algierfranzosen in unseren Tagen liegt nahe. Die Kreuzzüge, mit Schwung begonnen, endeten ruhm- und farblos. Das teilnahmslos gewordene Europa merkte es kaum.

Von ausgesprochenem Erfolg gekrönt war hingegen ein anderer »Kreuzzug«, diesmal auf dem Boden des Abendlandes. Er stand unter dem Zeichen eines realistischen Ziels und wurde – für mittelalterliche Verhältnisse – tolerant geführt.

Es war der Kreuzzug Rogers, des jüngsten Bruders Robert Guiscards, auf der Insel Sizilien.

Kreuzzug in Sizilien

Ein leiser Wind weht über die Kaianlagen von Palermo. Am Nachmittag noch hat sizilianisches Volk die Gaben des Tyrrhenischen Meeres umdrängt: quallige Tintenfische, böse blickende Langusten, silbrige Makrelen, gestapelt in Kisten und Kästen. Jetzt, am Abend, ist nur fauler Gestank zurückgeblieben. Ich »wate« durch Fischreste und Zeitungspapier.

Dicht am Kai hat Vizekönig Colonna während der spanischen Herrschaft 1582 für seine Gemahlin das prächtige Triumphtor der Porta Felice errichten lassen. Durch das Tor betritt man die Altstadt. Schnell erreicht man den Garibaldipark. Grünwuchs überall: Selbst von den Gesimsen und den Fugen halbzerfallener Häuserwände quellen Pflanzenbüschel.

Der Platz ist ausgestorben. Von der »Marina«, dem Hafen, tönt verhalten eine Schiffssirene herüber. Es beginnt zu nieseln.

Mein Blick bleibt an einem Plakat hängen. Es ist an einem der altersmüden und ausgedienten Paläste Alt-Palermos angeschlagen, vom Licht einer Straßenlaterne dürftig beleuchtet. Das »Teatrino dei Pupi armati« preist eine Abendvorstellung »bewaffneter Puppen« an. Die Direktion des Theaterchens hat mit roter Ölfarbe einen Pfeil an die Mauer pinseln lassen, der anzeigt, daß die Marionettenbühne ganz in der Nähe ist. Ich folge der Richtung. Nach wenigen Schritten erreiche ich das »Bühnenhaus«. Es unterscheidet sich nicht von den andern Altstadthäusern: in Slums verwandelte Patriziersitze.

Ich zahle bei einer freundlichen Alten, die hinter der Kasse hockt, zwei Lire. Vor dem Entree hängen manierlich aufgereiht einige der »Darsteller« aus Blech und buntem Stoff. Die Arme hängen schlaff herunter. Auf den Schilden ringeln sich Drachen.

Hier in der Via del Pappagallo werden allabendlich en suite mehrere Stücke gespielt, so daß es gleichgültig bleibt, zu welcher Uhrzeit man seinen Platz einnimmt. Der »Platz«, auf dem ich mich niederlasse, ist kein Orchestersessel. Auf einer langen, durchgebogenen, wippenden Bank sitze ich eingezwängt zwischen Sizilianern, die für einen Mafia-Film sehr wohl als Statisten dienen könnten. Die Leute schauen mit der gleichen Gespanntheit auf die kleine erleuchtete Bühne, mit der anderswo ein Vorstadtpublikum einem Wildweststreifen folgt.

An Dramatik läßt man es auf der Bühne nicht fehlen. Man spielt gerade das Stück »Serlon und die Sarazenen«. Der Ritter Serlon erweist sich als edelmütig, ritterlich und tapfer, während die dunkelhäutigen Sarazenen abgrundtiefe Bosheit zur Schau stellen. Die Mimik der Puppen ist so drastisch, daß auch derjenige den Handlungssinn versteht, der nicht jedes Wort begreifen kann. Melodramatisch untermalt eine verstimmte, hart klingende Drehorgel die Abenteuer der Marionetten. Zwei Buben zanken sich, wer die Orgel länger drehen darf.

Einzel- und Massenkämpfe lösen sich ab. Tritt gleich eine ganze Schwadron von Rittern auf, so ist es der Ehrgeiz des »Puparo«, des Puppenspielers, seine Marionetten zunächst in tadellos ausgerichteter Frontlinie anzuordnen, wie es einem preußischen Korporal beim Drill nicht besser geglückt wäre.

Serlon zieht klirrend sein Schwert aus der Scheide und haut nach minutenlangem, »künstlerisch« dargebotenem Duell einem Sarazenen nach dem andern den mohrenhaft geschnitzten Kopf ab. Stampfende Geräusche untermalen rhythmisch die hitzige Turbulenz des Schlachtgetümmels. Der Puparo bewegt den Schwertarm Serlons mit einem dicken Draht von der Seite des Bühnenraumes her, während die Marionette selbst gleich allen andern an einer unsichtbaren Eisenschiene hängt. Serlons Helmschmuck prangt in prachtvollem Scharlach. Die Silbersporen des Helden blitzen im Licht des Scheinwerfers.

Mehrmals kullert der Kopf eines erlegten Sarazenen in den dunklen Zuschauerraum. Leute aus dem Publikum heben die Köpfe auf und werfen sie auf die Bühne zurück. Sie fühlen sich in die Handlung einbezogen. Immer wenn Serlon einen der pausenlosen Zweikämpfe mit einem schneidigen Schwerthieb gewonnen hat, geht ein begeistertes »Bravissimo« durchs Parkett des volkstümlichen Miniaturtheaters. Ich schließe mich den anspornenden Rufen meiner Banknachbarn an und fühle mich mit ihnen in der Bewunderung von Serlons Fechtkunst einig.

Erscheint nach der Niederwerfung eines Sarazenen ein neuer, so erlebt man vor dem Streit der Klingen nach homerischem Vorbild einen Streit von Schmähworten. Manchmal tritt auch eine weibliche Marionette auf. Meist stellt sie die aus Sarazenenhand befreite Prinzessin dar. Uralte Märchenmotive vermengen sich mit den ritterlichen Moritaten des sizilianischen Mittelalters.

In Serlon, der im Mittelpunkt eines der vielen Zyklen im Repertoire des Puppentheaters von Palermo steht, lebt die Erinnerung an den Befreiungskampf des Tankredsohnes Roger und seiner Normannen gegen die Muselmänner Siziliens im elften Jahrhundert fort. Für die Zuschauer auf den Holzbänken sind die Ereignisse aus Siziliens bewegter Vergangenheit lebendige Gegenwart. Am Schwertkampf, der vor Jahrhunderten stattgefunden hat, nehmen sie nicht anders teil als am jüngsten Fußballmatch Catania–Palermo.

Die starke Beteiligung des Volks von Palermo (auch Alcireale an der Ostküste hat sein Teatrino dei Pupi) geht gewiß nicht auf die Bedeutung des »dreißigjährigen Kriegs« zurück, den Roger, Guiscards Bruder, 1060 bis 1090 gegen die Ungläubigen geführt hat. Dennoch kann man behaupten, daß auf Trinakria, der »Dreiecksinsel«, ein Entscheidungskampf um das Schicksal Europas gekämpft worden ist.

Wären Siegesalleen nicht aus der Mode gekommen, so könnte man den Tankredsohn Roger d'Hauteville mit einigen anderen Verteidigern christlich-abendländischer Freiheit gegen die islamische Bedrohung zu einer sinnvollen Monumentenreihe fügen. Da dürfte Heraklios nicht fehlen, Schild Europas in Byzanz. Zu Bragadino, dem Verteidiger von Zypern, müßte sich d'Aubusson, der Großmeister der Johanniter, gesellen, der Mehmet, dem Eroberer, den Zutritt auf Rhodos verwehrte. Karl Martell, der die Mauren bei Tours und Poitiers schlug, Alfons von Aragon, der die Osmanen aus dem apulischen Otranto vertrieb, Karls V. Sohn Juan d'Austria, der Sieger von Lepanto, Matthias von der Schulenburg, der Retter Korfus, Johann Sobieski, der Cid, Isabella von Kastilien – eine lange Reihe.

Sie alle haben an jeweils anderem Platze dazu beigetragen, den Ansturm der Wüste zu hemmen, in entscheidenden, lebensbedrohenden Stunden, deren akute Gefahr uns heute kaum mehr bewußt wird.

Als Roger längst Sizilien beherrschte, pflegte er noch zu sagen, er habe seine Laufbahn als Pferdedieb begonnen. Seinen Aufstieg von unten verbarg dieser Selfmademan und spätere Großgraf nie, ja er wies sogar stolz darauf hin. Sein Bruder hatte ihm, als es galt, Kalabrien und Sizilien zu erobern, weder Pferde noch Waffen gegeben.

Trotz Guiscards Geiz und Eifersucht, auch gelegentlich harten Auseinandersetzungen zwischen den Brüdern, haben beide auf ihren Feldzügen in planmäßiger Aufgabenverteilung zusammengewirkt. Sie spielten sich mit taktischem Geschick die Bälle zu. Doch im wesentlichen war das Ringen um Sizilien nicht Guiscards, sondern Rogers Krieg. An der Spitze einer kleinen Schar, die mit byzantinischen Beutewaffen ausgestattet war, begann Tankreds jüngster Sohn ein Unternehmen, das damals jeder in Europa für wirklichkeitsfremd und aussichtslos halten mußte. Seine Lebensdaten wiesen dann auch dreißig Jahre Krieg und nur zehn friedliche Regierungsjahre auf.

Anfangs kam Roger das Glück zu Hilfe. Ein sarazenischer Überläufer, Ibn Thimna, bot sich als Lotse an, um den auf Drachenschiffen über den »Stretto de Messina« segelnden Nordmännern einen geeigneten Landeplatz zu zeigen: einen Brückenkopf zur Eroberung der Insel. Kaum hatte Roger Messina im Handstreich genommen, da schickte er die Stadtschlüssel an Guiscard, seinen brüderlichen Lehnsherrn. Gusicard war kurz darauf helfend zur Stelle. Bei der ersten entscheidenden Schlacht dicht am Ätna kämpften die Brüder Schulter an Schulter. Die Rede vor dem Treffen hielt Guiscard: Gottes Hauch würde die Gottlosen auseinanderstieben lassen.

Sie entwichen vor normannischem Ungestüm in alle Himmelsrichtungen. Rasch erreichte die Schreckensnachricht Palermo, die Hauptstadt. Dort gab es zwei Parteien, die »Afrikaner«, die das sarazenische Sizilien bewahrt wissen wollten und auf Hilfe von Afrika bauten, und die »Sizilianer«, die sich zuallererst als Bewohner der Insel fühlten, ganz gleich unter welchem politischen oder religiösen Stern. Die »Sizilianer« schickten eine Abordnung mit Geschenken in das Lager der Tankredsöhne und plädierten für Verständigung. Guiscard sandte seinerseits einen Botschafter mit Gaben nach Palermo; dieser hatte die geheime Aufgabe, gleichzeitig als Spion die Chance einer gewalttätigen Einnahme der Stadt zu erkunden.

1063 lieferte Roger den Sarazenen bei Cerami, unweit von seinem Hauptquartier Troina, eine vernichtende Schlacht. Die normannischen Truppen hatten die Vision, der heilige Georg ritte ihnen als Stellvertreter Sankt Michaels voran; an der Lanze des Ritters wehte ein weißer Wimpel mit rotem Kreuz. Roger schickte die Siegesbeute, darunter vier Kamele, an Papst Alexander II. Dieser revanchierte sich mit einem Petrusbanner, dem gleichen Kreuzzugszeichen, das er drei Jahre später an Wilhelm den Eroberer schicken sollte.

In Rogers Befreiungskrieg verbanden sich Feldherrnpflicht und romantisches Abenteuer. Bei allen Unternehmungen begleitete eine nordländische Amazone, Judith von Evreux, den Tankredsohn, auch sie hoch zu Roß. Roger hatte Judith schon in der normannischen Heimat kennengelernt. Sie war eine Tochter Wilhelms Grafen von Evreux, eines Verwandten des Eroberers. Judiths Stiefbruder Hugo von Grentemesnil stritt im Heer Herzog Wilhelms bei Hastings und wurde später Gouverneur von Winchester. Das junge Mädchen war Nonne im Kloster Saint-Evroul gewesen, dessen Abt, ein anderer Stiefbruder, Robert von Grentemesnil, gewesen ist. Dieser Robert fiel 1061 bei Herzog Wilhelm wegen angeblicher Verschwörung gegen die herzogliche Gewalt in Ungnade. Er floh zu seinen erfolgreichen Landsleuten nach Unteritalien. Seine vom Gelübde entbundene Stiefschwester Judith sowie deren Schwester Emma begleiteten ihn. In Kalabrien wurde Robert Abt des Klosters Sancta Eufemia.

Roger war gerade von einem Streifzug nach Girgenti (dem heutigen Agrigento an der Südküste Siziliens) nach Troina zurückgekehrt, als er von der Ankunft Judiths erfuhr. Sofort begab er sich nach Kalabrien. Die Romanze in der Normandie fand ihre Fortsetzung in Milet, Rogers Herrensitz. Das Happy-End war eine glanzvolle Hochzeit im Jahre 1062. In der rauhen Männerwelt der Normannen bildete die Beziehung Rogers zu Judith von Evreux eine Episode romantischen Gefühls und einer Zuneigung, die alle Gefahren überdauerte.

Anita Garibaldi, die in Südbrasilien geborene Italienerin, hat 1870 den Siegeszug des Befreiers Italiens auf dem Pferderücken pistolenknallend mitgemacht. So jedenfalls sehen wir sie auf dem Bronzedenkmal in Rom. Judith d'Evreux hat neunhundert Jahre früher auf die gleiche Weise die Mühsale eines Feldzuges mit ihrem Mann geteilt. Beide, Judith und Roger, besaßen anfangs nur einen Mantel, den sie abwechselnd trugen. In Ermangelung von Troßpersonal bediente Judith die Feldküche. Es war eine abenteuerliche Verquickung von Krieg und Liebe, die nur durch den frühen Tod Judiths ein Ende gefunden hat. Die ehemalige Nonne von Evroul hat ihrem Gemahl nur zwei Töchter geschenkt. Der Thronfolger blieb aus. Mönchische Chronisten waren schnell mit einer Erklärung bereit: Der Himmel habe ihr Söhne verwehrt, weil sie unbillig den geistlichen Stand verlassen habe. Von den Umständen des Endes, das Rogers Kampfgefährtin genommen hat, wissen wir nichts. Man ist etwas traurig, daß sie, die der Geschichte der süditalienischen Normannen einen romantischen Schimmer verleiht, ohne Nachhall im Dunkel ihres Jahrhunderts verschwindet.

Um so mehr stand Roger, der ohne sie nicht zu denken ist, im vollen Licht des sizilianischen Tages. Sein Ruhm fand einen »Homer« in dem Geschichtsschreiber Malaterra. Der überschwengliche Chronist hat seine Akzente gesetzt, wo Roger es wünschte. »Die Muslims zerteilten sich wie die Wolken vor dem Sturmwind« – so bildhaft schilderte er, wie der Hauteville und die Seinen, auch sie vorwiegend Einzelkämpfer, die feindlichen Schwärme in die Flucht schlugen. Bei einem Ausfall aus dem Lager Troina, schreibt Malaterra, stürzte Rogers Pferd. Der Tankredsohn schnallte den Sattel ab und trug ihn fechtend auf den Schultern hinter den Lagerwall: Die Sarazenen sollten sich keiner Trophäe rühmen.

1068 schlug Roger die heiße Schlacht von Mislimeri, das bei Syrakus gelegen ist. Im Rausch des Siegs verwirklichte er einen grauenvollen, großartigen Einfall psychologischer Kriegführung. Er ließ die weißen Tauben des eroberten gegnerischen Brieftaubendepots ins Blut der erlegten Feinde tauchen und die rotverschmierte lebende Luftflotille als blutiges Fanal des Sieges zur Hauptstadt Palermo zurückfliegen, die einzunehmen er soeben auf dem Wege war.

Zur gleichen Zeit näherte sich Robert Guiscard, der allgegenwärtige, zur Unterstützung von der See her. Seine Schiffsleiber sicherte er gegen sarazenischen Pfeilhagel durch Filz. Nachts ließ der »Schlaukopf« vor den Mauern der Hauptstadt Brotlaibe aufschichten. Als die Ungläubigen sich aus den Toren wagten, erwartete sie statt des Proviants normannisches Schwerterklirren. Keinem gelang es, die Katastrophe in Palermo zu melden.

Fünf Monate später, 1072, unterlag die Stadt in der »goldenen Muschel« der gemeinsamen Anstrengung der Brüder Robert und Roger. Wie Kerkaporta, das unbewachte, scheinbar bedeutungslose Tor, 1453 für das türkenumlagerte Konstantinopel zum Verhängnis werden sollte, so fiel Palermo durch die defensiv vernachlässigte und fast übersehene Gartenvorstadt Chalessa. Dort setzten die Normannen am Stichtag des Generalsturms ihre Leitern an, um die Mauern zu erstürmen und die Stadt dem Islam zu entreißen. Noch heute heißt der Ort des normannischen Einbruchs Piazza Vittoria – Platz des Sieges.

Der griechische Bischof Nikodemos, dem die Sarazenen nur die kleine Kirche Sankt Cyriakus belassen hatten, durfte nun die alte byzantinische Kathedrale erneut dem Christengott weihen, die islamische Gebetsnische war schnell entfernt. Statt mohammedanischer Litaneien erklang erstmals wieder christliches Hosianna. Den Moslems freilich wurde nach normannischem Grundsatz Glaubensfreiheit gewährt.

Nach der Art mittelalterlich-europäischen Lehnswesens erhielten die eroberten Landstriche der Insel neue Gebieter. Während Guiscard Palermo beanspruchte, beherrschte Roger als Lehnsmann seines Bruders alle anderen Teile der Insel. Sizilien wurde ein Mosaik freigebig verteilter Erzbistümer und Feudalherrschaften.

Langsam weitete sich nach der Einnahme der Hauptstadt das Mosaik normannischer Besitztümer aus. 1088 ergab sich Syrakus, 1091 Enna, Siziliens »Nabel«, und im gleichen Jahr als letztes morgenländisches Bollwerk Val di Noto bei Syrakus. Ein großes Verdienst um den Sieg im dreißigjährigen Krieg auf Sizilien kam Roberts Neffen Serlon zu. Als Beispiel der Unerschrockenheit entsprach er Taillefer in der Armee Wilhelms des Eroberers. Eine reiche Legendenbildung spann sich um seine Lebensgeschichte. Vor allem in den Puppenspielen von Palermo und Alcireale lebte er weiter. Serlon starb nicht in offener Feldschlacht, sondern durch Hinterhalt. Während eines Jagdvergnügens bei Enna, in der Inselmitte, lauerten ihm die Sarazenen auf, töteten ihn, rissen ihm das Herz aus dem Leib und verzehrten es gemeinsam, um der Kraft Serlons teilhaftig zu werden: alte abergläubische Vorstellung, wie sie Primitive heute noch hegen.

Roger, von weichem Gemüt, weinte bei der Trauerbotschaft von Serlons Tod. Der härtere Guiscard sagte: »Tränen ziemen den Frauen. Unser Teil ist die Rache.«

Nach Beendigung des dreißigjährigen Kriegs der Normannen herrschte Roger als »Großgraf« und Lehnsmann seines Bruders zehn Jahre über die befreite, der Christenheit zurückgeschenkte Insel. Er heiratete noch zweimal, Eremberga und Adelaisia, eine Langobardin, die ihm Roger, den Nachfolger, gebar, der später als erster normannisch-sizilischer König den Thron von Palermo besteigen und eines der führenden Königreiche der Welt begründen sollte. Rogers liebster Sohn war allerdings Jordan, ein Bastard, von dem ein Schicksal überliefert ist, das an die Jugend Friedrichs des Großen erinnert; bekanntlich hat der preußische Kronprinz auf Weisung des Vaters bei der Hinrichtung seines Freundes Katte zusehen müssen. Als Jordan gegen die väterliche Gewalt einen Aufstand angezettelt hatte, mußte er Zeuge sein, wie seine Mitverschworenen geblendet wurden – ein Strafgericht, das wenig zu Rogers Charakter passen will. 1093 starb Jordan frühzeitig. Der Verlust des wieder in Gnaden Aufgenommenen traf den Vater hart.

Roger selbst sah noch das erste Jahr des neuen Jahrhunderts, des Duocento, mit dessen Ende sich auch das Schicksal seiner Dynastie neigen sollte. In der Kirche Trinità in Milet, der Stadt seiner Hochzeit mit Judith, ist der erste Herrscher des normannischen Sizilien zusammen mit seiner zweiten Gemahlin Eremberga beigesetzt worden. Die Römersarkophage, die ihre Gebeine bargen, sind lange schon leergeraubt. Sie stehen heute im Nationalmuseum in Neapel.

Nicht nur in den Puppentheatern von Palermo und Alcireale gedenkt man heute noch der längst vergangenen Taten. Auch der sizilianische Fremdenverkehr hält das Gedächtnis an die Nordmänner wach. In Taormina, für das die Natur ein felsiges Podest und einen Hintergrundsprospekt geschaffen hat, wie er hinreißender kaum irgendwo zu finden ist, schlendern Gäste mit Vorliebe über den Corso Umberto. Hier finden wir internationale Tünche mit aufgeputzter, geglätteter Folklore, und zum Devotionalienhandel des Touristenkultes gehören auch die gestickten Decken, die man Ricami Siciliani nennt. Hier, unterhalb des Kastells Monte Tauro, das die Sarazenen jahrelang gegen normannischen Ansturm gehalten haben, finden wir zugleich auch an allen Butiken, golden und silbern prangend und mit wehenden Federbüschen, Puppe neben Puppe, Siziliens normannische Marionetten auf antik und auf neu, beliebt als Mitbringsel in all jenen Städten Europas, in denen die Nordmänner einst ihr aufregendes Piratengastspiel gegeben hatten, ehe sie dem mittelalterlichen Abendland seine schönsten Reiche schenkten.

In Scicli an der Südküste Siziliens feiert man noch in unseren Tagen das Fest der »Madonna delle Milizie«. In einer im Spiel dargebotenen Miniaturschlacht tritt die Gottesmutter auf und vollbringt das »Wunder«, daß die »Sarazenen«, kenntlich durch Turban und Keffieh, wild davonstieben, von den Darstellern der christlichen Rittersleute verfolgt wie nur je in der Schlacht von Cerami. Und die Augusttage bescheren Messina eine bemerkenswerte folkloristische Prozession: die der sogenannten »Giganti«, der dunkelhäutigen sarazenischen Riesen. Der durch Jahrhunderte legendär gebliebene bärtige Grifone, Hauptakteur auch in vielen Stücken der Puppenbühne, hat beim Umzug eine weiße Frau zur Seite, seine sizilische Eheliebste. Dies versinnbildlicht die Vereinigung der beiden Rassen, der europäischen und der afrikanischen, wie sie in der Entwicklung Siziliens schließlich Wirklichkeit geworden ist.

Bei Selinunto, im Süden der Insel, begegnet mir einer der noch nicht abgewrackten Carreti, der bunt bemalten Eselkarren. Die Farben riechen frisch. Die abgebildeten Szenen lassen eine naive, nicht allzu geübte Hand erkennen. Doch von üppigem Erfindungstalent und dazu von beharrlicher Volksüberlieferung zeugen die Motive. Am vorderen Brett entdecke ich den Normannen Roger auf einem reich geschmückten Thron als Großgraf Siziliens. Die Seitenbretter enthalten Tournierszenen. Das verschiebbare hintere Brett läßt wiederum den Tankredsohn erkennen, wie er gerade einen Sarazenen erlegt. Aufgepinselte Worte erklären moritatenhaft die Bildgeschichte. Selbst die Räder des Karrens sind bemalt.

Ob der Fuhrmann, der neben dem Karren einhergeht, an die

ruhmreichen Jahre sizilianischer Vergangenheit denkt? Wohl kaum. Eher schon an die letzte Mafia-Affäre, an die Olivenernte oder an die Hochzeit seiner Tochter. Mit seinem Karren aber rollt Siziliens normannische Geschichte durch Siziliens kärgliche Gegenwart.

Unter dem Zweiradkarren trippelt, am Wagengehäuse mit enger Strippe festgebunden, ein struppiger Kläffer.

Das Erbe des Eroberers

Wilhelm, ein beleibter Witwer

Während Tankreds Söhne noch um Sizilien kämpften, bildete sich in jener anderen Gegend normannischer Staatengründung, England, ein Machtzentrum, wie es Europa in so straff geführter Form bisher nicht gekannt hatte. Die angelsächsischen Stände – großer und kleiner Adel, Kirche, Städte – brachten Wilhelm dem Eroberer bald nach der Schlacht von Hastings ihre Huldigung dar. Sie waren der Meinung, damit ihren Besitzstand retten zu können. Wilhelm hatte absichtlich die Frage möglicher Enteignung offengelassen, bis er die Krone Englands trug. Dann ließ er die Maske fallen. Die angelsächsische Oberschicht verlor fast ihre gesamten Liegenschaften – mit einer Begründung, die immer wieder in Umbruchzeiten eine Rolle spielt: weil sie der Partei des unterlegenen »Usurpators« angehangen hätte.

Mit der Fülle an Land, die damit zur Verfügung stand, belehnte Wilhelm seine normannischen Parteigänger und vor allem die Mitkämpfer von Hastings. So entstand in Britannien eine von Grund auf neue Adelsschicht, die ihre eigene Sprache redete und von der Masse der englischen Bevölkerung durch eine tiefe Kluft getrennt war.

Von den 60215 Lehen erhielt fast die Hälfte die Kirche, der Wilhelm – wie wir sahen – besonderen Dank schuldete. 1422 Lehen heimste der König als Kronbesitz selber ein. Der Rest verteilte sich auf seinen Anhang, der mit ihm über den Kanal gekommen war und bei Hastings gefochten hatte. Diese neuen Herren besaßen großenteils auch in der Normandie Güter. Dies führte zu einer sehr engen Verklammerung des Besitzstandes auf der Insel und dem Kontinent.

Um Schwergewichte der Macht und damit Zentren des Widerstandes zu vermeiden, sorgte Wilhelm, der sich als Generaleigentümer des ganzen Königreichs empfand, für eine möglichst weitreichende Aufteilung der Grundstücke. Großzügig zusammengefaßte Flächen, wie sie heute die Flurbereinigung erstrebt, versuchte er unter allen Umständen zu vermeiden. In dem 1086 verfaßten Domesdaybook wurde der gesamte Landbesitz Englands mit den jeweiligen Abgabeverplichtungen registriert. Die hier veröffentlichte Bestandsaufnahme stellt ein wichtiges geschichtliches Dokument Englands dar.

Neben den Earls, seinen Lehnsträgern, spielten in Wilhelms Zentralstaat zwei wichtige Kronbeamte eine entscheidende Rolle: der Sheriff, der in den Earldoms Recht sprach, und der Sendbote, der als ein »fliegender Revisor« ständig unterwegs war. Roger II., der ein Menschenalter danach in Süditalien einen noch konsequenteren Beamtenstaat geschaffen hat, wird vielleicht Wilhelms Staatsstruktur gekannt und zum Vorbild genommen haben.

Bei der Neuverteilung des englischen Bodens gingen die angelsächsischen Edlen fast durchweg leer aus. Sie emigrierten in Scharen nach Byzanz, wo sie in die Waräger-Leibgarde eintraten. Von da an trug die Garde vorwiegend englisches Gepräge.

Von den im Land zurückbleibenden Adligen stifteten vor allem die Earls Edwin und Moncar Unruhe. Sie mochten am Tag von Hastings noch geglaubt haben, sie könnten sich mit dem Sieger auf der Grundlage der Koexistenz arrangieren. Beide starben als Abgesetzte und Entrechtete früh, Moncar im Kerker. Die Aufstände, die namentlich in Northumberland und Wessex (Haralds Earldom) aufflammten, wären im Falle übergeordneten Zusammenwirkens Wilhelm jetzt noch gefährlich geworden. So aber wurden sie mit der ganzen Grausamkeit, zu der Wilhelm fähig war, niedergeworfen. Noch viele Geschlechter hindurch sah man die Spuren der Verwüstung.

Zur Sicherung des erkämpften Königreichs ließ der Eroberer überall an strategisch wichtigen Punkten Kastelle errichten, so in London (Weißer Tower), Canterbury, Hedingham, Windsor, Exeter.

Einer der heute noch eindrucksvollsten Kastellbauten Wilhelms, ein Sinnbild der keinen Widerstand duldenden Zentralgewalt seines Regimes, ist der von Rochester.

Hier in Rochester, einer mittelgroßen Stadt von Industrie- und Hafencharakter im Osten Londons, umgibt mich jene düstere Backsteinatmosphäre, die von England bis weit nach Amerika gelangt ist. Die Stadt besteht aus einer endlos sich hinschlängelnden Straße mit Geschäfts- und Teehäusern (weißer und roter Backstein nach Wahl), aus »Inn's« (Gaststätten), einer Kathedrale mit normannischem Zickzackmuster und einem hoch aufragenden Kastell, wie geschaffen, um Macht zu dokumentieren, zu drohen und einzuschüchtern. Der bemerkenswerte Vierflügelbau, der von vier runden Ecktürmen flankiert wird, steht in einem kleinen Park oberhalb des Medway-Flusses, der südlich der Themsemündung in die Nordsee strömt. Falken kreisen um das verfallene Gemäuer. Aus dem Innern klingt Taubengurren. Vor dem Steinkoloß richtet eine altertümliche Kanone ihr Rohr seewärts, als gelte es heute noch, Piraten abzuwehren.

Die Normannenkastelle haben ihren baugeschichtlichen »Stammbaum«. Als die Herzöge der Normandie im zehnten Jahrhundert ein autoritär regiertes Feudalsystem begründen, waren sie vor die Aufgabe gestellt, sich gegen die Aufsässigkeit der Barone – der einstigen Genossen der Ruderbänke – und gegen auswärtige Feinde durchzusetzen. Dazu bedurfte es der Burgen.

Doch welche Form sollte man ihnen geben? Die normannischen Seenomaden hatten zwar im Wikingerboot eine großartige formale Leistung vollbracht, sonst aber waren sie Analphabeten des Wortes und der baulich-künstlerischen Gestaltung, jedenfalls alles andere als erfahrene Architekten. Das Meer verlangte nach Masten, nicht nach Kastellen.

Dennoch waren sie um Lösungen nicht verlegen. Sie machten es wie die meisten Eroberer: Sie übernahmen die Bauformen, die sie in dem von ihnen besetzten Land bereits vorfanden, um sie nach ihrem Geist und Zweck zu erweitern. Im nördlichen Frankenreich war der eigentliche Bautyp des Kastells der sogenannte Donjon. Man hatte die Erde eines ausgehobenen Rundgrabens in der Mitte zu einem Spitzhügel geschichtet, auf dessen Gipfel sich der zuerst hölzerne, später steinerne Wehrbau erhob (ein Donjon dieser Art befindet sich beispielsweise in Oxford). Im Zuge des zunehmenden Zentralismus der Herzogsmacht, die mit Wilhelm dem Eroberer ihre größte Straffung erreichte, traten zu den Turmhügeln der Lehnsleute auch die Wehrbauten in Staats- und Kronbesitz. Es sind kaum einnehmbare, abweisende Bastionen, fast ohne Schmuck und zugleich ihrer Größenordnung nach bewußt als einschüchternde Machtdemonstrationen der Krone angelegt.

Die düstere Wucht des Kastells von Rochester verdeutlicht den militanten normannischen Herrschaftsanspruch besonders einprägsam. Am Eingang begegnen wir freilich der Neuzeit. Da ist nämlich angeschlagen, wann und wie an den nationalen Feiertagen Englands geflaggt werden soll: Union Jack am 6. Februar (Thronerhebung Elisabehts II), am 24. Mai (Commonwealth Day), am 1. Juni (Jutland Battle = Schlacht am Skagerrak). Am 26. Januar steigt die Flagge Australiens, am 23. April die des englischen Schutzpatrons Sankt Georg, am 21. Oktober die City Flag empor (Geburtstag des Lord Mayor, des Bürgermeisters von London).

Das Hotel »Gainsborough« in Rochester ist vollgestopft mit altem, verstaubtem Hausrat und skurrilem Kitsch. Demnach müßten die überall aufgestellten Blumen aus Wachs sein. Ich befühle sie; wider Erwarten sind gerade diese allesamt echt.

Ich ziehe es vor, einen Hafenpub von schäbiger Romantik aufzusuchen. Über der Theke leuchten Kunststoffblumen auf, in denen elektrische Birnen stecken. An der Wand hängt eine große Holzscheibe, die in Felder aufgeteilt ist. Stämmige Schauerleute zechen und werfen zur Abwechslung mit Pfeilbolzen auf die Scheibe. Ich versuche, die verbreitete Freude an diesem Spiel auf die normannische Vorliebe für das Bogenschießen zurückzuführen. Ein Dicker in rotem Pulli und rötlichem Bart à la Heinrich VIII. wirft sein Geschoß über meinen Tisch hinweg, daß ich mich ducken muß. Die Pfeilbolzen surren durch den Raum.

An diesem Abend empfand ich es als Segen, daß britisches Bier so dünn ist.

Wilhelm, Herzog und König, nun schon ein wohlbeleibter Witwer, stand mit breiten Beinen auf seinem ererbten und eroberten Herrschaftsgebiet. Um überall zugegen zu sein, reiste er häufig über das Land. Eingewurzelt blieb er nur auf dem alten herzoglichen Boden der Normandie. In England wurde er ebensowenig heimisch wie der erste König des Hauses Hannover. Dreiundvierzigjährig versuchte er noch, Angelsächsisch zu lernen. Er brachte es gerade zum Lesen von Akten.

Der Lebensgang Wilhelms, der in seinem glanzvollen, konsequent gestalteten Aufstieg geradezu ein Kunstwerk ist, endet mit einem lächerlichen Unglücksfall auf einem eher beiläufigen Feldzug gegen den französischen Lehnsherrn, König Philipp I., den der Normannenherzog als König Englands machtmäßig weit zurückgelassen hatte. Es ging um das Grenzland Vexin, jene Gegend der mittleren Seine, in der einst der denkwürdige Vertrag von Saint-Clair-sur-Epte abgeschlossen worden war. Wilhelm äscherte Mantes ein (man meint heute noch der Stadt an der Seine anzumerken, daß ihr einst schwere Wunden geschlagen worden sind). Dabei stürzte er zwischen brennenden Häusern vom Pferd. Unter unerträglichen Leibschmerzen zog er sich in seine Herzogsstadt Rouen zurück. Dort ließ ihm der Straßenlärm keine Ruhe, so daß er sich in die Priorie Saint-Gervais umbetten ließ.

Am 9. September 1087 standen seine zwei Söhne Wilhelm und Heinrich sowie die Großen des Herzogtums um den sterbenden König. Trotz der Schmerzen behielt er einen klaren Geist. Beim Gedanken an das Jenseits bereitete ihm die Einäscherung von Mantes ein schlechtes Gewissen. Er vermachte den dortigen Mönchen eine hohe Summe zum Wiederaufbau der geistlichen Gebäude.

Als der König im Sterben lag, übertrumpften sich die Anwesenden an gespielter Verzweiflung. Kaum war er jedoch tot, bestiegen sie ihre Pferde und ritten schnellstens zu ihren Gütern, um sie in der herrenlosen Zeit vor fremdem Zugriff zu schützen. Außer den Bediensteten blieb niemand bei der Leiche zurück. Diese bemächtigten sich des Schmucks des Hingeschiedenen.

Auch die Beisetzung Wilhelms war makaber. Der lange Transportweg des toten Monarchen zu Schiff über Seine und Kanal nach Caen hatte zur Folge, daß bei der Ankunft bereits Verwesungserscheinungen auftraten. Als die Diener den Leichnam in den Steinsarg legen wollten, verletzten sie ihn. Darauf breitete sich in Saint-Etienne in Caen, der vorbestimmten Begräbniskirche, ein unerträglicher Gestank aus. Der Priester beschleunigte die Totenmesse, damit sich das Gotteshaus leeren konnte.

1562 verwüsteten die Kalvinisten die letzte Ruhestätte des Eroberers. Bis auf einen Schenkelknochen gingen die Gebeine verloren. Achtzig Jahre später legte man die einzig erhaltene Reliquie in ein neues Grab. Doch auch dies hatte keine Dauer; während der Französischen Revolution wurde es zerstört. Das geschichtsfreudige neunzehnte Jahrhundert hat dann zu Wilhelms Gedächtnis einen Epitaph aufgestellt

Königin Mathilde war ihrem Gemahl um vier Jahre vorausgegangen. Ihr Grab in der Kirche Sainte-Trinité ist ebenfalls verschollen.

Mathilde und Aliénor

Eine der anmutigsten Kleinstädte am Südrand des einstigen Herzogtums Normandie ist Gisors an der Epte. Das Fachwerk ist hier ebenso normannisch wie die Kirche Saint-Gervais mit ihrer »Couronne«. In den Auberges, die den Luxus ihrer Küche in den Vitrinen ausbreiten, rühmt man sich, Perdreaux (Rebhühner) à la Normandie und Truite (Forelle) à l'orange wie nirgendwo sonst nördlich von Paris zuzubereiten. Der uralte holzüberdachte »Lavoir« sieht so aus, als hätten sich Genève oder Arlette mit ihren Körben voll Wäsche gerade nach Hause begeben.

Die kleine Stadt ist, genau betrachtet, ein Anhängsel der weitläufigen Burg mit ihrem vieltürmigen Mauerring und einem mächtig aufragenden Donjon. Zeitweise befand sich die Anlage in den Händen der Templer. Als Philipp der Schöne, König von Frankreich, den Ritterorden 1308 auflöste und den Großmeister dem Scheiterhaufen überantwortete (wegen angeblicher Sittenwidrigkeit, in Wahrheit, um den Reichtum des Ordens einzuheimsen), sollen die Ordensritter ihre Geheimunterlagen und ihre Kostbarkeiten innerhalb des Mauerrings von Kastell Gisors versteckt haben.

Im Vorhof des Donjon finde ich eine Bodenstelle, die in merkwürdiger Weise aufgerissen und wieder zugeschüttet scheint. Ich berichte dem Wirt des Hotels »Trois Poissons« von meiner Wahrnehmung.

»Sie kennen die Geschichte von Roger Lhomoy nicht?« fragt er. »1944 hat er in Gisors, ja in ganz Frankreich von sich reden gemacht.« Am selben Abend erzählt mir der Wirt den Vorgang im burgunderroten Salon der »Drei Fische«.

Roger Lhomoy, sein Vorname weist ihn als echten Normannen aus, Kastellan, Fremdenführer und Gärtner auf der Burg, hatte in seiner Vertrautheit mit dem Gelände während des Kriegs Gänge und Schächte gegraben, um nach dem mutmaßlichen Schatz der Templer zu fahnden. Immer wieder verwischte er die Spuren, damit sein Vorhaben nicht ruchbar würde. Mit Spitzhacke, Brecheisen, Seilen, ja mit der bloßen Hand wühlte er sich in das Erdreich hinein. Schließlich gelangte dieser Ali Baba des zwanzigsten Jahrhunderts in eine unterirdische Kapelle, in der 30 schrankgroße Truhen standen.

Als er später die selbstmörderische Expedition wiederholen wollte, fand er die Kapelle nicht mehr, da er bei der ersten Grabung keinerlei Vermessungen durchgeführt hatte. Als der Krieg zu Ende war und man von der Entdeckung erfuhr, versuchten Rogers Bruder und ein ehemaliger Pionieroffizier die Fährte wiederaufzunehmen. Doch die Einsturzgefahr war zu groß, die Spur zu verwischt. Man gab auf.

Darauf untersuchte man den Kastellan auf seinen Geisteszustand. Es ergab sich nicht der geringste Anlaß, an seiner Wahrnehmungsfähigkeit zu zweifeln. Dennoch fand sich keine staatliche oder private Stelle, die sich zu sachgemäßen Grabungen bereitgefunden hätte. Kapelle und Schatz bleiben weiterhin das Geheimnis des Kastells von Gisors.

Gisors ist von den Normannen begründet worden, die besonders darauf bedacht waren, an der Grenzlinie der Epte mit einer Bastion der Krone Frankreichs die Stirn zu bieten. Bauherr war Robert de Belléme, ein Neffe des Gründers des Templerordens, Roger Montgomery, der ein Vorfahr des Siegers von El Alamein gewesen ist. Die Zahlenmystik, deren sich die Templer befleißigt hatten, ist am Gemäuer des Kastells und der Kirche Saint-Gervais heute noch abzulesen (achteckiger Donjon, neunteiliges Giebelfeld der Kirchpforte).

Die Erbauung der Burg mit ihrem unerforschten Geheimnis erfolgte 1096 unter der Regierung von Wilhelm Rufus (dem Rothaarigen), zweitältestem Sohn des Eroberers. Der neue König war weit entfernt von der gesammelten staatsbildenden und staatsführenden

Kraft des Vaters. Nur das herrische, rücksichtslose Wesen hatte er mit ihm gemein.

An den zweiten Normannenkönig Englands erinnert noch ein weiteres Bauwerk, das die Zeiten überdauert hat. Neben der Westminster Abbey und dem Tower ist es eines der großen Bauten des mittelalterlichen, normannischen London: die Westminster Hall. Da der Königspalast, zu dem sie gehörte, verschwunden und durch das neugotische Parlament ersetzt worden ist, wirkt die von Wilhelm Rufus begründete Halle wie ein Edelstein in einem imitierten Geschmeide. Die freitragende Decke mit ihren hölzernen Stichbögen erinnert an das Konstruktionsprinzip normannischer Schiffsbaumeister. Wie die benachbarte Abtei, Englands Krönungskirche, vermittelt die Chronik der Westminster Hall die Geschichte Englands. Hier fand einer der dramatischsten Prozesse der Insel statt: gegen den Stuartkönig Karl I., der mit der Enthauptung des Monarchen in Whitehall endete. Hier lag Winston Churchill aufgebahrt.

Als Wilhelm Rufus 1100 während der Jagd auf nie geklärte Art einem Pfeilschuß erlegen war, folgte ihm sein jüngerer Bruder Heinrich Beauclerc (Schöngeist). Er war klein, korpulent und trug eine schwarze Fransenfrisur. Neben zwanzig Bastarden hatte er nur einen legitimen Sohn, Wilhelm, der auf einer Vergnügungsparty zu Schiff 1120 mit der ganzen jugendlichen Gesellschaft im Kanal unterging. Heinrich Beauclerc, der Vater, stürzte bei der Nachricht stumm zu Boden. Wer sollte das Reich erben? Als legitime Erbin kam nur seine Tochter Mathilde, die Enkelin Wilhelms des Eroberers in Frage.

König Heinrich berief einen Hoftag ein. Der englische Hochadel mußte auf dieses Mädchen als Kronprätendentin den Eid der Gefolgschaftstreue leisten – ein ungeheuerliches Ansinnen in einem Land, in dem von jeher nur Männer die Krone getragen hatten. Daß die Barone nicht widersprachen, war allein dem starken Willen des Königs zu danken.

Im übrigen: Mathilde war in ihrer Willensstärke und Zielstrebigkeit nahezu selber ein Mann.

Mathilde war neun Jahre lang mit dem römisch-deutschen Kaiser Heinrich V., dem Sohn Heinrichs IV., vermählt. Die Deutschen mochten die englische Normannin. Sie nannten sie »die gute Methild«, was fast ein bißchen zärtlich klingt. Ihr kaiserlicher Gemahl starb bereits 1125. Die gute Methild verließ Deutschland bald danach zum allgemeinen Bedauern der Bevölkerung. »Kaiserin« nannte sie sich bis an ihr Lebensende, wenn auch zu Unrecht, denn sie war nie gekrönt worden. Die neue Partie, die sie 1129 einging, war neben der kaiserlichen dürftig. Sie heiratete den um zehn Jahre jüngeren Grafensohn Geoffrey (Gottfried) Plantagenet von Anjou, der in Angers an der Maine seinen Hof hatte. Seinen Beinamen »Ginsterzweig« (Plantagenet) trug er, weil er einen solchen stets am Helm stecken hatte.

Die Frage der englischen Thronbesteigung Mathildes wurde plötzlich akut, als ihr Vater, Heinrich I., 1135 an einer Fischvergiftung starb. Mathilde rüstete sich zur Fahrt auf die Insel.

Doch ein anderer war ihr bereits zuvorgekommen: Stephen von Blois, ein Sohn des Kreuzfahrers gleichen Namens, der sich in London von einem Teil des Adels krönen ließ. Er leitete sein Kronrecht davon ab, daß er über seine Mutter Adela ebenfalls ein Enkel des Eroberers war.

Die Kurie, der ewige Schlichter, hatte wieder ihren »Fall«. Mathilde und Stephen riefen 1136 Rom gemeinsam als Schiedsrichter an: Wer von beiden zu Recht die Krone tragen dürfe. Mathilde war durch Ulgerius von Anjou, Stephen durch Ernulf von Séez vertreten.

Mathildes Anwalt brachte vor: Stephen sei ein Usurpator, außerdem ein Meineidiger, weil er zu denen gehöre, die den Eid auf Mathilde geleistet hatten.

Stephens Anwalt machte geltend: König Heinrich habe auf dem Sterbebett den Grafen von Blois als Nachfolger designiert. Bischof Bigod habe es bezeugt. Außerdem entstamme Mathilde einer unreinen Ehe, da ihre Mutter Nonne gewesen sei.

Dies Argument war für Mathildes Anwalt ein Trumpf. »Eine Nonne?« rief er aus. »Dann hätte die Kirche bei der Verehelichung ja einen groben Fehler begangen. Und das ist undenkbar!«

Ernulf erkundigte sich, woher das Gerücht stamme.

»Die Mutter der Kaiserin war nur zum Schein Nonne«, antwortete Ulgerius. »Sie hat kurz den Schleier getragen, um sich vor der Zudringlichkeit eines unliebsamen Bewerbers zu schützen.«

Und nun ging Mathildes Anwalt zum Angriff über: »Bigod, der angebliche Zeuge für Stephens Designierung, war beim Tod König Heinrichs überhaupt nicht zugegen!«

Dies war ein harter Schlag. Dennoch siegten nicht die Argumente, sondern Stephens Zugeständnisse und Geschenke an die Kirche, dazu die alte politische Regel Roms: keinen zu mächtig werden zu lassen. England, Normandie *und Anjou* – das ging gegen das päpstliche Prinzip des »Teile und herrsche!«.

Papst Innocenz II. brach schließlich die Verhandlung ab. Wenn auch nicht öffentlich, so doch in vertraulicher Mitteilung bestätigte er Stephen.

Was mit Hilfe des päpstlichen Schiedspruches nicht gelang, versuchte Mathilde, die ohne Zweifel im Recht war, mit Gewalt. Obwohl Stephen mit der Invasion rechnen mußte und die Häfen der Kanalküste Tag und Nacht sorgsam bewachen ließ, glückte der »Kaiserin« 1139 die Landung im Hafen von Arundel. Ihr Begleiter war ihr Halbbruder Robert von Glocester, der Sproß einer illegitimen Verbindung ihres Vaters. Landstriche, in denen man sich ihrem Herrschaftsanspruch widersetzte, ließ sie verheeren, das Bild der »guten Methild« beginnt sich hier zugunsten einer offenkundigen Härte zu verwischen.

Bei Lincoln wurde Mathilde ein Triumph zuteil. Robert von Glocester nahm Stephen gefangen. Der Usurpator-König kämpfte »wütend und schäumend wie ein Löwe«. Man drang zu Fuß und zu Pferd auf ihn ein, »wie man eine Burg zu erobern pflegt«. Als Stephens Schwertklinge zerbrach, griff er zu der Wikinger-Streitaxt. Von einem Stein getroffen, sank er nieder. Er übergab seine Waffe Robert »als König Heinrichs Sohn«, auch in dieser Situation opponierte er noch gegen Mathilde.

Kurz darauf führte Robert den Besiegten der Kaiserin vor, die in hellen Jubel ausbrach. Wieder glaubt man Krimhild vor sich zu sehen, und man begreift, wie stark diese Sagengestalt aus dem Leben gegriffen ist: ein Bild der nordgermanischen Herrscherin. Die Sieger legten Stephen in Bristol in Eisen.

Auf den geglückten Schachzug folgte ein ebenso geglückter Gegenzug. Auch Robert von Glocester, Mathildes »Schild«, geriet in Gefangenschaft. Er kam nur wieder frei durch Austausch mit Stephen. Nach Jahren des Kampfes, dessen Opfer die Untertanen waren, einigte man sich mit einem Kompromiß: Stephen behielt die Krone, doch Nachfolger sollte nicht Stephens Ältester, sondern der erstgeborene Sohn Mathildes und Geoffroys werden: Heinrich.

Mathilde zog sich in das Kloster Le Bec in der Normandie zurück. Sie starb 1167 in Rouen. Hatte sie selbst auch nicht die Krone erlangt, so hatte sie an ihrem Lebensende doch den glanzvollen Aufstieg ihres Sohns vor Augen. Als Heinrich II. sollte er bald neben dem römisch-deutschen Kaiser die mächtigste Persönlichkeit des Jahrhunderts werden.

Die Verstorbene hatte eine Schwiegertochter, die Gemahlin Heinrichs II.: Aliénor (Eleonore) von Aquitanien. In ihr sollte sich das turbulente, schillernde, anspruchsvolle Leben der »Kaiserin« wiederholen. Mathilde und Aliénor sind die beiden großen Frauen des zwölften Jahrhunderts. Auch Aliénor trug, ehe sie Heinrichs Frau wurde, eine gewichtige Krone: die einer Königin von Frankreich. Die

Erbin Aquitaniens, der Heimat der Troubadoure, war die Gemahlin des Kapetingerkönigs Ludwig VII., unter dessen Zepter die ersten gotischen Bauwerke entstanden.

Bei der Hochzeit in Bordeaux war Aliénor fünfzehn, ihr Gemahl, damals noch Dauphin, sechzehn. Er wirkte zart und schmächtig. Die lebensfrohe Aliénor sagte: »Eigentlich sieht er aus wie ein Mönch.« Sie selber wurde »perpulchra« genannt. Ihre Schönheit war also berühmt, desgleichen ihre Erfindungsgabe in Modedingen.

Als im Morgenland Edessa gefallen war, rief der Mönch Bernhard von Clairveaux zum Zweiten Kreuzzug auf. Auch Ludwig, inzwischen König, und Aliénor folgten dem Ruf. Damals nahmen viele hochgestellte Kreuzfahrer ihre Frauen mit, sehr zum Ärger der Bewaffneten, die über »viel zuviel Wagen« stöhnten. Der schwerfällige, unbewegliche, angeschwollene Troß war zu allen Zeiten der Ärger der kämpfenden Truppe. In der langen Kette beladener Wagen reisten auch Aliénors Kammerjungfern mit.

Die junge Königin Frankreichs hatte sich, in Antiochia angelangt, ihre eigene Art »Kriegführung« ausgewählt. Sie plänkelte verliebt mit ihrem kaum älteren Oheim Raimond von Poitou, dem Nachfolger Boemunds II. Die junge Königin war lustig, leidenschaftlich vergnügungssüchtig, ihr Gemahl die personifizierte Langeweile. Raimond hatte etwas von dem romantischen Charme der Troubadoure an sich. Mit ihm unterhielt sich Aliénor unter Olivenbäumen in ihrer Muttersprache, dem eleganten Französisch Aquitaniens.

Ludwig VII. drängte zur Weiterfahrt nach Jerusalem; er hatte seine Gründe, die nicht nur im Kreuzzugseifer lagen. Aliénor weigerte sich; sie wollte in Antiochia bleiben. Als Ludwig deutlicher wurde, sagte Aliénor kurz und bündig:

»Stelle erst einmal die Eherechte fest!«

Die Königin spielte darauf an, daß ihre Ehe nach kanonischem Recht sträflich sei, wegen Verwandtschaft vierten Grades. Das war in der Tat – man sah es bei Robert Guiscard – ein Scheidungsgrund. Nur fragt man sich, warum die Beteiligten es nicht vorher wußten.

Der Kreuzzug und die Ehe gingen in die Brüche. Auf der Heimfahrt reisten die Ehegatten getrennt. Die Byzantiner, die im Krieg mit Roger II. von Sizilien lagen, kaperten Aliénors Schiff. Aber die sizilischen Normannen nahmen es den Byzantinern im Handstreich wieder weg.

In Potenza in Kalabrien trafen Ludwig und Aliénor wieder zusammen. Roger II. empfing sie. Dabei erfuhr die Königin, daß ihr Oheim im Kampf gegen die Moslems gefallen sei. Sein abgeschlagenes Haupt habe man nach Bagdad gebracht.

Aliénor drängte trotzdem auch nach der Rückkehr an die Seine auf

Scheidung. Der König hätte nie nachgegeben, denn er mochte die lebhafte, brillante Aliénor und ihre Mitgift, wenn sich ein Thronfolger eingestellt hätte. Da die Ehe jedoch ohne Dauphin blieb, willigte Ludwig schließlich ein. Doch sollten die beiden Töchter Marie und Alice bei Ungültigerklärung der Ehe als illegitim gelten? Die Kirche sah davon ab, da die Eheschließung in gutem Glauben erfolgt sei.

Und Aliénor, die reichste Partie Europas, heiratete zwei Monate später Heinrich Plantagenet, Mathildes Sohn, der – wieder in Parallele zum Lebenslauf der »Kaiserin« – erheblich jünger war. Daß auch hier ein Verwandtschaftsverhältnis bestand, kümmerte Aliénor diesmal nicht.

Als der junge Plantagenet nachher als Heinrich II. König von England wurde, verfügte er über eines der größten Reiche des Abendlandes, weitaus umfänglicher als das Gebiet seines Lehnsherrn, des französischen Königs. Heinrich war König von England, Herzog der Normandie, Graf von Anjou und Maine und – durch die Heirat mit Aliénor – zugleich Herr über Aquitanien, das die ganze Westküste Frankreichs umfaßte. Heinrichs und Aliénores Herrschaftsgebiet reichte von Schottland bis zu den Pyrenäen. In dieser engen Verklammerung wurde englische Politik Kontinentalpolitik.

Mit Heinrich Plantagenet begann der Machtkampf zwischen weltlichem und geistlichem Regime auf englischem Boden. Heinrichs Jugendfreund Thomas Becket, der Erzbischof von Canterbury, wurde in seinem Dom ermordet, da einige normannische Ritter ein Zorneswort des Königs als Auftrag auffaßten, den Gegenspieler auszuschalten. Nur die öffentliche Buße vor dem Dom von Avranches half dem König gegen den Unmut der öffentlichen Meinung. Das Verhältnis Heinrich–Thomas hat die moderne Dichtung von Eliot bis Anouilh beschäftigt.

Unter den Söhnen Heinrichs und Aliénores haben zwei weltgeschichtliche Bedeutung erlangt, der eine als schneidiger Held, der andere als Sinnbild haltloser Schwäche. Richard Löwenherz wurde eine der strahlendsten Gestalten der Kreuzzüge. Als Heißsporn geriet er nicht nur mit den deutschen und französischen Kreuzfahrern in Streit, sondern zuvor schon mit seinem königlichen Vater, wobei seine Mutter im Vater-Sohn-Konflikt zu Richard hielt. Dies hatte für Aliénor verhängnisvolle Folgen. Bei Poitiers wurde sie, als Schildknappe verkleidet, von den Häschern ihres Eheherrn gefangengenommen und elf Jahre lang auf Burgen festgehalten. Erst nach Heinrichs Tod kam sie wieder frei.

Aliénor starb 1206. Die Königin, ihr Gemahl sowie ihr Lieblingssohn Richard und dessen Gemahlin Berengaria ruhen in einer der schönsten Grabkapellen gekrönter Häupter: im Kloster Fontevrault nahe der Loire. Das Steinbildnis der Erbin von Aquitanien macht es – ungeachtet aller Typisierung und Idealisierung gotischer Steinmetzen – glaubhaft, daß diese Frau mit den Gaben ihrer Weiblichkeit einmal die Großen ihrer Zeit zu fesseln und manchmal auch zu lenken wußte.

Der zweite Sohn Aliénors, Johann ohne Land, ist durch Shakespeares Schauspiel in wenig rühmlicher Weise unsterblich geworden (mit den Plantagenets beginnt bereits der Zyklus der Shakespeareschen Königsdramen). Johann hat als englischer König zwei folgenschwere Niederlagen erleiden müssen. Die englischen Untertanen trotzten ihm auf einer Themsewiese bei Windsor einen Freiheitsbrief ab, der als Magna Charta die Zentralgewalt im Stile Wilhelms des Eroberers aufzulösen begann. Und 1204 verlor Johann die Normandie, die der Kapetinger Philipp August, der Nachfolger Ludwigs VII., für Frankreich eroberte. Dieses Datum bedeutet das Ende der normannischen Geschichte Großbritanniens.

Ein Teil der Normandie ist allerdings bis heute bei England verblieben, nämlich die Kanalinseln vor der Küste Cotentins, deren größte Jersey, Guernsey, Alderney und Sark sind. Der Sieg eines französischen Vasallen erbrachte damit als Endergebnis einen territorialen Verlust für Frankreich. Die »Normannischen Inseln« haben sich als Kronlehen mit eigenen Parlamenten, gerichtlicher Sonderstellung und Steuerprivilegien eine gewisse Selbständigkeit bewahrt. Die normannische Erinnerung ist auf dem Archipel lebendiger geblieben als in Großbritannien. Trinkt man hier auf Elisabeth II., so erhebt man dort das Glas nicht auf die Queen, sondern auf den Herzog der Normandie. In England sehen Jerseys, Guernseys und Sarks inselbewußte Bewohner nichts weiter als eben auch eine Insel – irgendwo im Norden von Alderney. Sark verfügt über das letzte Feudalsystem Europas nach altem herzoglich-normannischem Muster. Fast unabhängig schaltender »Seigneur« ist eine alte Dame: die weit über achtzigjährige Sibyl Mary Collings Beaumont Hathaway. Die »Dame of Sark« beansprucht den Zehnten der Inselernte und pro Schornstein ein Huhn. Ihr allein steht es zu, auf dem Normanneneiland Tauben zu züchten und eine Hündin zu halten.

Während die Normannen auf der Bühne Englands agierten, haben drei Ereignisse das künftige Weltreich prägen helfen.

Wilhelm der Eroberer hat das Ansinnen seines Papstfreundes Gregor VII., England als päpstliches Lehen anzusehen, mit schroffer Deutlichkeit zurückgewiesen. Dieser Trennungsstrich zu Rom leitete die eigenständige Entwicklung der englischen Kirche zum Anglikanismus ein.

Johann ohne Land hat mit der Magna Charta dem Aufkommen der Städte und des Bürgertums als politische Faktoren den Weg geebnet.

Der Verlust der Normandie hat die Verbindung zwischen England und Frankreich und damit die kontinentale Blickrichtung der Insel abgeschnitten. Seither fühlen sich die Briten als Nachbarn des Festlands, doch sie gehören ihm nicht an. Man unterscheidet deutlich zwischen »english« und »continental«.

»Sire, lassen wir in Gottes Namen von unsern Versuchen ab«, sagte einer der Minister Heinrichs VIII. zu seinem Monarchen, »uns auf der terra firma festzusetzen. Die natürliche Lage von Inseln verträgt sich mit Unternehmungen solcher Art nicht. England allein und für sich ist ein gehöriges und wohlbegründetes Reich. Wenn wir uns aber ausdehnen wollen, dann möge es in der Richtung geschehen, in der wir dazu imstande sind und zu welcher die Vorsehung uns bestimmt hat – nämlich über das Meer.«

Englands Ausrichtung zum Meer hin hat das Weltreich geschaffen. Heute, da das Weltreich zu großen Teilen abgebröckelt ist, besinnt sich Britannien wieder auf seine kontinentale Blickrichtung. Es bemüht sich um jene europäische Zuordnung, die anderthalb Jahrhunderte lang unter den Nachfolgekönigen Wilhelms des Eroberers das Schicksal der Insel gewesen ist.

Das Südreich der Normannen

Von Christus gekrönt

Als Goethe 1787 einige Tage in Palermo Quartier nahm, vertraute er seinem Reisetagebuch über diese Stadt einen Satz an, der immer wieder, aus dem Zusammenhang genommen, zitiert wird und zu tiefsinnigen Deutungen Anlaß gibt: daß Palermo leicht zu überschauen, aber schwer zu kennen sei. Liest man den Text weiter, so versteht man, daß dies »Kennen« ganz vordergründig gemeint ist: Die sizilianische Hauptstadt läßt sich durch das Kreuz der beiden Hauptstraßen – heute der Via Maqueda und der Corso Vittorio Emanuele – leicht überschauen, während das chaotische Gewirr der Altstadtgassen abseits der Richtweiser des Straßenkreuzes es schwermacht, sich zurechtzufinden. Hier ist die Atmosphäre von orientalischen Städten lebendig geblieben.

Wo die Schlagadern sich treffen, ragen die Quattro Canti auf, die Goethe schon sah: eine im italienischen Barock häufige Platzbildung durch Abschrägung der Fassaden nach der Kreuzung hin. Die »vier Ecken« Palermos sind durch üppigen Figurenschmuck besonders prächtig geraten.

Ich verliere mich in einer der Altstadtgassen. Mir zu Häupten hat man über die ganze Gassenbreite mit den Wimpeln trocknender Wäsche geflaggt. Etwas gelangweilt hocken jugendliche Kartenspieler an Holztischen, die auf dem Gehsteig stehen. Ein Händler bietet vor bauchigem Kessel gekochte Tintenfische feil, daneben, meertriefend, Dattelmuscheln, Seeigel, smaragdgrüne, rotgeflammte Fischleiber. Ein Schuhputzer im rosa Trikot hat ununterbrochen zu tun; jetzt bearbeitet er das Schuhwerk einer gewichtigen Signora. In deren Arm schlummert ein Bambino; auf ihrem Kopf thront ein zusammengestecktes Bündel, durch dessen Geschnür ein bunter Regenschirm geschoben ist. Sie steht unerschütterlich wie ein Marmorbild, selbst als eine Vespa knatternd durch die schmale Gasse fegt.

Ganz in der Nähe, über den Mercado, traben sechs geschmückte Rosse, die einen verzierten Totenwagen ziehen, feudaler Prunk in der längst verbürgerlichten Stadt einstiger Adelssitze. Die Häuserwände des Mercado sind vollgeklebt mit Wahlplakaten – obwohl die Wahl schon vier Wochen vorüber ist. Sie kleben selbst am Postament barocker Heiliger. Das Heilige ist in Palermo ins Profane einbezogen. Mehr noch als sonst auf lateinischem Boden hat Gläubigkeit hier ihre Heimstätte im prallen Diesseits, zwischen Frutta di Mare und Melonenbergen.

Nicht weit von den »Vier Ecken« Palermos entfernt liegt an einem kleinen, kühlen Platz eine der schönsten Kirchen Siziliens, die romanische Martorana. Es gibt auf der Insel kein Steindokument, das eindringlicher an die größte Zeit Süditaliens, die normannische, erinnert als dieses Gotteshaus, das der Admiral Georgios von Antiochia hat erbauen lassen. Georgios hatte den Rang eines Kanzlers und Admirals Rogers II., des zum König gekrönten Sohnes des Befreiers von Sizilien. Als genialer Feldherr hatte der Admiral weite Gebiete Nordafrikas dem Südreich der Normannen hinzugewonnen.

Der Innenraum der Martorana war einst mit Goldmosaiken überzogen. »Die inneren Mauern«, schrieb 1185 Ibn Dschubair aus Cordoba, »sind vergoldet oder, besser gesagt, sie sind ein Stück Gold. Man bemerkt darin Tafeln von farbigem Marmor, wie ihresgleichen noch niemals gesehen worden sind. In diesen befinden sich Würfel aus goldenem Mosaik.«

Unter den Mosaikresten, die die häufige Umwandlung des Kircheninnern nach dem jeweiligen Zeitgeschmack überdauert haben, finden wir in der ersten Kapelle des rechten Seitenschiffs eine Szene von besonderem Wert: Christus setzt Roger II. die Königskrone auf das Haupt. Man kann sich vorstellen, daß der Enkel Tankreds d'Hauteville und Sohn des »Pferdediebs« Roger großen Wert auf die bildliche Vergegenwärtigung seines Gottesgnadentums in einer Kirche gelegt hat. Die Hautevilles, die ihre Staatsgründung auf Gewalt aufgebaut hatten, wollten ihre Macht – den alteingesessenen Fürsten Europas ebenbürtig – geistlich untermauern. Das erstrittene Staatsgebilde auf süditalienischem Boden bedurfte zu seiner Anerkennung der religiösen Legitimation, doch nicht durch einen Kirchenfürsten, sondern durch den Fürsten des Himmels.

Die Ära Rogers II. begann mit einer Farce, deren Hauptakteurin seine Mutter gewesen ist. In den Jahren, in denen Adelaisia, die Witwe des Grafen Roger, für den noch unmündigen Sohn als Reichsverweserin regierte, geriet sie in eine mißliche Heiratsaffäre, die nachher in Europa zu schadenfrohem Tagesgespräch Anlaß gab. Balduin, der König des Kreuzfahrerstaates Jerusalem, wollte seinen zerrütteten Finanzen mit der reichen Erbin Siziliens aufhelfen. Er warb um die Hand der Witwe. Diese war wohl vom Glanz der vielgerühmten Jerusalemer Königskrone geblendet: »Sie belud die Schiffe, auf denen sie reiste, mit Frucht, Wein, Öl, gesalzenem Fleisch, Waffen und sonstigen Gerätschaften, nahm auch eine unermeßliche Menge Goldes mit und kam so im Gefolge des Überflusses in unser Land.«

Der König empfing die Braut in Ptolemais (heute Akko). Sie wurde unter Hörnerschall an Land gebracht. Die Straßen prangten im Gobelinschmuck.

Anläßlich der Hochzeit in Jerusalem teilte Adelaisia großzügig Geschenke aus. Allerdings wußte die Neuvermählte nicht, daß es sich bei ihrer Ehe um Bigamie handelte. Balduin war bereits verheiratet; er hatte seine Gemahlin verstoßen und dies Rogers Mutter gegenüber verheimlicht. Nachdem die goldschwere Ehe mit Adelaisia den Staatshaushalt »saniert« hatte, ergriff Balduin anläßlich einer Krankheit angeblich Reue; er besann sich auf seine Liebe zur Erstgetrauten. Der Papst stellte sich auf seiten des Königs und seiner ersten Ehe.

1117 reiste die Normannin nach Sizilien zurück, verbittert »über die Schande und die nutzlos vergeudeten Schätze«. Sie starb bald darauf im Kloster.

Roger, der Sohn der Geprellten, der mit der Volljährigkeit das Staatsruder Siziliens selber in die Hand nahm, gilt als der Prototyp des erfolgreichen, maßvollen, ausgeglichenen, umsichtigen Herrschers. Er hat aus dem Erbe seines Eroberer-Vaters das glanzvollste, wohlhabendste und begehrteste Reich seiner Zeit gemacht. Er wurde der erste König Siziliens.

Die Rangerhöhung verdankte er einem Päpstestreit. 1130 erlebte die Christenheit wieder einmal die ärgerliche Tatsache, daß zwei Päpste den Stuhl Petri beanspruchten: Innocenz II. und Anaclet II. Innocenz hatte durch seinen Vorsitz im Schlichtungsverfahren zwischen »Kaiserin« Mathilde und König Stephen von England von sich reden gemacht. Anaclet, dessen Position schwächer war, erkaufte sich die Parteinahme der Normannen, indem er Roger in Palermo feierlich zum König krönte. Der Hauteville zählte damit zu den ranghöchsten Potentaten des Abendlandes. »Die gesamte Pracht und Herrlichkeit der ganzen Welt«, heißt es in der Chronik, »schien auf einem Fleck zusammengeströmt.«

Auch auf dem Schauplatz Unteritalien winkte Fortuna dem Glückbegünstigten. Guiscards Sohn und Enkel – Roger und Wilhelm – starben früh. König Roger II. trat das Erbe an und vereinigte Sizilien und Unteritalien zu einem einzigen süditalienischen Imperium. Diese Einheit ist bis 1870 erhalten geblieben. Die letzten Herrscher über dieses Staatsgebilde waren die Bourbonen. Es trug in der Epoche Goethes den Namen »Königreich beider Sizilien«. Seine Grenzen waren immer noch die des Herrschaftsgebiets Rogers II.

Inzwischen hatte Innocenz über Anaclet gesiegt. Er verzieh Roger nicht, daß er sich von seinem Gegenspieler hatte krönen lassen. Außerdem widersprach die Vereinigung aller Macht südlich des Kirchenstaats in einer Hand den Interessen der Kurie. Innocenz exkommunizierte deshalb den sizilianischen König. In seiner Frontstellung gegen Roger gewann der Papst – damals selten genug – einen Bündnispartner im deutschen Kaiser, Lothar von Supplinburg. Ein dritter Partner fand sich in Rogers Schwager Rainulf Graf von Avellino.

Papst und Kaiser belehnten Rainulf gemeinsam mit dem Herzogtum Apulien. Da Papst und Kaiser jedoch uneins waren, wer zur Lehnsübergabe berechtigt sei, vollzogen sie in einem grotesken Zeremoniell die Belehrung gemeinsam. Der Papst hielt das eine Ende des Stocks, der Kaiser das andere, worauf Rainulf die Stockmitte ergriff und den Lehnseid schwor.

Die Belehnung Rainulfs mit Apulien war eine Kriegserklärung an Roger. Mit einer sizilischen Armee rückte der König in Unteritalien ein und eroberte in einem Blitzfeldzug die von Kaiser Lothar für Rainulf gewonnenen Städte und Burgen zurück. Rainulf, in Rogers Augen ein Verräter, starb im rechten Moment in der apulischen Stadt Troja.

Zwei Partner der Allianz gegen Roger waren ausgeschaltet. Noch stand aber Papst Innocenz II. mit seinem Heer an der Nordflanke Unteritaliens, am Fluß Garigliano.

Da brach Rogers Sohn, der ebenfalls den traditionellen Namen Roger trug, mit tausend Rittern in die päpstliche Armee ein, die auseinanderstob. Mit all seinen Schätzen wurde Innocenz festgenommen und vor König Roger geführt.

Wiederum, wie vor achtzig Jahren, war es 1139 den Normannen Süditaliens gelungen, einen gegnerischen Papst in ihre Gewalt zu bekommen.

Und wiederum mußte ein Stellvertreter Christi durch Zugeständnisse seine Freiheit erwirken: Der aus der Haft entlassene Pontifex nahm die Exkommunikation des sizilischen Königs zurück und anerkannte dessen Kronrecht. Dem päpstlichen Streben, die politische Einheit von Sizilien und Unteritalien zu verhindern, kam Roger durch eine Formalität des Belehnungsaktes entgegen: Er schwor auf drei Fahnen, die Sizilien, Apulien und Capua als getrennte Gebiete versinnbildlichten. Sein künftiger Titel lautete deshalb auch »König von Sizilien, Herzog von Apulien, Fürst von Capua«.

Was Tankreds Söhne von Wilhelm Eisenarm bis Roger I. vergeblich erstrebt hatten – dem Erben Roger II. fiel es am Triumphtag des 25. Juli 1139 endgültig zu – die politische Ernte eines Kampfes, der nahezu ein Jahrhundert gedauert hat. Stolz schrieb er auf seine Schwertklinge: »Apulus et Calaber, Siculus mihi servit et Afer.«

»Der Apulier und Kalabrese, der Sizilianer und Sarazene dienen mir.«

Rogers Haß auf seinen Schwager, den verräterischen Grafen Rainulf, überdauerte dessen Tod. Er erteilte den Bewohnern von Troja den schaurigen Befehl, den Leichnam Rainulfs zu exhumieren, mit einem Strick um den Hals durch die Stadt zu tragen und nach dem gespenstigen Umzug außerhalb der Mauern in einen faulen Pfuhl zu versenken.

Der Mißbrauch der Gewalt – Roger hat damals auch den Kommandeur von Bari nach der Kapitulation trotz Zusicherung freien Geleits aufhängen lassen – steht in krassem Gegensatz zum Ethos, das die Staatsführung des Königs in Friedenszeit ausgezeichnet hat. Er war Verwaltungsgenie, Gesetzgeber, Kulturförderer und Vorläufer der Renaissance, in dessen Staat jeder nach seiner Fasson selig werden konnte.

Als Staatsmann schuf Roger eine Mischung von Lehens- und Beamtenwesen, die Vorstufe zum zentralistisch regierten Staat. In 7 Kronämtern (Connetabel, Großadmiral, Großkanzler, Großrichter, Oberkämmerer, Protonotar, Großmarschall) haben wir Ansätze zu den Kabinetten der modernen Nationalstaaten. Die sogenannten »Assisen von Ariano« regelten die Jurisprudenz des Königreichs, indem aus byzantinischer und islamischer Tradition eine Neufassung des Rechts gefunden wurde. Und die Wissenschaften blühten. Edrisi, ein Nachkomme des Propheten, schrieb an Rogers weltläufigem Hof ein umfängliches Geographiewerk. Es war durch eigene Reisen fundiert, das brauchbarste seit Strabo. Roger legte auch den Grund zur Medizinschule von Salerno. Er regte als erster die Trennung von Arzt und Apotheker an. Eine Inschrift in Rogers Palastkapelle unterrichtet von der ersten mechanischen Uhr, die wahrscheinlich mit Wasser betrieben war: »Dieses neue Wunderwerk, das der mächtige Herrscher Roger, der von Gott eingesetzte König, herstellen ließ, zügelt den Lauf des flüssigen Elements, so daß es unfehlbare Kenntnis von den Stunden der Zeit erteilt.«

In seinem Wissensdrang hat König Roger einen Aufenthalt in Neapel zum Anlaß genommen, nachts insgeheim die Länge der Stadtmauern messen zu lassen. Am Morgen fragte er die Bürger scherzhaft, ob sie wüßten, welchen Umfang ihre Stadt habe.

Die Bürger schüttelten den Kopf.

»Zweitausenddreihundertsechzig Schritt«, sagte Roger.

Da habe alles Volk den König gepriesen, heißt es in der Chronik, weil er weiser und wißbegieriger sei als alle seine Vorgänger.

Obwohl sich das Normannische unter dem sizilischen Himmel zum Mittelmeerischen geweitet und unter dem Einfluß von Rom, Byzanz und Afrika verwandelt hatte: Die Erinnerung an den Norden blieb, wenn vielleicht auch nur ferne geahnt, bei den Normannen des Südens unvergessen. Der britische König Artus, von Gottfried von Monmouth aus England in die Normandie gebracht und auf dem Mosaikfußboden der apulischen Stadt Otranto im Bild verewigt, hatte einen neuen Sitz auf dem sizilischen Ätna bezogen.

»Eingeborene versichern«, so schrieb Gervasius von Tilbury im zwölften Jahrhundert, »daß bis zu unseren Tagen der große König in der Einsamkeit dieses Bergs erschienen sei. Eines Tages, so sagen sie, wurde das vom Bischof von Catania seinem Stallknecht anvertraute Roß scheu. Der Knecht verfolgte es und suchte es lange Zeit in den Schluchten und Tälern. Zuletzt gelangte er in eine enge Kluft und durch diese in eine weite, mit allen Reizen ausgestattete Ebene. Dort, in einem mit wunderbarer Kunst geschmückten Palast, erblickte er Artus, auf ein Lager von königlicher Pracht hingestreckt. Dieser ließ das verlorene Roß holen und dem Stallknecht zurückgeben, damit dieser es dem Bischof wiederbrächte.«

Die Welt des Nordens ist in Süditalien nicht nur in einer Sage lebendig geblieben. Sie steht uns auch bildhaft vor Augen in der Vielzahl normannischer Kathedralen, die fast alle während der Regierungszeit Rogers II. entstanden sind. Auf dem Festland waren vor allem die Bischöfe und Städte die Bauherren (Bari, Bitonto, Ruvo, Barletta, Trani). Auf der Insel war es der König (Palermo, Cefal, Monreale).

Die Kathedralen, die unter Rogers Zepter entstanden sind, weisen neben italienischen, byzantinischen und orientalischen Bauformen auch nordländische Einflüsse auf. Es sind geistliche Zitadellen von herber Mächtigkeit und schwermütigem Ernst. Zickzackbogen und Flechtwerk, uns von den normannischen Kirchen in England und der Normandie vertraut, finden sich auch hier. Dazu verteilten die Steinmetzen Rogers eine Fülle skurriler Figuren über Gemäuer, Portale und Fenster – Figuren, die auch die Dome Nordeuropas dekorieren: Lemuren, Fratzen, verschlungene Tierleiber, Ausgeburten einer Alpdruckphantasie, in der noch Altgermanisch-Heidnisches spukt.

Auf dem Corso von Bari riecht es nach Geschäft. Baresische Handelsleute, teils behäbig dick, ein Bärtchen unter der Nase, teils drahtig dünn, mit schmalen, wachen Gesichtern, räkeln sich an den Tischen auf dem Gehsteig und sprechen unterm Sonnenschutz der Corsobäume und breit ausgerollten Markisen die Oliven-, Mandel- und Weinpreise ab, die den Wohlstand der Terra di Bari ausmachen. Handel war hier schon im Mittelalter das eigentliche Thema, die Chance des Erfolgs – oder des Bankrotts. Davon meldet noch auf der Piazza Mercantile der mittelalterliche Pranger, die Colonna del Leone, vor der sich ein dekorativer Steinlöwe ausstreckt. Er wendet das mähnige Haupt verschämt zur Seite, nachdenklich über so viel entdeckte Schuld – wieviel mochte unentdeckt geblieben sein?

Gerne entflieht man der Corso-Geschäftigkeit, dem Feilschen um Lire, Pfund und Dollar. Die wundervolle, schnittige Küstenstraße Lungomare erinnert den Besucher mit ihren Palmen, Laternen und hochwüchsigen Oleanderbüschen an die Riviera. Über der blauen Adria flimmert es sommerheiß. Die Neustadt liegt verborgen hinter Hotel- und Bankpalästen, prunkendem neunzehnten Jahrhundert. Dafür fällt der Blick nun auf die Dreiecksinsel der Altstadt, kenntlich durch die romanischen Türme von San Sabino und San Nicolà. Tritt man in das Labyrinth der Altstadt ein, so glaubt man, hier sei die Zeit seit dem Mittelalter stehengeblieben.

Wie in Palermo ziehen sich Wäschegirlanden über die Gassenschluchten. Vor der Höhle eines Metzgerladens hängt der rote Leib eines abgehäuteten Lamms. Eine riesige Amphore lehnt an einem steinernen Brunnenrand, daran erinnernd, daß die Terra di Bari einmal griechisch gewesen ist. Aus dem Oberstock eines ausgedienten Palazzo, an dem sich Pflanzen emporranken, läßt eine Alte einen Korb mit Geld herab. Der Händler auf dem Pflaster nimmt die Lire heraus und packt dafür frische Artischocken in den Korb. Schon schwebt die Last wieder in die Höhe. Ein Karren, der die halbe Gasse ausfüllt, rumpelt über die ausgefahrenen Steine, das schwatzend umherstehende Volk drückt sich an die Häuserwände. Vor einem Laden sind Eier zu Dutzenden mit abgeschlagenen Spitzen gereiht – eine Einladung, sie auszuschlürfen, fünf Lire das Stück. Daneben schwimmen grüne und schwarze Oliven in bauchigen Fässern. Aus der Taverne gegenüber, vor deren offener Tür rote Plastikbänder pendeln, klingt eine apulische Kanzone.

Im Gespinst der Altstadtgassen liegt San Nicolà. Zwei Turmstümpfe umrahmen eine gegliederte, doch sparsam dekorierte Fassade. Die Stiere Apuliens, Alltagsbild in der Terra di Bari, tragen auf breiten, verläßlichen Rücken die Säulen des Portalbaldachins.

Im Innern der Kathedrale fällt unser Blick auf das Tabernakel inmitten des Vierungsquadrats. Das Tabernakel ruht auf vier antiken Breccia-Säulen. Die Kapitelle, meisterlich skulpturiert, sind romanische Zutat. Auf Blattpostamenten stehen jeweils vier Engel in feierlicher Starre. Sie künden die Pax Normannorum – das unter Roger herbeigeführte friedliche Zeitalter Siziliens. Am vorderen Gebälk des Tabernakels sehen wir auf einer emaillierten Kupferplatte den heiligen Nikolaus, der gerade den Normannenkönig Roger II. krönt.

»Sie hätten das alles vor einigen Jahren sehen sollen«, sagt der Parocco, der Geistliche von San Nicolà. »Von den Mauern bröckelte der Stuck. Man ging über schwankende Bretter. Der Chor war mit Schutzwänden verstellt. In Verbindung mit der Soprintendenza alle Arti haben wir dem Innenraum wieder das Aussehen gegeben, das er zur Zeit des Normannenkönigs Roger hatte. Nur die Mosaiken und Fresken fehlen.«

Der Parocco ist ein Verfechter der Restaurierungsbemühungen des modernen Italien. »Aber die Leute«, meint er, »die hängen am Gewohnten. Sie finden die Kirche jetzt kahl. Was glauben Sie, wie viele Klagen wir mit anhören mußten, als der Kalk von den Wänden fiel . . .«

Noch näher sind wir Roger, dem ersten und größten normannischen König Süditaliens, wenn wir den Palazzo dei Normanni in Palermo betreten. Roger hat ihn an der Stelle erbaut, an der die byzantinische Zitadelle und der sarazenische »Kasr« (Burg) gestanden haben. Er diente ihm und seinen königlichen Nachfolgern als Residenz. Dann sank er zum Gebäude einer Provinzialverwaltung herab; heute tagt unter seinem Dach das Inselparlament.

Unter den erhaltenen alten Bauteilen befinden sich zwei Innenräume, die zu den schönsten der Welt zählen: das Stanza die Ruggiero genannte Jagdzimmer Rogers II. und die Capella Palatina, die Palastkapelle, deren Decke nach arabischem Muster das Relief einer Tropfsteinhöhle aufweist. Die Wände beider Räume sind Bilderbücher aus Mosaikstein. Sie lassen erkennen, daß der Auftraggeber der Ausstattung ein Mann von künstlerischem Verstand gewesen ist.

Im Palazzo dei Normanni hat sich Roger neben den Regierungsgeschäften seinen – für seine Zeit ungewöhnlichen – Neigungen hingegeben: der Förderung der Geistes- und Naturwissenschaften, der Wiederentdeckung der Weisheit des Altertums, der ungebundenen Weltschau. Hier, in den prächtigen Räumen des Palastes, betätigte sich der Monarch auf zahlreichen damals verschütteten Wissenszweigen als Liebhaber und manchmal auch als Kenner.

Vom Inselinnern senken sich die Täler nordwärts zum Tyrrhenischen Meer. Einem der Einschnitte folgend, gelangt man in jene Stadt, die dem Jahrhundert der Normannen ihr Aufblühen verdankt: Cefalù.

Sie ist ganz seezugewandt, nicht nur weil sie ein schroffer Felshang vom Hinterland fernhält: Sie verdankt auch, zumindest legendär, ihr Dasein der See, denn Roger II. soll 1129 bei einem Seesturm während seiner Überfahrt von Neapel nach Palermo das Gelübde getan haben, dort, wo er das rettende Land betreten würde, wolle er eine Kirche bauen.

Die Gründung Rogers in Cefalù wurde einer der bedeutendsten Dome süditalienischer Romanik. Den ursprünglichen, zu Rogers Lebzeiten unvollendet gebliebenen Bau aus wahrscheinlich französischer Bauhütte – Vergleiche zu der von Wilhelm dem Eroberer errichteten Kathedrale von Caen liegen nahe – erkennen wir noch in den weit auseinandergerückten Fassadentürmen mit ihren Schwalbenschwanzzinnen sowie in Chor und Querschiff, unter deren Gesims sich arabisch verschränkte Spitzbögen hinziehen, fast die ganze Zier des schweren, hoch aufragenden Gemäuers.

Während die Mosaiken der Vorhalle leider verlorengingen, finden wir im Innern der Kathedrale den wertvollsten byzantinischen Bilderschmuck Siziliens. In der Halbkuppel der Apsis erhebt der Pantokrator (die Christusdarstellung von Byzanz) die Rechte zur segnenden Dreifaltigkeitsgeste; in der Linken hält er die Schrift. In horizontalen Bildstreifen sehen wir darunter die Gottesmutter im Gebet, umgeben von den Erzengeln und den Aposteln.

Der Dom von Cefalù ist in der erstaunlich kurzen Frist von einem Jahr errichtet worden. Im gleichen Jahr entstanden der Dom von Messina und die Capella Palatina des Palasts in Palermo. »Die Blüte der Künste war so eilig«, meinte hierzu der Geschichtsschreiber Gregorovius, »wie die Herrschaft der Normannen selbst.«

Im Querschiff von Cefalù stand der Porphyrsarg bereit, der nach dem Wunsch Rogers II. seine Gebeine aufnehmen sollte. Der König wollte an der Stätte seiner wunderbaren Landung, zu Füßen des Kalksteinbergs, der die antike Stadt Kephalonia getragen hat, den ewigen Schlaf schlafen.

Das Schicksal und eine anders disponierende Nachwelt haben nicht nur im Ägypten der Pharaonenzeit Grabplanungen zunichte gemacht. Als der Normannenkönig starb, beanspruchte die Geistlichkeit von Palermo seinen toten Leib und setzte ihn – da die Priester von Cefalù sich weigerten, den Sarkophag auszuliefern – in einem neu gefertigten Steinsarg in der Kathedrale der sizilianischen Hauptstadt bei.

Doch was wurde aus dem leeren Grabtrog von Cefalù?

In ihm sollte ein anderer sizilianischer König die letzte Ruhe finden – ein König, der zugleich ein Kaiser war: Friedrich II. von Hohenstaufen. Sein Vater, Kaiser Heinrich VI., hatte sich mit Konstanze, der Tochter Rogers II., vermählt. Somit war Sizilien an die deutsche Kaiserdynastie der Staufer gekommen.

Die Mitgift der Erbin Konstanze war ein Königreich.

Ein Königreich als Mitgift

»Hier ist alles in einem mäßigen Rahmen zusammengefaßt: denn die ganze Conca d'Oro, die Goldene Muschel Palermos, wird von schön geformten Bergreihen umgeben. Zu ihren Füßen liegen Orangenhaine und Lusthäuser; die hochgetürmte Stadt am Meere hingestreckt; dort der zackige Monte Pellegrino, jenseits des Kap Zaffarano mit seinen Türmen und schön ausgeschnittenen Vorsprüngen. Ein feiner Duftschleier ist über dieser in Glückseligkeit ruhenden Natur verbreitet.«

Der schreibfreudige Italienwanderer Gregorovius geriet, als er 1860 auf Palermo niederblickte, ins Schwärmen. In der Tat ist das Panorama der die Conca einrahmenden Berghänge bezaubernd, zumal hier kein Fanfarenstoß erklingt, sondern ein kammermusikalisches Allegretto oder die Weise einer antiken Hirtenflöte. Verständlich, daß die Normannen im elften Jahrhundert danach trachteten, die reiche Küste zu besitzen. Der Monte Pellegrino hieß damals noch Tarantelberg. Aus Orangen-, Lorbeer- und Myrtenhainen ragten die Sommersitze der sarazenischen Paschas empor, mit marmoreingefaßten Teichen, Springbrunnen und Pavillons.

Zwischen Araukarie, Zypresse und Judasbaum reihen sich am Rande der Conca heute die Villen der sizilianischen Oberschicht unserer Tage, auch sie »gleich der Juwelenkette am Hals eines schönen Mädchens«, wie ein arabischer Dichter sich bildhaft ausgedrückt hat. Durch die Gartenlandschaft der Goldenen Muschel windet sich die Straße ins nahe Bergland, das von Steineichen überzogen ist, bis hinauf zum königlichen Berg, Monreale.

Auf ihm hat sich, der Legende nach, Wilhelm II., der Enkel und zweite Nachfolger Rogers, auf der Jagd ermüdet am Fuß eines Johannisbrotbaumes ausgestreckt. Im Traum erschien ihm die Gottesgebärerin: Eben an dieser Stelle habe sein Vater, Wilhelm I., Gold vergraben. Der König ließ nachforschen. Das Gold, das – wie in Legenden nur zu natürlich – gefunden wurde, diente zum Bau einer Kirche am gleichen Platz. Sie ist neben Rogers Dom in Cefalù die bedeutendste der ganzen Insel.

Das Innere des Doms schimmert golden in der Pracht seiner Mosaiken. 150 Mosaikkünstler standen hier drei Jahre lang auf den Gerüsten. Wie in der Martorana von Palermo Christus Roger II. auf einem Mosaikbild krönt, so setzt in Monreale der Gottessohn dem Enkel die Krone auf. Das Gewand ist das gleiche, das Roger schon getragen hat; halb byzantinisch, halb arabisch, mit breiten, goldenen Borten. In der Mitte des Gewandes, das griechische Seidenweber geschaffen haben, ist ein Lebensbaum aufgestickt, umgeben von löwenartigen Fabeltieren. Der Klosterhof von Monreale wird von keinem anderen »Chiostro« Italiens übertroffen. Die Kapitelle des Säulenumgangs weisen jeweils wechselnde Skulpturen auf. An einem der Kapitelle sind normannische Ritter abgebildet. Sie tragen die gleichen Kettenpanzer und »Papierdrachenschilde«, wie wir sie auf dem Teppich von Bayeux sehen.

Der Enkel Rogers trug den Beinamen »der Gute«. Dabei war er durchaus kein Friedensfürst. »Wilhelm der Gute ist so benannt«, urteilte Johann Hermann Freiherr von Riedesel, ein Zeitgenosse Goethes, »weil er abergläubisch und den Pfaffen ergeben war.« Und über den Vater des Königs schrieb der hessische Baron: »Der andere hat den Zunamen des Bösen bekommen, weil er weiser, vernünftiger und von Vorurteilen befreit war. Dieses Exempel bestärkt mich in der Nachlässigkeit des allgemeinen Rufes und der Verachtung desselben.«

Ganz gleich, was die Zeitgenossen bewogen haben mag, dem letzten legitimen Normannenherrscher ein so lobendes Prädikat zu geben: Wir stimmen ihnen heute zu. Er, der sich arabisch kleidete und christlich betete, der mit seinem Vater unter den Mosaiken von Monreale beigesetzt ist, hat den letzten großen Aufschwung normannischer Architektur und Kunst auf süditalienischem Boden nicht unwesentlich mitbestimmt.

An die Zeit der beiden Wilhelme mit ihrer Vorliebe für das Arabische erinnern die zwei palermitanischen Lustschlösser La Cuba und La Zisa. Sie sind zwar ihrer Schmuckelemente, ihrer Orangenhaine, ihrer Fontänen beraubt, doch sie weisen immer noch genügend Orientalisches auf, um sich eine Umgebung im Stil der Märchen von Tausendundeiner Nacht vorstellen zu können. Der erhaltene Gartenpavillon der Cuba gleicht einem der Brunnenhäuser der Sultane am Nil. Im Vestibül der Zisa ist eine grottenhafte Nische eingebaut, die die Gebetnische einer mohammedanischen Moschee sein könnte. Wilhelm I. und Wilhelm II. feierten in diesen Schlössern ihre orientalisch verbrämten Feste in muselmanischer Gewandung mit arabischen Tänzerinnen. Die Besiegten aus Afrika hatten den Siegern aus dem Norden ihre bilderlosen Formenwelt, den Zauber ihres Lebensstils vermittelt. Man darf daraus auf die Unterlegenheit der europäischen Kultur gegenüber der arabischen im Mittelalter schließen.

Eine Vielzahl von Dokumenten, meist aus islamischer Feder, gibt uns ein Bild des palermitanischen Lebens zur Zeit Wilhelms II. Unter den Augenzeugenberichten nimmt der des Ibn Dschubair aus Valencia besonderen Rang ein. Der Araber war Sekretär des Gouverneurs von Granada und Verfasser zweier Lobgedichte auf Sultan Saladin. Sizilien streifte er als Mekkapilger, wobei er ein anschauliches Bild des letzten Normannenherrschers zeichnete.

»König Wilhelm wird wegen eines guten Lebenswandels gerühmt«, schrieb der illustre Araber aus Spanien, »weil er Mohammedaner zu Dienern hat und Eunuchen zu seinem vertrauen Umgang zuläßt. Der König hegt ein großes Zutrauen zu den Muselmanen und verläßt sich selbst in seinen wichtigsten Angelegenheiten derart auf sie, daß der Aufseher seiner Küche ein Moslem ist und daß er eine mohammedanische Kompanie Neger unter einem gleichfalls mohammedanischen Hauptmann unterhält.«

Man mag das königliche Porträt nicht für allzu schmeichelhaft halten, da Ibn Dschubair als »wichtigste Angelegenheiten« des Monarchen Küchendienst und Militärschutz bezeichnet. Aber was der Araber rühmenswert findet, ist eben die Vorliebe für Arabisches: »Der König wählt die Wesire und Kämmerer aus seiner zahlreichen mohammedanischen Umgebung, wozu auch die Staats- und Hofbeamten gehören. Er läßt in ihnen den Glanz seines Hofes leuchten. In der Tat entfalten sie einen beträchtlichen Luxus in ihren prachtvollen Kleidern und mit ihren stolzen Rossen. Der König besitzt herrliche Paläste und köstliche Gärten, besonders in der Hauptstadt seines Königreichs.«

Der Bericht des maurischen Chronisten über das morgenländische Gesicht Palermos im zwölften Jahrhundert darf nicht als übertrieben gelten, denn Ibn Dschubair war sonst ein Mann der Nüchternheit. Seinen Pilgerweg hat er zur Sühne eines Rausches angetreten, zu dem ihn sein Herr gezwungen hatte . . .

Einer der politischen Entschlüsse Wilhelms II. hatte den Untergang seiner Dynastie zur Folge: als er die ältliche Konstanze, die Tochter Rogers II. und damit seiner Tante, dem deutschen Kaisersohn Heinrich zusagte. Den verhängnisvollen Rat zur Verbindung der Häuser Hauteville und Hohenstaufen hatte ein englischer Normanne gegeben: Walter of the Mill.

Dieser »Walter von der Mühlen«, den die Italiener Gualtiero Offamilio nennen, betrat nicht durch Zufall sizilischen Boden. Man war sich in England und Sizilien der gemeinsamen normannischen Herkunft bewußt. Doch schwerwiegender: Heinrich II. Plantagenet wünschte dem heranwachsenden sizilischen König Wilhelm II., dessen Mutter, Margaretha von Navarra, stellvertretend das Zepter führte, seine Tochter Joan zur Frau zu geben. Er schaltete sich in die Erziehung des Kronprinzen ein, indem er seinen Hofkaplan, ebenjenen Walter of the Mill, nach Palermo schickte.

Der Kaplan von der Themse gewann schnell an Einfluß. Bald war er Dechant, dann Bischof von Agrigent, schließlich Erzbischof von Palermo. An die Regierung gelangt, ernannte Wilhelm seinen ehemaligen Lehrer zum Kanzler und damit zum obersten Staatsbeamten. Schon einmal hatte ein Prinz seinen Erzieher nach der Thronbesteigung zum Minister gemacht: der römische Kaiser Nero den Philosophen Seneca. Doch während Senecas Erziehungsarbeit – Fragwürdigkeit trefflicher Erziehung bei schlechten Anlagen des Schülers – nichts gefruchtet hatte, verdiente sich Wilhelm das Lob seiner Zeitgenossen. Während Seneca, um den Parallelfall nochmals zu zitieren, entscheidend in die Geistesgeschichte eingegriffen hat, griff der Engländer auf Sizilien in die Weltgeschichte ein. Bei der schicksalhaften Frage, ob man der normannisch-staufischen Verbindung mit allen Konsequenzen zustimmen solle, plädierte Walter of the Mill dafür. Matthäus von Salerno, als Protonotar und Vizekanzler ihm der Rangnächste, war dagegen. Hätte man auf Matthäus gehört, die abendländische Geschichte wäre anders verlaufen.

1186 reiste Prinzessin Konstanze von Palermo nach Norditalien, um mit dem ihr unbekannten künftigen Gemahl zusammenzutreffen. Hofbeamte und Würdenträger begleiteten sie. In ihrem Gefolge waren 150 Saumtiere, beladen mit Gold, Silber, Edelsteinen und Textilien kostbarster Art. Als die Braut sich Mailand näherte, zogen ihr König Heinrich, dessen Vater Barbarossa und eine Schar erwählter Ritter entgegen, um sie ehrenvoll in die Stadt einzuholen.

Der künftige Eheherr, klein, blaßgesichtig und humorlos, konnte kaum Liebe erweckt haben, schon gar nicht in einem Gemüt, das sich zeitlebens Gebeten gewidmet hatte. In der Kirche Sant' Ambrogio wurde das königliche Paar getraut.

Nach der Zeremonie der Königshochzeit bewirtete Kaiser Rotbart die Fürstlichkeiten der Welt. Er hatte Mittel genug; die als Mitgift vereinbare Summe betrug 40000 Goldpfunde. Im Verlauf der mit Gelagen und Jagden angefüllten Festtage ernannte der Kaiser seinen Sohn kraft eigener Machtvollkommenheit zum kaiserlichen Nachfolger. Aus Monza in der Poebene schaffte man die eiserne Krone der Langobarden herbei, um sie dem Sohn Friedrich I. aufs Haupt zu setzen.

Während man in Mailand feierte, begannen die Parzen an einem schwarzen Gewand zu spinnen. Es war für die Jungvermählte bestimmt. Schon nach wenigen Jahren sollte sie es anlegen.

Stephanstag 1194

Lecce ist die Hauptstadt der Terra d'Otranto, des italienischen »Stiefelabsatzes«, Landzunge und Sprungbrett zum östlichen Mittelmeer. Hier ist man der Balkanhalbinsel am nächsten.

Keine andere Stadt Italiens ist so vollkommen überschäumt von barockem Zierat wie die Hauptstadt der Terra d'Otranto.

Schmuck macht sich selbständig, wuchert dschungelhaft, ohne Bezug auf das Maß der Architektur. Den Kirchenfassaden sind Quader der Pietra leccese vorgeblendet. Dieser Kalkstein von Lecce ist so weich, daß er sich mit dem Messer schnitzen läßt. Man hat mit dem Blick auf die schmucküberzogenen Frontseiten der Lecceser Gotteshäuser von »lehmigen Klöppelspitzen« und »Pastetengebäck« gesprochen. Und nicht durch Zufall, so scheint es, ist Lecce auch die Stadt einer merkwürdigen Fabrikation: Heiligenfiguren aus Papiermaché. Doch bei aller Ratlosigkeit, die uns in dieser Hochburg barocker Orgien überkommen mag: Das Gesamtbild dieser außerordentlichen Stadt überzeugt mehr als einzelne Bauwerke. Man hat Lecce den Ort der sich auffangenden Entgleistungen genannt.

Auch der innigen Verschmelzung zweier so gegensätzlicher Stile wie Barock und Romanik stimmt man zu, wenn man auf den Friedhof vor die Kirche Santi Nicolò e Cataldo tritt. Im Glanz apulischen Lichtes leuchtet goldgelb die Pietra leccese auf. Die Bildwerke an der Kirchenfront sind von barocker Ekstase. In der erstarrten Brandung des Barocks ruht in kraftvoller Schönheit und Würde das romanische Portal von 1180. Am Gemäuer sind in mehreren Reihen als Exvotos Holzkreuze aufgehängt.

Plötzlich gelangt man durch einen Kreuzgang in die Kasernengänge eines Irrenasyls, dessen Türen weit offenstehen und Einblick gewähren in die Sphäre der Geisteskranken. Gutmütig weisen die Insassen dem Fremden den Weg zur Dachterrasse hinauf, wie sie es wohl Tag für Tag gewohnt sind. Auf der Plattform erlebt man nochmals das reine Maß normannischer Romanik: Auf einem Rundsokkel, um den Blendbogen führend, ruht eine Steinkuppel. Man wird an die Grabkapelle Boemunds in Canosa erinnert, als habe man sie hier auf die Plattform von Santi Nicolò e Cataldo gesetzt.

Der normannische Bezug hat geschichtlichen Hintergrund. Denn diese Kirche ist die Stiftung des letzten Hauteville auf dem – schon wankenden – Thron Palermos: Tankreds von Lecce.

Robert Guiscard hatte nach der Eroberung Unteritaliens die Grafschaft Lecce seinem tapferen Bruder Gottfried übergeben. In dessen Enkelin Sibylla verliebte sich Roger, der Herzog von Apulien und

Sohn König Rogers II. – derselbe Roger, dem die Gefangennahme des Papstes Innocenz II. gelungen war. Sein Vater untersagte die Legitimierung des Liebesbunds. Roger und Sibylla schlossen den Ehebund geheim. Der Sohn beider war Tankred von Lecce, dem seine nicht anerkannte Stellung zum Schicksal werden sollte. Kurz vor seinem Ende wollte Roger II., von versöhnlicher Stimmung erwärmt, das Bündnis seines Sohnes und damit auch die Legitimität des Enkels anerkennen – doch der Bote traf zu spät in Lecce ein: Kurz zuvor war Roger, der Sohn, gestorben. Die Ehe blieb deshalb vor der Öffentlichkeit ungültig. Tankred galt als Bastard.

Wilhelm der Böse, Rogers II. Nachfolger und Tankreds Oheim, behandelte den jungen Verwandten mit dem berühmten Kreuzfahrernamen schändlich. Fürchtete er dessen möglichen Rechtsanspruch auf die Königskrone? Fast wie ein Gefangener oder Geisel im Schatten der anerkannten Linie wuchs der Normannenprinz am Hof von Palermo auf, dem Geiste nach von Adel, doch mit dem Makel ungesetzlicher Geburt.

In der Tat schürte der Gedemütigte einen Aufstand der normannischen Barone gegen seinen Onkel, drang mit gezogener Klinge in den Königspalast ein und setzte sich nach Fehlschlagen des Putsches als Verbannter nach Griechenland ab, wo er der Politik entsagte und sich den Wissenschaften und Musen widmete. Er bevorzugte Mathematik, Astronomie, Musik. Die arabischen Gelehrten schätzten seinen kultivierten Verstand. Gleich seinem Namensvetter nahm er an einem Kreuzfahrerunternehmen teil. Er war dabei, als man Alexandria erfolglos belagerte.

Inzwischen wurde er ohne sein Zutun rehabilitiert. Auf Wilhelm den Bösen war dessen Sohn, Wilhelm der Gute, gefolgt. Dieser setzte den Vetter in seine angestammten Rechte als Graf von Lecce ein und ernannte ihn zum Admiral der sizilischen Flotte, die mit 200 Segeln in Richtung Konstantinopel in See stach. Tankred manövrierte bis zum Marmarameer und hätte vielleicht den Kaiser von Byzanz von seinem Thron gestoßen, hätte nicht das unter anderem Kommando stehende Landheer jämmerlich versagt.

Der Bau der Kirche Santi Nicolò e Cataldo in Lecce war ein Akt der Huldigung. Tankred widmete das Gotteshaus dem gekrönten Verwandten: »Voll Dankbarkeit gegen die ewige Güte Gottes, zum Heil und zur Gesundheit des Königs und erfüllt vom Wunsch, daß dessen Geschlecht noch lange in ruhmvollen Nachkommen herrschen möge.«

Die Inschrift ist noch heute an der Fassade der Lecceser Friedhofskirche ablesbar. Sie erscheint, verfolgt man den Gang der Geschichte weiter, wie Blasphemie. Denn nach neun Regierungsjahren starb Wilhelm, erst sechsunddreißigjährig, kinderlos, der letzte unangefochtene König seines Geschlechts. Hätte jener Bote des Königs Roger vor Jahren Lecce früher erreicht und wäre die Ehe der Eltern Tankreds legalisiert worden, dann wäre Tankred nunmehr der einzige rechtmäßige Nachfolger. Jetzt meldete sich ein anderer, mächtiger Kronanwärter: der Staufer Heinrich VI., der Gemahl der Roger-Tochter Konstanze.

Die normannischen Adligen sträubten sich jedoch gegen das Zepter des finsteren, ihnen fremden, gewalttätigen Königs. Sie überreichten, ungeachtet der staufischen Ansprüche, Tankred von Lecce die sizilische Krone.

Der Graf nahm unbedenklich an. Papst Clemens II. war auf seiner Seite. Wieder stand eine abendländische Auseinandersetzung bevor.

Was man erwarten mußte, trat ein. Heinrich rüstete ein Heer und eilte nach Italien. Alles tat dieser kurzlebige Herrscher rasch und hart, als ahnte er die knapp bemessene Lebensfrist. Er sprach die Sprache der Macht: Cölestin III., der Nachfolger Clemens', mußte den deutschen König in Rom zum Kaiser krönen. Bei Neapel gebot die Geißel des Mittelalters, die Pest, dem südwärts vorrückenden Imperator Halt, weil sie die Reihen seiner Armee lichtete. Dem Vorwärtsdrängenden blieb nichts übrig, als umzukehren.

Aber auch der normannischen Partei spielte das Schicksal mit. Tankred, der König ihrer Wahl, starb 1194. Sein Sohn, Wilhelm III., zählte gerade neun Jahre.

Als Heinrich VI. am Jahresende erneut auf süditalienischem Boden auftrat, war kein nennenswerter, profilierter Gegenspieler da – nur eine Frau, Sibylla von Acerra, Tankreds Witwe, mit ihren unmündigen Kindern. Die Königin schloß sich mit einigen Getreuen und dem Kronschatz beim Nahen des Kaisers in der Feste Carla Bellota ein, die sich an Siziliens Südküste auf schroffem Fels erhob und als uneinnehmbar galt.

Heinrich sicherte Tankreds Witwe von Palermo aus durch Unterhändler zu, daß ihr Sohn Wilhelm die Grafschaft Lecce behalten dürfe und dazu noch mit dem Fürstentum Tarent belehnt werde. Den Noblen der Partei Tankreds gewährte er Straffreiheit.

Im Vertrauen auf die Abmachung verließ Sibylla die Feste und begab sich in die sizilische Hauptstadt. Der unmündige Wilhelm überreichte im Palazzo dei Normanni dem finsteren Kaiser kniend die Normannenkrone.

Heinrich ließ sich vom Erzbischof von Palermo zum König von Sizilien krönen. Die Tage danach sah man ihn nur mit dem neugewonnenen Reif auf dem Haupt, angetan mit dem aus Carla Bellota herbeigeschafften Krönungsmantel Rogers II. Ganz allein ließ sich der Sohn Barbarossas in der Capella Palatina die Messe lesen.

Eine Woche später, am Stephanstag 1194, trat während des Festgottesdienstes im Dom plötzlich der Mönch Ubaldo zum Kaiser hin und übergab ihm Briefe, die angeblich von Spähern abgefangen waren und den Plan eines Aufstands gegen Heinrich nachwiesen.

Der Staufer unterbrach sofort die kirchliche Zeremonie und begab sich ins Schloß, um ohne Verzug Gericht zu halten. Die Grausamkeit der Urteilssprüche erschreckte die damalige Welt. Was im kommenden Jahrhundert den letzten seines eigenen Geschlechts widerfahren sollte, tat Heinrich in dieser Stunde den Normannen an: Er rottete die noch übrigen Hautevilles und die Häupter des normannisch-sizilischen Adels erbarmungslos aus.

Eine Wiese in unmittelbarer Nähe des Palastes diente als Exekutionsplatz. Die Hofnarren des Kaisers trieben mit den Delinquenten ihre Possen. Dann brannten die Scheiterhaufen. Doch damit nicht genug: Der neue Herr befahl, die Leiche Tankreds aus der Domgruft zu entfernen und ihr das Diadem vom Haupt zu reißen. Darauf ließ er den toten Körper enthaupten. Graf Giordano, ein Verwandter des Hauses Hauteville, der nach Tankreds Tod den Thron erstrebt haben soll, starb in einer Farce von grauenvollem Hohn: Heinrich VI. befahl, ihm bei lebendem Leib einen Kronreif ans Haupt zu nageln.

Der minderjährige Wilhelm, Tankreds Sohn, siechte entmannt und geblendet im Kerker von Hohenems im Vorarlberg einem frühen Tod entgegen. Sibylla, die Mutter, erhielt mit ihren Töchtern ein anderes Gewahrsam, die Hohenburg im nördlichen Elsaß.

160 Maultiere brachten in den folgenden Wochen den Kronschatz Rogers über die Alpen, darunter seinen kostbaren Mantel. Das Kleidungsstück diente bis zum Ende des Imperiums 1806 den römisch-deutschen Kaisern als Krönungsmantel und wird heute auf der Hofburg in Wien verwahrt.

Am Stephanstag 1194 hatte Heinrich nahezu die gesamte Verwandtschaft seiner Gemahlin Konstanze, der Normannenerbin, hinrichten lassen – er, der als Minnesänger die Verszeile schrieb: »All mein Reichtum, meine Wonne, meine Krone ist die Liebe.« Am selben Tag wurde das einzige Kind dieser düsteren Ehe geboren: Friedrich II. von Hohenstaufen.

Er sollte eine der bedeutendsten Gestalten der Weltgeschichte werden.

Drei Jahre nach dem Blutgericht, mit dem das Südreich der Normannen endete, starb Heinrich VI. Für Konstanze mag es eine Erlösung gewesen sein. Sie war als Erbin nun gleichzeitig römisch-deutsche Kaiserin und sizilische Königin: das Oberhaupt von zwei Machtkreisen, deren Feindschaft mit Blut besiegelt war. Henry Benrath, der das Bildnis der Kaiserin und ihrer zwiespältigen Gefühle aus dem Geist unserer Zeit gezeichnet hat, läßt in dieser Stunde tragischer Verflechtung die Kaiserin-Witwe zu ihrem treuen Kanzler Walther von Pagliara sagen:

»Ordnen Sie die Bestattungsfeierlichkeiten an, wie sie für Kaiser üblich zu sein pflegen. Lassen Sie sich das Zeremoniell von irgendeinem der deutschen Herren erklären. Das normannische ist unter allen Umständen zu vermeiden. Meine sarazenischen Truppen haben den ausschließlichen Ordnungsdienst in den nächsten Wochen. Ziehen Sie die gesamten Garnisonen von Cefalù, Trapani, Termini in die Stadt, und belegen Sie mit ihnen sämtliche Kasernen. Die kaiserlichen Truppen, welche zur Beisetzung kommen werden, sind in Zeltlagern vor den Stadtmauern unterzubringen. Verdoppeln Sie die Zahl der Kriegsschiffe. Sie sind sich mit mir darüber klar, daß die Lage so verändert ist, wie sie es nur jemals sein konnte. Es gibt nur noch ein Heute und ein Morgen! Jedes Gestern – jedes – hat aufgehört! Ich werde diese Nacht über nachdenken. Ich werde Ihnen morgen sagen, zu welchen Entschlüssen ich gekommen bin – und Sie um Rat fragen. Ich bin und bleibe – der Form nach – die Kaiserin. Setzen Sie aber voraus, daß ich in allen Dingen der sizilischen Politik – die Königin bin.«

Die Absicht Konstanzes, ihr sizilisches Erbe vom Reich zu trennen und über ihren Sohn die normannische Tradition fortzuführen, erfüllte sich nicht. Die Tochter Rogers II. starb bereits ein Jahr nach Heinrich VI. Sie ruht in derselben Kapelle im Dom von Palermo, in der auch die Steinsärge ihres kaiserlichen Gemahls, ihres königlichen Vaters und ihres Sohnes stehen, der als König von Sizilien Federico hieß. Entgegen dem Willen seiner Mutter errang der Erbe der Normannen in einem kometenhaften Aufstieg zur sizilischen Königskrone die römisch-deutsche Kaiserkrone und die Königskrone von Jerusalem.

Doch dies ist schon nicht mehr normannische, sondern staufische Geschichte.

Zur Zeit Robert Guiscards hatte der Chronist Gaufred Malaterra über die Ankömmlinge aus dem Norden gesagt: »Die Söhne Tankreds von Hauteville waren von Natur so geartet, daß sie voll unersättlicher Herrschgier, solange ihre Kräfte reichten, niemals ruhig einen ihrer Nachbarn im Besitz von Land und Leuten belassen konnten. Jeder Nachbar mußte entweder ihnen dienen, oder sie nahmen ihm alles, was er besaß.«

Die von Malaterra so unfreundlich beurteilten Barbaren Skandinaviens hatten – ähnlich wie ihre Verwandten in der Normandie und England – in weniger als hundert Jahren ihre rauhen Schalen abgestreift, ein blühendes, festgefügtes Reich gegründet und zum Werden Europas einen wesentlichen Beitrag geliefert: eine neue Staatsordnung, die Entdeckung der physischen Welt und die Wiederentdeckung der Antike, den Sinn für Maß, Gesetz und Toleranz. Sie hatten den Menschen des Hochmittelalters ihren konstruktiven, weit in die Zukunft wirkenden Willen aufgeprägt, um ebenso anonym von der Weltbühne zu verschwinden, wie sie gekommen waren.

Literaturhinweise

Adam von Bremen: Hamburgische Kirchengeschichte. Leipzig 1888
Georg Burton Adams: The history of England 1066–1216 (from the norman conquest to the death of John) London 1931
Michael de Bouard: Guillaume le Conquérant. Paris 1958
Maximilian Braun: Der Aufstieg Rußlands vom Wikingerstaat zur europäischen Großmacht (1000–1700) Leipzig 1940
Johannes Broendsted: Die große Zeit der Wikinger. Neumünster 1962
Christopher Brooke: The Saxon and Norman Kings. London 1959
Erich Caspar: Roger II, (1101–1154). Gründung der normannisch-sizilischen Monarchie. Innsbruck 1944
Willy Cohn: Das Zeitalter der Normannen in Sizilien. Bonn 1920
David C. Douglas: Wilhelm der Eroberer. Stuttgart 1965
Karl Fromme: Die nordgermanische Kolonisation im atlantisch-polaren Raum. Studien zur Frage der nördlichen Siedlungsgrenze in Norwegen und Island. Kiel 1939
John Richard Green: History of the english people. London 1881
Ferdinand Gregorovius: Geschichte der Stadt Rom im Mittelalter. Stuttgart 1870
Guillaume de Jumieges: Histoire des Ducs de Normandie. Caen 1826
Guillaume de Poitiers: Vie de Guillaume le Conquérant. Caen 1826
Lothar von Heinemann: Geschichte der Normannen in Unteritalien und Sizilien bis zum Aussterben des normannischen Königshauses. Leipzig 1894
René Herval: Histoire de Rouen. Rouen 1947
Helge Ingsted: Die erste Entdeckung Amerikas. Auf den Spuren der Wikinger. Berlin 1966
Herbert Jankuhn: Haithabu, ein Handelsplatz der Wikingerzeit. Neumünster 1956
Bernhard Kugler: Boemund und Tankred, Fürsten von Antiochien. Ein Beitrag zur Geschichte der Normannen in Syrien. Tübingen 1862
Wilhelm Martens: Gregor VII. Sein Leben und Wirken. Leipzig 1894
Paul Nörlund: Viking settlers in Greenland and their descendants during five hundred years. Cambridge 1936
John J. Norwich: Die Wikinger im Mittelmeer. Das Südreich der Normannen. Wiesbaden 1968
Eric Graf Oxenstierna: Die Wikinger. Stuttgart 1959
Eugen Pepin: Gisors et la valée de l'Epte. Paris 1963
Regine Pernoud: Die Kreuzzüge in Augenzeugenberichten. Düsseldorf 1964
Regine Pernoud: Eleonore von Aquitanien. Düsseldorf 1966
J. O. Plassmann: Wikingerfahrten und Normannenreiche. Jena 1927
Rudolf Pörtner: Die Wikinger-Saga. Düsseldorf-Wien 1973
Regesta Wilhelmi: Conquestoris et Wilhelmi Rufi 1066-1100. Oxford 1953
Oskar Rössler: Mathilde, Mutter Heinrichs von Anjou, und das Zeitalter der Anarchie in England. Berlin 1897
Johannes von Rudloff: Ansgar, der Speer Gottes. Sein Leben und Wirken nach der Vita Anskarii seines Schülers Rimbert. Recklinghausen 1960
Adolf Friedrich Graf von Schack: Geschichte der Normannen in Sizilien. Stuttgart 1889
Reinhard Schindler: Ausgrabungen in Alt-Hamburg. Hamburg 1957
Gerard de Sède: Die Templer sind unter uns. Das Rätsel von Gisors. Berlin 1962
Wilhelm Spatz: Die Schlacht von Hastings. Berlin 1896
Sir Frank Stenton: Der Wandteppich von Bayeux. Köln 1957
O. G. Tomklieff: Life in Norman England. London, New York 1966
Jean de la Varende: Le Mont-Saint-Michel. Paris 1941
Walter Vogel: Die Normannen und das fränkische Reich. Heidelberg 1906

Fotonachweis: Jos. Jeitner, Hadamar · André Martin, Paris (2) · Gustav Faber, Karlsruhe (4) · Walter Schröder, Frankfurt · Foto Marburg (2)

Register

Abkürzungen für Personennamen:

A	Abt	Gem	Gemahlin	Ks(n)	Kaiser(in)
Bf	Bischof	Gf	Graf	S	Sohn
Ebf	Erzbischof	Hz(n)	Herzog(in)	T	Tochter
Fst(n)	Fürst(in)	Kg(n)	König(in)	v	von

Abkürzungen für Ortsnamen

A	Nordamerika	F	Frankreich	Nl	Niederlande
Ap	Apulien, Kalabrien, Lukanien	Gr	Griechenland	R	Rußland
Brt	Bretagne	Irl	Irland	S	Schweden
Bz	Byzanz	Isl	Island	Siz	Sizilien
D	Deutschland	It	Italien (ohne Süditalien)	Sp	Spanien
Dk	Dänemark	N	Norwegen	U	Ungarn
E	England	Nd	Normandie		

Ausbreitung und Reichsgründungen der Normannen